Patrick M. Arnold · **Männliche Spiritualität**

PATRICK M. ARNOLD

Männliche Spiritualität

Der Weg zur Stärke

Vorwort von Robert Bly

Kösel

Übersetzung aus dem Amerikanischen: Thomas Poppe, München.
Die Originalausgabe erschien 1992 unter dem Titel »Wildmen, Warriors, and Kings. Masculine Spirituality and the Bible« bei The Crossroad Publishing Company, New York.

ISBN 3-466-36396-9

Druck und Bindung: Kösel, Kempten.
Umschlag: Kaselow Design, München.
Umschlagmotiv: Oskar Schlemmer, Geländerszene, um 1932, Öl auf Leinwand (105,5 x 70,5 cm), Staatsgalerie Stuttgart, Inv. Nr. LK 988, © 1994 Archiv und Familiennachlaß Oskar Schlemmer, Badenweiler; Photoarchiv C Raman Schlemmer, Oggebbio, Italien.

1 2 3 4 5 · 98 97 96 95 94

Gedruckt auf umweltfreundlich hergestelltem Werkdruckpapier
(säurefrei und chlorfrei gebleicht)

Inhalt

Vorwort 11
Robert Bly

Einführung 15
Zur Warnung und Klärung 21

Teil I
Geschlecht und Geist   25

KAPITEL 1
Sexualität, Geschlecht und Geist 29

»Richtige Männer sind nicht spirituell« 30
Hemmnisse und Verbündete 30
Die neue Männerbewegung 32
Spiritualität als Revolution 33
Der feministische Beitrag zur männlichen Spiritualität 34
Patriarchat und Klerikalismus 36
Platonismus und männliche Spiritualität 38
Androgynie: die neue sexuelle Ideologie 41
Männlichkeit: angeboren oder anerzogen? 44
Wie menschlich, dies Tier 45
Das Geschenk des Geschlechts 48
Die männlichen Archetypen 50

KAPITEL 2
Männliche Spiritualität 52

Männer in Natur und Sprache 52
Konkurrenzverhalten: der Kampf ums Überleben 54
Männliche Unabhängigkeit und Autonomie 57
Agonie und männliche Verletzlichkeit 60
Männliche Verantwortung 62

Weitere männliche Wesenszüge 64
Himmels- und Erdgötter 65
Der Mythos des Helden 66
Männliche Einweihungsrituale 68
Die Suche nach dem Gral und der Held im Alltag 70
Der Gral und der Christus-Archetyp 72
Die Begegnung mit der *Anima* 72
Männlich und weiblich: der Wachstumszyklus 73
Homosexuelle Männer und männliche Spiritualität 77
Das spirituelle Klima für Männer 78

KAPITEL 3
Misandrie: der Männerhaß 80

»Männer sind alle gleich!« 82
Misandrie im Alltag 83
Misandrie in der Schule 84
Misandrie in der Religion 85
Der böse männliche Gott 87
Misandrie im christlichen Feminismus 91
Was tun gegen Misandrie? 94

KAPITEL 4
Die Krise der Männer und der Kirchen 96

Die Symptome 96
Die Krise 99
Die Heilige Mutter Kirche 100
Männer und Christentum 102
Der männliche Glaube 105
Sieben Tore zu den Männern 107

Teil II
Männliche Archetypen und die Bibel   119

KAPITEL 5
Abraham: Patriarch und Pilger 123

Abraham der Pilger 124
Die Pilgerseele in uns 125
Abraham der Patriarch 126

Entschlossenheit und Großmut 128
Abrahams Fehler: Ismael 131
Die Opferung Isaaks 134

KAPITEL 6
Mose: Krieger und Magier 138

Wahrheit und Mythos 138
In Ketten geschlagen 140
Der Krieger und sein Schatten 141
Der Krieger im Mann 143
Mose, der Krieger 145
Jahwe zieht in den Krieg 146
Die Erziehung eines Kriegers 148
Mose, der Magier 149
Loslösung von einem Archetypen 151
Martin Luther King: der magische Krieger 153

KAPITEL 7
Salomo: der König 155

Ein König – wie bei anderen Völkern 155
Die Weisheit Salomos 157
Salomo in seiner ganzen Herrlichkeit 160
Der Tyrann: ein Schattenkönig 161
Der kleine Prinz 162
»Ja, ich bin ein König« 163

KAPITEL 8
Elija: der Wilde Mann 166

Ein wenig Geschichtsunterricht 166
Adam – der erste Wilde Mann 168
Der Wilde Mann heute 170
Eine Stimme in der Wildnis 173
Der Wettstreit auf dem Berg Karmel 175
Erde, Wind und Feuer 176
Den Wilden Mann wecken 180

KAPITEL 9
Elischa: der Heiler 183

Der schamanische Heiler 183
»Durch seine Wunden werden wir geheilt« 184
Der innere Heiler 184
Unser Name ist Legion 186
»With a Little Help from My Friends« 187
Das Gute tief im Herzen 188
Alle Heiligen und Engel 189
Elischa und der Mantel der Schülerschaft 191
Die Gefahren der Hexerei 192
Aussätzige heilen und Tote auferwecken 192
Der verletzende und verwundete Heiler 193
Ein letztes Wasserwunder 194

KAPITEL 10
Jeremia: der Prophet 196

Der Endzeit-Prophet 196
Der Prophet 198
»Jahwe spricht – wer wird da nicht zum Propheten?« 199
»Sag nicht, ich sei bloß ein Kind!« 202
Das Ende ist nah! 203
»Du hast mich verführt!« 204
Der naive Mann 205
»Verflucht sei der Tag, als ich geboren wurde!« 207
Die dunkle Seite Gottes 207
Satyagraha 209

KAPITEL 11
Jona: der Schelm 212

Is was, Doc? 212
Vielleicht war es ... der Teufel? 214
Die göttliche Komödie 216
Jona: die Taube Gottes 216
Ein Gott der Barmherzigkeit und Gnade 219
»Der Teufel hat's mir eingegeben« 220
Narren um Christi Willen 220

KAPITEL 12
Der Liebhaber 222

Drei Formen der Liebe 223
Der Liebhaber im Christentum 223
Die Sünde der Kirche 224
Die christlich-sexuelle Wandlung 225
Salomo: der Liebhaber 226
David: der Geliebte 229
Der Liebhaber in uns 232

Teil III
Männliche Rede über Gott   235

KAPITEL 13
Jesus: der Christus 239

Der Christus-Archetyp 240
»Zieh Christus an!« 242
»Nicht Mann und Frau« 243
Die Männlichkeit Jesu 244
Jesus: der Wilde Mann 245
Jesus: der schamanische Heiler 248
Jesus: der Patriarch 250
Jesus: der Schelm und Narr 253
Jesus: der Krieger 255
Jesus: der König 259
Der Christus: Gott und Mann 263

KAPITEL 14
Die Männlichkeit Gottes 264

Ein androgyner Gott? 265
Die Entmannung Gottes 265
Männliche Metaphern für Gott 268
El Shaddai: Gott, als Wilder Mann 269
Jahwe: Gott als Krieger 273
Gott ist König! 278
Abba: Gott als Vater 280
Die Männlichkeit Gottes 282

Anmerkungen 283

Vorwort

Schon in den ersten Zeilen seines Buchs packt Arnold sein Thema beim Schopf. Ohne Umschweife stellt er fest: Ein positives Zeitalter für die Männer klingt aus, ein positives Zeitalter für Frauen bricht an. »Die westliche Kultur und die christliche Kirche werden weiblicher, das Männliche befindet sich im Rückzug; dieser große Wandel begann schon vor über hundert Jahren. Jede große Institution des Westens, vom Militär bis zur Universität, von der Politik bis zur Religion, erfährt eine Neuorientierung von statisch männlichen (patriarchalischen) zu dynamischen weiblichen Werten.« Die meisten Männer erleben diese Zeit als verstörend und deprimierend. Die Achtung, die man unseren Großvätern noch wie selbstverständlich entgegenbrachte, ist vom Wind verweht, Männer können sich mit den Rollen, die ihre Väter noch ausfüllten, nicht problemlos anfreunden. Die Begabungen, die den Männern Hochachtung eintrugen, gelten heute als häßlich. Die Fähigkeit der Männer, bis an die Grenzen zu gehen – etwa ihre Fähigkeit, bis ans Ende der Welt oder auf den Mond zu gehen – »Die Straße der Zügellosigkeit führt zum Palast der Weisheit« (Blake) – scheint heute gefährlich, widersinnig und wenig verlockend.

Wenn ein Mann heutzutage über das Elend der Männer schreibt, geht der Beobachter meist davon aus, daß der Autor zum Patriarchat zurückkehren will. Doch Arnold sagt: »Das dynamisch feminine Zeitalter des Wassermanns ist angebrochen, man kann und darf nichts tun, um es aufzuhalten.« Männer und Frauen müssen heute über die Schmerzen der Männer sprechen können, ohne daß wir gleich davon ausgehen, daß der Autor eine Lösung anzubieten hat. Problem ist Problem, Verlust ist Verlust, Trauer ist Trauer – es ist wichtig, einfach nur darüber zu schreiben.

Dieses Buch unterscheidet sich von anderen Büchern über den Mann von heute: Es wendet sich an Leser, denen Spiritualität, das Christentum und die Kirchen am Herzen liegen. Patrick M. Arnold merkt zu Recht an, daß sich die Kirchen erst sehr spät in die Krise der Männer einschalteten; die Bilder für die Trauer der Männer stammen nicht von Priestern. Darüber hinaus merkt er an, daß sich die Priesterseminare überall in der westlichen Welt in jüngster Zeit mit »verweiblichten« Männern füllen. Viele Studen-

11

ten, so vermutet er, haben sich angemeldet, um ihren Müttern zu gefallen, haben sich so ihren Vätern und Brüdern entfremdet, und ihrer eigenen inneren Gewißheit. Sie empfinden kaum Bindung zu anderen Männern. Frauen dagegen fühlen sich als Pioniere, die stark aus ihrer Mitte agieren – bereit, für eine neue Sprache der Geschlechter, für Ehre und Selbstwertgefühl zu kämpfen.

Das Kriegerinnenverhalten der Frauen hält Arnold für ein Element sich entfaltender Wassermann-Energie, gleichzeitig will er uns vor dem Heraufziehen einer geistigen Erkrankung warnen. Vor etwa zehn oder fünfzehn Jahren zeigten sich die ersten Symptome. Die Krankheit ist die Verachtung des Maskulinen. Arnold nennt diese Krankheit »Misandrie«, nach dem griechischen Wort für Männerhaß. Er merkt an, daß ihr »keineswegs nur Frauen unterliegen; auch viele Männer, voll Selbsthaß und Schuldgefühlen, sind von ihr befallen«.

Ein Führer der Männerbewegung in England setzte kürzlich stolz ein selbsterdachtes Ritual in Szene: Die Männer und Frauen der Gruppen trennen sich nach Geschlechtern. Die Frauen stehen im Kreis und visualisieren positive weibliche Energie im Zentrum des Kreises, strecken ihre Hände nach ihm aus, visualisieren Kraft, Energie und Freude. In einem anderen Raum erhalten die Männer vom männlichen Gruppenleiter den Auftrag, sich vorzustellen, daß sie durch zehn Tore gehen; bei jedem Tor müssen sie ein maskulines Element hinter sich lassen. So müssen sie beispielsweise die männliche Einstellung zu Gefühlen und Emotionen, zu Kindern, zu Wissenschaft und Technologie aufgeben; am nächsten Tor sollen sie das männliche Ego hinter sich lassen, dann das männliche Körperhaar und den Bart, dann ihre Hoden, und schließlich am zehnten Tor ihren Penis. Nach der Meditationsübung kriechen sie unter den erhobenen Armen der Frauen hindurch und betreten so den Kreis der Frauen. Man darf also nicht vergessen, daß die Misandrie keineswegs eine Domäne der Frauen ist. Männerhaß treibt Männer dazu, von anderen Männern zu verlangen, ihre Sexualität aufzugeben, ihre Schöpferkraft, und im Grunde ihre ganze männliche Natur. Patrick M. Arnold bemerkt dazu: »Wo Misandrie herrscht – ob in der Schule, in der Gemeinde oder im Beruf – leben die Männer in ihrem Bann eine bizarre und kafkaeske Form moralischer Mathematik. Schon das Faktum Männlichkeit wird zum Negativum – gleichgültig, was sie tun, um sich zu beweisen. Ihnen bleibt nur noch, das männliche Minuszeichen aufzuheben und sich zur Null hochzuarbeiten: umgänglich, harmlos, brauchbar.«

Wo sich Misogynie breitmacht, das wissen wir, finden sich Frauen in genau der beschriebenen Situation wieder. Man vertausche »männlich« mit »weiblich«, und Frauen erkennen die Mathematik: Es bleibt ihnen nur noch, sich zur Umgänglichkeit, Harmlosigkeit, Brauchbarkeit hochzuarbeiten.

Den Lehren Robert Moores folgend, behandelt Arnold im zweiten Teil seines Buchs Figuren des Alten Testaments als Informationsquellen für Modelle des Männlichen, darunter *Krieger, Wilder Mann* und *Schelm* (besonders hervorragend die Schilderung von Jona als *Schelmen*), und ergänzt sie klug mit *Prophet, Heiler* und *Pilger*. Nicht ganz sicher wäre ich, wenn die neutestamentliche Kirche den Wilden Mann für sich beanspruchte; denn der Wilde Mann scheint mir zutiefst heidnisch zu sein.

Im dritten Teil stürzt sich Arnold in die Diskussion über die Geschlechtszugehörigkeit des Göttlichen. Im Herzen wissen wir: »Gott ist kein Mann. Gott gleicht nicht dem Menschen. Gott ist geschlechtslos.« Doch die Menschenwesen scheinen unfähig, sich dem Göttlichen ohne die tröstlichen Schleier des Maskulinen oder Femininen zu nähern. Die Frauen wollen heute das Wort »Mutter« oder »weiblich« mit dem Göttlichen verknüpft wissen; ich denke, daß ihr Wunsch verständlich ist. Arnold wirft jedoch ein, daß sich darüber hinaus die Bewegung, Gott als Neutrum zu sehen, in den verbürgerlichten und westlichen Kirchen der westlichen Welt schon Bahn gebrochen hat. Und: »Die Frage sei hier erlaubt, ob den verschwindenden männlichen Metaphern nicht ein unentbehrliches und unersetzliches Potential innewohnt, das man nicht summarisch über Bord werfen kann, ohne dem inneren Kern der christlichen Botschaft irreparablen Schaden zuzufügen.«

Ein tapferes, leidenschaftliches, manchmal notwendig einseitiges Werk liegt vor uns, das darauf abzielt, Beispiele für die gewaltigen Veränderungen, die um uns her stattfinden, zu Bewußtsein zu bringen.

Robert Bly

Einführung

Es bewegt sich etwas. In den Hinterhöfen begann es zwar schon vor vielen Jahren, doch erst seit kurzem hat der Radarschirm der Medien und der Allgemeinheit das Phänomen aufgegriffen – ein Artikel hier und da, ein Fernsehinterview, zahlreiche Bücher und Audiokassetten, eine Flut von Veröffentlichungen und Zeitschriften. Es trägt den Namen *Männerbewegung* und verspricht, zu einer starken Kraft in der westlichen Kultur dieses Jahrzehnts zu werden.

Die anschwellende Männerbewegung vereint unterschiedlichste Interessen. Am äußersten Rand stehen ein paar zornige Männer, denen die Exzesse des Feminismus zum Hals heraushängen; diesen Aktivisten ist die Frauenrechtsbewegung insgesamt ein Dorn im Auge; sie sind entschlossen, sie zu bekämpfen. Die überwiegende Mehrheit der Männer treibt jedoch nicht die reaktionäre Feindschaft gegen Frauen, sondern eine Vielzahl von Sorgen über das Wohlergehen der Männer. Und Sorgen sind in der Tat angebracht. Streß fordert generell einen höheren Tribut von den Männern als von den Frauen. Statistiken sprechen eine deutliche Sprache: Im Vergleich zu den Frauen sterben die Männer der westlichen Welt viel früher (durch Haushalt und Erwerbstätigkeit belastete Frauen haben allerdings eine geringere Lebenserwartung als Männer), begehen viel öfters Selbstmord, leiden häufiger unter tödlichen Krankheiten und Drogenmißbrauch – die Wahrscheinlichkeit, ermordet, ausgeraubt oder attackiert zu werden, ist höher. Darüber hinaus läßt sich ein allmähliches Verschwinden maskuliner Wertvorstellungen in unserer Kultur beobachten; ein neues Vorurteil namens »Misandrie« (Männerhaß) macht sich in vielen Kreisen breit.

Die Männerwelt und die Maskulinität bröckeln – ein Faktum von großer Tragweite für die westlichen Gesellschaften, weil unsere größten Probleme auch in Zusammenhang mit dem Zusammenbruch der Maskulinität stehen: Obdachlosigkeit, steigende Verbrechensrate, Drogensucht, zahlreiche Scheidungen, alleinerziehende Eltern, Bandenunwesen und so fort. Auf individueller Ebene wird immer mehr Männern die Krise des Mannseins im eigenen Alltag bewußt: als verquere Vaterbeziehung, als Entfremdung, sinnentleertes Berufsleben, zerstörte Beziehungen und Einsamkeit, um nur einige Symptome zu nennen. Zu schwer lasten diese Probleme auf den letzten Generationen, als daß ein gleichgültiges Schulterzucken sie abschütteln könnte. Männer fangen an, diesen Herausforderungen die Stirn zu bieten.

Darum geht es letztlich in der Männerbewegung. Nach zwei Jahrzehnten des langsamen Wachstums bietet dieser lockere Zusammenschluß von Individuen und Gruppen eine Vielfalt von Schriften, Büchern, Workshops, Kursen, Diskussionsgruppen und sogar Ritualen für Männer an, die nach maskuliner Kraft suchen und sich bei ihren Geschlechtsgenossen Unterstützung und Verständnis holen wollen. Manche Gruppen befassen sich mit juristischen Fragen (Sorgerecht, Scheidung, sexuelle Diskriminierung), während sich andere auf die Probleme der Männer in der Familie, am Arbeitsplatz oder in der Gesellschaft allgemein konzentrieren. Ein höchst lebendiger Zweig befaßt sich speziell mit dem, was wir »männliche Spiritualität« nennen: mit den Eigentümlichkeiten, Gaben und Archetypen der männlichen Seele. Ob mit Hilfe alter Märchen oder Hindumythen, ob mit indianischen Ritualen oder afrikanischen Trommeln – diese Männer gewinnen wieder Zugang zum *Animus*, zur männlichen Seele. Sie lernen, Gefühle wieder zuzulassen, verbinden sich mit Geistesverwandten und finden neuen Mut und neue Kräfte, um ihren Lebensweg fortzusetzen.

Dieses Buch ist Teil der Bewegung, die eine männliche Spiritualität artikulieren will. Es ist geschrieben in der Überzeugung, daß die spirituelle Tradition des Juden- und Christentums kraftvolle und heilende Herausforderungen für Männer bereitstellt, die mit den Gefahren, dem Streß und der Schalheit des modernen Lebens konfrontiert sind. Die moderne liberale Religion hat die spirituellen Bedürfnisse der Männer zwar aus den Augen verloren, steht ihnen teilweise sogar feindlich gegenüber, doch in der biblischen und geschichtlichen Tradition liegen noch viele Schätze für die Männer verborgen. Eine Bewußtseinserweiterung mit Hilfe einer spirituell-archäologischen Expedition zur Hebung dieser Schätze ist längst überfällig. Die Bibel ist der Ort, an dem wir mit den psychologischen Ausgrabungen beginnen wollen.

Dieses Buch wurzelt jedoch viel tiefer als nur in erhabenen spirituellen Zielen; mit ihm nimmt auch meine eigene Liebe, Freude und Trauer Gestalt an. Ich schreibe vor allem, weil ich Männer liebe – alte und junge Männer, weiße und schwarze Männer, evangelische und katholische Männer; ich liebe mich selbst als Mann, und ich bin stolz auf die Männer in meinem Umkreis. Ein ungeschriebenes Gesetz in unserer Kultur untersagt jedoch offenbar die Äußerung der Liebe zur und des Stolzes auf Männlichkeit. Eine positive und bekräftigende Einstellung zur Maskulinität wird oftmals als »männlicher Chauvinismus« abgetan. Dies ist ein männlich-positives Buch; Kritik an Männern und ihrem Versagen gebe ich im Zusammenhang eines viel größeren Gefühls der Achtung und der Ehrfurcht vor dem männlichen Geschlecht wieder.

Ich schreibe auch aus Trauer und Schmerz. Es tut mir im Herzen weh, wenn ich mir die große Kluft vor Augen halte, die sich im Lauf der Generationen zwischen Männern und christlicher Spiritualität aufgetan hat. Mich schmerzen die Männer, die den engen Kontakt mit Gott, den eine unversehrte Religiosität nähren kann, verloren haben. Von dieser Entfremdung bin ich persönlich ebenso betroffen wie die meisten anderen Männer. Ich möchte hier meine eigenen Lebenserfahrungen zu Wort kommen lassen, um meine Herkunft anzudeuten.

Schon in der Kindheit besaß ich ein nebelhaftes Bewußtsein dessen, was wir heute männliche Spiritualität nennen. Meine frühesten Erinnerungen drehen sich um die rätselhaft verquere Beziehung zwischen Männern und Religion. *Vorne* in der Kirche, am Altar, an dem ich ministrierte, stand Pater Michael P. Thompson, ein irischer Einwanderer mit hallender Stimme und klugem Kopf. Er war mein Idol. Doch *hinten* in der Kirche, jener Unterwelt der christlichen Religion, drückten sich mein Vater und die meisten Männer, die überhaupt zur Kirche kamen, herum. Sonst sah ich nur wenige Männer in den Reihen. Männer, so schien es mir, *führten* entweder die Kirche als einsame Priester oder beobachteten sie von weitem zwischen Zigarettenpausen an Ostern oder Weihnachten.

Diese Türsteher gaben womöglich geniert zu, sie »sollten eigentlich« zur Kirche gehen, doch sie hatten zweifellos keine Freude daran. Im Gegenteil: Verschränkte Arme, an der Mauer lehnen, zur Decke starren und rauchen – diese klare passiv-aggressive Körpersprache teilte jedermann mit, daß sie von vornherein eigentlich gar nicht kommen wollten. Die wöchentliche Wiederaufführung dieses männlichen Verhaltens verankerte das Gefühl im Herz, daß sich »richtige Männer« der Religion mehr oder weniger verweigern, zumindest bis ins hohe Alter. Mein Großvater, ein Konvertit, ging nicht nur jeden Sonntag, sondern auch jeden ersten Freitag zur Kirche; er sagte mir sogar, daß man nach den ersten neunmal garantiert in den Himmel komme (er schaffte die 200er Grenze). In den Ohren eines Jungen klang das wie ein gutes Geschäft. Ältere Leute wie etwa meinen Großvater, zu beobachten, brachte mich offenbar auf den Gedanken, daß Religion eine ganz gute Sache sei, wenn man älter wird. Bis dahin aber war es nicht sonderlich cool, sich dafür näher zu interessieren. Der Kirchgang schien für Männer wie der Gang zum Zahnarzt: Wer klug ist, geht regelmäßig, aber niemand erwartet von dir, dich darauf zu freuen.

In starkem Widerspruch zu dieser Scheu vor der organisierten Religion dämmerte es mir sogar schon als Kind: Die Männer, die ich kannte und die viel Zeit mit Arbeit, Jagd und Fischen in den Black Hills von Süd-Dakota (wo ich aufwuchs) verbrachten, umgab stets eine anziehende Aura von Weisheit und innerer Kraft, ein Gefühl der Zusammengehörigkeit mit der Erde und ihren Geschöpfen. Sie atmeten Lebensweisheit. Sie achteten Gott. Und immer hörte ich Worte wie diese: »Ich bin kein religiöser Mensch, ich gehe nicht in die Kirche, doch hier in den Bergen fühle ich mich Gott nahe und spreche zu ihm mit meinen eigenen Worten.« Diese »unreligiösen« Männer verwandelten schlichten Glauben und Gebet in etwas Persönliches und Anziehendes.

Als Teenager entwickelte ich mich zu einem typischen Fall entzweiter und entfremdeter amerikanisch-männlicher Spiritualität, bis zwei unerwartete Dinge geschahen. Erstens begegnete ich Jesuitenlehrern an der Regis High School in Denver, Colorado. Bis dahin beschränkte sich meine Religiosität ausnahmslos auf das Eintreffen bei der wöchentlichen Messe kurz vor dem Evangelium (sonst zählt der Besuch nicht – eine Todsünde) und das Abhauen kurz vor dem Abendmahl. In meinen Lehrern jedoch sah ich Männer, die ein völlig anderer Geist erfüllte als die Sünden- und Schuldkrämer des Katholizismus vor dem II. Vatikanischen Konzil – Männer von Großzügigkeit, Intelligenz, Humor und Sanftmut, die ihre Liebe zu Christus und ihrem Glaubenseifer offen Ausdruck verliehen. Sie lebten in völligem Widerspruch zu meiner Vorstellung, Kirchenmänner seien traurige und salbungsvolle Waschlappen; sie waren die lebendigsten, phantasievollsten und kraftvollsten Männer, die mir jemals begegnet waren. Ich zappelte am Haken. Ich wollte so wie sie werden. Damals begann mein bewußt der Katholischen Kirche verschriebenes Leben, einer Gemeinschaft, die zu jener Zeit in der Erregung des II. Vatikanischen Konzils lebte, die mit dem Versprechen des Dienstes an der Menschheit nach Jesu Beispiel auflebte. Dieser Kirche fühle ich mich auch heute noch verpflichtet, wenn auch die schwächlichen, freudlosen und salbungsvollen Männer inzwischen zu scheinheiliger Rache angetreten sind.

Etwas später, ich war siebzehn, geschah etwas noch Wundervolleres, als ich in die Black Hills zur Arbeit zurückkehrte. Dort machte ich Erfahrungen, die ich nur als »mystisch« bezeichnen kann, kraft- und freudvolle

Gefühle über Gott und die Natur. Damals hatte ich keine Vorstellung, was sie zu bedeuten haben; in der Rückschau kann ich heute sagen, daß ich damals im heiligen Land der Lakota-Indianer den männlichen Archetyp des Wilden Mannes erfahren habe. Damals hätte ich es zwar nicht so ausdrücken können, aber ich war in meine erste elektrisierende, persönliche Begegnung mit echter männlicher Spiritualität gestolpert.

Im folgenden Herbst des Jahres 1968 trat ich in den Jesuitenorden ein und begegnete dort einer Spiritualität reich an Mythen, Symbolen und überliefertem Wissen. In langen Stunden des Schweigens, des Betens und Lesens führte uns unser Novizenmeister zu den Geistlichen Exerzitien, zu den Fragen des Königreichs, der Zwei Prinzipien, der *Magis*; wir lasen aus dem Leben des Ignatius von Loyola, folgten den Abenteuern von Franz Xavier nach China, von Roberto de Nobili nach Indien, von Pierre-Jean de Smet nach Amerika. Wir verbanden uns zu lebenslangen Freundschaften und träumten von einem heldenhaften Leben im Dienst an Christus – wie unsere Vorfahren.

Und was wurde aus meinem Wilden Mann? Niemand schien zu verstehen, von was in aller Welt ich redete, wenn ich von Gott in der Natur sprach; ein Jesuit machte sogar dunkle Andeutungen über Heidentum und *Pantheismus*, eine schrecklich klingende Sache, die ich im Lexikon nachschlagen mußte. Es mußte was Schlimmes sein – es war nicht katholisch. Und so litt ich, wie nur jemand leiden kann, der erfahren muß, daß die Wahrheit in seinem Leben, seiner Seele Kernstück, von denen, die er achtet, als nebensächlich und unwichtig angesehen wird.

Inmitten tiefster Niedergeschlagenheit und Verwirrung faßte ich die Rückkehr in die Schwarzen Berge ins Auge, aber der ermutigende Brief eines jesuitischen Freundes weckte von einer Sekunde zur anderen einen neuen Archetyp in meiner Dunkelheit! Mit erstaunlicher Intuition machte mein Freund den kühnen Vorschlag, eine Pilgerreise ins Heilige Land zu unternehmen und dort nach Gottes Willen in meinem Leben zu forschen. Nun, ein Jesuitennovize tat so etwas nicht; in unsere schwarzen Soutanen gehüllt, erwartete man von uns, daß wir beteten, unsere Aufgaben erfüllten, Latein studierten und um 21 Uhr ins Bett gingen. Doch Sekunden nach der Lektüre des Briefes erwachte mein innerer Pilger zum Leben; ich würde ins Heilige Land reisen, komme, was da wolle! Erstaunlicherweise fand ich die Zustimmung meines Novizenmeisters und Provinzials, und im Sommer 1970 ließ ich alles und jeden stehen und trampte nach New York, um mich einer jüdischen Jugendgruppe anzuschließen, die einen Kibbuz in Israel besuchte. Gott ignorierte das freche Spiel mit seiner

Gnade nicht. Im Alter von neunzehn Jahren, in jenem Sommer in Jerusalem, entdeckte ich meine Lebensberufung: ein Priester, ein Lehrer des Alten Testaments, ein Archäologe zu werden; und das bin ich noch heute, zwanzig Jahre später.

Im Laufe dieser Jahre und zumeist unter der Oberfläche, empfand ich eine Art dumpfen Schmerz, ein Mann zu sein und als solcher ein Leben im Glauben zu führen. Einerseits war es ein merkwürdiges Gefühl, weil offenbar die meisten Männer, denen ich im Alltag begegnete, zu der für mich realsten Sache der Welt – das Leben des Geistes – keinen Zugang fanden. Andererseits empfand ich aufrichtige Trauer um die vielen guten Männer, in deren Leben eine bestimmte geistige Tiefe und Orientierung fehlte, deren Vision sich ausschließlich auf den »Morgenstern« der Reagan-Zeit richtete: Money and Business.

All diese Zweifel und Sorgen kochten in den achtziger Jahren größtenteils unter der Oberfläche meines Bewußtseins, während ich meine theologische Ausbildung erhielt und biblische Literatur in Toronto, Atlanta und Berkeley lehrte. Diese theologischen Schulen vibrierten in der Energie der christlich-feministischen Bewegung, die sich um die volle Gleichberechtigung der Frauen in den Kirchen bemühte. Wie die meisten meiner männlichen Kollegen unterstützte ich die Bewegung anfangs aus vollem Herzen, doch nach und nach fiel mir eine dunkle Unterströmung im feministischen Wandel auf, die ich erst später benennen konnte: die Misandrie. In der Literatur der Bewegung, bei Vorlesungen und in informellen Gesprächen und Kommentaren begannen männliche und weibliche Feministen, meine mich bestürzenden unausgesprochenen Ängste und Befürchtungen zu artikulieren. Irgendwann einmal trat dann alles ans Licht des Tages: »Männer sind von Natur aus nicht religiös; Männer sind spirituell oberflächlich; Männer sind von Natur aus gewalttätig und dominierend; die Messe ist eine rituelle Vergewaltigung von Frauen; wenn Männer schwanger werden könnten, wäre die Abtreibung ein Sakrament; weiße Männer sind verantwortlich für den Ruin des Planeten« und so fort. Und niemand widersprach diesen sexistischen und rassistischen Behauptungen; Männer Prügeln hatte den Status eines politisch stimmigen Dogmas erlangt, Widerspruch war verboten. – Ich begann zu widersprechen: Mein innerer Krieger erwachte.

Was vor zehn Jahren eher negativ und defensiv begann, hat sich glücklicherweise in eine positive Erfahrung verwandelt, während ich las, Gespräche führte, nachdachte und über den männlichen Geist schrieb. Das vorliegende Buch ist ein Ergebnis dieses Lernprozesses – ein Versuch,

Gedanken und Geschichten über die Männlichkeit und ihr Verhältnis zur Spiritualität auszutauschen. Diese Arbeit ist auch als eine Art Lobpreis für den männlichen Geist gedacht. Wie Cäsars Gallien besteht sie aus drei Teilen. Teil I, »Geschlecht und Geist«, befaßt sich mit einer Diskussion der Beziehung zwischen Geschlecht und Spiritualität. Er nimmt sich die Vorstellung einer »männlichen Spiritualität« vor, definiert und beschreibt sie und gibt Hinweise, wie eine moderne Religion besser mit ihr umgehen könnte. Teil II, »Männliche Archetypen und die Bibel«, ist eine viel handfestere Diskussion zehn klassisch männlicher, psychologischer Archetypen und ihres direkten Einflusses auf das Leben eines Mannes. Im sich ständig erweiternden Feld der archetypischen Psychologie wurzelnd, behandelt das Kapitel Pilger, Patriarch, Krieger, Magier, König, Wilder Mann, Heiler, Prophet, Schelm und Liebhaber in der Reihenfolge ihres Auftauchens in der Bibel. Bei den meisten Männern ruhen alle diese Archetypen – schlafend oder unerkannt; eine Diskussion von Beispielen aus Bibel, Literatur, Filmen und dem Leben realer Männer wird das gewaltige spirituelle Potential zutage fördern, das Männer zwar besitzen, aber oftmals nicht bewußt erfahren. Teil III diskutiert die Notwendigkeit einer männlichen Theologie, wenn wir uns mit Gott in Verbindung bringen wollen. Wir werden sehen, wie die Schrift Jesus bei genauer Betrachtung als eine äußerst männliche Figur zeichnet, ganz im Gegensatz zur »bärtigen Dame«, die man uns heute oft vorstellen will. Und schließlich werden wir erforschen, wie die Bibel in metaphorischer Sprache göttliche Eigenschaften enthüllt, die auf den männlichen Archetypen beruhen. Manche Wahrheit über den biblischen Gott kann erst dann klar vermittelt werden, wenn man sich des Mediums männlicher Spiritualität bedient.

Zur Warnung und Klärung

In unserer Kultur wird die Geschlechterdiskussion äußerst dünnhäutig und emotionell geführt. Eine Atmosphäre der Schuldzuweisung (ob echt oder eingebildet) vergiftet oftmals jedes Gespräch über Sexualität, besonders in ihrer Beziehung zur Spiritualität. Auch läßt sich leidiges Projizieren negativer Einstellungen, wo gar keine sind, feststellen. Ich möchte daher an dieser Stelle klarstellen, welche Absichten, Methoden und Annahmen das Buch begleiten.

Erstens ist diese Arbeit weder ein offener noch versteckter Angriff auf die Frauen oder den Feminismus; man wird im Gegenteil in diesem Buch zahlreiche positive Einschätzungen des Weiblichen finden. Von Anfang an möchte ich jedoch klarstellen, daß sich dieses Buch kritisch zu einem Phänomen im Feminismus äußert, das wir heute als Misandrie oder »Männerprügeln« bezeichnen. Das Äußern dieser Kritik hat mir in der Vergangenheit die Bezeichnung Dummkopf eingetragen, man hat mich übersensibel, negativ, reaktionär und versteckt antifeministisch genannt. Nichts davon kann überraschen – wer Haß bloßstellt, zieht stets Resentiments auf sich. Aber ich weise die Unterstellung, die Kritik der Misandrie in den Exzessen der Frauenbewegung sei ein versteckter Angriff auf die gesamte Bewegung, kategorisch zurück.

Zweitens ist dies ein Buch über Männer. Mit Frauenfragen werde ich mich nicht eingehend befassen. Ich fand es jedoch erstaunlich, daß Versuche, sich mit Männerangelegenheiten zu befassen, manchmal als unterdrückend beurteilt werden oder nur insofern als wichtig und wertvoll betrachtet werden, als sie auf die *Frauen*bewegung reflektieren. Männer haben das Recht und die Pflicht, ihre eigene Spiritualität zu diskutieren, ohne des Chauvinismus bezichtigt zu werden, und ohne die Freigabe oder Erlaubnis von irgend jemandem einholen zu müssen. Tatsächlich haben reflektierte Feministinnen schon vor langer Zeit die Männer beschworen, ihre eigene Arbeit zu tun.

Drittens spricht dieses Buch in *allgemeinen* Begriffen über die *typische* Maskulinität bei den *meisten* Männern. Natürlich gibt es den »typischen« Mann nicht – eine solche Behauptung grenzte an Sexismus. Jeder Mensch ist spirituell ebenso einmalig wie körperlich. Dennoch kann man allgemein über Männer und Männlichkeit sprechen, ohne sich schuldig bekennen zu müssen, man bediene sich zwangsläufig unzulässiger Schablonen. Viele Männer und Frauen fühlen sich durch Diskussionen über Spiritualität in die Enge getrieben, weil sie davon ausgehen, daß solche Gespräche irgendwelche Vorschriften vermitteln wollen. Bei der Beschreibung klassisch männlicher Verhaltensmuster oder uralter männlicher Archetypen gebe ich jedoch nur der Beobachtung Ausdruck, daß Männer tatsächlich bestimmte psychologische Typologien an den Tag legen und auf bestimmte Arten handeln und werten. Weder verdamme noch rechtfertige ich die vielen Männer, die nicht »typisch« sind; ich artikuliere nur die klassischen Charakteristika, mit denen sich viele Männer in der Reflexion ihres Mannseins identifizieren können.

Viertens behaupte ich nicht, daß nur die Männer die ihnen bestimmten archetypischen Eigenschaften aufweisen. Noch will ich aufzeigen, daß es bestimmte geschlechtsspezifische Tugenden oder Fehler gibt (»Sanftheit«

= weiblich, oder »Mut« = männlich). Ich sage, es gibt eine weibliche oder männliche Hinneigung zu Eigenschaften wie Mut oder Freundlichkeit, oder zu Makeln wie Gewalttätigkeit oder Grausamkeit. Im »Geschlechterkrieg« bedienen sich die Streiter beider Seiten häufig der Strategie, den Versuch, Geschlechtsunterschiede festzustellen, in einen mutmaßlichen Anspruch auf Überlegenheit umzumünzen. Unsere Diskussion der männlichen Spiritualität beruht auf der Tatsache, daß Männer zu allen Zeiten dazu neigten, eine männliche Identität – eine männliche Spiritualität – zu entwickeln, über den Einfluß unbewußter Archetypen, biologischer Konditionierung, psychologischer Verhaltensprägungen und kulturbedingter Schablonen. Diese Tatsache zu negieren, heißt, sich wertvollen Einsichten zu verschließen.

Und zuletzt behaupte ich nicht, daß Männer oder Maskulinität den Frauen oder der Weiblichkeit überlegen – oder unterlegen – sind. Ich sage nur, daß Männer spirituell anders und sehr interessant und, was das betrifft, wunderbar anzuschauen sind.

Teil I
Geschlecht und Geist

Der erste Teil dieses Buches diskutiert das Verhältnis von Geschlecht und Spiritualität speziell beim Mann. Das erste Kapitel befaßt sich mit allgemeinen Betrachtungen zur Rolle der Sexualität in der Religion und mit den Auswirkungen heutiger Auseinandersetzungen zu diesem Thema auf die Spiritualität des Mannes. Das zweite Kapitel definiert und beschreibt männliche Spiritualität und ihre Äußerungen in der Sprache der klassisch männlichen Archetypen. Das dritte Kapitel behandelt aufkeimende kulturelle Blockaden gegenüber einer gesunden männlichen Spiritualität: die »Misandrie« oder das »Männerprügeln«. Das letzte Kapitel des ersten Teils diskutiert historische Sachverhalte, die die weitverbreitete Entfremdung der Männer von der Religion erklären. Es macht konkrete Vorschläge, auf welchen Wegen sich die Kirchen den Männern wirksamer öffnen könnten.

KAPITEL 1

Sexualität, Geschlecht und Geist

»Männliche Spiritualität« – ein Begriff, der vielen vielleicht merkwürdig oder gar irgendwie bedrohlich in den Ohren klingt. Konservative Traditionalisten der Kirche sehen darin gar ein allzu modisches Produkt des »New Age«-Zeitalters. Manche Feministinnen hingegen empfinden, daß »Männliche Spiritualität« einen feindseligen, reaktionären Gegenstoß gegen das inzwischen gut etablierte Konzept der weiblichen Spiritualität tarnen soll. Auf die meisten von uns wirkt der Ausdruck »männliche Spiritualität« irgendwie fremd oder gar unangenehm berührend, weil er einen Widerspruch zu bergen scheint. Denken wir doch beim Wort »männlich« in der Regel an maskuline Körperlichkeit, an den rauhen *Machismo*, wie man ihn im Kegelclub oder im Fitneßcenter antrifft. Das Wort »Spiritualität« dagegen gemahnt an die höchsten Stufen der menschlichen Seele – die vergeistigte Stille in einem Klosterkonvent oder in einer mittelalterlichen Kathedrale.

Das Unbehagen an dem Begriff »maskuline Spiritualität« legt einige der unbewußten und weitverbreiteten Einstellungen zur Männlichkeit und zur Spiritualität bloß, die wir auf diesen Seiten untersuchen werden. Die meisten unter uns sind sich kaum bewußt, daß Sexualität positiv mit dem Leben des Geistes in Verbindung treten kann; leider sind manche Leute sogar davon überzeugt, daß wir es hier mit unversöhnlichen Gegensätzen zu tun haben. Bei vielen von uns läuft eine spirituelle Lebensführung auf eine Flucht vor Sexualität hinaus oder, schlimmer noch, auf den Versuch, den Körper und alle Probleme, vor die uns unser Geschlecht und die Sexualität stellen, zu bezwingen. Wir werden erkennen, daß unsere Sexualität – unser Geschlecht – kein Feind, sondern eine Verbündete ist, daß sie unseren Geist tiefgreifend und machtvoll beeinflußt.

»Richtige Männer sind nicht spirituell«

Unsere Ahnungslosigkeit, was die Rolle der männlichen Sexualität in spirituellen Dingen betrifft, verdient eine eingehende Betrachtung. Die meisten von uns haben ein stark verkümmertes Bild von Männlichkeit. Männlichkeit, so glaubt man in unserer Gesellschaft zu erkennen, befaßt sich in erster Linie mit pragmatischen, bodenständigen Dingen; Männer sind angeblich nur an der realen Welt interessiert, am »Wesentlichen«, an handfesten Resultaten. Wir neigen zu der Annahme, daß Männer zwar das Weltgetriebe bewegen, Abschlüsse tätigen und die Moneten nach Hause bringen, aber nicht sonderlich gut mit spirituellen oder emotionellen Dingen wie Religion umgehen können. Wenn sich Männer dennoch mit der Kirche einlassen, bewegen sie sich wiederum auf praktische Dinge zu: Kircheninstandhaltung, -verwaltung und langfristige Finanzierung. Doch das Leben des Geistes? Das liegt eigentlich nicht im Gesichtskreis des idealen »Richtigen Mannes« in unserer Kultur. Spiritualität, Gebet und Hingabe gehören irgendwie in die Welt der Frauen; einem Richtigen Mann wird bei farbigen Bleiglasfenstern, ausgeklügelten Ritualen, Hochzeiten im Spitzenkleid und eleganten Predigten unbehaglich zumute. Richtige Männer meiden nicht nur Kaffeekränzchen, sondern auch die Kirche. Ein Richtiger Mann »geht« nur zu seiner Taufe, Hochzeit und Beerdigung in die Kirche.

Hemmnisse und Verbündete

Wenn Männer sorgfältiger forschen und eine tiefergehende und umfassendere Vorstellung von Maskulinität entdecken würden als jene, die ihnen das Denken der westlichen Kultur zur Verfügung stellt, dann würden sie erkennen, daß ihr angeborenes Mannsein ihr geistiges Leben in einer Weise stimuliert, bereichert und kräftigt, die sie sich nicht hätten träumen lassen. Eine Fülle von Stolpersteinen stellt sich jedoch einer solchen Suche in den Weg. Jeder Mann auf der Suche nach männlicher Spiritualität muß diese Hindernisse bewußt identifizieren und überwinden und gleichzeitig die zahlreichen Chancen und Verbündeten registrieren, die sich ihm auf der Reise anbieten.

Im westlichen Christentum ist die männliche Entfremdung von der Spiritualität ein altes und vielschichtiges Phänomen; es wurzelt in einem verschlungenen Geflecht historischer, psychologischer, soziologischer und sogar die Wirtschaft überspannender Faktoren. Die Männer sind für die Entfremdung von ihrer angeborenen Religiosität verantwortlich – sie sind es auch, die den Hauptteil der Arbeit leisten müssen, um die Kluft zu überbrücken. Aber auch die Kirche als Institution hat Anteil an dieser Entzweiung, denn sie vermochte kein Verständnis für die Männer aufzubringen und in einer für sie verständlichen Sprache zu reden. Abgesehen von einer kleinen Zahl von Seelsorgern und Lehrern scheinen nur wenige christliche Amtsträger Anteil daran zu nehmen, was »Männer ticken macht«, Mitgefühl zu empfinden für ihre ureigenen Schwierigkeiten oder eine Ahnung zu haben, wie sie zu bewältigen wären. Wenn Männer den Weg zu einer kraftvollen christlichen Spiritualität finden sollen, brauchen sie Hilfe von Mentoren, die den Weg schon gegangen sind und seine Freuden und seine Mühsal erfahren haben. Die Kirche hat ihren Sinn verloren, wenn sie Menschen nicht helfen will oder kann, den Weg zu Gott zu finden.

Tragisch ist, daß ausgerechnet heute, wo die Sehnsucht vieler Männer nach Spiritualität wieder aufflammt, unter manchen Menschen, die den Männern bei ihrer Reise beistehen könnten, ein häßliches Empfinden aufkommt. Es ist die Annahme, daß Männer irgendwie, vielleicht genetisch bedingt, besonders gefährlich und schlecht seien und daß ihre einzige Hoffnung in einem radikalen Verzicht auf die Maskulinität selbst bestehe. Ein extremer Auswuchs des Feminismus, die »Misandrie«, infiziert zahlreiche »moderne« liberale Seminare, Theologien, geistliche Bücher und seelsorgerische Programme. Wer sich in diesen Kreisen um spirituelle Führung bemüht, sollte sein Augenmerk darauf richten und auf die Möglichkeit, daß sie statt Hilfe Feindseligkeit, statt Ermutigung Ressentiment ernten. Wenn christliche Amtsträger andererseits die Männer, so wie sie sind, jemals ansprechen wollen, müssen sie zuerst diese brandneue Form der Geschlechterdiskriminierung erkennen, stellen und überwältigen. Leider weigern sich viele Kirchenleute, die Existenz des Männerhasses anzuerkennen, geschweige denn, ihn als wachsendes Problem zu sehen.

Die Zukunft eines erfolgreichen christlichen Bemühens um die Männer sieht keineswegs düster aus. Es gibt viele Programme, Rituale und Initiativen, die das Reifen einer lebendigen christlichen Spiritualität fördern können; manche Männer entwickeln sie genau in diesem Augenblick. Das soll aber nicht heißen, daß Spiritualität mit regelmäßigem Kirchgang oder religiöser Aktivität gleichzusetzen ist.

Die neue Männerbewegung

Sich um die männliche Seele zu kümmern, ist nicht nur eine Sache der Kirche, die Pfarrern und Priestern überlassen bleiben sollte. Ganz im Gegenteil: Ein großer Teil Energie der gegenwärtigen Renaissance männlicher Spiritualität wird von einer wachsenden Zahl von Psychologen, Dichtern, Lehrern, Ärzten, Geschäftsleuten und vielen Männern aus anderen Berufen eingebracht, die gemeinsam die »neue Männerbewegung« bilden. Größtenteils im letzten Jahrzehnt entstanden, vereint diese Bewegung verschiedene Gruppen, die eine Anzahl gemeinsamer Interessen teilen. Erstens erkennen die Männer in diesen Gruppen die Gültigkeit vieler Ansprüche an, die von der Frauenbewegung erhoben worden sind: Daß Frauen im Verlauf der Geschichte unter dem gesellschaftspolitischen Arrangement gelitten haben, das wir als Patriarchat kennen, und daß beinahe jedes Gebiet menschlichen Strebens nach Reformen verlangt, die Frauen Gleichberechtigung, gerechte Entlohnung und vor allen Dingen eine grundsätzliche menschliche Würde und Freiheit garantieren. Doch diesen Männer ist ebenso klar, daß die sogenannte patriarchale Kultur auch *Männer* wirtschaftlich, rechtlich, politisch und spirituell unterdrückt. Sie sehen es nur allzugut an der Verrohung ihrer eigenen Seele und der Seelen der Männer ihres Umfelds: Workoholismus, Vater-Wunden, Entfremdung von der Familie, rechtliche Diskriminierung, erdrückende gesellschaftliche Erwartungen und Tabus, Mangel an echter Kameradschaft unter den Männern und vor allem die Betäubung bis zur Unfähigkeit, Freude, Sinn, Trauer oder tiefere Gefühle überhaupt zu empfinden.

Statt zu jammern und zu klagen und in einer trotzigen Opferhaltung zu verharren, unternehmen diese Männer etwas, um ihrer stillen Verzweiflung zu begegnen: Sie machen sich zusammen auf eine aufregende Suche nach der männlichen Seele. Sie versuchen dabei, ihre eigene und einmalige männliche Stimme wiederzuentdecken, die ihre einzigartige Erfahrung der Männlichkeit, des Lebens und Gottes zum Ausdruck bringt. Vielfach angestoßen vom Dichter Robert Bly und dem Jungschen Psychologen Robert Moore als ursprüngliche Inspirationsquellen und erste Lehrer, lauschen diese Männer in wöchentlichen oder jährlichen Treffen der Weisheit alter Märchen und was sie uns über die Reise des Helden zu sagen wissen. Trommelnd erleben sie gemeinsam die Harmonie ihres eigenes Herzschlags und erfahren den Wilden Mann in sich. Sie schaffen einen Raum, in dem sie einander die Wahrheit sagen können: Erst trauern sie über ihre Verluste und zählen ihre Wunden, dann erlangen sie die

Eigenschaften des Herzens, die diese Wunden heilen können. Sie lesen ausgiebigst, vergleichen ihre Notizen und graben in ihrer Erinnerung. Sie suchen nach Wegen, um besser mit ihren Frauen, Geliebten und Kindern auszukommen, um sich endlich mit ihren Vätern auszusöhnen und um sich selbst besser kennenzulernen.[1] Denn darum geht es schließlich bei der Spiritualität: Nicht um die esoterischen und überkandidelten Geheimnisse einer unerreichbaren Anderswelt, sondern um die sehr realen Probleme, die die tiefsten Schichten unseres Selbst in diesem Leben berühren – unsere Identität, die Wertschätzung von und Beziehung zu uns selbst, zu anderen und zu Gott.

Spiritualität als Revolution

Die spirituelle Männerbewegung ist eine revolutionäre Entwicklung. Sie verwirft das Erbe mehrerer Jahrhunderte kulturell indoktrinierter Abneigung gegenüber der Spiritualität, das von der Aufklärung geboren, von der industriellen Revolution genährt und vom materialistischen Konsumismus perfektioniert wurde. Diese kulturellen Bewegungen haben den Mann nicht *inthronisiert*, wie Kritiker des Patriarchats behaupten, sie haben ihn vielmehr hinausgeworfen: aus dem Haus, aus der Kirche und, was am schlimmsten ist, aus sich selbst. Ich übertreibe nicht, wenn ich behaupte, daß die Moderne Generationen von betäubten Männern geschaffen hat, die nicht einmal ihre eigenen Erfahrungen *spüren*, geschweige denn ohne Hilfe artikulieren können. Kapitalismus und Kommunismus haben jeweils auf ihre eigene Weise den »Unglaublichen Schrumpfmann« erfunden, einen ausschließlich zweckorientierten Roboter, der im Westen dazu programmiert worden ist, Kapital zu produzieren, und im Osten, dem Staat zu dienen. So lautet auch eine der nachhaltigsten Kritiken, die Michail Gorbatschow an das russische Volk gerichtet hat, daß achtzig Jahre Kommunismus das wichtigste menschliche Gut, die Spiritualität, beinahe erschöpft hätten.[2] Doch wird es sie nicht zurückerlangen, wenn sie ihr amerikanisches Gegenstück blind nachahmt, den »Mann im Grauen Anzug«.

Da die beiden großen Formen des Materialismus, der Kapitalismus und der Kommunismus, den Mann fast auf die emotionale Größe und spirituelle Kapazität eines Roboters haben schrumpfen lassen, lösen sie in vielen Männern unweigerlich einen entsprechenden Hunger nach etwas Besserem aus, ein Verlangen nach transzendentaler Größe. Dieser Hunger ist eine mächtige, nicht immer gut geleitete Kraft. Vielerorts liefert sie den Zündstoff für das weltweite Phänomen des Fundamentalismus, eine eindeutig männlich orientierte Bewegung, die als eine Art spiritueller Krankheit anzusehen ist.[3] Doch während wir den Fanatismus des Fundamentalisten fürchten, sein autoritäres Gehabe verabscheuen oder seine Einfältigkeit verachten mögen, können wir seinen leidgetragenen Impuls nicht leugnen, daß mit der Spiritualität in unserer globalen Kultur etwas schiefgegangen ist. Ob in Ost oder West: Wir erfahren einen Mangel an Glauben, einen Niedergang unseres Gefühls für das Heilige im Leben und einen starken Wunsch nach Ersatzmitteln, nach Drogen, um erweiterte Bewußtseinszustände zu erfahren, die traditionell mit Hilfe der Religion erreicht werden. Männer brauchen die Erhabenheit des Heiligen und können sich nicht mit weniger zufriedengeben. Jeder Mann trägt in sich ein Loch, das von nichts weniger und niemand anderem als Gott gefüllt werden kann. Um Männer zu befreien, genügt es deshalb letztendlich nicht, wenn sie *nur* trommeln, singen und einander ihre Erfahrungen mitteilen. Sie müssen irgendwann ihren Weg zu Gott finden, zum Ursprung allen Seins.

Der feministische Beitrag zur männlichen Spiritualität

Männer begeben sich auf den Gottesweg.[4] Zu den wichtigsten Einflüssen auf die Entwicklung der Spiritualität des heutigen Mannes zählt der Feminismus. Drei Jahrzehnte lang haben unsere Schwestern die Knochenarbeit übernommen und angefangen, sich von unterdrückenden gesellschaftlichen Rollen, ausbeuterischen wirtschaftlichen Bedingungen und institutionalisierter religiöser Unsensibilität zu befreien – beinahe immer gegen harte Widerstände seitens lähmender Koalitionen von betäubten Männern, die in der Regel kein Mitgefühl aufbringen können für das, was ihnen widerfährt. Die Spiritualität der neuen Männerbewegung ist keine weitere Straßenblockade auf dem weiblichen Befreiungsweg. In vielerlei Hinsicht ist sie dessen Resultat. Denn Männer können nicht wirklich den dynamischen Pfad der spirituellen Suche beschreiten, solange sie den Fuß eisern auf den Nacken der Frauen stellen.

Frauen sagen uns schon lange: Die weitreichenden Veränderungen, die der Feminismus schafft, verlangen notgedrungen eine entsprechende spirituelle Arbeit durch den Mann, damit er sich von seiner eigenen Zwanghaftigkeit, Taubheit und Unbewußtheit befreien kann. Bis vor kurzem umfaßte die männliche Bewußtseinsarbeit zu Geschlechtlichkeit und Sexualität vor allem das Lesen feministischer Literatur und die Übernahme des weiblichen Programms – eine unübertreffliche Methode, um sich der weiblichen Erfahrung emphatisch zu öffnen und ihren Schmerz wahrzunehmen, doch kein geeigneter Weg zum Verständnis von Männlichkeit. Der Feminismus muß für die Frau sprechen – für den Mann kann er es nicht. Da Frauen nicht direkt erfahren können, was es heißt, ein Mann zu sein, und da die meisten Männer zu empfindungslos sind, um ihnen ihre Erfahrungen mitzuteilen, kann die feministische Literatur nicht viel mehr zum Ausdruck bringen, als die *weibliche* Erfahrung des Mannes, die sehr oft nicht das Produkt der männlichen Seele ist, sondern vielmehr ihrer Betäubung, ihrer Dominanz, Unsensibilität und gar Brutalität. Die Folge ist, daß sich die feministische Literatur bisweilen auf die schlechtesten Seiten des Mannes konzentriert und unfähig oder unwillens zu sein scheint, unter dieser kulturellen Zerrüttung noch etwas Wertvolles oder Anmutiges zu finden. Die meisten gegenwärtigen Diskussionen über das männliche Geschlecht sind entsprechend einseitig und von Vorurteilen geprägt, weshalb es den Männern selbst obliegt, auf dieses Ungleichgewicht einzugehen und laut und deutlich ihre eigene Sicht der Dinge zu artikulieren.

Große Teile der stark negativ angehauchten »Männerliteratur« werden in den Medien, durch die Künste und vom liberalen Christentum verbreitet. Zudem gibt es derzeit weder Information noch eine Diskussion, die den männlichen Geist positiv behandelt. Es gibt kaum Männerkurse unter den geschlechtsspezifischen Lehrgängen an Volkshochschulen oder Universitäten, nur wenige einfühlsame Fernsehsendungen über den Mann[5] und, meines Wissens, keinerlei Kurse über männliche Spiritualität an einer theologischen Fakultät. Einen Begriff der Wegstrecke, die Männer zurücklegen müssen, um ihre einzigartige Erfahrung zu artikulieren, kann man sich in jeder guten Buchhandlung machen, wo Bände über weibliche Spiritualität manchmal ganze Wände füllen, während Bücher über Männer (darunter zahlreiche negative) oft in einem einzigen Regal Platz finden. Es geht hier nicht um zahlenmäßige Unterlegenheit und geschlechtliche Anfeindungen, sondern um die intellektuelle, affektive und spirituelle Atmosphäre, in der erwachsene Männer leben und junge Männer aufwachsen. Das zunehmende Unvermögen in unserer Kultur, den Mann zu verstehen, bietet allerdings eine Chance, indem es Männer herausfordert, sich selbst zu verstehen und für sich selbst einzustehen. Männer müssen also ihre eigenen intellektuellen

Hausaufgaben machen, ihre eigenen Bedingungen definieren, ihr eigenes Programm schaffen, negativen Projektionen und Stereotypen begegnen und sich in konstruktiver Selbstkritik üben – all das im Rahmen einer ruhigen und vernünftigen Selbstbejahung.

Patriarchat und Klerikalismus

Obwohl in den letzten Jahrzehnten eine ausgiebige Auseinandersetzung mit der weiblichen Spiritualität stattgefunden hat, ist das wichtigste Hindernis für die Entwicklung einer echten männlichen Spiritualität einfach das immer noch weitverbreitete Unwissen in religiösen und in kulturellen Kreisen, daß das Geschlecht etwas mit spirituellen Dingen zu tun hat. Zum Glück hat ein Heer von feministischen Autorinnen und Autoren bereits überzeugend aufgezeigt, von welch großer Bedeutung die Sexualität für die weibliche Religiosität ist. Innerhalb des letzten Jahrzehnts sind zahlreiche Werke erschienen mit feministisch angegangenen religiösen Themen, die von der Spiritualität über die biblische Hermeneutik und die Rolle der Frau in der Kirche bis zu den weiblichen Dimensionen Gottes reichen.[6] Die Ideen in diesen Werken finden jetzt Eingang in liberal-protestantische und katholische theologische Fakultäten und schaffen fruchtbare neue Gedanken und Einsichten. Das vielleicht positivste Nebenprodukt dieser aufregenden neuen Arbeit ist jedoch die Verbreitung der Erkenntnis, daß die Beziehung des Menschen zu sich selbst, zu anderen und zu Gott stark von Geschlecht und Sexualität abhängig ist.

Wie beeinflußt unsere Männlichkeit oder Weiblichkeit unser religiöses Empfinden? Das ist eine faszinierende und übergreifende Frage. Auf oberflächlich gesellschaftspolitischer Ebene besteht kein Zweifel, daß kulturelle Kräfte und gesellschaftliche Erwartungen einen großen Einfluß auf das geschlechtsspezifische religiöse Verhalten haben. Die »feministische Geschichtsschreibung« hat die Unterdrückung durch die jüdisch-christliche Tradition, die Frauen einen mündigen und gleichberechtigten Platz im öffentlichen Leben ihres Glaubens versagte, gut belegt. Das Patriarchat hat der Frau einen untergeordneten Platz in Synagoge und Kirche zugewiesen, die Übernahme von stereotypen Eigenarten und Rollen gefördert und den Zugang zu einem Gott erschwert, der in der Regel in ausschließlich männlichen Bezügen und Ausdrücken beschrieben wird. Hier stellt sich die Frage des Selbstwerts: Was sagt es über ihren Wert vor Gott aus, wenn eine Frau nicht voll und gleichberechtigt an der religiösen Tradition und Entscheidungsfindung ihrer Gemeinschaft teil-haben darf?

Heute löst dieser Sachverhalt in der katholischen Kirche Schmerzen vor allem in bezug auf die Priesterweihe aus. Während die Männer, mit denen sie oft studiert haben und als Gleichberechtigte verkehren, vortreten und auf den Altar zugehen, um das Sakrament der Weihe zu empfangen, müssen junge Theologiestudentinnen still in ihren Bänken sitzen bleiben – außer für die obligate, begeisterte Runde Applaus, die das Einverständ-nis der Gemeinde signalisiert. Sogar in den Kirchen, die Pfarrerinnen ordinieren, treten sowohl bei den Laien als auch in der Hierarchie immer wieder sexistische Vorurteile zutage. Anglikanische Pfarrerinnen müssen sich beispielsweise viel Geringschätzung und Demütigung gefallen lassen, und zwar von Männern und Frauen gleichermaßen. Man kann sich nur wundern über den Schaden, den das Patriarchat dem weiblichen Geist und seiner Gottessuche im Laufe der Jahrhunderte zugefügt hat.

Niemand jedoch stellt sich die Frage, ob die Pfarrer dieser Tradition ebenfalls unter Sexismus gelitten haben; es wird beinahe universell ange-nommen, daß Männer die privilegierten Stellungen »genießen«, die das Patriarchat ihnen vorbehält. Doch nur die unsichersten und pompösesten unter ihnen haben ihre kirchlichen Machtpositionen und Privilegien »ge-nossen«. Meine Erfahrung mit der römisch-katholischen Tradition sagt mir, daß die meisten Priester ihre Seelsorge als freiwilligen Dienst am Nächsten leben, der mit Liebe unternommen wird und manchmal mit großen persönlichen Opfern verbunden ist. Abgesehen von den skandalös niedrigen Löhnen und der untergeordneten gesellschaftlichen Stellung in manchen Ländern leiden diese Männer wegen des Zölibats oft unter großer Einsamkeit. Die Ironie ist dabei natürlich, daß sie ein männliches Zeugungsorgan aufweisen müssen, um Priester werden zu können, es aber nicht benutzen dürfen!

Derselbe Klerikalismus, der Geistliche isoliert und entfremdet, neigt glei-chermaßen dazu, den Laien herabzuwürdigen. Wo der »wahre« religiöse Dienst offenbar im Verzicht auf den Zeugungsakt besteht, fällt es schwer, sich der unterschwelligen Folgerung zu entziehen, daß sexuell aktive Männer keine spirituelle Potenz erlangen können und demnach als gleich-wertige religiöse Wesen nicht in Frage kommen.

Sogar in Kirchen, wo das Zölibat nicht gefordert wird, bedeutet der Berufsstatus des Klerus oft eine subtile Schranke für den Laien. Priester und Pfarrer scheinen sprituelle Experten zu sein, denen man sich so unterwürfig fügt wie einem Computerexperten oder einem Gehirnchirurgen. Diese Einstellung mag berechtigt sein, wo die höheren Geheimnisse des Kirchenrechts oder die Feinheiten eines theologischen Arguments im Spiel sind, aber nicht dort, wo es um die eigene Seele oder um das eigene Gewissen geht.

Platonismus und männliche Spiritualität

Von soziologischer Warte her kann kein aufrichtiger Beobachter leugnen, daß kulturelle Einstellungen gegenüber den Geschlechtern die männliche und weibliche Religiosität stark beeinflußt haben; dennoch behaupten viele Traditionalisten, daß dieser Einfluß rein oberflächlich sei. Speziell leugnen sie, daß des Mannes angeblich gottgegebene religiöse Macht auf eine spirituelle Ungleichheit zwischen Mann und Frau schließen läßt.[7] Sie argumentieren, daß auf einer tieferen spirituellen Ebene Männer und Frauen unabhängig von ihrer gesellschaftlichen Stellung vor Gott volle Freiheit und Gleichheit genießen. Diese Sicht geht davon aus, daß die oberflächliche »äußere« Hülle der sexuellen Ausrüstung und Physiologie und die dazugehörigen gesellschaftlichen Rollen die »innere« Wirklichkeit der Seele vor Gott nicht wirklich beeinträchtigen können. Diese platonische Idee, die auf einer Unterscheidung zwischen der wirklichen Welt der Seele und der illusorischen Welt des Körpers beharrt, verdeckt natürlich patriarchalische Interessen. Vertreter derselben Art Doktrin suchten in Amerika vor dem Bürgerkrieg die Schwarzen zu überzeugen, daß ihr Status als Sklaven ihre gottgegebene menschliche Würde in keinerlei Weise beeinflusse.

Doch die Nachwehen des Platonismus haben sich in der christlichen mystischen Tradition auf ebenso heimtückische wie überraschende und weitgehend unerkannte Weise gegen den Mann gerichtet. Das ist von großer Bedeutung für unsere Diskussion, weil es die paradoxe Tatsache erklärt, daß die Spiritualität der Kirche oft einseitig auf Frauen ausgerichtet ist und auf Männer oft entfremdend wirkt, während die politische Struktur der Kirche eindeutig patriarchalisch und männlich geprägt ist. In der christlich-platonischen Sicht gehören Macht und Status zur äußeren (phänomenalen) Welt: der *wahrhaft* spirituelle Mensch ist demnach derjenige, der sich in Gebet, Stille und Zurückgezogenheit auf das reine Innenleben der Seele konzentriert.[8] Während gewisse Männer innerhalb der Kirche zu ekklesiastischer Dominanz aufsteigen mögen, besteht nach dieser Logik die bessere Wahl – und der Weg zu wahrer Heiligkeit – darin, der Welt, dem Fleisch und dem Teufel gänzlich zu entsagen. Der niedrige gesellschaftliche Status von Frauen bietet demnach eine Art spirituellen Vorsprung: die Chance, vor einem Hintergrund voll Demut, Ohnmacht und Sanftmütigkeit die höchsten und edelsten Eigenschaften der Seele zu entwickeln.

Das führt uns zu einer Eigenart der christlichen Spiritualität. Während Männer eindeutig das Kirchenpatriarchat regieren, geben sie uns zu verstehen, daß ihre Macht, ihre Stellung und ihr Reichtum die Essenz des spirituellen Lebens eigentlich vergewaltigen! Die Kirche scheint diese Prälaten als notwendiges Übel zu tolerieren – *irgend jemand* muß die Institution schließlich doch verwalten. Doch die wirkliche »Seele« der Kirche sind die Armen, die Erniedrigten, die Demütigen und die Passiven, allen voran die Frauen. Nach diesem Bilde muß sich ein Mann, der ein *echtes* spirituelles Leben führen will, sanft und demütig in ein Kloster zurückziehen, um sich zu kasteien und mit seinen Gelübden von Armut, Keuschheit und Gehorsam mancher der männlichsten Beschäftigungen entsagen: Broterwerb, Zeugung und innere Unabhängigkeit und Unbestechlichkeit. Ohne Umschweife gesagt: Ein Mann, der ein spirituelles Leben führen will, muß offenbar die kulturelle Rolle einer unterdrückten Frau übernehmen: Er muß arm, sexuell ausgedörrt und abhängig werden.

Der beschriebene Pfad der Entsagung ist ein wahrhaftiger und ehrwürdiger Weg zu Gott, den im Verlauf der Geschichte Männer vieler Religionen gegangen sind. Darüber hinaus ist er fest verankert in der christlichen Tradition und ruht auf Grundpfeilern, die ihre Ursprünge in der Lehre Jesu haben (zum Beispiel die Seligpreisungen in Mt 5). Doch dieser Weg zu Gott birgt wie alle anderen auch reale Fallstricke. Neben der offensichtlichen Gefahr des Elitären besteht die fortwährende Sorge, daß das eintreten könnte, was Nietzsche *Ressentiment* nannte – bösartiger Haß und Eifersucht auf die »Mächtigen« durch diejenigen, die »Sanftheit und Demut« vortäuschen.

Doch gerade weil jene Männer in der Askese den einzigen authentischen Weg zu Gott sehen (unter Ausschluß anderer echter christlicher Spiritualität), diesen Weg aber unterschwellig unmännlich finden, herrschen die Zustände, die zur radikalen männlichen Entfremdung von der Kirche geführt haben. Denn das scheint im westlichen Christentum tatsächlich der Fall zu sein: »Richtige (spirituelle) Männer« sind aufgefordert, den größten Teil der Werte und Beschäftigungen, die ihnen am Herzen liegen, – Rivalität, Kampf, Sexualität, Zeugung, Produktivität, Abenteuerlust, Unabhängigkeit – zugunsten eines Eunuchenlebens aufzugeben.[9] Das erste Vorbild für *verheiratete* Christen führt uns das Eunuchenmotiv ständig vor Augen: Josef, Marias Ehemann, wird meist als alter Mann dargestellt, ein geschlechtsloses und eingefrorenes Idealwesen.[10] Wir müssen uns nicht verwundern, daß so viele Männer eine starke unbewußte Botschaft empfangen: Sich auf die christliche Spiritualität einzulassen, führt zu einer Form der Entmannung. Männer, die sich für das christliche Leben zu eignen scheinen, kommen ihnen wie komische, asexuelle Langweiler vor, oder aber es sind Greise, die »keinen Mumm« mehr haben. Wenn sie auch etwas Schuld und Bedauern empfinden, gehen die meisten Männer dennoch ihre eigenen Wege. Weil sie sich aber trotzdem irgendwie von der Schwerkraft der Wirklichkeit Gottes angezogen fühlen, kreisen sie auf einer hohen Umlaufbahn um das herum, was ihnen wie ein religiöses Schwarzes Loch vorkommt, das sie in den Abgrund lockt. Dort treffen wir sie heute an, in den Außenbezirken des Engagements, höchstens hinten in den Kirchen, an den Grenzen des Glaubens, im Umkreis.

Der Widerspruch löst sich nicht auf: Wenngleich patriarchalisch in seiner Struktur, ist das westliche Christentum in Herz und Seele in erster Linie weiblich. Männer mit dieser Mentalität, die darauf bestehen, aktiv in der profanen Welt der Geschäfte oder der Politik zu wirken, treten in Kontakt mit der obersten Wirklichkeit der Welt des Gebets und der Anbetung über die Gnade einer weiblichen Wesenheit in ihrem Leben (in der Regel die Ehefrau oder Mutter) oder aber durch den Kontakt mit »wirklich spirituellen Männern« (Priestern oder Mönchen) anläßlich alljährlicher Einkehrtage im Kloster oder durch gelegentliche Kirchenbesuche. Den Löwenanteil ihrer Zeit und Energie widmen sie jedoch immer noch Beschäftigungen, die als säkular oder weltlich gelten. Denn das ist das Erbe des christlichen Platonismus: Der unbewußte Eindruck, daß Frauen *von Natur aus* religiös sind, während Männer, wegen eines Hormons vielleicht, eines chemischen Stoffes oder eines genetischen Defekts oder einfach aus reiner Böswilligkeit, sich von Grund auf nur für die materielle Welt und ihre Vorteile interessieren.[11]

Männer brauchen diese sexistische Hypothese nicht widerspruchslos zu übernehmen. Es ermutigt, daß viele christliche Männer sie sogar nachdrücklich ablehnen und eine sinnvolle christliche Spiritualität im Flechtwerk ihres Lebens und ihrer Arbeit finden. Die katholische und die liberal-protestantische Kirche macht es Männern auf der Suche nach Spiritualität schwer, auch wenn es innerhalb der Kirche erfrischende Ausnahmen gibt. Diese und viele andere berühmte und unbekannte Männer haben sich die schwere Aufgabe gestellt, sexistische kulturelle Stereotypen abzulehnen, um sich bewußt auf ihre eigene einmalige spirituelle Reise zu begeben. Ihre Bereitwilligkeit, für ihre religiösen Überzeugungen einzutreten und gleichzeitig aktiv in der Welt zu stehen, erinnert andere Männer daran, daß die spirituelle Dimension nicht zwangsläufig von der Wirklichkeit trennt, sondern sie in einen intimeren Kontakt zu ihr bringt.

Androgynie: die neue sexuelle Ideologie

Es steht fest, daß politische, wirtschaftliche und kulturelle Kräfte und die stereotype Rollenverteilung in unserer Gesellschaft einen großen Einfluß auf die männliche und weibliche Spiritualität haben. Auf dieser Basis hat sich eine neue sexuelle Ideologie entwickelt, die als Lösung für historisch bedingte Ungleichheiten ins Feld geführt wird: die *Androgynie* (griechisch: männlich und weiblich). Die Androgynie versucht, alle *wesentlichen* menschlichen Unterschiede zwischen Mann und Frau aufzuheben oder herabzuspielen. Ihre Befürworter argumentieren, daß, abgesehen von minimalen genitalen Abweichungen, die Unterschiede zwischen Mann und Frau vor allem kulturell und gesellschaftlich bedingt sind und demnach ausgemerzt werden müssen. Diese Idee geht davon aus, daß menschliche Wesen eine vielschichtige Mischung männlicher und weiblicher Eigenschaften sind, daß es keine rein »männlichen« Männer und »weiblichen« Frauen gibt.[12] Die androgyne Ideologie fordert weiterhin die Unterdrückung von überwiegender Männlichkeit oder Weiblichkeit im Menschen sowie den Ausgleich von männlichen und weiblichen psychologischen Eigenschaften. Darüber hinaus verlangen viele Androgyniker, daß die Gesellschaft die vorgesehene Gleichstellung der Geschlechter in ihren Institutionen, Gesetzen, Bräuchen und Werten reflektiert. In theologischen Kreisen findet dieses Programm die biblische Rechtfertigung im berühmten Wort des Apostel Paulus: »Es gibt nicht mehr Juden und Griechen, nicht Sklaven und Freie, nicht Mann und Frau, denn ihr alle seid ›einer‹ in Jesus Christus« (Gal 3,28).
Ziel der theologischen Androgynie ist es, die gemeinsame Menschlichkeit und Gleichheit aller Menschen vor Gott zu betonen und jene kirchlichen Strukturen und gesellschaftlichen Rollen zu beseitigen, die dazu neigen, Frauen zu unterdrücken und ihnen ihre vollen Menschenrechte zu verweigern. Dieser Ansatz befürwortet die institutionelle Gleichstellung von Mann und Frau und besteht auf geschlechtsneutralen Gottesbezeichnungen und dem Abbau patriarchalischer hierarchischer Autoritätsstrukturen.

Wie bei Ideologien häufig der Fall, bewegen sich zahlreiche Aspekte dieses Programms auf dem Boden der Vernunft. Insbesondere die Forderung, religiöse Institutionen mögen Männern und Frauen umfassende Menschenrechte sowie Parität auf allen seelsorgerischen und verwalterischen Ebenen zusprechen, scheint eine Frage von grundsätzlicher menschlicher Gerechtigkeit zu sein. Die Erkenntnis, daß jeder Mensch eine komplexe Mischung männlicher und weiblicher – körperlicher, emotionaler und geistiger – Elemente birgt, hat darüber hinaus mitgeholfen, Menschen von vereinfachenden Ideen zu befreien: zum Beispiel von »Die Männer sind alle gleich« oder »Alle Frauen sitzen im selben Boot«. Schließlich besteht die Androgynie zu Recht darauf, daß männliche und weibliche Rechte, Berufsinteressen, gesellschaftliche und familiäre Rollen und religiöse Empfindungen nicht als Funktion der Geschlechtsteile betrachtet werden sollten.

Doch insofern die Androgynie einen Versuch darstellt, dem komplizierten Paradoxon der menschlichen Sexualität eine philosophische Abstraktion (sexuelle Gleichheit) aufzupropfen, kann sie nur zu einer neuen und mindestens ebenso schlimmen Unterdrückung führen wie die Ideologie, die sie korrigieren wollte. Dem einzelnen, der Gesellschaft und der Kirche das androgyne Ideal aufzwingen zu wollen, heißt, eine der kostbarsten menschlich emotionalen und psychischen Gaben – geschlechtliche Verschiedenheit – einer faden Uniformität zu opfern. Daß jeder Mann und jede Frau abstrakt betrachtet und als Mitglied der Gattung Mensch hinsichtlich seiner Rechte, Berufschancen, Entlöhnung oder geistlichen Versorgung eine gerechte Behandlung erfahren soll, findet zunehmend Akzeptanz und ist eines der vordringlichsten Ziele der sexuellen Revolution. Doch zu glauben, daß es zwischen Mann und Frau außer im äußeren Genitalbereich keine naturgegebenen emotionalen und geistig-seelischen Unterschiede gibt oder geben sollte, heißt, die Ergebnisse wissenschaftlicher Forschung ignorieren und die grundlegendsten Regungen des menschlichen Herzens leugnen.[13] Wesentliche sexuelle – und spirituelle – Unterschiede zwischen Mann und Frau zu leugnen, spottet nicht nur jeder Vernunft und Erfahrung, es bereitet auch die Bühne für noch mehr Unterdrückung im Namen einer Abstraktion – eine Eigentümlichkeit des zwanzigsten Jahrhunderts.

Darüber hinaus kaschiert der Versuch, Geschlechtsmerkmale zu unterdrücken oder auszumerzen und den idealen androgynen Menschen oder die androgyne Gesellschaft zu schaffen, einen vernichtenden Angriff auf die Männlichkeit und auf den Mann. Wie wir im nächsten Kapitel sehen werden, beruht das Phänomen der Männlichkeit auf einer Separierung von der weiblichen Welt und lebt vom kontinuierlichen Kontrast zum Weiblichen. Die geschlechtliche Unterschiedlichkeit zurückzudrängen, kommt dem unbewußten Versuch gleich, das Männliche zu unterdrücken: was nicht bedeutet, überkommene Rollenvorstellungen von Frau und Mann zu zementieren. Vom »Mann« zu reden, heißt, immer auch von seiner notwendigen Befreiung auszugehen. In der Praxis ist die androgyne Rhetorik jedoch einseitig darauf ausgerichtet, ihr Ideal vor allem durch die Abdämpfung männlicher »Exzesse« wie Aggressivität und Konkurrenzverhalten zu erreichen, zugunsten von Werten wie Harmonie und Beziehungsfähigkeit, die ihrem Wesen nach tatsächlich höchst »weiblich« sind.

Man könnte das androgyne Ideal mit dem einstmals modischen Mythos des US-amerikanischen Schmelztiegels vergleichen. Oberflächlich gesehen schien er verschiedenen Völkergruppen die Chance zu bieten, »amerikanisch zu sein« – durch die Aufgabe ihrer Muttersprache, ihrer Bräuche, ihrer Literatur, ihrer Trachten, ihrer Witze, ihrer Speisen und mit der Zeit soger ihrer überlieferten Religion. Wie die blassen und kulturell aufgeweichten Nachkommen dieser Ethik schließlich feststellen mußten, war die Idee des Schmelztiegels nichts weiter als ein Versuch, die angelsächsisch-protestantische Wertvorstellungen einer weißen Minderheit auf Gruppen zu übertragen, die vermeintlich die herrschende Gesellschaft bedrohten. Zu den Stärken der USA im ausgehenden zwanzigsten Jahrhundert, da das Ideal des Schmelztiegels aufgegeben wird, gehört die Wiederentdeckung der ethnischen Herkunft als Mittel, um seine Wurzeln, psychologische Orientierung und mythische Identität zu finden. Die Suche und das Ehren der eigenen Wurzeln – ob afrikanisch, polnisch, romanisch, irisch oder deutsch – ist eine machtvolle Erfahrung des Zurückfindens zu einer Geschichte und einem Erbe, die in einer langweiligen, gleichgeschalteten Gesellschaft Identität, Richtung und Würze verleihen.

Sexualität ist ein ebenso wichtiger Ausdruck der Identität wie die eigene Herkunft. Für die meisten Männer, deren männliche Energie an der Spannung von sexueller Gegnerschaft und psychischer Verschiedenheit wächst, ist der ideologische Versuch, durch die Eliminierung aller relevanten Unterschiede eine androgyne Gleichheit zwischen den Geschlechtern zu schaffen, gleichbedeutend mit einer Spiritualität des kleinsten gemeinsamen Nenners, ein künstliches Ideal, das Mäßigung, Uniformität und Homogenisierung verwirklichen will. Wenn an dynamischer Virilität eines dran ist, dann ist es die Abneigung gegen eine solche Gleichschaltung; bei der männlichen Spiritualität geht es um das Heroische, das

Einmalige, Außergewöhnliche, um das andere, Wilde, Ungewöhnliche und Individuelle – allesamt männliche Eigenschaften, die im platonischen Christentum selten befürwortet, ermutigt oder geschätzt werden.

Für die aufkommende Androgynie der modernen christlichen Spiritualität scheint Männlichkeit unerwünscht und gar gefährlich zu sein. Der Nachdruck liegt hier auf dem, was Männer sein *sollten,* statt auf dem, was sie sind, liegt auf der Reue, die sie empfinden müssen, statt auf den Talenten, die sie anzubieten haben. Zu den Aufgaben einer wahrhaft männlichen Spiritualität gehört es dagegen, männliche Probleme mit einem Kontext zu konfrontieren, der die Männlichkeit und die positiven Eigenschaften, die sie dem menschlichen Geist verleiht, schätzt und sogar zelebriert. Kurzum: Eine echte Spiritualität für Männer wird aufzeigen, daß ihre Sündhaftigkeit, ihre Mängel und Fehler geheilt werden können, und daß sie sich Gott nicht durch weniger, sondern durch mehr Männlichkeit nähern können.

Männlichkeit: angeboren oder anerzogen?

Die männliche Spiritualität muß auf soliden Grundlagen ruhen, die bezeugen, daß die Summe der männlichen Eigenschaften keineswegs gesellschaftlich oder kulturell bedingt ist. Sonst werden Kritiker immer wieder behaupten, eine solche Spritualität sei nicht mehr als ein religiöser Versuch, das Patriarchat zu legitimieren. Glücklicherweise weist eine Fülle physiologischer, psychologischer und anthropologischer Studien überzeugend nach, daß sowohl die weibliche als auch die männliche Spiritualität die Frucht organischer sexueller Phänomene sind, die in der Biologie und Physiologie wurzeln und von elementar menschlichen Prozessen genährt und von uralten gesellschaftlichen Kräften kultiviert worden sind. Über die Herkunft der Männlichkeit kann demzufolge nicht ernsthaft debattiert werden, ob sie »angeboren oder anerzogen« sei, denn diese Gegenüberstellung stimmt so nicht. In der Vergangenheit wurde bei diesem Streit davon ausgegangen, die alten und komplexen Prozesse einer jeden Kultur, die männliches Anderssein fördert, seien rein willkürliche Erfindungen, die durch gesellschaftliche Steuerung beeinflußt werden (Wir ziehen Kläuschen ein rosarotes Kleidchen an und geben ihm eine Puppe – dann wird kein solches Biest aus ihm). Schließlich ist die Gesellschaftsordnung, die Geschlechtsrollen betont, selbst ein Produkt der Natur. Das Gesellschaftliche unterscheidet Männlichkeit und Weiblichkeit und fördert diese Unterschiede, gerade weil es die Natur auf biologischer Ebene ebenso hält. Maskulinität und Femininität sind eindeutig das Resultat einer synergetischen Kombination von Angeborensein *und* Erziehung.

Wie menschlich, dies Tier

Die Wurzeln der menschlichen Sexualität sind tief mit der fruchtbaren Erde unseres natürlichen Animalismus verwachsen. Wir sind intelligente Tiere. Auch wenn spirituellen Autoren diese Wahrheit immer bekannt gewesen ist, hat man dieses Faktum eher beklagt, denn begrüßt. Die meisten früheren und auch die heutigen philosophischen Diskussionen über das Wesen der Menschheit scheinen die qualitative Lücke zu betonen, die zwischen Mensch und Tier klafft, als wäre das »Menschliche« im Kern nicht tierisch. In der traditionellen Spiritualität bezieht sich denn auch alles, was wirklich menschlich ist, auf die Seele, während dem Körper all das überlassen wird, was lediglich tierisch ist. Dieser schizophrene Dualismus führt den spirituell interessierten Menschen in einen großen Zwiespalt: Soll er sich auf die Seele konzentrieren, die in weltlichen Angelegenheiten tragisch verstrickt ist und damit unfähig, ihre spirituellen Ziele zu erreichen, oder soll er voll und ganz im Leben des Körpers mit all seinen Freuden, Schwächen und Problemen aufgehen? Eine der Folgen dieses katastrophalen Kreuzwegs ist nicht nur die Entwertung und gar Dämonisierung unserer körperlichen Eigenschaften, sondern auch die dazugehörige Fehleinschätzung, daß die Beschäftigung mit spirituellen Dingen ausnahmslos »gut« sein muß. Das ist eine gefährliche Hypothese, denn manche der schrecklichsten Dinge, die der Mensch sich selbst angetan hat, geschahen im Namen eines religiösen Glaubens.

Zum Glück deutet sich ein Ausweg aus dieser falschen Aufteilung an, vor allem durch die Einsichten, die uns ein Jahrhundert wissenschaftliche Forschung liefert. Allmählich gelangen wir zu der Erkenntnis, daß Seele und Körper sehr eng verbunden sind, daß wir keinen Körper *haben*, sondern ein Körper *sind*. Überraschender ist vielleicht noch, daß es sich bei dieser Einstellung nicht um eine moderne Erfindung handelt, sondern um einen sehr alten Begriff, welcher der spirituellen Welt des Alten und des Neuen Testaments viel nähersteht, als wir in der Regel ahnen. Die biblischen Autoren gehen davon aus, daß unser Leben ein durchaus verkörpertes ist. Deshalb ist die christliche Lehre von der Auferstehung (womit sowohl die Auferstehung Christi als auch unsere eigene Auferstehung gemeint sind) so zentral – weil ein Leben ohne einen (irdischen oder auferstandenen) Leib überhaupt kein Leben ist.[14]

Zu den großen medizinischen Wiederentdeckungen des zwanzigsten Jahrhunderts gehört, daß der Mensch wirklich *psychosomatisch* ist, ein Ausdruck, der zwei griechische Wörter – *psyche* (»Seele«) und *soma* (»Körper«) – auf eine Art vereint, die deren Einheit im menschlichen Leben symbolisiert. Die heutige medizinische Forschung weiß, daß die Seele und ihre Gedanken, Gefühle und Einstellungen den Mechanismus des Körpers sogar noch auf molekularer Ebene beeinflussen und daß die grundlegendsten Körperzustände das geistige Befinden verändern, denn sie bilden eine unzertrennliche Ganzheit. Eine der wichtigsten medizinischen Entdeckungen betrifft psychosomatische Erkrankungen – die schreckliche und manchmal fatale Auswirkung, die Trauer, Depression und Verzweiflung auf unsere körperliche Gesundheit hat. Diese Einsicht befähigt manche Ärzte dazu, den Prozeß umzukehren, wie es die erfolgreichsten Ärzte schon immer getan haben, um körperliche Genesung durch seelische Heilung herbeizuführen. Diese Ärzte sehen in ihren Patienten mehr als eine Ansammlung von Zellstrukturen, die nur auf Chemotherapie und Bestrahlung ansprechen. Der ganzheitliche medizinische Ansatz lehrt Ärzte, sich mit den unausgeschöpften spirituellen Kräften ihrer Patienten zu verbünden, mit Hilfe von Psychotherapie, Visualisieren, Kunst und dem Gespräch in einer Atmosphäre der Liebe und persönlichen Betreuung. Diese Ärzte betrachten Medikamente, Operationen und andere medizinische Eingriffe als notwendige, jedoch zweitrangige Schritte, die dem Körper/Geist erlauben, sich selbst schneller und vollständiger als sonst zu regenerieren.[15]

Mit der Entfaltung des psychosomatischen Gedankens im medizinischen wie auch im öffentlichen Bereich beginnen auch die Folgerungen aus der Seele/Körper-Wahrheit unser Denken in bezug auf die Beziehung zwischen Animalität und Spiritualität zu beeinflussen. Auf Wegen, die uns oft nur wenig bewußt sind, gewinnen die Licht- oder Nahrungsmenge, die wir erhalten, großen Einfluß auf die Regungen, Stimmungen und Wünsche unserer Seele. Bis vor kurzem schien sich die populäre christliche Spiritualität vor allem auf den negativen Aspekt der psychosomatischen Wahrheit zu konzentrieren, nämlich darauf, wie solch offensichtlichen körperlichen Einflüsse wie sexuelle Leidenschaft, Hunger oder Erschöpfung das geistige Leben abstumpfen bzw. zerstören. Die tiefschürfende alte Tradion der *Askese* (die geordnete Disziplinierung der Leidenschaften) entstand im Christentum wie auch in anderen Religionen, um körperliche Bedürfnisse und Wünsche unter Kontrolle zu bringen und in positive Bahnen zu lenken. Solch wertvolle spirituelle Praktiken wie Fasten, Yoga, Wachen und gewisse Arten von Buße bereichern spirituelle Abenteurer jedoch bestenfalls mit derselben herzhaften Selbstdisziplin, wie sie zum Beispiel von olympischen Athleten aufgebracht wird.

In der Praxis wird diese Art Askese oft von verschrobenen Philosophien und von Selbsthaß infiziert. Die christliche Tradition und ihre spirituellen Praktiken wurden über Jahrhunderte verseucht von krankhaften Aberrationen des Gnostizismus und Platonismus. Eine neuere Bewegung dieser Art, der Jansenismus, wurde von der katholischen Kirche zwar förmlich als Häresie gebrandmarkt, seine Folgen wie die puritanische und repressive Einstellung gegenüber der Sexualität, wie man sie zum Beispiel oft bei älteren Kirchenvertretern antrifft, sind jedoch immer noch spürbar. Statt eine gesunde körperliche Selbstdisziplin zu fördern, verdrehen Ideen wie der Jansenismus die Askese zum Masochismus. Sie lehren uns, den Körper mit einer Abneigung zu behandeln, wie sie einem Feind oder einem faulen und lasterhaften Angestellten gebührt. Wenn wir uns an das psychosomatische Prinzip erinnern (wie man den Körper behandelt, so behandelt man die Seele), nimmt es nicht Wunder, daß viele dogmatistische Katholiken auf der unbewußten Ebene meistens nicht Nächstenliebe und Mitgefühl ausstrahlen, sondern einen harten und beinahe schrägen sexuellen Masochismus. Schlimmer noch: Wer seine körperlichen Bedürfnisse um einen tragischen emotionalen Preis zum Gehorsam gezwungen hat, bei dem wüten oft schreckliche spirituelle Krankheiten wie Narzißmus, Selbstgerechtigkeit, Stolz, Größenwahn und die Verachtung des Schwächeren.

Wirkliche Asketen (griechisch: *askesis* = »Übung«) hingegen lieben, schätzen und verehren den Körper etwa so, wie große Athleten auf ihren Körper eingehen, auf seine Weisheit hören und ihn ausbilden – nicht um sich zu bestrafen, sondern um ihr volles menschliches Potential auszuschöpfen. Wie anders würde unsere Spiritualität aussehen, gingen wir auch dazu über, unser körperliches Wesen in respektvoller Ehre zu halten, anstatt ihm mit ständigem Mißtrauen und penetranter Abneigung zu begegnen. Wie anders sähe die christliche Haltung gegenüber der Sexualität aus, würden wir die geschlechtliche Sexualität als einen freundlichen Partner des Geistes ansehen, statt als seinen schlimmsten Feind. Der berühmte französische Biologe André Dubos legte den Grundstein für eine solch körperlich-positive Spiritualität mit seinem ausgezeichneten Essay über die menschliche Physiologie, *So Human an Animal*.[16] Seine

Arbeit erinnert uns an das stolze biologische Erbe, das unsere Evolution gestaltete und immer noch die intimsten Einzelheiten unseres menschlichen Daseins beeinflußt.

Die meisten spirituell wertvollen Dinge, die wir tun, gehen aus dieser natürlichen Animalität hervor: Mitgefühl empfinden für den Schmerz eines anderen, Energie großzügig zur Verfügung stellen, körperlichen Grenzen kennenlernen, wirkliche Demut erfahren und einander zärtlich lieben. Unsere Animalität hält unsere Seele nicht im Gefängnis der Materie fest, sie umfängt vielmehr unseren Geist mit den starken Armen einer humanisierenden Bescheidenheit und dämpft barmherzigerweise das gelegentliche Absacken der Seele in gefühllose Arroganz, kalte Selbstgerechtigkeit und überwältigenden Stolz. Denn das fordert die menschliche Bescheidenheit: mit Anmut und Humor zu akzeptieren, daß es nichts gibt, was Tieren eigen ist, das wir nicht auch hätten. Auch wir sind Tiere – menschliche Tiere. Und nirgends erfahren wir dieses Faktum intensiver, als im Bereich unserer Sexualität und unseres Geschlechts.

Das Geschenk des Geschlechts

Unsere Menschlichkeit drückt sich spirituell am deutlichsten durch unsere Männlichkeit und unsere Weiblichkeit aus – nicht nur wegen den direkten Auswirkungen unserer kulturellen Erziehung und Erwartung, sondern auch, weil die Sexualität sich in all unseren Zellen eingraviert, mit den Hormonen durch unseren Körper flutet, üppig in der Form unserer Genitalien, dem Timbre unserer Stimme und der Schönheit unseres Gesichts zum Ausdruck kommt und die Größe, Kurven und Fältchen unseres Körpers bestimmt. Unsere sexuelle Verkörperung beeinflußt sogar die Art, wie wir denken und urteilen, wie wir uns fühlen, was wir empfinden und sehen, und wie wir mit uns selbst, mit anderen und mit Gott umgehen. Auf jeder somatischen und psychischen Ebene weisen Männer und Frauen typischerweise sowohl subtile als auch offensichtliche Eigenschaften und Eigenarten auf.

Der Schweizer Psychiater C.G. Jung hat als erster die qualitativen Unterschiede zwischen der typisch männlichen und typisch weiblichen Psyche wissenschaftlich untersucht. Sein Werk bildet die Grundlage für die meisten Studien zur männlichen Spiritualität. In einer seiner schöpferischsten Einsichten zeigte Jung, daß die Träume seiner Patienten oftmals Symbole und Figuren bergen, die mehr bedeuten, als die situationsbedingten Probleme, denen sie sich stellten. Er fand in diesen Träumen frappierende Übereinstimmungen mit den klassischen Themen, Mustern und Motiven der großen Kunstwerke der Menschheit, ihrer ältesten Mythen und Geschichten und sogar ihrer erhabensten Religionen.[17] Um diese unheimlichen Verbindungen zwischen dem Traumleben eines beliebigen Menschen und den großen Themen der Weltmythologie zu erklären, postulierte Jung, daß es in jedem einzelnen und in der Menschheit als Ganzer ein »kollektives Unbewußtes« gibt. Diese gemeinsame menschliche Erinnerung hat die Tendenz, spontan sehr vielfältige Motive hervorzubringen, die in den Träumen eines afrikanischen Kindes auftreten können, in der Geistergeschichte eines japanischen Erzählers, in den Sandmalereien eines Navajo-Schamanen oder in den Ritualen der römischen Liturgie, in der Mythologie des Hinduismus oder in den gewaltigen primitiven Malereien einer frühsteinzeitlichen Höhle.

Jung nannte diese primären und instinktiven psychischen Muster die *Archetypen* des Unbewußten. Er war der Meinung, daß jeder beliebige Mensch vom uralten kollektiven Unbewußten eine Tendenz erbt, gewisse allgemeine Archetypen, die nach typischen, erkennbaren Mustern in Träumen, in der Kunst, in Geschichten und Ritualen vorkommen, nicht nur hervorzubringen, sondern auch unbewußt zu verstehen. In den Archetypen besitzt die Menschheit eine gemeinsame, unbewußte Sprache. Auch wenn die Menschen in einer Kakophonie von Tausenden von Sprachen daraufloschwatzen, die einander ohne die harte Arbeit einer bewußten Übersetzung unverständlich sind, verfügen sie auf unbewußter Ebene über ein »Ur-Vokubular« der Symbole, dem Herzen und der Seele durchaus faßbar. Die fundamentalsten Ausdrücke der menschlichen Psyche sind die beiden geschlechtlichen Archetypen, *Animus* (männlicher Geist) und *Anima* (weiblicher Geist).

Jung entdeckte die geschlechtlichen Archetypen im Zusammenhang mit der Erkenntnis, daß die menschliche Psyche, wie der Körper, androgyn ist, und jeder Körper, auch wenn er *vorwiegend* männlich oder weiblich ist, alle bedeutenden Eigenschaften des entgegengesetzten Geschlechts enthält, die nur um einen hohen Preis oder gar unter Gefahr ignoriert oder unterdrückt werden können. Die weibliche Seite des Mannes nannte Jung die *Anima* (vom Lateinischen »beleben«), die männliche Seite der Frau den *Animus*. Für Jung war die Androgynie, *Anima* und *Animus*, keine Theorie oder Hypothese, sondern psychologische Tatsache, die man empirisch nachweisen konnte. Einige wichtige Folgerungen lassen sich aus dieser Entdeckung ableiten.

Erstens bewies Jungs Einsicht, daß sogar unsere Psyche sexuell aufgeladen ist. Im Gegensatz zur platonischen Spiritualität wies er nach, daß es einen asexuellen, neutralen Geist ebensowenig gibt wie einen asexuellen, neutralen Körper. Zweitens bedeutet psychologische Androgynie, daß jeder Mensch auch von spirituellen Eigenschaften beseelt ist, die für das andere Geschlecht spezifisch sind. Jeder Mann muß bestimmte weibliche Eigenschaften seiner Persönlichkeit entdecken, entwickeln und erfolgreich integrieren, genau wie jede Frau auf gesunde Weise mit ihren männlichen Anteilen umgehen lernen muß. Drittens nimmt Jungs Arbeit den wahren psychischen Preis der männlichen Misogynie und weiblichen Misandrie vorweg: Haß des anderen Geschlechts ist Selbsthaß; das erste, was der Sexismus zerstört, ist der eigene Geist. Positiver ausgedrückt: In dem Maß, wie jeder Mann und jede Frau die wirklichen Männer und Frauen in ihrem Leben schätzen und lieben lernen, werden er oder sie die Fähigkeit erlangen, ihre eigene innere Weiblichkeit und Männlichkeit zu lieben; umgekehrt werden ein Mann, der seine *Anima* und eine Frau, die ihren *Animus* integrieren, dazu befähigt, wirkliche Frauen und Männer so zu lieben, wie sie ihnen jeden Tag in konkreten Beziehungen begegnen.[18]

Jungs Entdeckung der psychologischen Wirklichkeit der Androgynie bedeutet in keiner Weise, daß man nun anfangen soll, *gleich* männlich wie weiblich zu sein, oder daß man die Sexualität auf die eine oder andere Art verändern soll. Darüber hinaus setzte Jung kein sozio-sexuelles Programm, keine politische Agenda und kein spirituelles Ziel, um die Androgynie ideologisch zu verkaufen. Im Gegenteil: Er nahm an, daß sich der Mensch mit seinem Ichbewußtsein vor allem mit dem ihm gegebenen Geschlecht identifizieren und die körperlichen, geistigen, gesellschaftlichen, psychologischen und spirituellen Einflüsse akzeptieren würde, die damit einhergehen. Das ist tatsächlich das, was in den meisten Fällen und mit den meisten Menschen geschieht, und es bildet die Basis für Erörterungen von sowohl männlichen als auch weiblichen Archetypen, Merkmalen, Spiritualitäten, Psychologien und Religionen.

Die männlichen Archetypen

Jungs Entdeckung, daß unsere Sexualität eine Beziehung zum tiefverwurzelten Material unseres individuellen wie auch kollektiven Unbewußten hat, ist für den Ansatz dieses Buches von großer Bedeutung. Wenn wir tatsächlich spiritueller sind, als wir uns erfahren, wenn wir wenigstens potentiell die ererbte psychologische sexuelle Erfahrung von hunderten Generationen von Vorfahren in uns tragen, dann führt der Weg zur Entdeckung unserer eigenes Geists durch die alten und primitiven Mythen und Geschichten, die uns überliefert wurden. Denn Jung zeigt auf, daß wir unsere eigenen spirituellen Probleme nicht verstehen oder erfolgreich lösen können, ohne sie auf die Sprache unseres Unbewußten zu beziehen und auf das ererbte kollektive Unbewußte der Menschheit, wie es in den vielen mächtigen Mythen zutage tritt, von denen die Geschichtenerzähler zu berichten wissen.

Im zweiten Teil dieses Buchs werden wir besonders auf die Bedeutung der Männlichkeit eingehen, wie sie in der Sprache von Mythos und Geschichte zum Ausdruck kommt. Wir werden die Archetypen des männlichen Unbewußten untersuchen – jene typischen Motive, die in den alten Männergeschichten und im Leben heutiger Männer immer wieder auftauchen. Wir haben uns auf nur zehn Archetypen beschränkt: Pilger, Patriarch, Krieger, Zauberer, König, Wilder Mann, Heiler, Prophet, Schelm und Liebhaber. Wir werden uns mit ihnen befassen in der Reihenfolge ihres Auftretens in jener spirituellen Tradition, die wir am besten kennen: der Bibel, eine der größten geistigen Schätze der Menscheit. In dem Maß, wie wir die biblische Weisheit in bezug auf klassische männliche Fragen und Probleme verstehen, werden wir unsere eigenen undeutlichen Bilder im fernen Spiegel reflektiert sehen. Wir werden von diesen Geschichten nicht nur lernen, die alten Warnungen vor den Gefahren eines jeden Archetyps zu beachten, in dem wir uns gerade aufhalten, sondern auch die Art, wie wir Heilung suchen und wie wir dienen können – kurzum, wie wir auf unsere eigene Weise heroisch leben und Gott finden können.[19]

KAPITEL 2

Männliche Spiritualität

Was ist männliche Spiritualität? Woher kommt sie, und wie entwickelt sie sich? Was sind ihre Merkmale, Eigenschaften und Kennzeichen? Welch besondere Segnungen hat sie der Menschheit gebracht, und weshalb brauchen wir sie? Welche Gefahren gehen von einer fehlgeleiteten männlichen Spiritualität aus? Solche und noch andere Fragen drängen sich von selbst auf, wenn wir uns mit einer neuen Idee auseinandersetzen.

Wir könnten unsere Untersuchung der Männlichkeit mit tiefschürfendem biologischen und anthropologischen Beweismaterial beginnen, das in Natur und Menschheit das Wesenhafte am Mann belegt. Belege dieser Art erfordern jedoch schwer verständliche und technische Studien, die zumeist nur elementarste, über Jahrhunderte herangebildete Anschauungen von Männlichkeit erhärten. Unseren Ausgangspunkt dagegen bildet die Basis des »gesunden Menschenverstandes«; er wurzelt in der Erfahrung, die die Menschen von Männlichkeit in Natur und Gesellschaft haben, und in den sprachlichen Wendungen, die man für sie reserviert hat. Dieser Ansatz macht sofort augenfällig, daß unsere Betrachtungsweise von »Männlichkeit« in enger Beziehung zu unserer Betrachtungsweise des männlichen Elements in der Natur steht.

Männer in Natur und Sprache

»Männer sind Tiere!« In der Regel bekommt man diesen Ausruf nach einer besonders ausführlichen Geschichte über männliche Perfidie oder Unsensibilität zu hören. Doch es ist etwas Wahres dran: Männer *sind* Tiere. Die Biologie nimmt Einfluß auf alles, was Männer tun, denken und fühlen. Bisweilen führt das zu traurigen Resultaten, doch öfter sind die Folgen aller dieser Hormone und Stoffe, die durch den von der Evolution geformten Männerkörper fließen, eindrucksvoll und spornen den Mann zu harter Arbeit, intensivem Spiel, einem ausgeprägten Beschützerinstinkt, zügellosem Humor, heftiger Leidenschaft und heldenhaften Taten an. Der Mann braucht sich seiner animalischen Verwandtschaft mit einem Hirsch, einem Bullen oder einem Hahn nicht zu schämen – ganz im Gegenteil, denn eine solche Einsicht ist lehrreich und beinahe immer lustig, wie Gary Larson, Zeichner von *Far Side,* jede Woche im STERN beweist.

Die junge wissenschaftliche Disziplin, welche die Verbindung zwischen männlichem Verhalten und unserer animalischen Natur untersucht, ist die Soziobiologie.[1] Dieser wissenschaftliche Forschungszweig hat aufgezeigt, daß unser sexuelles Erbe und unser Geschlecht immer mitspielen, Entscheidungen färben, Gefühle beeinflussen und Ahnungen lenken, gleichgültig wie ausgesprochen menschlich, wie intellektuell oder wie spirituell uns ein einzelner Gedanken oder eine besondere Tat vorkommen mögen. Kein Doktorgrad der Biochemie ist erforderlich, um das zu merken. Der gesunde Menschenverstand und zahllose Erfahrungen lehren uns, daß männliche Wesen – ob Tier oder Mensch – anders als Frauen handeln. Schon die Alten wußten es; ihnen war zum Beispiel voll bewußt, daß die Entfernung der männlichen Hoden ausgesprochene Verhaltensveränderungen bewirkt, ob es sich dabei nun um ein Nutztier oder einen Hofeunuchen handelt. Wir haben dieses praktische Wissen sogar unserer Alltagssprache einverleibt; es zeigt sich an den Ausdrücken, die wir benutzen, und in unserer Umgangssprache.

Wir wissen zum Beispiel, daß ein Hengst (temperamentvoll, schwierig zu beherrschen oder zu reiten) sich ganz anders verhält als sein kastriertes Gegenstück, der Wallach. Umgangssprachlich ist ein »Hengst« ein viriler und kräftiger junger Mann. Ebenso sind Stiere viel wilder als Ochsen (kastrierte Bullen). Jemanden einen Ochsen zu nennen, ist kein Kompliment, denn es bedeutet, daß dieser Mensch dumm oder zu nachgiebig ist. Ein Hahn ist eindeutig lebhafter als ein Kapaun (sein kastrierter Kollege); im amerikanischen Slang ist der »Hahn« der erigierte, zur Tat bereite Penis. »Hahn im Korb« zu sein heißt entweder, daß man allein unter Frauen ist oder zumindest sehr von ihnen geschätzt wird.

Unsere Umgangssprache ist voller Ausdrücke, die männliches Verhalten männlichem Tierverhalten gleichsetzen. Der »Hirsch« ist oft ebensosehr von sich eingenommen wie sexuell attraktiv, der »Schmusekater« mag etwas schüchtern sein, aber ein »Bock« bleibt nicht lange allein, da er äußerst viril und sexuell aktiv ist (bis aus ihm schließlich ein »alter Bock« wird). Ein linkischer Mann wird komischer Kauz oder seltsamer Vogel genannt. Große Unternehmen wollen einen regelrechten »Tiger« anstellen, gehen mit »Adleraugen« auf Kundenschau, um sich den »Löwenanteil« eines Geschäfts zu sichern … Zusammengenommen tragen diese

Ausdrücke viel dazu bei, Gefühle »aus dem Bauch« zu beschreiben, die als grundsätzliche psychosomatische Zutaten des männlichen Geists gelten: Stolz, Konkurrenzverhalten, Komödiantentum, Aggressivität, Mut, Selbstvertrauen und Unabhängigkeit.

Was bedeutet es für die männliche Psyche und für die männliche Spiritualität, wenn unsere tierischen Gegenstücke in ihrer natürlichen Umgebung männliche Eigenschaften zur Schau stellen? Was sind die Grundelemente des männlichen Geists, wie und wo entstehen sie, und welche Rolle spielen sie? Es sieht so aus, als gäbe es sozusagen vier »Urfarben« des männlichen Geists, die, zu einmaligen Kombinationen zusammengemischt, die Zutaten der Männlichkeit ausmachen: Konkurrenzverhalten, Verletzlichkeit, Unabhängigkeit und Verantwortlichkeit.

Konkurrenzverhalten: der Kampf ums Überleben

Die vielleicht auffallendste männliche Eigenschaft ist das, was Walter Ong als »Advertivität« oder *Agonismus* (griechisch: *agon* »Wettbewerb«) bezeichnet.[2] Der männliche Hang zum Kämpfen scheint beinahe allgegenwärtig zu sein. In freier Wildbahn kann man Platzkämpfe um Begattungsrechte, Tiere auf der Pirsch oder Scharmützel über Territorialfragen beobachten. Die Zivilisation ist kaum anders. Männer rivalisieren um Frauen, streiten über Ideen und rechtliche Spitzfindigkeiten, konkurrieren miteinander im Geschäftsleben, kämpfen im Krieg und messen sich in einer Myriade Spiele einfach nur aus Spaß miteinander. Nichts an Männern ist so kontrovers, so verabscheuungswürdig, so kostbar und so charakteristisch wie ihre Kampflust. Schlüssel zum männlichen Geist ist die Rivalität, die auf ein uraltes Verhalten zurückgeht, das verschiedene Überlebenszwecke erfüllt.

Erstens ist männliche Aggression nötig, um Frauen und Kinder gegen Angreifer zu schützen. Diese Beschützerrolle hat in Kriegszeiten viele Männer getötet. In der menschlichen Gesellschaft übernehmen Männer traditionell die Last der Verteidigung bis zum Tode, ob auf der Straße oder auf dem Schlachtfeld. Diese Rolle steht in bemerkenswertem Kontrast zu den zungenfertigen Anschuldigungen einer patriarchalen Verschwörung gegen das weibliche Geschlecht: Das überflüssige Geschlecht sind eindeutig die Männer, die als erste kämpfen und als erste sterben. Frauen und Kindern um jeden Preis Schutz zu gewähren, ist eines der höchsten männlichen Güter.

Eng verbunden mit dieser männlichen Beschützerrolle, kommt an zweiter Stelle die männliche Arbeit der Nahrungsbeschaffung und der territorialen Expansion. Vergrößert sich die Schar, die Herde oder die Familie, wächst auch das Bedürfnis nach Nahrung, Unterkunft und Raum. Das aggressive Verhalten des Mannes sichert Fortbestand und Erfolg einer Gattung: Er jagt auf größeren Gebieten, besiedelt sicherere Wohnplätze und erlegt zusätzliche Beute. Im menschlichen Bereich kann solch männliche Aggressivität ein neues Zuhause in einer sichereren Nachbarschaft, bessere Schulen für die Kinder, größeren Luxus und mehr Lebensfreude für die ganze Familie bedeuten.

Eine dritte Funktion männlicher Kampfbereitschaft ist das Hervorbringen einer überlegenen Nachkommenschaft. Eine Leitlinie der evolutionären und soziobiologischen Theorie besagt, daß die Rivalität, die aggressiv männliche Eigenschaft, »Zuchtrechte« gegeneinander auszuspielen, zur Vererbung einer erfolgreicheren Nachkommenschaft führt und somit zu noch besseren Beschützern und Ernährern zukünftiger Generationen. Diese Rivalität nimmt sowohl im Tierreich wie auch beim Menschen zumeist die Form hochritualisierter Wettbewerbe an.[3] Aggression und Gewalttätigkeit sind durchaus nicht nur männliche Monopole (was sich von allen menschlichen Tugenden oder Lastern sagen läßt); Frauen können ebenso ungestüm kämpfen wie Männer, besonders wenn jemand versucht, ihre Kinder zu attackieren. Was die männliche Aggression jedoch kennzeichnet, ist der rituelle Aspekt. Frauen interessieren sich selten im gleichen Maß für die formelle Kampfetikette oder die kameradschaftlichen Seiten des Wettbewerbs, wie Männer es tun.[4] Männliche Konflikte weisen ein einzigartiges Merkmal auf: Sie werden im allgemeinen von einem strikten Ehrenkodex und von präzisen Kampfregeln diktiert, die ein »zivilisierendes« Element in die Auseinandersetzung tragen. Die Folge ist, daß Männer Konflikte und Streitigkeiten nicht allzu persönlich nehmen; nach einer intensiven Debatte oder nach einem brutalen Boxkampf ziehen sich die Beteiligten oftmals auf ein Bier in die nächste Kneipe zurück, wo sie sich vielleicht noch weiter miteinander messen (Billard, Karten oder Computerspiele).[5] Wie schmerzlich und problematisch es sich auch anfühlen mag, männliches »Dagegensein« scheint die Natur dem Ureinwohner wie dem fortgeschrittensten Stadtmenschen einprogrammiert zu haben, damit wir sicher und erfolgreich überleben und dabei sogar noch ein bißchen Spaß haben können. Im allerbesten Fall ist der männliche Geist durch jenes Kämpfertum gekennzeichnet, die Ong den »Kampf für das Leben« nannte. Denn Ziel des männlichen Kampfes sei letztlich das *Leben*. Leider erweist sich der männliche Kampfinstinkt oft als ambivalenter Segen, denn manche Männer kämpfen nicht nur um ihr Leben, sondern um Schmerzen zuzufügen, um sich zu rächen und um den Tod zu bringen.

Weil das destruktive Potential des männlichen Agonismus so groß ist, richtete die traditionelle Religion einstmals viel Zeit und Energie darauf, diese machtvolle Kraft durch die Institution von Regeln, Riten, Geschichten und Mythen zu disziplinieren und einzuordnen. Da die Zivilisation zunehmend auf eine Religion verzichtet, die sich an den Menschen wendet, und dadurch mit ihrer Gegnerschaft nicht auf überzeugende und aufbauende Weise fertig wird, erntet sie einen zerstörenden Wirbelwind an unkontrollierter männlicher Angriffslust: eine gnadenlose Geschäftswelt, Bandenkriege, Vergewaltigungen, Mord. Das war nicht immer so. Die traditionelle Gesellschaft und Religion verehrten einst die männliche Aggression und regelten sie durch die Schöpfung eines ganzen mythologischen, rituellen und ethischen Kodex im Umkreis ihres wichtigsten spirituellen Bereichs oder Archetyps – des Kriegers.

Der Krieger, der Prophet und der Schelm

Einstmals galt es als große Ehre für einen Mann, wenn er sagen konnte: »Ich bin ein Krieger.« Diese Erklärung bedeutete, daß man ihn gezielt ausgewählt hatte und seine Fertigkeiten respektierte, daß sein Leben einen handfesten Sinn besaß: Mitmenschen, Familie und Traditionen um jeden Preis zu schützen. Ein Krieger zu sein hieß zwar, daß man einen Menschen sorgsam in die Kampfkunst eingeweiht hatte, Mut und die Tugend der Selbstaufopferung standen jedoch im Vordergrund. Der Krieger hatte auch eine große religiöse Bedeutung. Seine Einweihung war ebensosehr von zeremoniellen Weihen begleitet, wie sie ihn auf jegliche Art Scharmützel vorbereitete und ihm strenge Gesetze von Gottes Gnaden auferlegte, die alle seine Bewegungen auf dem Schlachtfeld regelten.

Der Krieger-Archetyp hat in den meisten heutigen Männern überlebt, wenn auch in der Regel auf unterbewußter Ebene. Die Kirche ignoriert ihn zwar überwiegend, aber dennoch können Männer einen mächtigen Verbündeten finden, wenn sie sich in ihrem Alltag und in ihrer Spiritualität auf ihn einlassen. Auch wenn ein Mann seinen inneren Krieger nur noch selten für den körperlichen Nahkampf braucht, bedarf er seiner psychischen Kraft mehr denn je, um für die Dinge zu kämpfen, an die er glaubt, um sich abzugrenzen, um bei seiner Arbeit für den Erfolg zu kämpfen, um sich weiterzubilden und um seinen Körper und seinen Geist zu disziplinieren.[6] Wenn wir uns in Kapitel 4 Mose zuwenden, werden wir diesen Archetyp eingehender besprechen.

Auch andere männliche Archetypen beziehen Energie vom Krieger. Einer von ihnen ist der Archetyp des Propheten, eine spirituelle Gestalt von großer Widersprüchlichkeit. Um jeden Preis will sie Falschheit bekämpfen und der Gesellschaft die Wahrheit sagen, ohne auf eigene Sicherheit, gesellschaftlichen Erfolg oder eigenes Wohlbefinden Rücksicht zu nehmen. Der Prophet kann einer der erfrischendsten Archetypen für einen Mann sein, wenn er ihn in sich finden kann; und es steht in seiner Macht, in der Liebe die Wahrheit zu sagen und das verteufelte Lügengeflecht zu durchtrennen, in das wir so oft verstrickt sind. Viele Männer lieben aufrichtig und können sehr gut mit der nackten Wahrheit umgehen, aber sie hassen Falschheit und besitzen oftmals einen eingebauten »Humbug-Detektor«, wenn es um religiöse und spirituelle Dinge geht. Wir werden diese Eigenschaften erörtern, wenn wir uns in Kapitel 10 den Archetyp des Propheten am Beispiel von Jeremias ansehen.

Ein weiterer Archetyp männlicher Kampfbereitschaft ist die Figur des Schelms – der possenhafte kleine Teufel, der in Märchen und Geschichten die vortreffliche Respektlosigkeit des männlichen Geists hochleben läßt. Ein Zeichen für den Mangel an Männlichkeit in der heutigen Religion ist ihr völlig negativ überzogenes Humorkonto. Der Schelm ist jener Archetyp in Männern, der auf Dünkelhaftigkeit mit dem Finger zeigt und sich über den Hochmut selbstgerechter und arroganter Religiosität lustig macht, abgestandene Symbole über den Haufen wirft und den fruchtbaren Boden für neues Wachstum bereitet. In Kapitel 11 werden wir uns diesem Archetyp nähern anhand der biblischen Satire über Jonas.

Männliche Unabhängigkeit und Autonomie

Das zweite stark männlich gefärbte Attribut ist das Bedürfnis nach persönlicher Freiheit. Männer wehren sich gegen Fesseln aller Art, gegen Vorschriften oder Einmischungen in ihre Angelegenheiten. Sucht man den Ursprung dieses Charakterzugs, denkt man an männliche Tiere und ihre einsamen Streifzüge und Jagden. Doch die Dynamik der menschlichen Psychologie spielt zweifellos eine noch wichtigere Rolle bei der Entfaltung des glühenden Freiheitstriebs der meisten Männer.

Es ist allgemein bekannt, daß Frauen in der ersten Lebensphase einen primären Einfluß auf die intimsten Welten des Mannes haben – am offensichtlichsten in den ersten neun Monaten eines Lebens, wenn das Kind in der Gebärmutter Sauerstoff, Wasser und Nahrung von der Mutter erhält. Das männliche Kleinkind bleibt noch Jahre nach seiner Geburt auf die Pflege der Mutter angewiesen. Körperlich und gefühlsmäßig erfahren Männer das menschliche Leben in einer vorwiegend weiblichen Umgebung. Auch wenn es sich liebevoll und unterstützend verhält, ist dieses Zuhause doch ein totalitäres »Matriarchat«. Gewärmt von den Armen der mütterlichen Fürsorge, an ihrer Brust genährt, gewiegt, gesäubert und gehätschelt, lebt der Knabe jahrelang in einer erweiterten Gebärmutter.

Im Herzen der Männlichkeit liegt der Widerstand gegen diese matriarchale Welt, gleich wie lebensspendend, nährend und bequem sie auch sein mag. In diesem grundlegenden Sinne definiert sich das Männliche durch seinen Widerstand gegen, seine Trennung von und aus dem Kontrast zum Weiblichen.[7] Das Weibliche ist primär, das Männliche sekundär; von den ersten Stadien seiner fötalen Entwicklung bis zu seinen ersten Lebensjahren differenziert sich der Mann von seiner weiblichen Umwelt und reagiert auf die mütterliche Welt mit dem Ablösungsprozeß der Individuation. Das ist ein gefährliches Unternehmen. Zuwenig Verschiedenheit und der Mann entwickelt eine schwache männliche Ego-Identifikation (*Animus*) mit schwachen Ichgrenzen und einem unterentwickelten Selbstwertgefühl. Doch das andere Extrem ist schlimmer und gefährlicher; zu viele reaktive Energie schafft den entfremdeten und gewalttätigen Einzelgänger, der mit Beziehungen nicht verantwortlich umgehen kann. Wir erfahren von dieser Art Mann meistens erst dann, wenn er durchdreht und sich aufhängt – oder brutal z.B. gegen »Ausländer« vorgeht.

Das Erreichen männlicher Unabhängigkeit ist für die meisten Männer, die irgendwo zwischen diesen beiden Extremen pendeln, ein gefährlicher und schmerzhafter Prozeß. Der männliche Trieb nach einer differenzierenden Individuation schafft im normalen Mann psychischen Streß, Angst und Schuldgefühle – eine ständige Liebe/Haßbeziehung zur Intimität –, da er sich dazu veranlaßt sieht, seine Ichgrenzen vor materiellen Einflüssen zu beschützen.[8]

Urgesellschaften erleichterten die Last der Trennung durch lebendige Initiationsriten und sie begleitende Mythen. Damals teilte die Kultur ihren Knaben mit, sie *müßten* sich trennen (die Götter wollten es so), während sie den Initianden gleichzeitig den Trost einer neuen Art Beziehung gewährten: die Männerbünde. Fast alle Elemente dieses lebenswichtigen Prozesses überläßt man heute den Wechselfällen des Schicksals: Eltern unterstützen die Individuation ihres Sohns oder auch nicht; dem Jungen selbst gelingt es, seinen Weg zur männlichen Individuation erfolgreich zu ertasten – oder auch nicht.

Erstaunerlicherweise schaffen es die meisten irgendwie. Sie entwickeln einen unabhängigen Geist und eine Autonomie, die sie dazu ermächtigt, selbständig zu denken, nach ihrer eigenen Pfeife zu tanzen und ihr eigenes Glück zu suchen. Ihre Spiritualität ist eine immense Bereicherung für die Welt. Immer wenn wir von Freiheitsliebe, von Risikobereitschaft und Abenteuerlust sprechen, hat unsere Stimme einen männlichen Klang. Diese Werte sind natürlich nicht absolut; wir müssen auch die andere, die weibliche Stimme hören und entwickeln, die von Beziehung, Abhängigkeit und Gegenseitigkeit spricht.[9]

Der Wilde Mann und der Pilger

Zwei Archetypen repräsentieren den männlichen Freiheitstrieb. Der erste ist vielleicht das älteste männliche Paradigma überhaupt – der Wilde Mann. Er ist eine Gestalt, die die ursprüngliche Beziehung des Menschen zur Natur darstellt. Im Mythos wohnt er draußen in der Wildnis, in Sümpfen, Höhlen oder einsamen Wüstenstrichen. Völlig ledig der Staffagen der modernen Zivilisation besitzt er beinahe magische Kräfte über die Mächte der Natur und über seine tierischen Brüder. Er kann Stürme heraufbeschwören oder verborgene Gewässer finden, sich mit Tieren anfreunden oder nahendes Unheil spüren. In der Psyche steht er für die männliche Erdverbundenheit, jene schmutzig-schlüpfrige männliche Energie, die frei ist von den schalen Endprodukten eines deodorisierten und kosmetischen männlichen Narzißmus. Der Dichter Robert Bly erzählt das alte Märchen vom haarigen alten »Eisenhans«, dem mythischen Wilden Mann im Sumpf, dessen Begegnung mit einem unschuldigen kleinen Jungen das Kind dazu bringt, mit seiner Mutter zu brechen und Hans auf aufregenden Abenteuern in den Wald zu folgen.[10] Eisenhans ist der Wilde Mann, jener gefährliche und verlockende Kerl, der uns aus unserer alltäglichen Routine lockt und in die Wildnis führt. Wir werden ihm in Kapitel 8 in seiner biblischen *Persona* als Elias begegnen. Der zweite Archetyp männlicher Freiheit ist die klassische Gestalt des Pilgers. Jede große Religion kennt den Brauch der Pilgerschaft, die gezielte Reise zu einem besonderen heiligen Ort, auf der Suche nach einem besonderen Segen. Durch die Erfüllung dieses Rituals über viele Tage und Wegmeilen hinweg, schafft der Pilger die Voraussetzungen für seine eigene Heldenreise. Er wird zum Abbild der Seele für all die Abschiede, die wir im Leben nehmen müssen, für alle Entfremdungen und Trennungen, die wir erdulden müssen, um uns einen Weg in ein neues Leben zu bahnen, zu neuen Herausforderungen und noch größeren Gefahren. In Kapitel 5 werden wir uns Abraham zuwenden, dem biblischen Prototyp des Pilgers.

Agonie und männliche Verletzlichkeit

Der dritte und widersprüchlichste Bestandteil des männlichen Geists ist einer, den Männer zu vermeiden suchen und gerne leugnen: die Verletzlichkeit, ja Zerbrechlichkeit. Auf den ersten Blick scheint diese Eigenschaft auf einer Liste grundsätzlich »männlicher« Charakterzüge fehl am Platz. Sind Verletzlichkeit und Zerbrechlichkeit nicht »weibliche« Eigenschaften? Sind richtige Männer nicht zäh, robust, dickhäutig und hart? Doch genau die männlichen Eigenschaften der Kampfbereitschaft und Unabhängigkeit schaffen ihre eigene Form männlicher Zerbrechlichkeit. Männlichkeit macht Streß: Sich zu befreien, zu kämpfen, in den Wettbewerb einzutreten und Risiken einzugehen heißt auch, sich verletzlich zu machen. Es geht hier nicht um eine sentimentale Art von Schwäche, nicht um die kraftlose Zartheit von »Jünglingen«. Es ist die Schwäche des Kriegers und die Verletzlichkeit des Pilgers.

Der wohl bekannteste Mythos ist in dieser Hinsicht die Geschichte von Achilles, dem großen griechischen Krieger vor Troja, dessen Rüstung nur eine schwache Stelle aufwies, nämlich die Ferse. Die mythische Bedeutung der Ferse ist, daß ihre Verletzung den ganzen Körper zu Fall bringt, wie gut er auch gerüstet oder entwickelt ist. Die Bibel erzählt dieselbe Geschichte in Daniels Erzählung von Nebukadnezars Traum von einer großen Statue aus Gold, Silber, Bronze und Eisen – sie stürzt und bricht auseinander, weil sie auf tönernen Füßen ruhte (Dan 2,31-35).

Jeder Mann hat eine »Achillesferse« oder »tönerne Füße«, die ihn zu Fall zu bringen und alles zu zerstören drohen, was er erreicht hat. Seine besondere Art Schwäche ist nicht unbedingt prosaischer Art, sondern kann aus dem Herzen kommen, dem Sitz der Werte, aus dem Magen, dem Sitz der Bewegung, oder aus den Genitalien, dem Sitz der Leidenschaft. Gleich wie dieses Leiden gestaltet ist, alle Männer, und vor allem die erfolgreichsten, haben große Schwächen. Ein Mann, der das nicht weiß, ist ein Narr. Und als würde das männliche Zerstörungspotential nicht schon genügen: Wir leben in einer Kultur, die mächtige und erfolgreiche Männer straft, auf ihre Verletzlichkeit eindrischt und nach Schwächen sucht, die sie angreifen kann, wo sie sie nur findet. Betrachten Sie doch einmal die Biographie eines Willy Brandt, Lee Iacocca, John F. Kennedy oder Michail Gorbatschow.

Auch Männer, die größere Desaster zu vermeiden wissen, müssen weiterkämpfen, machmal unter großen Schmerzen und mit klaffenden Wunden. Die Zuschauer in den Rängen schlürfen Bier und stopfen sich mit Würstchen voll, aber die wirklichen Athleten müssen lernen, »mit ihrem Schmerz zu spielen«. Die Griechen prägten einen passenden Begriff für diese Stärke. Von der Wurzel *agon* (»Wettbewerb«) abstammend, bedeutet *agonia* den intensiven Schmerz des Kampfes, der bis zum Tode gehen kann. Ein Mann muß lernen, mit der Agonie zu leben – es sei denn, er entscheidet sich, Zuschauer zu bleiben und sein Leben als »Beobachter« im Schaukelstuhl auf der Terrasse bei einer Limonade mit seinen keuschen Tanten zu verbringen.

Es ist schwer für einen Mann, mit dem eigenen Schmerz konfrontiert zu werden. Der betäubte Mann ist sich seiner kaum je bewußt – wenigstens bis seine Magenschleimhäute den Dienst versagen und seine Herzkammern sich verkrampfen. Der verwundete Mann spürt seinen Schmerz zwar jeden Tag, aber er weiß nicht, wie er damit umgehen soll. Kulturelle Tabus verbieten ihm, den Schmerz zu zeigen: Schmerz ist schlimm, ihn zugeben »unmännlich«. Die alte Liturgie der Osternacht zelebrierte einst Adams Sündenfall als *Felix Culpa* (lateinisch: »glückliche Schuld«), weil diese Schuld einen so großen Erlöser in Jesus Christus fand. So ist es auch mit der männlichen Verletzlichkeit. Gott behüte uns vor dem Mann, der seinen eigenen Schmerz (oder den der anderen) nicht sieht! Gott schütze uns vor dem Mann, der glaubt, er sei nicht verletzlich!

Der Schamane/Heiler

Die tiefgründigsten, männlichsten und menschlichsten Männer sind Männer, die das Leiden kennen, Männer, die der Agonie ins Gesicht geblickt und ihr gestattet haben, ihr Leben zu beeinflussen. Oft wurde diese *Metanoia* (griechisch: »Sinneswandel«) durch irgendeine Katastrophe oder einen Schmerz ausgelöst, durch Scheidung, Krankheit oder finanzielle Fehlschläge. Solche Krisen bringen Männer oft dazu, sich in den Treibsand von Zorn und Bitterkeit absacken zu lassen. Doch die Katastrophe kann auch eine versteckte *Felix Culpa* enthalten, eine Chance, innere spirituelle Hilfskräfte zu mobilisieren, die umfassende körperliche und seelische Heilung bringen. Viele Männer, die als Alkoholiker oder Drogenabhängige dem Zwölf-Schritte-Programm der Anonymen Alkoholiker begegnet sind, haben diese Erfahrung gemacht.[11] Ein analoges Phänomen tritt auch in der Homosexuellenszene auf, da viele AIDS-infizierte Männer in ihrer Tragödie eine Quelle der Hoffnung und Genesung ihres Lebens finden.[12]

Der Archetyp, der die spirituelle Transformation einleitet, ist der Heiler. Anthropologen kennen ihn in seiner kulturellen Erscheinung des Schamanen. Ein wahrer Heiler ist immer jemand, der selbst verletzt worden ist und mit den Dämonen von Krankheit und Verzweiflung gerungen hat. Diesem äußerst intensiven persönlichen Kampf entwachsen Bündnisse mit guten Geistern, die stark genug sind, um das Böse zu bändigen. Der Heiler ist ein Herrscher im Reich der Geister. Läßt sich ein Mann auf diesen inneren spirituellen Archetypen ein, lernt er, sein persönliches Fiasko in eine Art Selbstheilung zu verwandeln: Alkoholikern und Drogenabhängigen ist am meisten geholfen, wenn sie anderen Alkoholikern und Süchtigen helfen können. Die Bibel weiß von vielen Heilern zu berichten, doch in Kapitel 9 soll uns die Geschichte von Elija als Beispiel dienen.

Männliche Verantwortung

Der zweifellos menschlichste der männlichen Charakterzüge ist die besondere Art, wie Männer ihre Besorgnis für andere zum Ausdruck bringen. In der Natur sorgt das Männchen intensiv für seine Nachkommenschaft und für andere. Dasselbe gilt wahrscheinlich für die freie menschliche Gemeinschaft.[13] Als der Mann seine animalische Tendenz zum Umherschweifen überwand, lernte er durch mühsame Erfahrungen, sich der Familie und der Gemeinschaft als Ernährer und Pfleger auf einmalig männliche Weise zur Verfügung zu stellen. Gereifte männliche Sorge für andere ist festen Regeln und Prinzipien unterworfen, beständig, zuverlässig und fair. In den gesellschaftlichen Rollen von Vater, Stammesältester, Richter, Pfarrer und König haben Männer die Gesellschaft jahrtausendelang regiert, für Recht und Ordnung gesorgt und Imperien und Institutionen geschaffen.

Dieses Phänomen wird heute Patriarchat genannt. Seine modernen Kritiker verweisen zu Recht auf historische und heutige Mißbräuche wie Rigidität, Dominanz, Frauenhaß und Gewalt. Doch der Hagel an Beschimpfungen, der heutzutage auf das Patriarchat niederprasselt, ist oft auch sehr naiv. Es ist unfair, unwissenschaftlich und unweise, ein System nur an seinen Mißbräuchen zu messen. Nur selten hört man einen aufrichtigen kritischen Bericht über das Patriarchat, der auch seinen bedeutenden Beitrag zur menschlichen Geschichte zu würdigen weiß. Das Wort wird unweigerlich auf höchst polemische und politische Weise benutzt.

Gereifte Männlichkeit ist in unserer Kultur im Rückzug begriffen – die ersten Eigenschaften, die verlorengehen, sind jene, die sich historisch gesehen zuletzt entwickelt haben: Pflichtbewußtsein und Zuverlässigkeit. Die Gesellschaft begann schon vor Jahrhunderten, die männliche psychologische Erziehung zu vernachlässigen, als die männlichen Übergangsriten, Vater- und Landbesitzerrollen allmählich verblaßten und die industrielle Revolution den Mann seinem Heim und dem gewohnten Kontakt mit der Familie entführte. Heute wird die männliche Verantwortung in Form von gesellschaftlicher Führerschaft sowohl von der Kirche als auch von der Politik angefeindet. Symptome dieser weitverbreiteten und langfristig wirkenden Muster sind unter anderem: eine hohe Scheidungsrate, ein enormer Zuwachs an alleinerziehenden Müttern, Bandenunwesen, sinkende Zahlen an den theologischen Fakultäten und die Anfänge einer Entfremdung und Distanzierung von der Politik. Männliche Verantwortungslosigkeit und mangelnde Verläßlichkeit sind teilweise die Ursache dieser Probleme, doch wir können sie nicht lösen, wenn wir auf den Männern herumtrampeln. Es gilt vielmehr, das männliche Bewußtsein zu stärken und den Stolz auf die männliche Verantwortlichkeit wieder herzustellen.

Der Patriarch und der König

Zwei der wichtigsten männlichen Archetypen der Verantwortlichkeit sind der Patriarch und der König. Jeder repräsentiert eine besondere Art der Fürsorge. Der Patriarch verkörpert die einzigartige männliche Energie, die ein Mann seiner Familie geben kann: emotionale Sicherheit, Solidität, eine straffe Erziehung, Weltoffenheit, aufbauende Kritik, moralische Prinzipien und Sinn für Humor. Zweifellos ist die Rolle des Vaters in unserer Kultur stark lädiert, doch das gilt nicht für den Archetypen. Männern, die ihn entdecken und die für Frau und Kinder, Arbeit, Schule und Gemeinde Verantwortung übernehmen, steht der Zugang zu ihm offen. Praktisch überall herrscht heute ein beklagenswerter Mangel an solchen Vätern und Lehrern. Am Beispiel der Geschichte von Abraham werden wir in Kapitel 5 den

Archteyp des Vaters/Patriarchen untersuchen, mit all seinen guten und schlechten Seiten.

Der König ist nicht nur ein Vater in Großformat. Er ist der Archetyp männlicher Größe und spirtueller Großzügigkeit, der Souveränität und Würde. Der König übernimmt die schweren Entscheidungen und führt uns zu jenen Orten, die wir aufsuchen müssen, aber um jeden Preise meiden wollen. Er ist das klassische männliche Vorbild einer Führerfigur. Er ist mächtig und edel, fruchtbar und kreativ und nimmt Kritik und Verlust mit Gleichmut zur Kenntnis. Sein Archetyp drängt zur Entfaltung. Wir werden in Kapital 7 die Vor- und Nachteile des königlichen Archetyps untersuchen, wie er von Salomon vertreten wird.

Weitere männliche Wesenszüge

Die Identifikation männlicher Schlüsseleigenschaften und der wichtigsten Archetypen der Kampfbereitschaft, Unabhängigkeit, Verletztlichkeit und Verantwortlichkeit erschöpft die Liste männlicher Wesenszüge oder das Gebiet der männlichen Archetypen keineswegs. Unter letztere fallen unter anderem der Dichter, der Weise und der Priester; wir werden zwar nicht spezifisch auf sie eingehen, sie spielen jedoch wichtige Rollen in der männlichen Psyche und Spiritualität.[14] Was weitere männliche spirituelle Merkmale betrifft, verdienen einige davon Erwähnung.

Es ist bekannt, daß Männer einen Hang zum abstrakten Denken haben.[15] Männer haben die Tendenz, mehr zu denken als zu fühlen, sie ziehen die Logik der Intuition vor, das Ideale dem Konkreten, die Analyse der Synthese. Diese Tendenz – denn mehr ist es nicht – hat bedeutenden Einfluß auf die Art und Weise, wie Männer charakteristischerweise moralisch räsonieren und spirituell urteilen. Männer bevorzugen offenbar einen intellektuellen Zugang zur moralischen Entscheidungsfindung, der nach einem abstrakten System universeller Prinzipien abläuft.[16] Für sie birgt das Befolgen von ehrwürdigen und sorgsam ausgeklügelten Regeln wahre Gerechtigkeit und verhindert, daß emotionale Launen wichtige moralische Fragen beeinflussen. Dieser Ansatz gibt der männlichen Moral einen Anstrich von rationaler Begründung, Folgerichtigkeit und Universalität – aber auch ein Gefühl von Kälte und einen legalistischen Unterton.

Die männliche Vorliebe für Abstraktion bedeutet auch, daß Männer die Welt in der Regel danach beurteilen, wie sie sein *sollte*, nicht, wie sie tatsächlich ist. Es überrascht nicht, daß ein solcher Idealismus meistens in einer besonderen Art von männlichem Zynismus endet (alle Zyniker waren einmal Idealisten). Jede Institution ist männlichem Idealismus und männlichem Zynismus ausgesetzt, keine jedoch so sehr wie die Kirche. Der häufigste Grund, den Männer für ihre Entfremdung von der institutionalisierten Religion angeben, ist die Heuchelei. Gerade weil sie Vollkommenheit erwarten, sehen sie Sünde und Widersprüchlichkeit. Männer sehen in der Religion im großen und ganzen eher ein moralisches oder ethisches Unterfangen als ein spirituelles oder metaphysisches.

Ein letzter männlicher spiritueller Zug, den wir hier erwähnen wollen, betrifft das männliche »Revierverhalten« und die Distanzwahrung.[17] Auf einer zwischenpersönlichen Ebene ziehen Männer einen gewissen Abstand und etwas »Ellbogenfreiheit« vor. Männer neigen dazu, in Begriffen von Außenraum, Geographie und Landkarten zu denken. In spirituelle Ausdrücke übersetzt, richtet sich die männliche Spiritualität nach außen und ist räumlich orientiert, im Gegensatz zum weiblichen Glauben, der sich nach innen richtet, innen stattfindet und seine Wurzeln in Mutter Erde hat.[18] Die männliche Spiritualität ist schier geographisch in ihrem Wesen, ob sich dies nun in der Vorstellung eines Heiligen Landes ausdrückt, als tatsächliche Pilgerfahrt zu einem fernen Heiligtum oder als eifriges, missionarisches Verhalten, das den Glauben in neue Länder zu tragen sucht.

Himmels- und Erdgötter

Das männliche Raumempfinden drückt sich am deutlichsten im klassischen Merkmal der Himmelsreligion aus. Im Gegensatz zur weiblichen Religion um *Gaia* (Mutter Erde) befaßt sich die männliche Spiritualität vor allem mit Himmelsgöttern (Apollo, Mars, Hermes) und letztlich mit dem großen Himmelsvater oder Großvater (Zeus, Jupiter, Allah, Jahwe, Wakan Tanka), der in den himmlischen Gefilden weilt. Die männliche Spiritualität tendiert dazu, in Gott einen Jemand zu sehen, der über allem thront und über alles aus unermeßlicher Ferne richtet. Jemand, der von irdischen Dingen nicht besudelt ist, eine ewige Gottheit von unsagbarer Heiligkeit. Die männliche Religion ist demzufolge relativ streng und starr, überwältigend, demütigend, grandios und erhaben. Ihr wichtigstes Sakrament ist der Himmel. Es ist kein Zufall, daß Männer dazu neigen, sich unter offenem Himmel am gläubigsten zu fühlen, besonders auf Bergspitzen und in Wüstengegenden, wo der Tageshimmel mit seiner Erhabenheit überwältigt und das Nachtlicht kühl ehrfurchtsvolles Schweigen fordert.

Nicht alle männliche Gottheiten waren Himmelsgötter. Einst gab es Molltöne in der Musik der Himmelsreligion, einst gab es eine männliche Spiritualität der Erde. Ihre Götter waren Fruchtbarkeitsgötter (Baal, El Shaddai), die über die Erde streiften, oder chtonische Götter, die unter der Erde in Höhlen oder an anderen geheimnisvollen Orten wohnten (Pluto, Freyr, Hades, Osiris und Dumuzi). Es sollte nicht verwundern, daß diese Götter oftmals die »Schattenseite« des Mannes verkörpern – jene sowohl guten als auch schlechten Eigenschaften, die kulturelle Kräfte in der männlichen Psyche gerne unterdrücken: Erdverbundenheit, sexuelle Ausgelassenheit, Sinnlichkeit und jede Art Verhalten, das als »schmutzig« empfunden wird. Eine unglückliche Konsequenz der männlichen Himmelsreligion ist die Dämonisierung dieser Gottheiten (und der männlichen Erdverbundenheit) in der populären Phantasie. Im christlichen Mythos verstieß Gott Satan aus seinem Engelsdasein hoch oben im Himmel und setzte ihn als Herrscher über abscheuliche kleine Dämonen ein, die unterirdisch in der Hölle lebten. Die Verteufelung chtonischer Gottheiten zeitigte im westlichen Christentum eine weitgehend unerkannte Auswirkung auf den Mann: Der Teufel hat ein männliches Gesicht. Unter denen, die heute eine neutrale Sprache und weibliche Bilder für Gott in der christlichen Kirche fordern, gibt es offensichtlich keine Strömung für eine entsprechende Feminisierung der Gesichter des Bösen. Das liberale Christentum scheint völlig zufrieden mit einer religiösen Sprache, die zwangsläufig von einem »Er« spricht, wenn es um den Feind der menschlichen Natur, um die Verkörperung des Bösen geht.

Der Mythos des Helden

Wenn die männliche Spiritualität aus Zutaten besteht wie Kampfbereitschaft, Unabhängigkeit, *Agonia*, Verantwortlichkeit, Abstraktion und Revierverhalten in Form verschiedener psychischer Archetypen, wie können dann diese Eigenschaften und Archetypen erfolgreich in das spirituelle Leben eines Mannes eingebracht werden? Welcher Impuls hindert diese Wesenszüge daran, »schiefzulaufen« – was tatsächlich bei allen vorkommen kann? Was ist der entscheidende Faktor, der aus einem rein biologischen *Männchen* einen *Mann* im besten Sinne des Wortes macht?
Der Katalysator für schlummerndes männliches Potential ist nichts anderes als der Megamythos, der »Superarchetyp« des Helden. Der Held – und die Mythologie, Geschichten und Rituale, die ihn begleiten – galvanisiert

latente männliche Fähigkeiten, indem er sie auflädt und mit einer spirituellen Energie belebt, die sie in eine gesunde seelische Bewegung versetzt. Ohne die Energie des Heldenmythos verkümmern männliche Charakterzüge entweder wie gelähmte Muskeln oder sie verrennen sich in zerstörerische Ekzesse. Die Aktivierung des Helden-Archetyps ist der ausschlagebende Faktor bei der Schaffung einer männlichen Identität. Die Energieübertragung des Helden an den *Animus* ist ein vielschichtiger und verschlungener Prozeß, der Mythen und Rituale, vor allem aber konkrete Taten umfaßt.

Der Mythos des Helden ist ein globales psychisches und literarisches Phänomen; er berichtet davon, wie eine bestimmte Figur durch eine außergewöhnliche Tat einen positiven Beitrag für die Gemeinschaft leistet. Der bedeutende Mythologe Joseph Campbell identifizierte ein klassisches Muster im universellen »Monomythos«, das sich in den Heldengeschichten Tausender Weltkulturen im Lauf der Zeiten beobachten läßt.[19] Der Heldenmythos involviert drei Handlungsstufen. Die erste, die *Trennung* oder der *Abschied*, erzählt, wie ein gewöhnlicher Mensch sich von einer Stimme, von einem inneren Antrieb, »zufällig« oder durch ein Schlüsselerlebnis aufgerufen fühlt, seine gewohnte Umgebung zu verlassen, um sich auf ein Abenteuer zu begeben, das ihm ein neues Schicksal und eine bessere Zukunft verheißt. In der biblischen Mythologie ist es der Ruf, »Ägypten«, ein Land der Sklaverei, zu verlassen und in ein gelobtes Land der Freiheit aufzubrechen. Auf psychologischer Ebene steht diese Stufe für das leidvolle männliche Problem der Trennung vom bequemen Gefängnis der undifferenziert weiblichen Welt als ein erster Schritt in Richtung männliche Individuation.

Auf der nächsten Ebene, der *Feuerprobe* oder *Einweihung*, begegnet der Held einer Reihe von Hindernissen, die ihn von seinem Ziel abhalten. Auf der Reise muß er etwa eine glühend heiße Wüste durchwandern, unüberwindliche Berge bezwingen oder einen sturmgepeitschten Ozean überqueren. Sucht er einen Schatz oder ein Elixir, bekommt er es mit Drachen, bösen Rittern oder grausamen Zauberer zu tun. Noch ausgeklügeltere Hürden warten auf ihn; doch auch wenn ihn ein Fluch oder verbotene Verlockungen für eine Weile das ursprüngliche Ziel vergessen lassen, rappelt sich der Held immer wieder auf und erreicht schließlich sein Ziel. Er verändert sich, überwindet die Passivität seiner Knabenzeit und findet versteckte innere Stärken und äußere Führer und Hilfen auf dem Weg zu seinem Ziel. Biblisch gesehen haben wir es hier mit dem Stamm Israel am Sinai zu tun, jenem Ort der Prüfungen in der Wildnis, der das Volk schließlich eines Bündnisses mit Gott würdig machte. Psychologisch kann die initiatorische Prüfung für jeden inneren und äußeren Kampf stehen, den ein Mann auf dem Weg zur Individuation eingehen und gewinnen muß: Angst, Schuld und Selbstzweifel wie auch Auseinandersetzungen mit Eltern, Vorgesetzten und anderen Autoritäten. Die männliche Individuation ist kein sanfter, allmählicher Prozeß; es ist eine Feuerprobe, die schmerzt.

Die dritte und letzte Stufe auf dem Heldenweg ist die *Heimkehr*, die *Rückkehr* in die Gemeinschaft. Der Held, der sein Glück in Form eines Schatzes, eines lebenspendenden Grals oder einer Heilslehre gefunden hat, kehrt mit dieser Gabe zu seinem Volk zurück. Es jubelt ihm vielleicht zu und macht ihn zum König oder aber es tötet ihn. Ob die Gemeinschaft für seine Gabe bereit ist oder nicht, ob sie sein Heldentum schätzt oder fürchtet – der Held hat seine große Tat getan und seine Aufgabe vollbracht: Er hat alles für sein Volk gegeben. In der Bibel findet das Volk Israel das gelobte Land, wo Milch und Honig fließen, wo es ein freies Leben unter Gottes Gabe der Thora leben kann. In psychologischen Bezügen steht die Heimkehr für das männliche Bedürfnis, etwas zur Welt beizutragen und ihr eine Wohltat zu erweisen. Um dies zu vollbringen, muß er sich wieder in das Alltägliche einfinden, vor allem auch in die weibliche Welt, doch jetzt nicht mehr in Passivität und Abhängigkeit, sondern in Kreativität und Selbstvertrauen.

Männliche Einweihungsrituale

Wenn er Glück hat, lernt ein Junge die mythischen Muster erfolgreicher, heroischer Männlichkeit von der Familie: Religion und Kultur durch ihr Vorbild, durch die Geschichten, die sie erzählen und die Feste, die sie feiern. Die Familiensituation zahlreicher Jugendlicher von heute ist jedoch oftmals so sehr aus dem Lot, daß keine echte Erziehung stattfindet, daß sie nicht an eine gereifte Männlichkeit herangeführt werden. Alte Völker sorgten einst dafür, daß dieser wichtige Übergang zustande kam; unvorstellbar war es, ein solch zentrales Geschehen im Leben eines Mannes und seiner Gemeinschaft dem Zufall zu überlassen oder dem Jungen die mühsame Aufgabe, sich *selbst* in die Männlichkeit einzuweihen, zu überlassen. Noch vor wenigen Jahrhunderten pflegten die meisten Völker Formen männlicher Einweihungsrituale.[20]

Die jeweiligen Rituale verliefen sehr unterschiedlich[21], doch ein klassisches, zum Heldenmythos passendes Motiv ist allen gemeinsam. Ein typisches Einweihungsritual primitiver Völker könnte etwa so ausgesehen haben: An einem zuvor vereinbarten, jedoch geheimgehaltenen Tag erscheinen maskierte männliche Dorfälteste in den Hütten junger Burschen von etwa zehn oder zwölf Jahren und ergreifen sie. Überraschung vortäuschend, führen die Mütter einen symbolischen Kampf, nur, um die Knaben an die männlichen Ältesten zu verlieren, die sie forttragen und an einen geheimen, nur Männern bekannten Platz bringen. Die Phase des *Abschieds* gestaltete sich lebendig und eindeutig; die Stammeszeremonie gab den Knaben schockierend und unmißverständlich zu verstehen, daß sie weder für den Rest ihres Lebens Kinder bleiben noch länger in der weiblichen häuslichen Welt der Mutter leben konnten. Sie mußten gehen. Sie mußten Männer werden.

Im Vergleich dazu gibt die moderne Kultur den jungen Knaben gemischte und verwirrende Botschaften und erzählt ihnen auf vielerlei Weise, daß sie eigentlich nie erwachsen werden müssen, daß es ohnehin nicht sehr lustig ist, ein Mann zu sein. Männer unserer Tage ringen in der Regel jahrelang auf sich allein gestellt mit ihrer Schuld und um Selbstvertrauen, um sich in einem Zustand einzufinden, der früher nach ein paar Tagen oder Wochen zustandekam.[22]

Die nächste Stufe, die *Feuerprobe* der eigentlichen Einweihung, fand immer an einem heiligen, den Männern vorbehaltenen Ort statt. Männer brauchen einen heiligen Platz außerhalb der weiblichen Ordnung, sie brauchen Rituale, um ihre Männlichkeit zu inszenieren und zu bestätigen. Sie will ständig neu erfahren und zurückgewonnen werden. Bei den männlichen Einweihungsritualen zwangen die Ältesten die Knaben, sich schmerzhaften, jedoch sorgsam kontrollierten Prüfungen zu unterziehen, die stets ein Element der Demütigung und der körperlichen Schmerzen bargen. In der Demütigung drückte sich Verachtung für die Welt der Kindheit und der Mutter aus, die die Kinder verlassen mußten, um sich nicht länger nach ödipaler Heimkehr zu sehnen. Die körperlichen Schmerzen – Beschneidung, Hautritzungen, kleine Amputationen – machten eine furchterregende Wahrheit handfest greifbar: Ein Mann zu werden, ist eine schmerzhafte und verletzende, aber auch eine ehrenhafte Erfahrung. Ehe wir diese Riten als barbarisch abtun, sollten wir daran denken, daß heutigen Männern in Abwesenheit solcher Rituale nichts anderes übrigbleibt, als sich – meist erfolglos und wenig überzeugend – selbst einzuweihen, durch Bandenrituale, Trinkgelage, Punk-Verstümmelungen und dergleichen, ohne jegliche Aufsicht oder männliche Hilfe.

Die Feuerprobe der Einweihung dauerte oft tagelang. In der Regel erzählten die Ältesten die großen Heldengeschichten des Stammes und erfüllten die jungen Männer rituell mit dem zentralen Bindeglied zwischen ihrer eigenen Einweihung und dem Schicksal des ganzen Stammes: Sie waren jetzt ebenfalls dazu aufgerufen, groß zu sein – wie die alten Helden. Die Götter wollten es so, und nicht nur sie – ihre ganze Welt erwartete es von ihnen. Zum Schluß taten die Ältesten großmütig etwas für die jungen Männer, was heute praktisch nie geschieht: Sie akzeptierten sie offiziell und rituell *als Männer*. Sie waren nicht länger Kinder, die mutige Einweihung hatte sie zu Helden gemacht.

Die letzte Stufe des männlichen Einweihungsrituals war die *Rückkehr* und der *Wiedereintritt* in die Gesellschaft. Das Dorf begrüßte die zurückkehrenden »neuen Männer« mit einem großen Fest; neu gekleidet oder mit einem neuem Namen versehen, erlangten die jungen Männer neue Achtung. Jetzt zählten sie etwas. Man erwartete nun von ihnen, daß sie an der Jagd teilnahmen, daß sie lernten, das Dorf zu verteidigen, über den Stamm zu herrschen, für ihr Volk zu beten und die Kranken zu heilen. Daß sie lernten, das Leben des konkreten und alltäglichen Heldentums zu leben.

Die Suche nach dem Gral und der Held im Alltag

Die moderne Gesellschaft müht sich ab, oftmals zusammenhanglos und stets kurzatmig, ihre jungen Männer in die heldenhafte Männlichkeit einzuweihen. Ihre Männer sind so lange ruhelos und unglücklich, bis sie sie finden, und wiederfinden. Aber irgendwie gelingt es manchen Männern, den inneren Helden kennenzulernen. Vielleicht haben sie weise Väter, Brüder oder Onkel als Vorbild, vielleicht sehen sie einen Film, lesen ein Buch oder haben einen Traum, der ihn abbildet, und empfinden dann seine Verheißung; vielleicht begegnen sie dem unkonventionellen Lehrer oder dem gestrengen Trainer, jener Figur aus Sport oder Politik, die das Heroische verkörpert und es unwiderstehlich anziehend macht; irgendwie gewinnt der Held die Oberhand und taucht im Leben eines Jungen auf, der ihn nicht loslassen will.

In *He!*, einer brillanten Studie zur männlichen Psychologie, beschreibt der Jungianer Robert Johnson diese psychische Kraft sehr eindrucksvoll.[23] Johnson deutet die Männlichkeit nach dem berühmten Mythos des Heiligen Grals. In dieser mittelalterlichen Geschichte verläßt Parsifal seine Mutter und schließt sich König Artus' ritterlicher Tafelrunde an. Seine

Suche führt ihn auf eine gefährliche Mission. Er sucht den Gral, den erlösenden Kelch Christi beim Letzten Abendmahl. Für Johnson ist jeder Mann potentiell ein suchender Parsifal. Jeden jungen Mann auf dem Weg zu spirituellem Wachstum befällt ein überwältigendes Verlangen nach dem großen Gral: Seine eigene Individuation und die Gaben, die daraus für andere fließen werden.

Der Gral nimmt für jeden Mann eine andere Gestalt an – manchmal ist er scheint's ein Stethoskop oder ein Hammer, manchmal ein Schraubenschlüssel oder eine Säge. Anderen erscheint er als Pokal, Feder, Buch, Orden, Schutzhelm oder als großer Schreibtisch. Wie auch immer er sich offenbart, der Gral ist die »Gnade«, die Männer zu dem anspornt, was sie für das Große halten. Gott sei Dank folgen ihm so viele Männer nach. Tagein, tagaus bauen diese Männer unsere Häuser, bewachen unsere Straßen, behandeln unsere Krankheiten und machen unsere Filme. Sie zeigen uns den Weg zu Gott und wecken Erinnerungen, sie regieren unsere Länder und bauen unsere Nahrung an, sie sprechen Recht und sie singen unsere Lieder, schreinern Möbel, schneiden Haare, verlegen elektrische Kabel, unterrichten die Kinder und bringen Computer wieder in Gang. Das sind die Männer, die den Weg zum Heldentum gefunden haben, indem sie, wie Parsifal, ihrem eigenen inneren Wilden Mann, Krieger und König folgten.

Die meisten von ihnen werden wir nie kennenlernen, auch wenn sie die Welt gestaltet haben. Diese Helden leben meistens ruhig, zurückgezogen, ja gewöhnlich … bis eine kleine Nicole in einen Brunnen fällt. Dann kommen sie auf Touren, und alte und junge Männer arbeiten achtundfünfzig Stunden rund um die Uhr, graben und befestigen Schächte, spenden anonym Bohrgetriebe im Wert von DM 150000 und hoffen und feuern einander an, bis ihnen schließlich der Durchbruch gelingt. Sie leben im Verborgenen, bis eine Autobahnbrücke durch ein Erdbeben zusammenstürzt. Dann kommen die Schwarzen von West-Oakland aus ihren Sozialwohnungen und geben lange Tage und schlaflose Nächte daran, um unter gefährlichen Nachbeben, zwischen verdrehten Stahlträgern und zertrümmertem Zement weiterzusuchen und Überlebende zu bergen. Und wenn man sie fragt: »Warum machst du das?«, tun sie ihr eigenes Heldentum mit einem Achselzucken ab und sagen: »Weil es getan werden mußte.«

Der Gral und der Christus-Archetyp

Im Gralsmythos geht es noch um etwas wichtigeres als eine erfolgreiche Karriere oder das Leisten eines gesellschaftlichen Beitrags. Denn Parsifal sucht nicht nur einen schönen Kelch oder einen leuchtenden Schatz, sondern den Gegenstand, der Christus am nächsten war, den Leidenskelch, den Christus selbst austrinken mußte (Mt 20,22). Und so ist schließlich der Gral ein Symbol für den letzten und größten Archetyp, der Christus-Archetyp, der zu solch immenser Selbstaufgabe und zu solchem Großmut fähig ist, das er am Leben Gottes teilhat. Es ist dieser Christus, den Parsifal – und mit ihm jeder Mensch – sucht, denn in jedem Mann gibt es eine Lücke, die nach Gott hungert und nach Christus dürstet und die nichts anderes füllen kann. In Kapitel 13 werden wir sehen, wie Jesus von Nazareth den Christus-Archetyp mit Leben erfüllte.

Die Begegnung mit der *Anima*

Der Gralsmythos lehrt uns auch bedeutsame Wahrheiten über die *Anima* oder den weiblichen Aspekt eines Mannes. Nachdem er ein schönes Fräulein aus der Not gerettet hat, lernt Parsifal, daß er sich mit ihr in einer reinen und respektvollen Beziehung verbünden muß. Für Johnson symbolisiert dieses Ereignis das Bedürfnis eines Mannes, sowohl mit seiner eigenen Weiblichkeit wie auch mit der Weiblichkeit leibhaftiger Frauen in seinem Leben klarzukommen. Vorbildliche Beziehungen zum Weiblichen sind von wesentlicher Bedeutung bei der Entwicklung einer gesunden Männlichkeit. Es ist allerdings keine einfache Aufgabe.

Jeder Mann hat eine Frau in sich.[24] Leider ist es für Männer sehr schwer, dieser inneren *Anima* zu begegnen, nicht nur, weil sie so zart ist, sondern auch, weil die unvollständige Männlichkeit sich vom Weiblichen eher bedroht, denn ergänzt fühlt. Das gilt vor allem für junge Männer: Die innere Frau gleicht oft emotional allzusehr der Mutter, von der er sich unbedingt trennen müßte. Zwei Dinge können mit einer verleugneten und unterdrückten *Anima* passieren. Vernachlässigt, ignoriert oder gar mißbraucht kann sie zur bösen Hexe werden, die Aufmerksamkeit heischt und sich schrecklich rächt für ihre Verlassenheit, indem sie ihren Mann mit düsteren Launen und Depressionen schlägt – was die Jungianer eine »*Anima*-Besessenheit« nennen.[25] Auch haben Männer die Tendenz, ihre verdrängte innere Weiblichkeit auf die wirklichen Frauen zu projizieren, die ihnen begegnen. Eine positive Projektion führt zum wohlbekannten Zustand des Verliebtseins, jene Erfahrung, die uns viel mehr in einem anderen Menschen erkennen läßt, als wirklich existiert.[26] Viele Männer sind sich überhaupt nicht bewußt, daß die – sanfte, zärtliche und geheimnisvolle – »Traumfrau«, die sie nicht finden können oder die sie umwirft, wenn sie sie finden, in ihrem eigenen Inneren lebt. Die einzige Art Frauen sind für sie die »da draußen«, in der wirklichen Welt sind richtige Frauen aus Fleisch und Blut.

Eine negative Anima-Projektion ist gefährlich. Männer können ihr eigenes gehaßtes oder gefürchtetes Frauenbild auf die nächstbeste Frau übertragen. Diese Tendenz führt zur Misogynie, zu emotionalem und körperlichem Frauenhaß. Es ist nicht ungewöhnlich, daß ein Mann, der nicht länger in eine Frau verliebt ist, auf die er sein Ideal projiziert hatte, als nächstes in ihr seine innere Hexe sieht, ohne die wirkliche Person je kennengelernt zu haben. Das ist dann auch die psychologische Dynamik hinter der biblischen Geschichte von Amnons Vergewaltigung der Tamar (2 Sam 13). Eine weitere Variante der Verweigerung und Projektion ist das Phänomen, das heutzutags als »Homophobie« bekannt ist: die irrationale Furcht vor homosexuellen Männern. In manchen Fällen deutet Homophobie auf unterdrückte Homosexualität hin, doch werden Männer manchmal schon deshalb bedrängt, weil sie weibliche Züge aufweisen – aus Haß und Angst vor der eigenen Anima.

Dem Weiblichen zu begegnen, ist eine Kunst. Männer, die sie beherrschen, besitzen die Begabung, erfolgreich mit der größeren Hälfte der menschliche Rasse zu kommunizieren und auch mit ihrer eigenen Seele gut auszukommen. Dieses Vorhaben erfährt spirituelle Unterstützung durch den Liebhaber, der Archetyp, mit dessen Hilfe sich ein Mann die eigene Identität sichert und sich auf das Abenteuer einläßt, sich einmal mehr in der Frauenwelt zurechtzufinden, in der Beziehung zu seiner Geliebten und zu seiner eigenen Anima. Die Bibel preist den Archetyp des Liebhabers in der erotischen Poesie, die Salomon zugeschrieben wird (siehe Kapitel 12).

Männlich und weiblich: der Wachstumszyklus

Für den Mann ist spirituelles Wachstum ein lebenslanger Prozeß, der Geduld, eine Reihe von Fertigkeiten und die Fähigkeit verlangt, sich anzupassen und Chancen wahrzunehmen. Es gibt unterschiedliche Jahreszeiten und Stunden; es gibt – auch in diesem Buch – kein objektives Programm, an das sich ein Mann halten könnte. Jeder Mann ist einmalig. Auch wenn es zahlreiche Ratgeber, Gruppen und Gemeinschaften gibt, die helfen können, sowie Bücher, Tonaufnahmen und Workshops, die dazu beitragen, muß ein großer Teil der Arbeit ohne Hilfe geleistet werden, über Versuch und Irrtum. Eine Landkarte für die Reise kann jedoch schon gute Dienste tun. Das folgende Modell beschreibt den zyklischen Prozeß der männlichen Individuation in Ansätzen. Es kann auch helfen, den Prozeß sowohl im Individuum als auch in der Kultur als Ganzes zu verstehen.[27]

Bei der männlichen spirituellen Reise gibt es vier entscheidende »Augenblicke«. Jeder davon gestaltet sich entweder vorwiegend weiblich oder vorwiegend männlich, ist statisch oder dynamisch. Jeder Moment ist wertvoll, jeder hat seine Archetypen. Wir durchlaufen diese Stufen zumeist so, daß wir sie erfüllen und ihre jeweiligen Aufgaben erledigen, bevor wir zur nächsten Stufe fortschreiten. Ein Zeichen für die Notwendigkeit weiterzukommen, liegt darin, ob man den derzeitigen Zustand vor allem in seinem negativen Aspekt und in seinen destruktiven Archetypen erlebt. Der nachstehend beschriebene Prozeß könnte ein lebenslanges Vorhaben darstellen oder sich über die Jahre kreisförmig wiederholen.

Die erste Stufe, das *statisch Weibliche*, steht für die elementar weibliche Umgebung der Gebärmutter, für das Zuhause und für das Grab. Es ist der Ort, wo alle Männer herkommen und wohin sie alle zurückkehren: zur Mutter Erde. Sie ist endlos kreativ und verschlingend, endlos nährend und verführerisch, lebensspendend und gleichgültig gegenüber dem einzelnen, ein Hort der Sicherheit und der Häuslichkeit, wo alle Bedürfnisse befriedigt und alle Nöte gelindert werden. In ihrem positiven Aspekt ist es die Gebärmutter, regiert vom Archetyp der Großen Mutter (Gaia), die absolut naturhafte weiblich-spirituelle Quelle des Lebens und der Fruchtbarkeit. In christlichen Begriffen ist es die Heilige Urgemeinde, immer bereit zu nähren und zu vergeben; es ist die heilige Jungfrau Maria und ihre Erscheinungen, etwa in der Heiligen Jungfrau von Guadeloupe.

In seinem negativen Aspekt wird das statisch Weibliche dargestellt durch das Grab und den Archetyp der Kali, die schreckliche Hindu-Göttin, die ihre Kinder fängt und lächelt, während sie sie verschlingt, oder die schreckliche und rachsüchtige, vor Drohungen schäumende apokalyptische Jungfrau, die zahlreiche persönliche Visionen beschreiben, die von der katholischen Kirche nie offiziell anerkannt wurden. Was erschafft, zerstört auch; alle Wesen, die Leben schenken, überleben, indem sie Leben verschlingen.

Männer erfahren diesen Aspekt des statisch Weiblichen als die böse Hexe, die in vielen Märchen eine so große Rolle spielt.

Die zweite Stufe, das *dynamisch Männliche*, setzt die Charakterzüge von Kampfbereitschaft und Unabhängigkeit ein – die männliche Energie, die trennt und unterscheidet –, um über die Grenzen des statisch Weiblichen hinauszugehen. Das ist der erste Drang der Männlichkeit, im Mann gekennzeichnet durch Sprunghaftigkeit, Einweihung und Verlassen »der Gebärmutter« und des Heims. In ihrem positiven Aspekt wird diese Stufe im Mythos des Helden dargestellt, der die Archetypen des Helden, des Pilgers und des Propheten hervorbringt. Es ist die Energie, die zu den Sternen aufblicken läßt: die Spiritualität der Initiative und der Tat, des Muts und des Abenteuers. In christlichen Bezügen ist es ist die »Pilgerkirche« – immer in Bewegung, immer lernend und sich verändernd, im Aufbruch zu neuen Ufern.

Ohne die voranschreitende Weisheit des Heldenmythos wird diese Stufe oft ins Negative verkehrt. Statt eines Kriegers entwickelt sich ein Kreuzfahrer, der alles angreift, was fremd oder andersartig ist (Fundamentalismus), statt des Wilden Mannes entwickelt sich der Einsiedler, der sich in Angst vor der Welt zurückzieht (Millenialismus), statt eines Pilgers haben wir den Wanderer, der von einer spirituellen Mode zur nächsten driftet (New Age-Religionen), aus dem Prophet wird ein zynischer Spinner, der ständig jammert, winselt und sich beklagt (manche Formen des Atheismus). Viele Männer leben in diesem Bereich als radikal entfremdete und aggressive Individualisten und Zyniker.

Die nächste Stufe, das *statisch Männliche*, schlägt Kapital aus den Errungenschaften der heroischen Dynamik, indem es deren Gewinne dauerhaft verankert. Das Bedürfnis erwacht, sich niederzulassen, sich zu konsolidieren und Institutionen zu schaffen – und sie durch die Wechselfälle der Zeit zu erhalten (Konservatismus). Diese Stufe wird von den Archetypen des Patriarchs, des Königs und des Zauberers regiert – männliche Figuren von großer Kraft und Kreativität, die Regierung, Wissenschaften und Gesetz als Bollwerke gegen den natürlichen Hang zum Chaos schufen. Es ist die Stufe der Apotheose der höchsten christlichen spirituellen Metapher: Gott der Vater, der aus Chaos Ordnung schuf, das Gesetz überlieferte als Führer seines Volkes und der das Universum gerecht und weise lenkt. Der negative Schatten dieser Stufe ist das, was der Feminismus das »Patriarchat« nennt. Das statisch Männliche verkümmert unversehens zu reinem Legalismus, zu Rigidität, Rechtfertigung und autoritärem Gehabe, das Gewalt als Druckmittel einsetzt. Diese Stufe wird von der Figur des

Tyrannen beherrscht, ein intoleranter Despot, der sich vor Veränderungen fürchtet und so weit wie nötig zu gehen bereit ist, um sie zu verhindern. In diesem Stadium befinden sich oft Männer mittleren Alters und alte Männer, die zornig sind, weil alle ihre Beiträge zu Gesellschaft und Familie entwertet und bedroht scheinen.

Die letzte Stufe, das *dynamisch Weibliche*, repräsentiert die unausgerichtete Bewegung, fort von der vernünftigen Ordnung des statisch Männlichen in Richtung einer spontanen Erfahrung von Neuheit, Vitalität und Verspieltheit. Sein positiver Archetyp ist die Muse, Quelle der Musik und aller Inspiration, oder Sophia, Ursprung erfahrener Weisheit. In christlichen Begriffen ist dies der begnadete Augenblick, in dem der Heilige Geist frische Luft in eine Kirche oder in das Leben eines Mannes bläst. Viele Männer erleben diese Phase als Aufforderung, ein Kunsthandwerk oder ein künstlerisches Hobby aufzunehmen, Klavier spielen zu lernen oder spontan zu beten, beim Yoga oder bei einer charismatischen Erweckungsbewegung mitzumachen. Dieser Wunsch steht oft im Zusammenhang mit der »Midlife Crisis«, in der die Unzulänglichkeiten des statischen Männerlebens zutage treten.

Der negative Aspekt dieser Stufe ist das impulsive, zerstörerische und irrationale Verhalten, symbolisiert von der Figur der Kassandra, die lüsterne Hysterie, Rausch und Launenhaftigkeit um sich verbreitet. Manche Männer verfallen ihrem Zauber nach jahrelanger Lähmung durch das statisch Männliche und stellen unkluge Dinge an: plötzlich kündigen sie, fangen eine Affäre an oder nehmen Drogen. Kassandra ist auch der Archetyp, der extreme Feministinnen lenkt, die in Reaktion auf das Patriarchat die christliche Gemeinschaft angreifen.

Die Errungenschaften des dynamisch Weiblichen werden in der Bewegung zurück zur ersten Stufe, dem statisch Weiblichen, verfestigt, und ein Zyklus der »ewigen Wiederkehr« geht zu Ende. Wir könnten diese geschlechtlichen Bewegungen auf folgende, symbolisch gemeinte Weise darstellen:

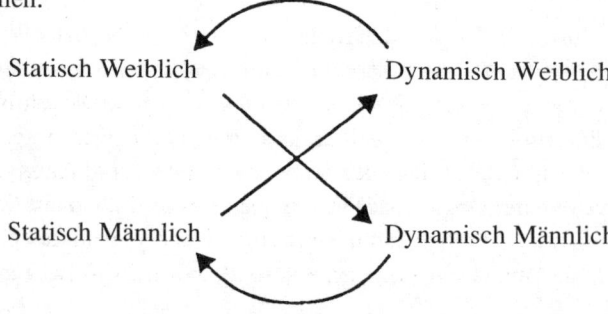

Statisch Weiblich   Dynamisch Weiblich

Statisch Männlich   Dynamisch Männlich

Dieses Diagramm zeigt das Bedürfnis nach gesunder Bewegung und Ausgewogenheit zwischen *Animus* und *Anima*, was der Kreisbewegung von Yin (Weiblich) zu Yang (Männlich) und zurück entspricht. Die chinesische Medizin stellt die Gesundheit des Körpers nach wie vor auf diese Art dar, nämlich als Ausgleich zwischen den weiblichen und männlichen Kräften im Körper – sicher ein passendes Bild für spirituelles und religiöses Wohlbefinden.

Homosexuelle Männer und männliche Spiritualität

Die Erörterung von männlichen und weiblichen Charakterzügen im Mann erhebt unweigerlich Fragen bezüglich der Homosexualität:dumme Sprüche fallen, Einwürfe kommen zuhauf.»Macht mich die Berührung mit meiner *Anima* schwul?« Oder: »Bedeutet all dieses Männlichkeitszeugs nicht einfach mehr Unterdrückung für uns Homosexuelle?« Ein heikles Thema für Hetero- wie für Homosexuelle und ein Hinweis darauf, wie tragisch fremd schwule und »normale« Männer einander sind.

Alle diese Spannungen basieren auf der grundsätzlichen Annahme, daß schwule Männer weiblicher sind als andere Männer. Das populäre Bild vom schrägen Transvestiten, vom hysterischen Friseur oder dem netten Kellner sind die Instrumente dieses Glaubens. Wie bei vielen Volksmeinungen liegt auch hier ein Körnchen Wahrheit in der Tatsache, daß viele schwule Männer mehr Weiblichkeit und Androgynie zeigen als ihre Brüder. Es mag sogar stimmen, daß manche homosexuellen Männer eine primär »weibliche« Identität entwickeln und eine ziemlich angespannte Liebe/Haßbeziehung zur Männlichkeit und anderen Männern pflegen können. Daraus folgt aber nicht, daß sie sich völlig von der männlichen Spiritualität abgewendet hätten.[28] Sie leben vielleicht eine mildere Variante davon und erfahren einige Archetypen weniger lebendig oder häufig wie andere Männer.

Die Volksmeinung täuscht sich aber sehr in der Annahme, daß alle – oder auch nur die meisten – Homosexuellen eine überwiegend weibliche psychische Struktur aufweisen, denn das Gegenteil ist wahr. Die jahrhundertelange Homophobie hat die meisten schwulen Männer dazu getrieben, so unauffällig wie möglich zu leben, »im Schrank«, dem Auge der Öffentlichkeit entzogen. Die meisten Homosexuellen sind nicht weniger männlich als andere Männer und entsprechen nicht dem festgelegten Stereotyp *des* Homosexuellen. Es gibt schwule Politiker, Anwälte, Ärzte,

Soldaten, Pfarrer, Athleten, Schreiner und Polizisten. Sie reparieren Leitungen, belehren Kinder, sind Steuerberater, tragen die Post aus und programmieren Computer. Sie messen sich im Sport und auf dem Marktplatz, leiten Firmen, lesen Bücher, planen ihren Urlaub und melden sich freiwillig zu Gemeinschaftsprojekten. Manche werden Helden, wie wir in jüngster Zeit als Reaktion auf die AIDS-Seuche gesehen haben.

Männlichkeit hat nichts damit zu tun, mit wem man ins Bett geht; es geht darum, wer man ist und wer man werden möchte. Für schwule und »normale« Männer geht es darum, ihr »eigener Mann« zu werden und ihr eigenes Glück zu versuchen. Es geht darum, den Wilden Mann oder den inneren Krieger zu erfahren und den inneren König zu entdecken, um in Würde leben zu können. Es ist schade, daß sich so viele Schwule von ihren machtvollen archetypischen Verbündeten entfremdet fühlen, und traurig, daß manche Heterosexuelle ihre homosexuellen Brüder ablehnen. Doch ob schwul oder nicht, sie sind Männer und teilen überwiegend dieselben Freuden und müssen denselben Prüfungen standhalten. Sie können voneinander lernen und einander helfen.

Das spirituelle Klima für Männer

Im weitesten Sinne, betrachtet von der Warte unseres männlich/weiblichen Zyklus aus, erleben die christlichen Kirchen gemeinsam mit einem Großteil der westlichen Kultur einen Übergang von jahrhundertelanger statischer Männlichkeit (Patriarchat) zu dynamischer Weiblichkeit (Feminismus).

Diese Bewegung ist so unvermeidlich wie die Gezeiten und kann nicht aufgehalten werden: Das Weibliche befindet sich im Aufschwung, das Männliche im Niedergang. Auch das wird vorübergehen. Doch in der Zwischenzeit müssen Männer in diesem schwierigen Klima leben, arbeiten und wachsen, denn neben der konstruktiven und spontanen Aktivität des dynamisch weiblichen Geistes geht auch Kassandra um. Die Männlichkeit selbst steht unter Beschuß – nicht nur ihr negativer Schatten, sondern auch ihre positiven Eigenschaften. Unsere Zeit erlebt den Zerfall der männlichen Werte und das Entstehen einer neuen »Misandrie«, die jede wichtige menschliche Institution im Westen beeinflußt. Männer müssen das einsehen und erkennen, was um sie herum geschieht. Mehr denn je müssen Männer ihre spirituelle Arbeit tun.

Auf dem Spiel steht, ob Männer in unserer Zeit ihrem Wesen entsprechend glücklich und produktiv leben können, oder ob sie lediglich existieren, in einem schizophrenen Klima und entfremdet von den elementaren physischen und psychischen Kräften, die sie durchfluten. Doch ebenfalls auf dem Spiel stehen die primären spirituellen Gaben, die der Mann der Welt anzubieten hat; denn die männliche Spiritualität verleiht der menschlichen Kultur unersetzliche und seltene Fähigkeiten: zu kämpfen für das, woran man glaubt, Freiheitsliebe und Verantwortungsgefühl. Männlichkeit heißt, aus der Menge herausragen und eine andere Sicht der Dinge anbieten. Es heißt, zu Hilfe eilen, wenn Menschen in Schwierigkeiten geraten und nach Gerechtigkeit und Fairneß dürsten. Es bedeutet Logik, Gesetzestreue und Verläßlichkeit. Es bedeutet, Gott als den *Absolut Anderen* zu sehen, heilig jenseits aller Worte.

Männlichkeit darf nicht als selbstverständlich betrachtet werden. Sie ist auch erstaunlich zart – Fehlern und Lächerlichkeit ausgesetzt. Sie ist erstaunlich vergänglich, sie bedarf stets der Erneuerung und Bestätigung. Männer sind eine gefährdete Gattung. Trotz all ihrer Stärken und Schwächen, ist Männlichkeit nicht besser – und nicht schlechter – als Weiblichkeit, sie macht die Hälfte von dem aus, was es heißt, ein Mensch zu sein. Schätzen wir die Männlichkeit nicht, können wir auch nicht von uns behaupten, wir würden die Menschheit wirklich lieben. Fehlt uns die männliche Stimme und ihr Klang, ihre Werte, Eigenschaften, Metaphern und Archetypen, können wir nicht beginnen, Gott zu verstehen.

KAPITEL 3

Misandrie: der Männerhaß

Die westliche Kultur und die christliche Kirche werden femininer und weniger maskulin; dieser große Wandel findet schon seit über einem Jahrhundert statt. Jede wichtige Institution im Westen, vom Militär bis zur Universität, von der Politik bis zur Religion, erlebt den Wandel von statisch männlichen (patriarchalen) zu dynamisch weiblichen Werten. Symbolisch gesehen, hat das dynamisch weibliche Wassermannzeitalter begonnen, und nichts kann es mehr aufhalten. Für Frauen eine aufregende Zeit: Die Zukunft verheißt größere Macht, politische Gleichberechtigung und wirtschaftliche Chancengleichheit sowie ein gerütteltes Maß Verantwortung für das Schicksal der Erde.

Für viele Männer ist es aber auch eine schwierige und sogar deprimierende Zeit: Die Männlichkeit befindet sich im Niedergang. Das Patriarchat wird untergraben, seine Werte brechen zusammen. Die Gesellschaft zieht exklusiv männliche Privilegien, Positionen, Einflußsphären, Freiheiten, Ehren und Spielzeuge zurück. Die Wählerschaft ersetzt männliche durch weibliche Kandidaten, manche Kirchen hieven Pfarrerinnen auf die Kanzel, Universitäten geben weiblichen Dozenten in den Hörsälen den Vorzug…

Manchmal wandelt sich der Verlust in einen Gewinn, die Niederlage in eine Befreiung. Historisch betrachtet, haben die Männer unter dem Patriarchat die größte Last der Zivilisation, der Gesetzgebung, der Regierung und der Kultur getragen. Sie wiegt schwer auf Männerschultern, ihre Folgeschäden sind handfest: frühzeitiger Tod, ständiger Streß und große Anfälligkeit für Krankheit, Selbstmord und Entfremdung. Die Zeit ist gekommen, da Frauen einen größeren Anteil an der kulturellen Last übernehmen müssen und dadurch auch an Ruhm und Privilegien teilhaben werden. Aber sie müssen auch Verantwortung übernehmen, Kritik einstecken und die Vorwürfe der Zivilisation entgegennehmen, so wie Männer es jahrtausendelang getan haben. Noch offen ist die Frage, ob sie besser abschneiden werden als die Männer – die Jury ist noch nicht zusammengetreten. Doch Feministinnen werden nicht länger alles

Schlechte in der Welt auf die Männer und das Patriarchat abschieben können.

Jeder Mann muß sich des großen Wandels, der um ihn herum stattfindet, bewußtwerden und sich auf ihn einstellen. So hoffnungsvoll, vielversprechend und positiv sich dieser Wandel auch anläßt: Jeder Mann muß sich der Schattenseite der weiblichen Transformation, der Unterströmungen der neuen kulturellen Gezeiten, bewußt sein. Denn der Zusammenbruch der männlichen Vorherrschaft bedeutet auch einen Zusammenbruch der männlichen Immunität, den Verlust von Macht, Privilegien und Schutz. Diese Verletzlichkeit erschafft eine neue kulturelle Krankheit, ein opportunistisches Virus – so neu, daß die meisten Menschen weder seinen Namen kennen noch von seiner Existenz wissen. Der Ausdruck für diese neue gesellschaftliche Krankheit wird gerade in einige Wörterbücher übernommen: Misandrie (griechisch: »Männerhaß«), die Kehrseite des Frauenhasses, der Misogynie.[1] Jeder Mann sollte dieses Wort seinem persönlichen Glossar wichtiger Ausdrücke beifügen:

> **Mis│an│drie**, die; – [griech. Misandria]: 1. Männerhaß, Männerfeindlichkeit. 2. Die Erweiterung negativer Eigenschaften auf das ganze männliche Geschlecht. 3. Die Behauptung, Männlichkeit sei die Wurzel menschlicher Verfehlungen wie Dominanz, Gewalt, Unterdrückung und Rassismus. 4. Eine sexistische Annahme, daß (a) Gene, Hormone und Psyche oder (b) die kulturelle Erziehung des Mannes ihn zu Krieg, Vergewaltigung und körperlicher Gewalt führen. 5. Männer für alle historischen Übel verantwortlich machen, ohne die Rolle zu berücksichtigen, die Frauen dabei gespielt haben, oder die männlichen Errungenschaften der Zivilisation anzuerkennen. 6. Die Annahme, daß jeder Mann mutmaßlich dominierend, unterdrückend, gewalttätig, ein potentieller Vergewaltiger und spirituell unreif sei.

Die Misandrie ist das ideologische Nebenprodukt eines extremen Feminismus. Ihre Praxis beschränkt sich beileibe nicht nur auf Frauen: auch bei vielen von Selbsthaß und Schuldgefühlen geschüttelten Männern läßt sie sich erkennen. Neben feministischen Einflüssen macht sich die Misandrie oftmals auch bemerkbar an so wichtigen Institutionen wie den Universitäten, den Kirchen, in den Künsten, im Geschäftsleben und in der Gesetzgebung. Misandrie ist noch nicht weitverbreitet und richtet auch noch nicht soviel Unheil an wie der Frauenhaß, aber sie ist im Kommen. Wo sie vorherrscht – in der Schule, in der Gemeinde oder im Berufsleben –, konfrontiert sie die Männer, die unter ihr zu leiden haben, mit einer bizarren und kafkaesken Form moralischer Algebra. Denn es ist gerade ihre Männlichkeit, die diesen Männern ein negatives Vorzeichen setzt.

Wie sehr sie sich auch abmühen, um sich zu behaupten: ihnen bleibt nur, das männliche Minuszeichen abzuziehen und sich in einen Nullwert zu verwandeln – gutmütig, harmlos und akzeptabel.

»Männer sind alle gleich!«

»Misandrie« ist zwar eine Wortneuschöpfung, doch der Männerhaß ist keineswegs neu. Als Funktion des ewigen Kriegs zwischen den Geschlechtern kochte er seit Anfang der Zeiten auf kleinem Feuer. Bis vor kurzem noch brodelte er als vergiftender Eintopf in den Küchen verstimmter Frauen – zweifellos als Antwort auf die vielen realen Verletzungen, die sie erleiden mußten. Fast alle erlebten wir es als Kind in unseren Familien: Am Küchentisch oder beim Kaffeeklatsch ließen immer neue Geschichten männlicher Gemeinheit die Frauen im Chor ausrufen: »Die Männer sind doch alle gleich!«. Doch in den letzten Jahrzehnten, da, Gott sei Dank, immer mehr Frauen die Küche verlassen haben und am öffentlichen Leben teilhaben, hat das Miesmachen die Wohnungen verlassen und taucht immer weiter vorne in der Speisenfolge der Miseren auf, die die Gesellschaft zu verdauen gezwungen ist. Viele Formen des Feminismus servieren Misandrie gut gewürzt als ideologische Beilage, wenn nicht als Hauptgericht. Männer nehmen dieses misandrische Gift meist unbewußt auf und fühlen sich unwohl.

Viele »Männerklatscher« sind sich ihres Handelns nicht bewußt. Weil sie heute den ihnen zustehenden Platz in Geschäftsleben und Politik, an den Universitäten und in den Medien einnehmen, müssen sie sich vor Augen halten, daß die einst relativ harmlose häusliche Misandrie heute schwerwiegendere Folgen hat, die im direkten Verhältnis zur Zunahme an öffentlicher Macht stehen, die sie genießen. Doch viele Frauen sind nicht bereit für ein solches Bewußtsein und scheinen in einem Zustand der Leugnung zu verharren in bezug auf (a) ihre eigene Misandrie, (b) die zunehmenden Einflußmöglichkeiten, derer sie sich erfreuen, und (c) der Tatsache, daß ihre Abneigung ihnen unterstellte Männer irgendwie bedrohen könnte. Diesen Tatsachen ins Gesicht zu sehen, ist für Frauen nicht weniger schmerzhaft, als es für Männer gewesen ist, sich der geschichtlichen Unterdrückung der Frau wie auch ihrer eigenen Formen der Misogynie zu stellen.

Wenn ich über das Thema Misandrie schreibe oder spreche, begegnen mir zweifelnde Blicke, sarkastische Sprüche und regelrechte Wutausbrüche.

Ein von mir verfaßter, kontroverser Artikel zum Thema wurde zum Beispiel als »glatter Unsinn« abgetan; einige Leser waren gar der Meinung, es handle sich um einen Aprilscherz, nicht jedoch jene Hunderte von Männern, die mir in Briefen und Kommentaren die Realität der Misandrie bestätigten, weil sie sie am eigenen Leibe erfahren hatten[2]; sie kennen das Phänomen sehr gut.

Misandrie im Alltag

Männer haben mir von misandristischen Vorurteilen und sexueller Belästigung erzählt, die ihnen von Vorgesetzten bei der Arbeit widerfahren ist. Eine interessante Erklärung für die Tyrannei weiblicher Chefs liefern übrigens einige Feministinnen. Sie geben zwar zu, daß sich manche Frauen in Machtpositionen ebenso rücksichtslos verhalten wie ihre männlichen Kollegen, sehen aber den Grund dafür darin, daß die Frauen »patriarchale« Werte übernommen haben. Nach diesem Ansatz bleibt die Schuld immer noch an Männern haften, selbst für das Handeln von Frauen.[3] Wieder andere Männer berichten, sie seien anläßlich von Seminaren über sexuelle Belästigung am Arbeitsplatz als potentielle Frauenbelästiger und Vergewaltiger streng ermahnt worden, daß jede sexuelle Anspielung oder Anzüglichkeit ein Entlassungsgrund sein könnte. Damit im Zusammenhang steht die häufig erhobene Anschuldigung, Vergewaltigung sei etwas »Normales« für einen Mann und deshalb verdienten die Männer besonderes Mißtrauen.[4] Löst dieses Vorurteil eine Paranoia aus? Vielleicht, doch im derzeitigen gesellschaftlichen Klima kann die bloße unberechtigte Anschuldigung sexueller Belästigung großen Schaden anrichten. Eine Zeitung veröffentlichte zum Beispiel kürzlich den reuevollen Brief einer Frau, die ihren Freund, auf den sie wütend gewesen war, nach einer falschen Vergewaltigungsklage unschuldig ins Gefängnis gebracht hatte, wo der junge Mann heute noch sitzt. Von ähnlichen fälschlichen Anschuldigungen der Vergewaltigung wird in der Presse in letzter Zeit vermehrt berichtet.[5]

Nicht nur das amerikanische Rechtssystem ist in vieler Hinsicht gegen Männer voreingenommen. Von Männern wird häufig verlangt, daß sie an ihre erwerbstätigen geschiedenen Frauen hohe Alimente zahlen, obwohl die Scheidung in gegenseitigem Einverständnis erfolgte. In fast allen Fällen werden Kinder der Mutter zugesprochen.[6] Männliche Straftäter erhalten nicht nur längere Strafen als Frauen für dieselben Verbrechen, sie müssen die Strafen meist bei weit demütigenderen Umständen absitzen.[7] Auch wenn Frauen von persönlicher Freiheit und wirtschaftlichen Chancen profitieren, müssen nur Männer Pflichtwehrdienst leisten, und Frauen dürfen nicht an Kriegshandlungen teilnehmen.

Die Künste, die Unterhaltungsbranche und die Medien liefern oft den dramaturgischen Rahmen für haßerfüllte Angriffe auf Männer. Man denke nur an neuere Filme wie *Die Farbe Lila, Zeit der Zärtlichkeit* oder *Thelma und Luise*, in denen fast jeder männliche Darstellter irgendwie hassenswert, gewalttätig, feige, egoistisch oder unsensibel ist.[8] Das Fernsehen zeigt Männer (und vor allem Väter) häufig als unfähige Trottel, stammelnde Idioten und kleinkarierte Narren. Wenn Außerirdische unsere Fernsehprogramme empfangen könnten, wären sie überzeugt, daß viele Männer – besonders in den USA – vor dem Hintergrund einer Lachkonserve leben. Amerikanische Fernsehserien können schlimme Erfahrungen sein, wenn etwa »Kindsmißhandler und die Frauen, die sie lieben« vor einem grölenden Publikum laufen. Leser des *Kansas City Star* wurden kürzlich mit einem besonders haßerfüllten Artikel von Susan Dundon verwöhnt, mit dem Titel »Warum Männer Dummköpfe sind«[9]. Die populäre Medienpsychologie verhält sich nicht weniger unfreundlich. Dr. Joyce Brothers (eine der berühmtesten US-Fernsehratgeberinnen in Familien-, Gesundheits- und Sexualitätsfragen) hat zum Beispiel kürzlich das Phänomen, daß Männer im allgemeinen häufiger lachen und scherzen als Frauen, damit erklärt, daß sie einfach weniger intelligent seien.[10] Weiter draußen, am weiblichen Rand der schöpferischen Welt, wird der Haß noch greifbarer. Karen Finley, von *Time* als »talentierte Toilettenschnauze« beschrieben, speit in ihrem dramatischen Soloauftritt verletzende, fäkalsprachliche Angriffe auf Männer herab (deren Steuergelder übrigens ihre künstlerischen Zuschüsse finanzieren helfen).[11]

Misandrie in der Schule

In den öffentlichen Schulen und an höheren Lehranstalten, wo alle jungen Männer Prägung in Denkweise, kulturellem Empfinden und Selbstgefühl empfangen, äußern sich Vorurteile gegen Männer zwar weniger fäkalsprachlich, wahrscheinlich jedoch weitaus schädlicher. Es wird für Männer schwieriger, Arbeit an einer höheren Lehranstalt zu finden, weil viele Schulen festgeschriebene oder unausgesprochene Quotenregelungen aggressiv handhaben und immer mehr hochqualifizierte Männer von einer

Anstellung ausschließen.[12] Damit nicht genug: Als Grund für diese Diskriminierung wird häufig angegeben, Männer verhielten sich ihren Schülern gegenüber nicht so »nährend« und »einfühlsam« wie Frauen. Diese Leute sind meinem Lehrer aus der vierten Klasse nie begegnet!

In den USA führt die zunehmende Anwesenheit von extremen männlichen und weiblichen Feministen an vielen Fakultäten dazu, daß Textbücher, Vorträge und die Gespräche im Hörsaal manchmal mit höchst abschätzigen Bemerkungen und Anspielungen gegenüber Männern gespickt sind.[13] Studiengänge über Geschlechterrollen tendieren unweigerlich in die feministische Richtung, Männerkurse bleiben eindeutig in der Minderheit.[14]

Misandrie in der Religion

Während die Zunahme des Männerprügelns in Bereichen unter liberalem feministischem Einfluß Anlaß zur Besorgnis bietet, muß die Ausbreitung der Misandrie im religiösen Leben alarmieren. Die Spiritualität ist jener Bereich, in dem Männer vermutlich am verletzlichsten sind, in dem Misandristen wiederum die folgenschwersten und bösartigsten Behauptungen aufstellen. Die virulenteste Quelle dieses Hasses findet man im postchristlichen feministischen Religionsschrifttum, besonders in der aufblühenden »Göttinnenreligion«. Hier begegnet man manchmal unkontrolliertem sexistischem Haß und allen Symptomen der Misandrie in Reinkultur.

Eine Minderheit von Feministinnen, die sich vom geschichtlichen Patriarchat und von der Kirche beleidigt fühlt, hat sich vom traditionellen christlichen Leben, seinem Gebet und seiner Theologie abgespalten, um religiöse Gruppen zu bilden, die ihrer Meinung nach dem weiblichen Geist besser entsprechen. Zum großen Teil stellen diese Gruppen Formen der alten matriarchalen Religion dar, die die Göttin verehren (auch bekannt als Mutter Erde oder *Gaia*), einschließlich einer alteuropäischen Form von Religion, die als Wicca bekannt ist (dem englischen Wort für »Hexe«). Feministische Hexenspiritualität darf nicht mit satanischen Kulten verwechselt werden, die dasselbe Motiv verwenden (auch wenn beide Formen vielen Männern »wie verhext« vorkommen). Um die ideologische Basis für die Göttinnenreligion zu untermauern, veröffentlichen derzeit Dutzende Autoren (die »Gaialogen«) seriöse Werke, die sich mit den archäologischen, anthropologischen und soziologischen Implikationen der alten Göttinnenreligion befassen.[15] Diese Studien sind faszinierend und enthalten wertvolle Einsichten und Informationen; oft sind sie jedoch auch mit der schlimmsten Sorte gedruckter Misandrie behaftet.

Gott ist nicht immer als Mann gesehen oder in männlichen Gleichnissen beschrieben worden. Es besteht kaum Zweifel daran, daß viele alte Kulturen der Steinzeit bis in die Jungsteinzeit hinein (8000 – 1200 v.Chr.) eine erstaunliche Vielfalt weiblicher Göttinen verehrt haben. Die Hauptgöttin des altertümlichen Pantheons nennen wir heute in der Regel Mutter Erde oder Mutter Natur, die fruchtbare Quelle allen Lebens.[16] Gaias Manifestationen sind so zahlreich und vielfältig wie das Leben selbst. Man hat Zeichnungen, Fresken und Statuen zu Tausenden ausgegraben, die ihre wechselnden Formen beschreiben – sei es als üppige Fruchtbarkeitsgöttin, als Sophia, die heitere Führerin aller Kultur, oder als kosmische Mutter, die göttliche Matriarchin, deren Schoß die ganze Schöpfung gebiert und deren Brüste die heranwachsenden Kinder nähren. Ich habe selbst in zerfallenen Häusern aus der Eisenzeit winzige Figürchen der mittelöstlichen Göttin Asherah ausgegraben, die von ihrer Popularität während der biblischen Ära zeugen. Ja, Gaias Verehrung überdauerte sogar in der römisch-katholischen Kirche (jenem scheinbaren Reliquienschrein des Patriarchats!) im Kult der Jungfrau, im Hinduismus in der Anbetung von Göttinnen wie Mairamman oder in der chinesischen Religion in der Liebe zu Quan Yin.

Irgendwann in der Jungsteinzeit scheinen die meisten Kulturen von der Göttinnenverehrung (dem statisch Weiblichen) zur Anbetung von vorherrschend männlichen Himmelsgottheiten (das dynamisch Männliche) übergegangen zu sein. Diese große Veränderung leitete die Einführung der patriarchalen (statisch männlichen) Religion ein, die jahrtausendelang auf der Erde in Kraft ist. Niemand weiß genau, warum dieser große spirituelle Übergang stattfand; unter anderem, weil er vor der allgemeinen Verbreitung der Schrift stattfand und in profunden Tiefen des Unterbewußtseins, die sich dem heutigen Beobachter entziehen.

Dieser Datenmangel läßt Gaialogen jedoch nicht zurückschrecken. Sie spekulieren, daß kriegerische Männer die idyllische weibliche Religion und Kultur einfach auslöschten (»Männer sind alle gleich!«) und männliche Götter über dem neuen Götterpantheon einsetzten, als Garantie für männliche Dominanz. Diese misandrische Theorie führt den wichtigsten spirituellen Übergang der menschlichen Geschichte schlechthin auf militärische Überlegenheit und gesellschaftliche Notwendigkeit zurück, ohne je die Möglichkeit zu untersuchen, daß die Göttinnenreligion auf irgendeine Weise unzulänglich gewesen sein könnte oder daß alte Kulturen ihre spirituellen Bedürfnisse adäquater von männlichen Göttern befriedigt fanden.[17]

Der böse männliche Gott

Das Musterbeispiel des männlichen Falls aus dem weiblichen Gnadenstand läuft auf eine aufgewärmte Version eines alten Mythos hinaus, dessen sich Haßideologien mühelos bemächtigen können: der Gnostizismus, eine Form der Religiosität, die in verschiedenen Abwandlungen seit etwa zwei Jahrtausenden besteht, einschließlich gewisser christlicher Formen wie etwa der Marcionismus. Diese frühe Häresie behauptete, daß Jesus einen guten Gott offenbare, der endlich gekommen sei, um die Auswirkungen des früheren bösen Gottes der hebräischen Schrift, um Jahwe abzusetzen. Gnostiker sprechen meist davon, geheimes »Wissen« (griechisch: *Gnosis*) über den Weg zur Wahrheit besitzen, der unerleuchteten und uneingeweihten Menschen, die in der barbarischen Tyrannei ihrer bösen Götter verhaftet bleiben, verschlossen ist. Typische gnostische »Offenbarungen« erklären uns, daß das idyllische Goldene Zeitalter der fernen Vergangenheit vorübergehend vom gegenwärtigen Bösen Zeitalter überwältigt worden sei, weil dunkle und satanische Mächte über die unwissenden Massen regieren, welche die Träger des Wissensfunkens verfolgen. Doch einigen auserwählten Eingeweihten wird in esoterischen kultischen Ritualen die *Gnosis* zuteil, die Kenntnis des wahren Lichtgottes, die sie bis zum Kommen einer utopischen Neuen Zeit, wenn die Mächte des Dunkeln schwinden, vor dem Dunkel des Bösen der heutigen Zeit bewahrt.

In weiser Voraussicht verurteilte die christliche Kirche viele Formen des Gnostizismus. Dennoch sind Abarten dieser Tendenz über die Jahrhunderte weiterhin in so verschiedenen Bereichen erhalten geblieben wie im Islam (die Schia-Bewegung im Iran), im Deutschland des zwanzigsten Jahrhunderts (Nazi-Mythologie), im modernen Amerika (die Black Muslim-Bewegung von Elijah Muhammad wie auch ihr Gegenteil, die Ideologie der »Arischen Völker«) und wahrscheinlich auch in gewissen Formen des christlichen Fundamentalismus. Der Mythos des Gnostizismus rechtfertigt und ermutigt Haß oft auf mehrere Arten. Erstens identifiziert er Mitglieder der unterdrückten Gruppe (die Unwissenden) als grundsätzlich und womöglich biologisch bedingt minderwertig und böse. Hitlers

Intellektuelle schufen den falschen Mythos der Überlegenheit weißer Arier über alle farbigen und minderwertigen Völker, während die Anhänger der Black Muslims diesen rassistischen Blickwinkel umkehrten und *weiße* Menschen zu »blauäugigen Teufeln« machten. Weil er sich und seine eigene esoterische Gruppe als Opfer einer politischen Unterdrükkung sieht, versucht der Gnostiker die Bestrafung der bösen Ungläubigen durch eine Reihe von Maßnahmen zu legitimieren, die von Genozid (Nazis) bis zur Ausschließung von Menschen aus der Gemeinschaft (Arische Völker) und zur Verweigerung von gewissen Menschenrechten führt (schiitischer Fundamentalismus).

Elemente dieser Ideologie des Hasses sind eindeutig sichtbar im feministischen Gnostizismus, der aus der Göttinnenbewegung hervorgegangen ist. In seiner extremsten Form begegnet man ihm in einer Reihe von Büchern, etwa in *Wiederkehr der Göttin*, dessen Autoren Sjöö and Mor die biologische Minderwertigkeit von Männern mit »wissenschaftlichen Daten beweisen«, die an Hitlers Rassenideologie erinnern. In *Jenseits von Gottvater, Sohn & Co.* behauptet Mary Daly, Männer seien biologisch gesehen nichts anderes als mißratene Frauen.[18] Die meisten feministischen Extremistinnen erheben ihren biologischen Überlegenheitsanspruch nicht öffentlich, doch er lauert knapp unter der Oberfläche als unausgesprochene Erklärung für ihre häufige Annahme, Männer seien Frauen kulturell unterlegene, raubtierartige, subhumane Typen (wie der »geldgierige« Jude oder der »schwarze Schänder von weißen Frauen«).

Männer, so die Behauptung, seien schon auf der »Neuronen-Ebene ... auf Unterdrückung programmiert«.[19] In einer Aussage, die an den antisemitischen Anwurf der jüdischen Gier nach dem Blut christlicher Säuglinge erinnert, spricht Daly von der »unersättlichen Lust des Mannes nach weiblichem Blut«.[20] John Rowan beginnt sein Buch *Der verwundete Mann* mit dem Geständnis »Ich bin ein Mann« – ein Geständnis, mit dem er beinahe sagen will: »Ja, ich habe die Bombe über Hiroshima abgeworfen.« Nur, es geht noch weiter, bis in die kleinsten Details unseres Alltags. Als würde er hinzufügen – »Und ich schütte jeden Tag etwas Arsen in den Tee meiner Frau.«[21]

Auf historischer Ebene, so die Gaialogen, habe sich die männliche biologische und spirituelle Minderwertigkeit im Laufe der Jahrhunderte in der Unterdrückung der Frau durch das »Patriarchat« ausgedrückt, jener allumfassende Begriff, dessen Bedeutung das ganze Spektrum misandrischer Begriffe wie auch die legitime Analyse umfaßt. Oftmals wurde er mit manichäisch-gnostischen Elementen befrachtet, wobei das Männliche allem gleichgesetzt wird, was blutrünstig und dunkel ist, während das Weibliche das Lebenspendende und Unschuldige repräsentiert. Das typische Motiv ist allgegenwärtig in Werken wie etwa in Riane Eislers bekanntem Buch *Von der Herrschaft zur Partnerschaft*[22]. Eisler stellt sich ein idyllisches neusteinzeitliches Land vor, das von der Göttin regiert und mit friedvollen weiblichen Werten versehen wurde, ohne in irgendeiner Weise »matriarchal« zu sein. Um dieses vergangene Goldene Zeitalter entstehen zu lassen, überinterpretiert Eisler gröblich die äußerst dürftigen archäologischen Daten und überfrachtet sie mit einer Fülle soziologischer Theorien, die diese mageren Beweise schlicht nicht hergeben.[23] Eislers gnostisch-neolithische Nostalgie beschwört primitive Gesellschaften herauf, in denen *Gylanie* herrschte – ihre Wortneuschöpfung, die auf geteilte Macht, Partnerschaft und Gleichheit der Geschlechter verweist.[24] Für die Gaialogen war dies die wirkliche Periode menschlichen kulturellen Fortschritts, und es waren Frauen, die die Kultur schufen und die menschliche Sprache erfanden.[25] Eisler will uns glauben machen, der Mensch der Steinzeit habe in idyllischen pastoralen Gesellschaften unter dem freundlichen Blick der Göttin ohne Dominanz, Krieg oder Gewalt ein Leben voller Musik, Kunst und Tanz geführt. Wenn sich das nach einer Beschreibung des Gartens Eden anhört, so einfach deshalb, weil, nach Eisler, dieser Mythos nichts weiter ist als eine allegorische Beschreibung der präpatriarchalen »gylanischen« Gesellschaft.[26]

Was brachte dieses Goldene Zeitalter zu einem Ende? Männer (und ihre männlichen Götzen) zerstörten den Garten Eden.[27] Horden barbarischer und blutrünstiger Männer überfielen die zivilisierte Welt und zerstörten sie, vernichteten den Kult der Göttin und die ihn begleitende Friedfertigkeit und errichteten an ihrer Stelle brutale, patriarchale Gesellschaften unter einer Religion des Krieges, die die Klinge »buchstäblich verehrte«.[28] Das daraus hervorgehende Patriarchat führte zu Jahrtausenden der Dominanz, der Gewalt, des Kriegs, des Streites und der Unterdrückung – alles mit dem Segen der männlichen Gottheiten. Denn für Eisler und die Gaialogen führt die Religion der Bibel zum schrecklicksten aller männlichen Gottheiten. Diese Verunglimpfung der Bibel hat oft einen stark antisemitischen Beigeschmack, der in seiner umfassenden Verurteilung des jüdischen Glaubens nicht unähnlich dem gnostischen Marcionismus oder dem Nazitum ist.[29] Der wahre Grund für das historisch Böse und für das heutige Ringen auf der Welt ist das Patriarchat, die Männlichkeit, die zu Krieg, Dominanz, politischer Unterdrückung, todbringender Technologie und zur Zerstörung der Umwelt geführt hat. Wie Carl Sagan immer wieder sagt, ist die Welt von »Testosteron-Verschmutzung« bedroht.

In christlich-theologischer Sprache weist die Ideologie der Göttinnenreligion die Schuld für die Ursünde massiv den Männern zu, was der Annahme gleichkommt, nicht nur die Jungfrau Maria, sondern jede Frau sei mit der Gnade der unbefleckten Empfängnis gesegnet.[30] Es besteht kaum ein Hinweis in der Gaialogie, daß Frauen für die monumentalen Ungerechtigkeiten mitverantwortlich seien, die unseren Planeten beuteln, daß sie am Unrecht teilgehabt, Ausbeutung gefördert, von der Unterdrückung und der Sklaverei profitiert oder an der Gewalttätigkeit teilgenommen hätten. Noch findet sich der geringste Hinweis darauf, daß sich mehr als einige wenige außergewöhnliche Männer (etwa Jesus) diesen Übeln entgegengestellt hätten. Darüber hinaus würde man nach der Lektüre der gaialogischen Literatur nicht erkennen, daß Männer neben ihrem Anteil an den Früchten des Krieges und der wirtschaftlichen Ausbeutung auch überwältigend schöpferisch waren bei der aktiven Förderung der Zivilisation: durch Philosophie, Wissenschaft, medizinische Technologie, Spiritualität, Zirkus, Universalität, Malerei, Sport, Jazz, Kino, Romane, Gedichte, Rock 'n Roll, Slapstick-Komödie, gewaltloser Widerstand, französische Küche, Astronomie, Comics, Wettersatelliten, Stepptanz, Architektur, Mathematik, Clownerie, klassische Musik, Schach, Elektrizität, Demokratie, Strafgesetz, Frauenmode, Impfungen, Massenkommunikation und so weiter. Als Folge des extremen Feminismus kann es für Männer sogar gefährlich werden, sich stolz auf die männlichen Beiträge für die Zivilisation zu bekennen, denn das bedeutet, sich der Anklage des »männlichen Chauvinismus« auszusetzen.

Was also schlagen die feministischen Gaialogen vor, um das Ende des Patriarchats herbeizuführen? Die Empfehlungen sind meistens vage gehalten. Eislers Arbeit bleibt ungewohnt milde in dieser Hinsicht und spricht davon, daß die feministischen Werte die Gesellschaft über eine friedliche Entwicklung verändern werden. Zur Entwaffnung des Patriarchats haben andere Feministen eine drastischere Lösung vorgeschlagen, nämlich die männliche Kastrierung, doch nach vorsichtiger Prüfung dieser Möglichkeit schlägt Rowan schließlich vor (großzügigerweise, finde ich), diese Maßnahme sei »zu bedrohlich«[31]. Mary Daly will hingegen lediglich das patriarchale System und seine Sprache kastrieren (solche Worte erstaunen vermutlich bei einer Bewegung, die so erpicht darauf ist, sich als gewaltlose Alternative auf historische Grausamkeiten anzubieten).[32] Extrem vage in ihren konkreten Vorschlägen zur Korrektur des Patriarchats werben die Gaialogen offenbar um unser Vertrauen, als erleuchtete gnostische Intelligenzia würden sie schon »wissen«, was zu tun ist, um das System zu kastrieren und uns ins Paradies zurückzuführen.

Misandrie im christlichen Feminismus

Verglichen mit den Vertretern des Göttinnenglaubens haben sich die gelehrten Befürworter des christlichen Feminismus in der Analyse des Patriarchats relativ nachsichtig und gemäßigt verhalten. Dieses Schimpfwort beschränkt sich in ihren Schriften auf eine redliche Beschreibung des von Männern dominierten politischen Arrangements in der christlichen Tradition. Zwar birgt es neben zahlreichen eindrucksvollen Einsichten manch strittige Analyse, doch das zweifellos einflußreichste christlich-feministische Werk, Elisabeth Schüssler-Fiorenzas *Zu Ihrem Gedächtnis*, ist frei von der Art Misandrie, wie sie von Gaialogen bevorzugt wird.[33] Ein gewisses Maß an Männerprügeln ist in den theologischen Schriften der christlichen Feministinnen erkennbar, doch andere Feministinnen haben es bemerkt und diese Tendenz kritisiert.[34]

Unglücklicherweise besteht in weniger gelehrten feministischen Kreisen und in populären Veröffentlichungen manchmal die Gefahr einer virulenten Art von Misandrie. Eine populäre amerikanische Kolumnistin erfand kürzlich den neuen Vorwurf, Abtreibungen seien in erster Linie die Schuld von Männern und Frauen seien lediglich das *Opfer* der Abtreibung.[35] Ihrer Rhetorik gelingt das tolle Manöver, gleichzeitig männliche Politiker dafür verantwortlich zu machen, daß deren Politik überhaupt erst die Bedingungen schaffe, die Frauen zu Abtreibungen veranlasse, wie auch männlichen Priestern die Schuld an wirkungslosen Maßnahmen gegen die Abtreibungswelle anzulasten. So bleiben Männer immer die Sündenböcke, ob sie nun für oder gegen die Abtreibung sind. Martinez greift dann die alte feministische Anschuldigung auf, Männer würden »im Namen von Abstraktionen und Ideologien töten«, wobei sie die bösartige Schlußfolgerung zuläßt, dies alles geschehe für »polierte Orden« (ein häufiges misandrisches Motiv: Männer sind kleine Jungs oder Idioten, die von Medaillen oder Spielzeugen geblendet sind).[36]

Meistens sind die Fälle von Misandrie in der liberalen katholischen Presse subtiler.[37] »Mary's Pence«, eine amerikanische Hilfsorganisation, nur für Frauen geschaffen und ausschließlich von Frauen geführt, plazierte kürzlich eine Anzeige in Form eines Spendenaufrufs für »ältere Frauen, Frauen mit AIDS, geschlagene Frauen, erholungsbedürftige Frauen, Frauen im Gefängnis« usw.[38] Nur wer darüber nachdenkt, sieht darin das Aufkommen einer beispiellosen christlichen Idee: geschlechtsspezifische Wohltätigkeit. Was ist denn mit älteren *Männern, Männern* mit AIDS, geschlagenen *Männern*, erholungsbedürftigen *Männern* und *Männern* im Gefängnis? Geschieht ihnen irgendwie unbewußt recht, wenn man sie übergeht, nur weil sie Männer sind?

Die Subtilität der literarischen christlich-feministischen Misandrie bedeutet nicht, daß dieses Laster auf der populären, alltäglichen Ebene von Gespräch und Praxis selten vorkommt. Im Gegenteil: So, wie man nur selten auf Fälle von unverhohlenem Rassismus in den Medien stößt, ihm aber ständig in Witzen, Gebräuchen und unbewußten Kommentaren begegnet, so drückt sich auch die christlich-feministische Misandrie vorwiegend in einer liberalen Umgebung aus, in Grundannahmen, beiläufigen Gesprächen und unqualifizierten Behauptungen in Predigten, Klassenzimmern und sogar in der spirituellen Beratung. In den liberalen christlichen Kreisen, in denen ich gelebt und gearbeitet habe, gilt folgende Behauptung als politisch fehlerlos: Männlichkeit führt unweigerlich zu dominierendem und patriarchalem Verhalten, ist eine Quelle von Gewalt, und Männer haben kein naturgegebenes religiöses Empfinden und interessieren sich nur für Geld und Macht. Ob man ihnen Beachtung oder Glauben geschenkt hat oder nicht – jeder Mann, der in diesen Kreisen verkehrt, wird in den letzten zehn Jahren wiederholt Behauptungen wie diese gehört haben. Unser kurzer Überblick des Göttinen-Feminismus liefert einen Hinweis auf manche der denkbaren intellektuellen Wurzeln dieser Behauptungen.

Die alltägliche Begegnung mit dieser weitverbreiteten und größtenteils unwidersprochenen christlichen Misandrie ist potentiell viel schädlicher für Männer auf der Suche nach Spiritualität als jedes esoterische Buch, das in diese Kerbe haut und in einem New Age-Bücherladen herumliegt. Stellen wir uns vor, was einem jungen Mann von heute auf ernsthafter Suche nach einem spirituellen Leben widerfahren mag, wenn wir uns vor Augen halten, daß er bereits einer weit verbreiteten Misandrie in Künsten, Medien und Erziehung augesetzt worden ist. Nehmen wir an, er entschließt sich an der Universität, sich für das dortige religiöse Angebot zu engagieren. In diesem Fall würde er vielleicht zum Unipfarrer gehen und sich für freiwillige Vorlesungen oder irgendein soziales Hilfsprogramm melden. Es wäre jedoch auch möglich, daß es ihm so geht wie einem meiner Freunde, der kürzlich feststellen mußte, daß das Büro des Unipfarrers voller radikaler feministischer Parolen und Poster hing, die ihm entgegenschrien: »Könnten Männer Babies kriegen, wäre die Abtreibung ein Sakrament«; »Eine Frau muß doppelt so hart arbeiten wie ein Mann, um erfolgreich zu sein – das ist zum Glück nicht so schwer«; oder: »Eine Frau ohne Mann ist wie ein Fisch ohne Fahrrad«. In diesem Augenblick wird er sich in einen Schwarzen einfühlen können, der sich dem Ku Klux Klan anschließen will.

Vielleicht wird unser junger Mann anfangen, in die Kirche zu gehen und aufmerksam den Predigten zu lauschen, um darin geistige Führung zu finden. Was aber, wenn er einem Pfarrer begegnet, der im orthodoxen Feminismus trainiert ist, und ihn mit Berichten aus der langen Geschichte der patriarchalen Kirche verwöhnt, über Rassismus und Frauenhaß, Homophobie, Kolonialismus und Verantwortungslosigkeit gegenüber der Umwelt? Wenn er sich dann unter den versammelten Kirchgängern umsieht und nur ein paar verstreute Männer findet (die meisten viel älter als er), wird sich unser junger Mann vermutlich wie ein an Land gezogener Fisch fühlen. Und mit der Zeit vielleicht sogar wie ein Fisch ohne Fahrrad.

Wenn unser junger Mann Priester oder Pfarrer werden will, wird er höchstwahrscheinlich Vorurteilen gegen sein Geschlecht und seine Männlichkeit begegnen und buchstäblich keinerlei Beistand oder Verständnis für sich selbst als Mann finden. Vielleicht belegt er einen Bibelkurs, der sich auf die Aussage konzentriert, die Bibel unterdrücke Frauen, während man ihn mit der »Hermeneutik des Argwohns« bekanntmacht (die Studenten dazu anhält, jeden Text aus soziopolitischer Sicht als Rechtfertigung für das Patriarchat zu betrachten). In Ethik-, Geschichts- oder Semantikseminaren begegnet er einem Professor, der sich vorrangig für die Förderung des feministischen Programms interessiert. Und natürlich kann er, wenn er ein Bekehrungserlebnis hat und seiner Männlichkeit entsagt, zwischen einer Anzahl von »Frauen und…«-Kursen wählen, mit »Spiritualität«, »Ethik«, »Politik« usw. zur Vervollständigung. Seine Erfahrung in den Pflichtpraktika ist wahrscheinlich politisch ebenso richtig. Kürzlich ist ein katholischer Theologiestudent an der Universität Berkeley im mündlichen Examen durchgefallen, weil der feministische Direktor des Studiengangs ihn in einem hypothetischen Fall zwischen einer orthodox-feministischen Position und einer traditionell römisch-katholischen Position wählen ließ. Er entschied sich irrtümlicherweise für die traditionelle Lösung, die von »Rigidität« und »Unsensibilität« zeugte. In einem solchen Klima herrscht übrigens manchmal die nebelhafte Überzeugung, Widerstand gegen den Feminismus lasse auf psychosexuelle Probleme schließen, was wiederum eine mögliche Ordination in Frage stellt.

An diesem Punkt angelangt, ist unser junge Mann mit einigen schwerwiegenden Fragen und Krisen konfrontiert. Er wird mit ziemlicher Sicherheit informell aufgefordert werden (wie es mir mit einem katholischen feministischen Theologen erging), von einer Ordination abzusehen oder als Pfarrer zurückzutreten, wenn er auch nur ein Quentchen Sympathie für seine ausgeschlossenen Schwestern empfände.[39] So gesehen, ist es kaum überrraschend, daß Männer heute in vielen liberalen Theologieseminaren in der Minderheit sind. Als der Vorsitzende eines theologischen Universitätskonsortiums von einem Journalisten gefragt wurde, *warum* die Zahl männlicher Studenten abnehme, antwortete der Beamte, daß *weiße* Männer sich jetzt in erster Linie dafür interessierten, Geld zu verdienen, statt der Kirche zu dienen.[40] – Ja, wie wir es schon vor langer Zeit in der Küche gehört haben: »Männer sind alle gleich!«

Was tun gegen Misandrie?

Ob ein Mann Student in einem Kurs ist, Mitglied eines Kirchenrats oder der Angestellte einer großen Firma: Es wird mit dem Fortschreiten der Zeit immer wahrscheinlicher, daß er der Misandrie in irgendeiner Form begegnet. Was soll er dagegen unternehmen? Zuallererst und am wichtigsten ist, daß er sich ihrer bewußt wird. Eine der gefährlichsten Eigenarten der Misandrie ist ihre Eigenschaft, sich auf leisen Samtpfoten in ein Gespräch einzuschleichen oder in Grundsatzdiskussionen zu plumpsen wie eine Zyankalipille in ein Martiniglas. Männer müssen spüren, wenn jemand ihren Brunnen vergiftet, sei es nun in den Medien, in der Schule oder bei der Arbeit. Zumindest sollte ihr innerer »Humbugfühler« ausschlagen, wenn sie eine pauschale Verurteilung der Männlichkeit zu hören bekommen oder eine persönliche Anspielung gegen sie als Mann in der Luft liegt.

Es kann durchaus angebracht sein, Misandrie durch einen sofortigen verbalen Einwand oder ein nachträgliches Memo oder einen Brief bloßzustellen. Auch wenn man den Protest ignoriert oder ins Lächerliche zieht (zu den Spielregeln gehört, Männer »Schwächlinge« zu nennen, wenn sie sich gegen das Männerprügeln wehren), wird diese Praxis eine Einstellung im Mann verankern, daß er, wenn auch nicht »stinkwütend«, so doch nicht länger willens ist, »alles einfach hinzunehmen«. Wenn es jedoch um

Ernsthafteres geht als um verbale Schläge unter die Gürtellinie – beispielsweise Diskriminierung am Arbeitsplatz, die Anschuldigung von Kindsmißhandlung oder sexuellem Mißbrauch oder eine sexistische Grundsatzentscheidung – liegt es am betreffenden Mann, sich ruhig und angemessen zu wehren und juristische Schritte einzuleiten. Dieselben Gesetze, die Frauen vor Misogynie schützen, können auch Männer vor Misandrie schützen – und sie sollten genutzt werden.

Der Tag muß kommen, an dem eine abschätzige Bemerkung den Sprecher nicht als politisch einwandfrei, sondern als einen Pharisäer ausweist. Der Tag muß kommen, an dem der automatische Ausschluß eines Mannes von einer Stellenausschreibung nicht als positives Beispiel, sondern als ein Fall von Diskriminierung gesehen wird. Der Tag muß kommen, an dem eine misandristische Politik als Rückschlag betrachtet wird, in der modernen Gesellschaft so fehl am Platz wie Antisemitismus, ignorante Rhetorik und Frauenhaß. Und der Tag muß kommen, an dem die Kirchen Männern mit Verständnis und Mitgefühl begegnen, statt mit offener oder versteckter Ablehnung.

KAPITEL 4

Die Krise der Männer und der Kirchen

Die Seel-Sorge (*Cura Animarum*) ist eine der wichtigsten Aufgaben der christlichen Kirche. Weil der moderne Mann langsam den Kontakt zu gesunden männlichen Archetypen verliert, unter Orientierungslosigkeit leidet und einen Verlust jener männlichen Energie spürt, die er braucht, um sowohl individuell zu reifen als auch zur Gesellschaft beizutragen, ist er mehr denn je auf diese Seelsorge angewiesen. Männer brauchen spirituelle Heilung. Die Gesellschaft wartet verzweifelt darauf, daß ihre Männer geheilt werden; denn verwundete Männlichkeit trägt zu jedem großen Problem bei, dem sich unsere Kultur stellen muß: Drogensucht, Fremdenhaß, Militarismus, Verbrechen, Armut und so weiter. Die Frage ist, wie die Kirchen zur Heilung des Mannes beitragen können.

Die Symptome

Die Diagnose der Krankheit ist der erste Schritt, den ein Arzt für seinen Patienten unternimmt. Auch die Kirche sollte die Zeichen erkennen, die die Ernsthaftigkeit der Probleme, von denen Männer in unserer Kultur betroffen sind, ahnen lassen. Wenn die Kirche Männern helfen soll, müssen Seelsorger die Symptome der verwundeten Männlichkeit erkennen, wie sie sich beim einzelnen und in der Gesellschaft zeigen. Statistiken vermitteln nur eine Ahnung vom Ausmaß des Problems: Im Vergleich mit Frauen haben Männer eine um acht Jahre geringere Lebenserwartung, sie begehen dreimal häufiger Selbstmord, Alkohol- und Drogenmißbrauch ist stärker unter Männern zu finden, und sie leiden unverhältnismäßig häufig an tödlichen Krankheiten wie AIDS, Krebs und Herzleiden. Männer sind die häufigsten Opfer von Raubüberfällen und Morden wie auch deren häufigste Täter. Es sitzen neunmal soviel Männer im Gefängnis wie Frauen. Nirgends treten die Probleme verwundeter Männlichkeit so sichtbar zutage wie in der schwarzen Bevölkerung Nordamerikas, wo Drogensucht, Arbeitslosigkeit, Kriminalität und Armut den schwarzen Mann fast in eine gefährdete Gattung verwandelt haben.[1]

Ein sensibles Auge sieht, was Statistiken nicht zeigen. Auch unter der Vielzahl vermeintlich erfolgreicher Männer (»Patriarchen«) mittleren und fortgeschrittenen Alters begegnet man oft einem greifbaren Gefühl der Leere, dem Fehlen eines tieferen Sinns und einem Überwiegen dessen, was Thoreau »Stille Verzweiflung« nannte.[2] Diese Männer spielen im Beruf die kleinkarierte Rolle des finanziell lukrativen Chefs und zu Hause die des Ernährers; oft bedrückt sie dabei das Gefühl, Wertschätzung ausschließlich für gute Geschäftsabschlüsse oder fürs »tägliche Brot«, das sie nach Hause tragen, zu erfahren. Obendrein nimmt man ihnen auf kultureller Ebene gerade diesen Erfolg übel. Denn das sind die »Chauvis«, nach liberaler Rhetorik die Übeltäter und Tyrannen, die angeblichen Verursacher all dessen, was an der westlichen Kultur verkehrt läuft – gleichgültig, ob ihre Unternehmen Tausenden Arbeit geben, ihre Aktivität den Lebensstandard erhöht und ihre hohen Steuergelder Fürsorgeprogramme mitfinanzieren. Kann denn überhaupt noch jemand den Nebel lichten, der sie nach soviel Aufputsch und Feindseligkeit wie eine Wolke umgibt, und dahinter den Menschen erkennen? Gelingt es diesen Männern denn überhaupt selbst?

Am anderen Ende der sozio-ökonomischen Leiter leben die Männer, die die Gesellschaft am liebsten vergessen möchte: die Armen und die Obdachlosen. In den großen amerikanischen Städten sind ganze Stadtviertel mit den Wracks von Männern übersät, die auf die schiefe Bahn gekommen sind. Die östliche Innenstadt von Los Angeles etwa gleicht einer Szene aus *Die Nacht der lebenden Toten*. An jedem Haus sieht man sie vor Suppenküchen und Stellenvermittlungsbüros und begegnet großen Scharen, die sich an Feuern aus der Mülltonne wärmen. Und plötzlich bemerkt man, daß die überwältigende Mehrheit dieser Menschen Männer sind. Die Empörung gesellschaftspolitischer Kommentatoren angesichts der wachsenden Zahl obdachloser Frauen und Kinder unterstreicht eigentlich nur die relative Stumpfheit und Gleichgültigkeit, die unsere Kultur dem Ruin ihrer Männer entgegenbringt. Was hat diese Männer gebrochen, was ist mit ihnen geschehen? Und wer wird sich ihrer annehmen?

Zwischen den Extremen des Lebensstils der oberen Hunderttausend und der Verzweiflung der Obdachlosen leidet die große Mehrheit der Männer in unserer Kultur unerkannten, beinahe unsichtbaren seelischen Schmerz. Zu diesen Schmerzen gehört die »Vaterwunde«, die schmerzliche Entfremdung von körperlich abwesenden oder seelisch stumpfen Vätern, die so lebensnah in Filmen wie *Der Tod eines Handlungsreisenden* oder *I Never Sang for My Father* geschildert werden. Mit Beginn der industriellen Revolution hat die Wirtschaft Männer aus Heim und Familie vertrieben. Mit der Folge, daß nur wenige Männer von heute die konstante, körpernahe Führung genossen zu dem, was Robert Bly den »männlichen Gefühlsmodus« nennt, die allvertraute Nähe zum Vater, die Jungen einst wie durch Osmose erhielten. Männer wissen auch nicht, wie sie in Freundschaft miteinander und mit ihren Frauen sprechen sollen, noch viel weniger können sie die daraus erwachsende Isolation und Entfremdung fühlen, geschweige denn formulieren. Die Kirche verfügt aber über die Mittel, um einen Beitrag zur Heilung der Vaterwunden zu leisten, zum Beispiel anhand der alten biblischen Geschichten und Lehren, die auf den familienorientierten Vater zugeschnitten sind.[3]

Für solche Männlichkeitswunden am empfänglichsten sind zweifellos junge Männer und Knaben. Das ernsthafteste Problem ist hier, daß unsere Gesellschaft ihre männlichen Jugendlichen nicht in das Mannesalter einweiht: Die ganze Last des Erwachsenwerdens ruht auf dem isolierten einzelnen Jungen. Viele Jugendliche lösen diese Aufgabe irgendwie, doch die meisten scheitern; die Last ist zweifellos meist zu groß, als daß sie ein junger Mann ohne Beistand tragen könnte. Immer öfter begegnen wir dem Mann, der seine Jugend bis in seine mittleren Jahre verschleppt und zum klassischen *Puer Aeternus* (»ewiger Knabe«) wird, dem Peter Pan, der nicht erwachsen werden und Verantwortung übernehmen will oder Energie nur in seinen eigenen Narzißmus steckt. Ebenso häufig sieht man den sonnengebräunten und gefönten »Netten Mann«, cool, gestylt und unverbindlich. Isoliert von seinem Schatz männlicher Archetypen kann er bestenfalls den unbedrohlichen Status erreichen, der ihn in den Augen so vieler Frauen so passabel macht. Als Überlebenskünstler paßt er gut auf sich auf. Man erwarte nur nicht von ihm, daß er einem aus der Patsche hilft, wenn man in Schwierigkeiten steckt. Schließlich muß jeder »seine Probleme selbst lösen ...«

Noch fataler ist die Alternative zum uneingeweihten Leben eines Mannes. Viele junge Burschen, die den Wunsch verspüren, Männer zu werden, denen jedoch die weise Führung Älterer fehlt, versuchen glücklos, sich *selbst* in das Erwachsensein einzuweihen, gemäß dem brutalen Regelwerk des Gruppendrucks. Führungslose Einweihungen finden tagtäglich statt, ob bei Überfällen aus dem Auto oder bei Mutproben in Jugendbanden. Andere entfremdete Jungens, die erfolglos nach echter Männlichkeit hungern, klammern sich an die billigen und ausbeuterischen Phantasien Hollywoods: Conan, Rambo, Dirty Harry. Da es ihnen an einer männlichen Auseinandersetzung aus Fleisch und Blut fehlt, ist das Bild der Männlichkeit, das unseren jungen Männern gezeigt wird, nichts weiter als grobe Karikatur, Zerrbild, überspitzter Cartoon-Machismo.

In den letzten Jahrhunderten hat sich die westliche Religion von ihrer alten Aufgabe der Einweihung junger Männer in die Männlichkeit abgewandt. Heute gibt es nur noch eine Institution in unserer Gesellschaft, die nach wie vor eine große Anzahl junger Männer mit einem gewissen Erfolg in das männliche Erwachsensein einweiht: das Militär. Generationen von Männern haben in den stilisierten Liturgien der Rekrutenschule männlichen Stolz, Geschicklichkeit und Verantwortung für ihr Land gelernt. Das Soldatenleben bietet immer noch eine der Chancen, verwirrte junge Männer aufs rechte Gleis zu bringen, doch diese Form der Einweihung strebt nur nach Entfaltung eines *einzigen* Archetyps: des Kriegers. Kann die Verarmung männlicher Spiritualität überraschen, wenn unsere Gesellschaft Zeit, Energie und Mittel zur offiziellen Einweihung von Knaben ausschließlich einem einzigen männlichen Archetyp widmet?

Die Krise

Um einen Satz aus dem Film *Frankenstein Junior* zu paraphrasieren: »Eine Krise ist was Schreckliches – Zeit, daß wir wieder eine bekommen!« Denn wenn wir sagen, die Kirche und der moderne Mann befänden sich in einer Krise, behaupten wir lediglich, daß gewisse Weichen neu gestellt und bestimmte Veränderungen vorgenommen werden müssen, was die Beziehung zwischen der Kirche und den Männern von heute betrifft. Eine *Krisis* (griechisch: *krisein* = »wählen«) ist genaugenommen ein Zustand, der das Beschreiten neuer Wege erfordert. So schmerzhaft und bedrohlich diese Alternativen auch wirken mögen, eine Krise kann auch ihre guten Seiten haben. Ohne Krisen ist menschliches Reifen nicht möglich. Die Männer in unserer Kultur stecken ohnehin schon inmitten einer gewaltigen Krise, die Millionen von ihnen Entschlüsse fassen läßt, die zu neuem Wachstum führen. Sie leisten eine harte und schmerzliche spirituelle Arbeit, streifen überholte Rollenbilder und oberflächliche Identitäten ab, stellen sich auf die Emanzipation ihrer Frauen ein und entdecken ihr menschliches Potential. Der geistige Reifeprozeß von Männern rollt als unaufhaltsame Welle in die nähere Zukunft. Die Frage ist, ob die Kirchenleute an dieser Welle Anteil haben und ins Wasser springen wollen, um den Männern zu helfen, sich über Wasser zu halten? Oder werden sie die

Soutanen lüpfen und ans Ufer flüchten – überzeugt, diese Art Aufruhr sei wieder nur eines dieser »Übel der modernen Zeit«?

Kirchenleute, die sich in der Männerkrise engagieren wollen, müssen sich jedoch vor Augen halten, daß die Kirche bei der Wiederentdeckung der männlichen Spiritualität nur eine beschränkte Rolle spielen kann, weil sie Nachzüglerin ist. Der Großteil der Energie, die die Männerbewegung antreibt, stammt aus der säkularen Welt der Märchen und Mythen, aus Jungscher Psychotherapie, Anthropologie und Spiritualität des New Age. Die Kirche kann sich als wertvolle Partnerin im Heilungsprozeß erweisen für Menschen, die in diesen Disziplinen ausgebildet sind, vorausgesetzt, sie verhält sich als fürsorgliches Mitglied eines Teams und ist offen genug, von der Einsicht und Weisheit der Männer zu lernen, die dieses Feld schon länger bestellen und ihrerseits willens sind, die gewonnenen Einsichten partnerschaftlich in das gemeinsame Unterfangen einzubringen. Männergruppen rufen bereits laut nach der Kirche, weil sie Erfahrung und Weisheit im Umgang mit suchenden Männern besitzt.[4]

Zwei wichtige Phänomene müssen aber sehr gut verstanden werden, wenn man die Beziehung des Mannes zur christlichen Kirche betrachtet, auf die wir im folgenden genauer eingehen werden: erstens die überwiegend unbewußte, historisch verankerte Tendenz christlicher Spiritualität in Richtung weiblicher Werte. Viele Männer tun sich deshalb heute schwer mit der Sprache und den Werten, denen sie in der Kirche begegnen. Die weitverbreitete Entfremdung des Mannes vom westlichen Christentum hat zwangsläufig zu einem gespannten Verhältnis zwischen Laien und Kirchenvertretern geführt. Zweitens stehen Männer – im Widerspruch zum herrschenden Vorurteil – der Religion und Glaubensfragen nicht grundsätzlich gleichgültig gegenüber. Die starke Anziehungskraft, die das Göttliche etwa im Islam und Hinduismus auf Männer ausübt, beweist, daß der Mann ein starkes, naturgegebenes Verlangen nach religiöser Sinngebung hat. Die Frage ist, ob eine Religion diesen Wunsch identifizieren kann und eine Antwort bereithält.

Die Heilige Mutter Kirche

Zu den größten Hindernissen für eine männlichen Identifikation mit dem Christentum zählt die höchst weibliche Form der Anbetung und Spiritualität innerhalb der Kirche. Das ist kein generelles Problem, denn sowohl Protestanten wie Griechisch-Orthodoxe besitzen für Männer anziehende, spirituelle Färbungen. Doch in den katholischen und liberalen evangelischen Traditionen tun sich viele Männer mit dem liturgischen, geistlichen und sozialen Leben ihrer Kirche schwer. Diese Behauptung mag Frauen überraschen und irritieren, weil sie sich des patriarchalen Status der meisten christlichen Kirchen so schmerzhaft bewußt sind; doch es besteht ein großer Unterschied zwischen der von Männern dominierten *Politik* der Kirche und ihrem höchst feminisierten *Seelenleben*.

Ein erster Anhaltspunkt dafür, daß die Spiritualität vieler christlicher Kirchen offenbar vor allem Frauen anzieht, ist leicht zu entdecken. In den Gottesdiensten ist ein Verhältnis Frauen zu Männern von 2:1 oder gar 3:1 nichts Ungewöhnliches. In Dorfkirchen begegnete ich manchmal sogar Verhältnissen von 7:1. Unter den Männner, die diese Gottesdienste besuchen, erblickt man meist junge Knaben in Begleitung ihrer Eltern oder Greise. Vielfach vermißt man besonders die Männer mittleren Alters; die wenigen, die in der Kirche erscheinen, tun dies unweigerlich in Begleitung ihrer Familien.

Ein weiteres Zeichen für die männliche Entfremdung von der Religion ist, daß viele Gemeinden Mühe haben, Laienmänner für Aufgaben innerhalb des Kirchenalltags zu interessieren: Komitees, ehrenamtliche seelsorgerische Aufgaben, Unterricht usw. Auf diesbezügliche Anfragen antworten Männer meistens, daß sie sich nicht qualifiziert genug fühlen, um auf solch direkt spirituelle Weise zu dienen. In der Regel sind sie nur willens, an praktischen Kirchendingen mitzuwirken, etwa an Finanzausschüssen oder Bauvorhaben, wo sie ihr wirtschaftliches oder pragmatisches Wissen einbringen können. Wieder andere stellen sich als Hilfslehrer zu Verfügung; doch die meisten Männer in den meisten christlichen Kirchen haben nicht das Gefühl, sie könnten anderen Menschen Religiosität oder Spiritualität vermitteln.

Wie ist dieses Gefühl der Entfremdung zwischen Mann und Christentum entstanden? Wie geschah es, daß »echte« Männlichkeit gleichzeitig eine Aversion gegen den christlichen Glauben und seine »Bravheitsmoral« bedeutete? Wann begannen Männer, sich davor zu fürchten, daß ihr Glaube ihnen das Schimpfwort »Frömmler« eintragen könnte, so daß sie nur noch im Schützengraben, wenn die Kugeln über ihren Kopf schwirrten, das Einverständnis Gleichaltriger zum aufrichtigen Gebet empfinden konnten? Eine kurzer Streifzug durch die Geschichte des Phänomens wird uns vielleicht weiterhelfen.

Männer und Christentum

Weder im Alten noch im Neuen Testament findet sich die Vorstellung, Spiritualität oder Religion sei mit Männlichkeit unvereinbar. Wie wir im zweiten und dritten Teil des Buchs sehen werden, ist die Bibel im Gegenteil eine wahre Schatzkiste männlicher Spiritualität. Jesus selbst war eine sehr männliche Figur, die biblischen Bilder für den Gott der alten jüdisch-christlichen Tradition prangen von archetypischer, männlicher Kraft. Dennoch kann man sogar im Neuen Testament die ersten Anzeichen der weiblichen christlichen Spiritualität entdecken, die ihre Blüte Jahrhunderte später erleben sollte.

Im Kontrast zum jüdischen Patriarchat, aus dem es sich entwickelte[5], nahm die christliche Urkirche eine ausgesprochen positive Haltung gegenüber Frauen und Weiblichkeit ein. Als mehrheitlich städtisches und griechisches Phänomen des ersten Jahrhunderts nach Christus, bot das Urchristentum einen Ausgleich und eine sanfte Alternative zu den spartanischen Religionen und Philosophien, mit denen es konkurrierte, und brachte einen Fortschritt gegenüber der statisch patriarchalen Männlichkeit der pharisäischen Tradition. In vieler Hinsicht wehte im neuen Glauben der frische Wind der dynamischen Weiblichkeit; die Christen waren Menschen des Geistes (*Ruach*), jener spontanen und schöpferisch weiblichen Eigenschaft Gottes. Große Apostel wie der Heilige Paulus (selbst eine äußerst männliche Figur) charakterisierten die Gaben des Geistes als »Liebe, Freude, Friede, Langmut, Freundlichkeit, Güte, Treue, Sanftmut und Selbstbeherrschung« (Gal 5,22-23).

Das Christentum hebt sich von anderen westlichen Religionen durch seine hohe Wertschätzung weiblicher religiöser Eigenschaften ab. Der Glaube kreist um das häusliche Motiv des eucharistischen Mahls, seine Moral verlangt Bescheidenheit, Demut und gar eine gewisse Passivität. Ironischerweise bewiesen die frühen Christen, wenn auch konzentriert auf die neuen femininen Gaben, durchaus männliche Eigenschaften, wenn es darum ging, die neue Lehre durchzusetzen! Im frühen Christentum wird Männlichkeit *vorausgesetzt* und schießt wie eine elektrische Ladung durch das ganze Neue Testament: Jesu unerschrockene Konfrontation mit den Pharisäern, Petrus' kühne Führerschaft der neuen Gemeinde, die kraftvolle Missionsarbeit des Paulus und so fort. Eine große Zahl der ersten Christen starb für ihren Glauben den Märtyrertod – kaum ein Kennzeichen lammfrommer und sanftmütiger Menschen! Auch wenn sich im Neuen Testament kaum eine Textstelle findet, die Christen offen zu den männlichen Werten von Kampfbereitschaft, Unabhängigkeit, Heldenmut oder Widerstand gegen Ungerechtigkeit aufruft: Gerade diese Eigenschaften kennzeichnen diese Menschen im Angesicht der jüdischen und römischen Unterdrückung.

Einige Jahrhunderte nach seiner Geburt richtete sich das Christentum innerhalb der sichereren Grenzen des ehemaligen Römischen Reichs ein. Dort ließ seine politische Struktur bald die klassischen Merkmale statischer Männlichkeit erkennen: patriarchale Autorität, kanonische Gesetze, Dogmen, Kirchenstrafen usw. Doch auch die christliche Spiritualität entwickelte sich in dieser Zeit vom dynamisch Weiblichen einer durchgeistigten Religion zum statisch Weiblichen der Heiligen Mutter Kirche, jenem beschützenden spirituellen Schoß, in dem alle Fragen beantwortet, alle geistigen Bedürfnisse gestillt werden. Jetzt brauchte man nicht mehr auf eigene Faust nach Gott oder gar nach persönlicher Erfahrung des Glaubens zu suchen: Mutter Kirche stellte alles zur Verfügung. Verwirrende theologische Probleme konnte man jetzt mit dem Hinweis abtun, es handle sich um »ein Mysterium«; kein Bedarf nach Fragen oder Besorgnis. Aufschlußreich, daß die Kirchenobrigkeit damals die Menschen daran hinderte und ihnen sogar verbot, die Bibel mit ihren kraftvollen Geschichten männlicher Spiritualität zu lesen. Den Gläubigen mußte es genügen, passiv am Hochgefühl einer schönen Liturgie teilzuhaben.

Insgesamt betrachtet, lieferte das weibliche Element in der christlichen Spiritualität über die Jahrhunderte sicherlich unerläßlichen Ausgleich und erfrischende Alternativen, sowohl zur spartanischen Männlichkeit der Kirchenpolitik als auch zum aggressiven Wesen der europäisch-imperialen Kultur. Dennoch entstand ein Mißverhältnis zwischen den männlichen spirituellen Werten der Heiligen Schrift und dem femininen Elan traditioneller katholischer Praktiken. Die protestantische Reformation des 16. Jahrhunderts reagierte auf diese Kluft und sann auf Rückkehr zu männlichen biblischen Werten und Prinzipien. Unter den vielen komplexen theologischen, politischen und wirtschaftlichen Ursachen können wir den Impuls, der zum Protestantismus führte, auch als Aufwallung einer dynamischen Männlichkeit in einer statisch weiblichen spirituellen Welt betrachten, die sich in energischem Protest, Abspaltung, starker persönlicher Überzeugung und stark individualisiertem Glauben Ausdruck verlieh. In der Schroffheit des streitbaren Mönches Martin Luther, der so dramatisch mit der Mutterkirche brach, spiegelt sich der männliche Geist des Protestantismus. In ungestümen Angriffen und feurigen Traktaten forderte Luther seine Anhänger zu einem intensiven und direkten, in den Lehren der Bibel wurzelnden Gottesglauben auf. Bis zum heutigen Tag zeigen zahlreiche Formen des biblisch begründeten Protestantismus eine stark männliche Färbung und nehmen weiterhin mit beachtlichem Erfolg spirituell hungernde Männer für sich ein.

Mit der Abspaltung der protestantischen Kirchen von Rom vollzog sich innerhalb des Katholizismus ein ebenso energetischer Ausbruch dynamischer Männlichkeit. Ein behinderter Ex-Soldat namens Ignatius von Loyola und seine kleine Gruppe von Jesuiten, die man glücklicherweise von einem Kreuzzug nach Palästina abhalten konnte, beschlossen, ihre impulsiven Energien in die Kanäle der katholischen Gegenreformation zu lenken. Die jesuitische Spiritualität war angefüllt mit militärischen Bildern, mit den Archetypen von Krieger und König sowie mit höfischer Mythologie, und zog rasch Tausende von Männern in ihren Bann. Nur hundert Jahre brauchten die Jesuiten, um nach China zu reisen und den Hof in Peking zu unterwandern, Kirchen in Japan zu gründen, Missionen in Afrika aufzubauen, in Europa Hunderte von Kollegien einzurichten und unter den Indianern Amerikas zu schaffen, was so eindrücklich im Film *Die Mission* geschildert wird. Unter großen Mühen und gegen geringen Widerstand der Heiligen Mutter Kirche schufen die Jesuiten eine Spiritualität, die aus der Häuslichkeit der Stifte und Klostermauern ausbrach und den christlichen Glauben auf die Straße, in die Theater, auf die Märkte und in die Stadtverwaltungen ihrer Zeit hineintrug. Bis zum heutigen Tag umgibt den Jesuitenorden der Ruf der Innovation, Intelligenz, Experimentierfreudigkeit und Unabhängigkeit – und der Überheblichkeit. Niemand behauptet jedoch, er sei langweilig.

Wie vorauszusehen war, verfestigten sich die dynamisch männlichen Ausbrüche der protestantischen Reformation und der katholischen Gegenreformation mit der Zeit zu jenem starren Institutionalismus, der oft die zweite und dritte Generation ehemals energiegeladener religiöser Bewegungen kennzeichnet. Das Erbe der strengen protestantischen Scholastik und der kompromißlosen katholischen Orthodoxie wirkte fort bis weit in das 20. Jahrhundert und tauchte Generationen von Christen in ein standhaftes und ernstes Christentum: altbacken, gesetzeshörig, anti-sexuell und dogmatisch. Doch während dieser Zeit boten innerhalb des Katholizismus wichtige weibliche spirituelle Andachten emotionale Zuflucht vor dem strengen kirchlichen Klerikalismus. Eine solche Andacht, wie die an das Heilige Herz Jesu, richtete sich an einen mitfühlenden und verständnisvollen Herrn, der Sündern verzieh und der sie liebte. Die Ikonographie dieser Andachtsformen entfaltete jedoch allmählich das bekannte androgyne Bild eines verweiblichten Jesus, der Rouge und Lippenstift zu tragen schien. Blumige künstlerische Darstellungen Christi, wie sie im letzten Jahrhundert auftauchten, geben Beispiel für eine Spiritualität, die das »liebe Herrjesulein zart und fein« feminisierte. Man fragt sich bisweilen, wie viele Männer, die bei solch zuckersüßer Rührseligkeit eine Gänsehaut kriegen, sich wohl von einer spirituellen Begegnung mit Christus im Gebet abgewandt haben.

Die wohl wichtigste Entwicklung im katholischen Volksglauben der letzten Jahrhunderte ist die Renaissance der Verehrung der Heiligen Jungfrau Maria. Die Marienspiritualität gruppiert sich um eine Reihe von Erscheinungen an Orten wie Guadelupe, Lourdes, Fatima und kürzlich in Medjugorje. Die Botschaft dieser Erscheinungen umfaßt stets einen Aufruf zu Gebet und moralischer Umkehr und eine Einladung zur größeren Nähe zu Gott. Zumeist spielt eine »heilige Quelle« eine wichtige Rolle, die unbestreitbar heilendes, zuweilen wundertätiges Wasser spendet. Und stets erhalten die Visionen »kleine Leute« – Kinder und Arme –, in einer Gestimmtheit von großer Sanftheit, von Mitgefühl und gar Humor. Während die Marienverehrung (und ein Großteil der Marienspiritualität) die meisten Protestanten zurückschrecken ließ, freute sich C.G. Jung als Psychologe darüber und behauptete, die katholische Kirche mache das Weibliche endlich auch formell zum Bestandteil von Theologie und Kultus.

Die weitreichende Gegenwart des Weiblichen im katholischen Leben ist für die männliche Spiritualität an und für sich kein Hindernis. Im Gegenteil: Bei vielen Männer begünstigt das Phänomen sicherlich die Begegnung mit der *Anima*. Das Problem ist, daß die Kirche über viele Generationen hinweg nur gelegentliche Verehrung und Spiritualität männlichen Charakters angeboten hat, wovon der größte Teil anläßlich weitreichender Veränderungen nach dem II. Vatikanischen Konzil verschwand. Weil die westliche Kultur sich mehr und mehr dem Weiblichen zuneigt, nimmt das Bedürfnis nach einem männerbejahenden Glauben ständig zu.

Der männliche Glaube

Die Entfremdung vieler Männer von der Weiblichkeit der christlichen Spiritualität hat zu gewaltigen Mißverständnissen in bezug auf Männer und Religion geführt, die jeder Seelsorger erkennen und anpacken muß. Das Fernbleiben so vieler Männern in so vielen Kirchen, ihr Mangel an Engagement, ihre Abneigung und gar Feindseligkeit gegenüber der christlichen Frömmigkeit – all das hat in unserer Kultur zur überwiegend unbewußten Überzeugung geführt, *Männer seien von Natur aus nicht religiös.* Weithin herrscht der Glaube, Gebet und Spiritualität seien grundsätzlich eine Domäne der Frauen und alle Männer, mit wenigen Ausnahmen, könnten mit Religion nur sehr oberflächlich umgehen.

Eine Exkursion jenseits der Grenzen der christlichen Kultur des Westens, eine Reise zu den Tempeln, Klöstern und Heiligtümern der Weltreligionen, würde eine solch misandrische Selbsttäuschung bald zerstören. Bei einer Reise um die Welt begegnen wir einer erstaunlichen Mannigfaltigkeit von Männern, die mit glühendem Eifer in das Herz ihrer Religion eintauchen. In Japan beobachten wir die eigenartige Szene, wie ein Zen-Roshi seinen unaufmerksamen Schüler schlägt, weil dieser die Bedeutung eines geheimnisvollen Koans nicht verstanden hat; denn der Weg zur Wahrheit ist hart, und Schlampigkeit führt zu nichts. In Thailand begegnen wir großen Scharen safranfarben gewandeter Männer, die ehrfurchtsvoll zu Buddhas Füßen sitzen und sich in der für den Pfad der Befreiung nötigen Disziplin üben. In Indien mischen wir uns in das Meer von Männern auf der Pilgerschaft nach Benares; hinduistische Männer nehmen ihre Religion sehr ernst und dulden keinen Aufschub. Mönche in Tibet lassen ihre Tempel vom tiefem »Om« widerhallen, während ihre chinesische Nachbarn zu Ehren ihrer Vorfahren in die Hände klatschen und Räucherwerk entzünden. Völlig unvorbereitet trifft uns jedoch die Intensität von reinen Männerkongregationen in den Moscheen Jordaniens oder Syriens, wo sich Moslems zu Tausenden zum Freitagsgebet versammeln. Hier ist der Begriff einer männlichen Entfremdung von der Anbetung Gottes undenkbar. Und wenn wir die chassidischen Daven an der Klagemauer in Jerusalem beobachten, erwacht unsere Einsicht in die potentielle Kraft des männlichen Gebets. Nicht weniger kräftigend ist die reinigende Prüfung einer Initipi (Schwitzhütte) in Süd-Dakota, wo Lakota-Schamanen Körper und Geist zu Ehren des Großen Geistes Wakan Tanka reinigen. Ob man unter mexikanischen Penitentes betet, zu den beschwörenden Trommelrhythmen der Zulus tanzt oder mit französischen Trappisten die Vesper singt – man stimmt ein in die weltweite Symphonie von einer Milliarde männlicher Stimmen, die Gott preisen, ihre Sünden bereuen, nach Visionen rufen und Hilfe suchen auf dem leidvollen Pfad des Lebens. Und das seit zehntausend Jahren.

Dem religiösen Leben entfremdete Männer in vielen Ländern des Westens repräsentieren weder einen zukunftsweisenden Trend noch eine Abkehr von einem Jahrhunderte währenden Aberglauben. Sie sind eine Anomalie, eine Kapriole, eine verschrobenes Grüppchen in der Gemeinschaft aller Männer, die je gelebt, über das Unsagbare Geheimnis nachgedacht und sich mit dem Ewigen Tao in Einklang zu bringen versucht haben, die in Liebe zum Großen Heiligen entbrannten oder vor dem *völlig Anderen* erschauderten. Und jedes Gramm dieser uralten Affinität zu Gott liegt immer noch tief in ihrem Unbewußten begraben, wo es darauf wartet, zu einem spirituellen Leben erweckt zu werden, das diese Männer eine Spur weniger verrückt und einen Hauch menschlicher macht. Dort wartet es, das Verlangen nach dem Heiligen, übertönt von Musikkonserven und überschattet von der Trostlosigkeit der Einkaufszentren, gelähmt von Streß und entnervt durch die Vernachlässigung – bis es erweckt wird. Wer wird in Männern die Religiosität zur vollen Blüte bringen, sie stärken und nähren angesichts der tödlichen Langeweile der Weltlichkeit unserer Zeit? – Es ist auch die Aufgabe der Kirche und ihrer Seelsorge.

Sieben Tore zu den Männern

Wie können die christlichen Kirchen Männern dabei helfen, ihrer natürlichen Religiosität Ausdruck zu verleihen? Wie können z.B. Pfarrer die Männer erreichen? Und wie können moderne Männer ihren Weg zurück zu Gott finden? Der Großteil der folgenden Seiten (Teil 2) befaßt sich mit nur einem von vielen möglichen Ansätzen, nämlich mit biblischen Mythen und Geschichten. Durch kreativ-phantasievolle Lektüre der Heiligen Schrift können sich Männer von heute in alten Erzählungen von Vorfahren wiederfinden, deren Leben mit der Kraft derselben Archetypen aufgeladen ist, die heute noch immer so tief in uns verborgen ist. Diese Mythen haben uns viel Weisheit zu lehren, und wir müssen lernen, Zugang zu ihnen zu gewinnen. Es gibt jedoch viele weitere Wege, über die sich die Kirche an Männer wenden kann, um sie zu erwecken, zum Evangelium zu führen und zu heilen. In den folgenden sieben kurzen Abschnitte kommen männliche Problemkreise zur Sprache und werden jeweils begleitet von Vorschlägen, wie man die Zaghaftigkeit der Kirche in ihrem Zugehen auf Männer und die männlich religiöse Entfremdung überwinden und Männer überzeugend, in einer für sie verstehbaren Sprache, ansprechen kann.

Darüber sind sich all jene, die sich mit der Männerthematik befassen, weitgehend einig: Das größte Anliegen der jungen Männer der nächsten Generation ist die überzeugende Erfahrung der Einweihung in das männliche Erwachsensein. Diese Sorge steht in direkter Beziehung zur Kirche und ihrer gesellschaftlichen Rolle. Der wichtigste Dienst, den die Kirche hier leisten könnte, besteht darin, ihrer alten Aufgabe der rituellen Einweihung junger Männer in ein verantwortungsvolles Erwachsenenleben wieder nachzukommen. Leider ist es viel leichter, diesen Vorschlag zu Papier zu bringen, als ihn umzusetzen. Mit dem Verlust mitwirkender Kultur haben diese archaischen Riten sicherlich viel von ihrem Wert verloren, sie lassen sich heute nicht künstlich rekonstruieren. Dennoch kann die Kirche einen positiven, wenn auch beschränkten Beitrag zur Einweihung von Jungen ins Mannesalter leisten, der regional und überregional in Gang kommen muß.

Eine Gemeinde könnte regelmäßig etwa ein halbes Dutzend ihrer jungen Männer zu dreiwöchigen Workshops aufs Land schicken, begleitet von einer gleichen Anzahl weltoffener und interessierter erwachsener Männer. Die Erfahrung beginnt etwa mit einer Zeremonie, die die heilige Zeit und den heiligen Raum festlegt, in den die Burschen nun eintreten werden; ein Ritual könnte dann den Tod des *Puer* markieren, vielleicht begleitet von einer konkreten Handlung, wie ein Haarschnitt oder eine Tätowierung, die zeigt, daß der Junge etwas Konkretes hinter sich läßt. Das Ritual geht weiter mit einer Aufzählung dessen, was von einem erwachsenen christlichen Mann erwartet wird. Diese Erfahrung würde den älteren Männern die Gelegenheit bieten, ihre Geschichten zu erzählen und den Jungen (wie auch einander) ihre Weisheit anzubieten. Eine abschließende Zeremonie – zum Beispiel ein Abendmahl – könnte Gebete für die jungen Männer in ihrer erwachsenen Verantwortung einschließen. Hier könnten sie neue Namen von Schutzheiligen annehmen.[6] Nach diesen Ritualen würde die Kirche und die Familie diese jungen Männer tatsächlich auf eine neue und erwachsene Weise behandeln. Man ließe sie auch einen erkennbaren Anteil an kirchlichen Entscheidungen und Feiern haben und zu Hause neue Rechte und Pflichten ausüben.

Ein leuchtendes Beispiel dafür, was die Kirche für junge Männer tun kann, schuf Pater Ken Leino in der Erzdiözese Denver in den siebziger Jahren: die Christian Outdoor Leadership School. Ihr Programm forderte Gymnasiasten zu einem dreiwöchigen körperlichen, sozialen und spirituellen

Intensivseminar auf 3000 Meter Höhe in einem Basislager in den Rocky Mountains auf. Die erste Woche war einem grundlegenden Körpertraining vorbehalten, mit Hindernisläufen und Kletterübungen, und gipfelte in einem zwölf Kilometer langen Marsch, der Grundkenntnisse in Bergsteigen, Kartenlesen und Überleben in der Wildnis vermittelte, begleitet von einfachen Gesprächen und Diskussionen über Glaubensfragen, Gebetszeiten und den liturgischen Gottesdienst. In der zweiten Woche bezogen die Schüler ein höher gelegenes Lager und lernten das erhabene und gefährliche Alpinklima kennen. Ein dreitägige Prüfung folgte, bei der die Jungs ohne Begleitung eine lange Gratwanderung unternahmen (ohne ihr Wissen von den Lehrern überwacht). Die letzte Woche bot eine seltene und furchterregende Gelegenheit: Jeder Jugendliche zog sich, nur mit dem Nötigsten und einer Bibel gerüstet, für 24 Stunden des Fastens und Gebets in die Berge zurück. Diese Erfahrung mündete in ein heilendes Mahl, ein Schwitzbad und eine bewegende Abschlußfeier. Es kam in diesen kurzen Wochen zu zahlreichen persönlichen Durchbrüchen; die jungen Männer reagierten auf die Herausforderungen mit beachtlichem Mut und bemerkenswerter Reife. Leider wird die große Mehrheit aller jungen Männer nie so gefordert, noch erfährt sie von der Kirche als Gemeinschaft jemals viel Interesse an ihrem Wachstum und ihrem Reifeprozeß.

Mission

Die Kirche kann eine weitere wertvolle Erfahrung erwachender Männlichkeit anbieten: die Herausforderung der *Mission* – mit anderen Worten, die Aussendung, um anderen Menschen im Geiste des Herrn zu dienen. Die Mormonenkirche hat in dieser Hinsicht eine Führungsrolle übernommen; ihre jungen Männer leisten während ihrer lang dauernden Besuche wertvolle Arbeit und informieren über ihre Kirche – und sie tun es gerne. Ebenso bietet das Freiwilligencorps des Jesuitenordens Universitätsstudenten die Möglichkeit, ihre Dienste einige Jahre den Armen in den Slums oder den Eingeborenen Alaskas, Mittelamerikas, Mikronesiens anzubieten. Unter anderem zählen zu den Diensten, die christliche Kirchen anbieten können: Lehrtätigkeit in Volksschulen der Slums, Einrichtung von Armenhäusern (wie etwa im Programm »Habitat for Humanity«), Mitarbeit in Heilberufen in christlichen Krankenhäusern oder an mobilen Einrichtungen und Kirchgemeindehäusern in den Slums für Obdachlose und Drogensüchtige.
Obgleich nicht ohne Risiko, geben diese Formen des Dienstes jungen

Männern die Gelegenheit, zur Abwechslung einmal etwas *für die Gesell-schaft zu tun*, Abenteuer zu erleben, etwas von der »Weisheit der Straße« zu erlangen und ähnlich gesinnte junge Frauen kennenzulernen, die ihre Wertvorstellungen teilen. In erster Linie jedoch könnte die Kirche mit ihren Missionen junge Männer ohne Umweg mit der Vision eines heroischen Lebensdienstes konfrontieren – in scharfem Kontrast zur vorherrschenden Moral der westlichen Kultur, mit der wir alle von Kindesbeinen an Bekanntschaft machten: der Habgier. In unserer Kultur als erwachsener Mann zu leben, muß nicht automatisch bedeuten, daß man das kapitalistische System narzißtisch ausbeutet, um Gewinne zu maximieren; es kann auch bedeuten, ein gutes Herz zu haben und ein Miteinander zu leben, das gemeinsam mit anderen Menschen für Gerechtigkeit kämpft, Wunden verbindet und Weisheit lehrt. Nicht alle jungen Männer können diese alternative Einstellung zur Männlichkeit akzeptieren, doch es ist eine Schande, daß so wenige von ihnen überhaupt jemals von einer solchen Vision und Gelegenheit erfahren.

Die Pilgerfahrt

Der christliche Brauch der Pilgerfahrt bot Männern einst eine eindringliche Erfahrung in Demut, Gottvertrauen und Gebet, das sich über Tage und Wochen und über viele Wegmeilen erstreckte. Das Ritual war anstrengend, gar gefährlich, und deshalb um so bedeutungsvoller, denn wenn die Stunden und Meilen vorüberzogen und der Körper müde wurde, spürte der Pilger, was sein Vorhaben ihn kostete, und zahlte den Preis für seine Suche. Zur menschlichen Natur gehört es, daß wir die Dinge, für die wir am meisten geben müssen, auch am meisten schätzen; zu den Gründen, warum das Gebet so vielfach ignoriert wird, zählt wahrscheinlich, daß es uns persönlich kaum etwas abverlangt. Das Ritual der Pilgerschaft ist heute nur ein Schatten seines früheren Selbst – oder schlimmer noch, eine Parodie, denn in einer religiösen Zeitschrift las man kürzlich von »Golfpilgerfahrten nach Irland« (Aufenthalt und Flug zum halben Preis).

Erstrangiges Beiwerk einer klassischen christlichen Pilgerfahrt ist ein brennendes Verlangen, ein unlösbares Problem oder eine quälende, tiefreichende Sehnsucht, die tägliches Gebet und Andacht allein nicht stillen können. Große Probleme (berufliche Entscheidungen, lebensgefährliche Krankheiten, chronische Glaubenszweifel) verlangen ausgefallene Lösungen. Jeder Pilger ruft in Wahrheit sich selbst und anderen mit klarer

Stimme zu, daß er Hilfe braucht, denn eine Pilgerfahrt kam noch keinem selbstzufriedenen Menschen in den Sinn.

Die zweite Komponente des Rituals ist der Überzeugung des Pilgers, daß ein überstarker Glaubensbeweis außerordentlichen Segen bringen wird – »alles riskiert, alles gewonnen«. Die Pilgerschaft ist nichts für Vorsichtige, sie ist ein mutiges und riskantes Wagnis, daß ein wenig den Spieler im Mann anspricht.

Das dritte Element der Pilgerschaft ist ein klares und konkretes Ziel wie etwa ein berühmtes Heiligtum oder ein bekannter Ort, an dem Gebete erhört und Gnade zuteil wird – ein Mekka, Lourdes, Altötting oder Benares. Manche Leute wissen, daß bestimmte Orte auf der Welt eine gebündelte spirituelle Energie ausstrahlen, die Herz und Seele berührt. Was immer die Ursache dieses Phänomens ist (und Millionen haben es erfahren): Wahre Pilger erkennen stets intuitiv das Gefühl der Klarheit und Emotion, das das Erreichen des Ziels begleitet, die spirituelle »Elektrizität« etwa um Jerusalem oder die sanfte Liebe in Maria Waldrast in Tirol. Die Pilgerfahrt ist kein Akt des rationalen Verstandes, es ist der Glaube, daß Gott manche Orte mit einem tiefen Zauber durchtränkt hat, der heilt und Gebete erhört.

Die Pilgerschaft ist ein Akt tiefen Glaubens und soll auf keinerlei Weise auf die leichte Schulter genommen werden. Der wahre Pilger erfährt seine Verletzlichkeit an jeder Straßenkreuzung und verspürt oft das Bedürfnis nach Nahrung, Sicherheit, Ruhe und Kameradschaft. Er legt alles in Gottes Hände. Aus diesem Grund ist die Pilgerschaft ein Sakrament der Heldenreise und eine der ältesten religiösen Metaphern für das Leben. Die Erfahrung sagt einem Mann, daß sein ganzes Leben eine Pilgerfahrt ist, die Heldentum und klare Zielsetzungen verlangt und die innere Gewißheit, daß Gott einem stets zur Seite steht.

Junge Männer, die Lebensentscheidungen in Zwiespalt bringen, oder Männer mittleren Alters, die mit Dämonen kämpfen, könnten sich wegen einer Pilgerfahrt an einen Geistlichen oder einen spirituellen Leiter wenden. Gemeinsam könnten sie eine angemessene Erfahrung auswählen. Jede Pilgerfahrt ist ein völlig einzigartiges Erlebnis, und es steht jedem frei, die Details den eigenen Bedürfnissen anzupassen. Die Resultate können ein Leben verändern!

Eines Tages, im Jahre 1969, rief ein weiser jesuitischer Novizenmeister einen seiner Zöglinge überraschend in sein Büro. Der Novize, damals etwa 20 Jahre alt, war ein ausgesprochen großzügiger und abenteuerlustiger junger Mann, der in jenen turbulenten Tagen einer Grundsatzentscheidung in bezug auf sein religiöses Lebens offenbar aus dem Weg ging. Der Sohn einer guten katholischen Vorstadtfamilie hatte sich noch nicht gefunden und seine Träume noch nicht entdeckt; seine tiefsten Sehnsüchte verwirrten ihn. Der verblüffte junge Mann nahm seine Anweisungen entgegen: Er möge sich per Anhalter auf eine Pilgerfahrt zu Unserer Lieben Frau von Guadeloupe in Mexiko City begeben, um den Willen Gottes in seinem Leben zu erforschen. Wochen später, an einem warmen Junimorgen, zog er los und kehrte erst zurück, als er die Aufgabe zwei Monate später erfüllt hatte. Die Erfahrung des Ausagierens seines Gottvertrauens im Alltag und vor allem beim demütigen Gebet mit Tausenden von armen mexikanischen Pilgern veränderte sein Leben auf dramatische Weise. Heute ist er ein Jesuitenpater, der mit heroischem Einsatz der Armut und Unterdrückung in Mittelamerika begegnet, wo er den Glauben predigt und sich für Gerechtigkeit einsetzt.

Liturgie und Predigt

Die Pilgerschaft bietet einigen wenigen Männern eine seltene, aber zutiefst bedeutsame Glaubenserfahrung; doch die allwöchentlichen liturgischen Gottesdienste und die Verbreitung des Wortes durch die Predigt zählen für die meisten Männer zu den greifbarsten Kontakten zur Religion. Priester und Pfarrer, die sich um die männliche Spiritualität bemühen, sollten daher der Vorbereitung liturgischer Feiern besondere Aufmerksamkeit schenken und ihre Predigten besonders gut planen, wenn sie Männer zum Gebet rufen wollen. In der jüngsten Vergangenheit ist das nicht immer der Fall gewesen.

Viele Jahre lang war man in liturgischen Kreisen der Meinung, förmliche Andachten würden die Leute langweilen und überfordern: »kreative« Liturgien sollten hier Besserung bringen. Leider hat das Resultat viele Männer vor den Kopf gestoßen. Man zwang der Gemeinde törichte Pseudorituale und eine Reihe von Gags mit schier faschistischer Autorität auf, das Ganze meistens von fader Musik begleitet. Es war wirklich aufregend, so aufregend, daß sich manche Männer von ihren Bänken erhoben und die Kirche fluchtartig verließen. Was war ihr Problem? Die meisten Männer fühlen sich offenbar von unerwarteter Spontaneität bei rituellen Abläufen abgestoßen; feierliche Handlungen, die ausschließlich nett, glatt und glücklich verlaufen, wirken auf Männer meist verlogen, so als bestünde keinerlei Zusammenhang mit der harten Wirklichkeit, die sie tagtäglich auf dem Hals haben.

Was lockt Männer zum öffentlichen Gebet? Sie brauchen eine gewisse Regelmäßigkeit und Konstanz in ihrer Andacht. Spontaneität wirkt anziehend auf Männer, jedoch nicht mitten in einem Ritual. Die populären männlichen Traditionen von Judentum und Islam halten für das tägliche Gebet und die tägliche Andacht feste Zeiten, Orte und Formen ein, und Männer können mit diesen Regeln gut umgehen. Im Ritual möchten Männer ganz genau wissen, was man von ihnen erwartet; die Religion hilft Männern, wenn sie ihnen klare, redliche und erreichbare Ziele bietet. Männer wollen, daß ihnen zumindest *eine Sache* gelingt – ihr Leben ist in der Regel ohnehin schon angefüllt mit realen oder eingebildeten Mißerfolgen.

Noch wichtiger für die männliche Andacht ist die Vorstellung der Transzendenz. Weil das moderne Christentum in jüngerer Zeit die Beschäftigung mit dem Absoluten und Endgültigen, mit Himmel und Hölle, aus dem Vordergrund genommen hat, kam es zur entscheidenden Wende in Richtung femininer Religion, die sich eher dem Immanenten und Inkarnierten zuwendet und Gott in den kleinen Dingen finden will, im Alltäglichen und Gewöhnlichen. Das sind authentisch christliche Eigenschaften, die sich in der Spiritualität von Thérèse von Lisieux oder Mutter Teresa von Kalkutta zeigen; zweifellos bedürfen auch Männer solch bodenständiger Impulse. Diese Zuge sind jedoch nicht von Natur aus männlich. Weil die liberalen Religionen vermehrt auf die immanente und horizontale Dimension des Glaubens eingehen und die transzendente und vertikale Wirklichkeit auslassen, ignorieren sie zwangsläufig auch den unersättlichen Appetit des Mannes auf das Große, das völlig Andere und das Ewige. Liturgien oder Predigten, die Männer wirklich ansprechen, werden sie außerhalb ihrer selbst »festnageln«, mit dem Absoluten konfrontieren und ihnen eine eschatologische Sicht des Lebens vermitteln. In Gottesdiensten oder eucharistischen Liturgien und Abendmahlsfeiern, die sich rund um das häusliche Motiv des Eßtisches gruppieren, fällt das natürlich nicht leicht. Doch eine Feier, die schlicht die Heiligkeit und Ewigkeit der eucharistischen Handlungen, den unermeßlichen Wert des Zeremoniells und die weltweite Solidarität des Gebets betont, ist bereits auf dem Weg, die männliche Vorstellungskraft einzufangen.

Wenn wir Männer bitten wollen, die Andacht ernst zu nehmen, sollten wir ihnen auch ernsthafte Rituale anbieten. Eine für Männer attraktive Liturgie besitzt jene Eigenschaft, die die Hebräer *Kabod* (»Ruhm«) und die Römer *Gravitas* (»Schwerkraft«) nannten; beide Begriffe gehen auf eine Wurzel zurück, die »Gewichtigkeit« bedeutet und ein Gefühl von würdevoller Bedeutung und Ernsthaftigkeit vermittelt. Triviale Feiern stoßen kaum auf männlichen Respekt. Das heißt *nicht*, daß Liturgien finster oder in die Länge gezogen sein müssen. Einer meiner Freunde pflegt zu sagen: »Zu viel Kirche ist ungesund« – und spricht damit den meisten Männern aus dem Herzen. Auch Predigten kann man sowohl kurz als auch eindringlich gestalten, wenn sie direkt zum Punkt kommen und etwas Wichtiges über Gott oder den Glauben aussagen, statt irgendwelche nebulösen, nett klingenden Artigkeiten abzuspulen.

An dieser Stelle sei eine letzte Bemerkung zu einer bestimmten Form der Liturgie erlaubt: Zu den entfremdendsten Andachten, die die meisten Männer je erleben, zählt ihre eigene Hochzeit. Die nackte Wahrheit ist, daß man christliche Eheschließungen kaum noch als ein Ritual feiert, das wirklich auf die spirituellen Bedürfnisse von Mann und Frau eingeht. Die typische Hochzeit ist heute zumeist eine einmalige Chance für Braut und Mutter, Kindheitsträume zu verwirklichen. Keine Kosten werden gescheut, kein Detail ist zu frivol. Manche Männer lassen die zahllosen Heucheleien und die hohen Kosten ihrer Hochzeitsfeier generös über sich ergehen, andere jedoch läßt all der Überschwang sichtbar mit den Zähnen knirschen und mit den Augen rollen. Fragt irgend jemand den Ehemann, wie die Hochzeitsfeier ablaufen soll? Darf er Wichtigeres entscheiden als nur, welche Lieder gesungen werden sollen? Eine liturgische Reform ist hier nötig, denn auch Männer haben das Recht, ihre Hochzeit als bedeutsame und angemessene Erfahrung zu erleben.

Ein Letztes zur Predigt: Es ist erstaunlich, daß sich Predigten heute kaum noch männlicher Sprache und männlicher Bilder bedienen oder Beispiele bringen, die den Alltag von Männern zum Thema haben. Jesus schämte sich nicht, Parabeln aus der Geschäftswelt zu benutzen. Warum scheuen sich dann heute so viele Prediger, etwa Bilder aus der Welt des Sports oder dem Berufsleben zu verwenden? Und warum sind die Inhalte der christlichen Ermahnung zur »Liebe« beinahe ausnahmslos feminin und sprechen von Sensibilität, Sanftheit und Passivität? Heutige Predigten lassen nur selten anklingen, daß »Liebe« auch eine männliche Tugend ist, daß wahre Liebe dem äußeren Erscheinungsbild nach auch hart, streng und aggressiv wirken kann.

Gebet und Andacht

Die katholische Kirche versorgte früher ihre Mitglieder mit einem breiten Spektrum von Gebetserfahrungen, von Andachten (Novenen, Kreuzweg-Andacht, Litaneien usw.). Nach dem II. Vatikanischen Konzil schafften zahlreiche Pfarrer diese Gebräuche in ihren Kirchen ab, mit der Begründung, das Heilige Abendmahl habe als zentrales Glaubenselement zu dienen. Sollte es auch. Rückblickend jedoch eliminierte die Bereinigung des Glaubens offenbar viele Gebetserfahrungen, die für Männer von tiefer Bedeutung waren, ohne dafür lebendigen Ersatz zu leisten. Als Beispiel mag die Wiederaufführung des Opfers Christi auf dem Kalvarienberg an einem Kreuzweg dienen.

In vielen Kulturen ist das männliche Gebet erstaunlich kräftezehrend. In extremen Fällen, etwa im Sonnentanz der Lakotas oder bei den mexikanischen Bußritualen, erleiden Männer intensive körperliche Schmerzen als integralen Bestandteil der Gebetserfahrung. In diesen Kulturen wird eine körperlich schmerzhafte Buße hoch angesehen, als heroisches Geschenk der Buße für ein ganzes Volk, eine Art Ersatzhandlung, die das Leiden eines Volkes auf einen einzigen Menschen konzentriert. Spirituell weckt ein solches Gebet den Christusarchetyp in der Seele (siehe Kapitel 13), die erlösende *Persona* ersatzweisen Leidens. Die Stationen des katholischen Kreuzweges besaßen die gleiche Funktion. Durch das Nacherleben im Gebet der vierzehn Leidenssymbole und des Todes Christi konnten Männer ihren eigenen Schmerz und ihr eigenes Leiden in Verbindung mit dem Leiden Christi bringen und sich ermutigt und geadelt fühlen, indem sie litten, wie er es tat: mit Anmut, Würde und Liebe.

Doch die Schöngeister beschlossen, das sei alles viel zu morbid. Wir sollten uns auf die Auferstehung konzentrieren, sagten sie, und nicht auf die Kreuzigung. Kurz darauf verschwanden die Stationen von den Kirchenwänden, die Andachten wurden aufgegeben und viele Männer verloren ein wunderschönes Ritual, das sie tief ansprach, das zugestand und gar zelebrierte, daß das Leben eine Kreuzigung ist, in dem man geistig-seelische Größe finden kann. So ist es: Ein Schlüsselement der klassischen männlichen Spiritualität – Leiden als Buße – wurde als schlichter Masochismus radikal mißdeutet und in Bausch und Bogen verworfen.

Kirchen sollten wieder zu Gebet und Andacht ermutigen, die auf die männliche Erfahrungswelt eingehen. Ältere Gebetsformen wie die Stationen strahlen immer noch spirituelle Kraft und Stärke aus, und auch neue Formen lassen sich entdecken. Zudem brauchen Männer dringend Ermutigung, um ein persönliches Gebetsleben zu entwickeln. Es gibt viele Bücher, die beim Aufbau regelmäßiger Muster und Gebetsgewohnheiten jene wertvolle Hilfe anbieten, die Männer brauchen, um spirituell in ihrer Mitte zu bleiben. Ein ausgezeichnetes Beispiel ist Antony De Mellos *Sadhana: Ein Weg zu Gott.*[7]

Die Kirche ist in einer ausgezeichneten Position, um Männern zu helfen, sich selbst dann besser zu verstehen, wenn sie mit zahlreichen Herausforderungen kämpfen: Midlife Crisis, berufliche Veränderungen, heranwachsende Kinder, nachlassende Körperkraft, sich emanzipierende Ehefrauen usw. Gemeindehäuser bieten sich als Treffpunkt an, weil viele Angestellte eine gute Ausbildung in Gruppendynamik, Psychologie und im Umgang mit gesellschaftlichen Fragen vorweisen können. Heutzutags bestehen Männergruppen in der Kirche aus dem mehr oder weniger heiseren Fußballkontingent der Samstagabende oder aus dem treuen Kader, dessen Hauptaufgabe darin besteht, den alljährlichen Frühjahrsputz des Grundstücks zu organisieren.

Das Bild verändert sich jedoch allmählich. Einige Geistliche fangen an, erste Schritte zu unternehmen, um männliche Probleme zu identifizieren. Sie suchen nach Wegen, um Diskussionsgruppen und bewußtseinserweiternde Gespräche für Männer zu veranstalten, die bereit und willens sind, Themen zu bearbeiten wie das Fehlen männlicher Bezugspersonen, der Feminismus zu Hause und am Arbeitsplatz, ihre Beziehung zu den Kindern … Bis vor kurzem bestand die Gefahr, daß solche Diskussionsgruppen in Stänkereien über den Feminismus, Frauen und das moderne Leben überhaupt ausarten. Die wachsende Literatur über die Männerbewegung ist jetzt jedoch in der Lage, Männer auf einer tieferen Ebene herauszufordern, tiefgründige Fragen anzuschneiden und die Diskussion auf viel fruchtbarerem Terrain anzusiedeln. Eine wachsende Anzahl von Büchern, Audio- und Videobändern, unter anderem von Robert Bly, Richard Rohr und Robert Moore (sämtlich ins Deutsche übersetzt), liefert den Stoff für kontroverse Gespräche zum Thema männliche Archetypen, über die Vaterwunde, den »naiven Mann«, den »männlichen Gefühlsmodus«, den Wilden Mann usw. Die kirchliche Unterstützung solcher Gruppen würde nicht nur den Mitgliedern der Gemeinde zugute kommen, sondern auch den teilnehmenden Priestern die Augen öffnen.

Kirchenreformen

Die diskutierten Maßnahmen beziehen sich allesamt auf Schritte, die Einzelpersonen oder örtliche Kirchen unternehmen können, um die männlich-christliche Spiritualität zu fördern. Zusätzlich zu diesen Möglichkeiten an der Basis gibt es Reformen und Maßnahmen, die nur die Kirche als Ganzes einleiten kann.

A. Kirchenvertreter sollten Männerfragen offen anpacken, mit Studien und Analysen, vergleichbar jenen, die Frauenfragen gewidmet worden sind.

B. Man sollte sich mit dem Problem des Klerikalismus befassen, wo er die Spiritualität des Mannes berührt. Das Thema taucht wiederholt bei der Analyse von Problemen auf, die sowohl die weibliche Spiritualität als auch die Stellung der Frau in der Kirche betreffen; der Klerikalismus steht einer engagierten weiblichen und männlichen Beteiligung am Kirchenleben im Weg. Vor allem die katholische Kirche muß sich den Schwierigkeiten stellen, die das Zölibat nicht nur für ihre Priester, sondern auch für die Laien mitbringt. Der erzwungene Verzicht auf das Geschlechtsleben als Vorbedingung für ein kirchliches Amt ist nicht nur ein Skandal für christliche Laien, sondern führt auch in der Priesterschaft zu häufigen Ärgernissen. Die Präsenz eines verheirateten Klerus wäre keineswegs eine modische Neuerung des zwanzigsten Jahrhunderts, sondern eine Rückkehr zum ältesten Brauch der Kirche, zu einer Abmachung, die in den griechisch-orthodoxen und orientalisch-katholischen Kirchen nach wie vor ihre Gültigkeit hat.

C. Die Kirche muß Männerprogramme und Kurse in männlicher Spiritualität an Seminaren, theologischen Fakultäten und anderen Studienzentren einrichten; derzeit gibt es nichts in dieser Art. Zudem müssen die Kirchenführer die Entwicklung von misandrischen Einstellungen und Grundsatzentscheidungen in den Programmen und Kursen in feministischer Spiritualität vorsichtig relativieren. Die Misandrie muß in kirchlichen Kreisen als ebenso deplaciert gelten wie Rassismus, Frauenhaß oder Antisemitismus.

Abschließende Bemerkungen

Dieses Kapitel befaßt sich in erster Linie mit Maßnahmen, die die offizielle Kirche ergreifen kann, um erfolgreich auf den heutigen Mann zuzugehen. Es wäre bedauerlich, wenn der Eindruck entsteht, Männer müßten deshalb passiv abwarten, bis die Kirche sie anspricht. Ganz im Gegenteil: Männer müssen auf Religion und Kirche zugehen. Dazu müssen sie Verantwortung für ihr eigenes spirituelles Leben übernehmen. Männer müssen im Aufspüren einer geeigneten Glaubensgemeinschaft so aggressiv und verantwortungsvoll agieren, wie sie sich um ein solides

Haus oder einen zuverlässigen Lastwagen bemühen. Männer müssen ihre eigene spirituelle Arbeit tun und sie gut machen.

Teil II dieses Buchs bietet nur *eine* von vielen Methoden an, um Männern die Geheimnisse der Spiritualität zugänglich zu machen.

Teil II
Männliche Archetypen und die Bibel

Die Bibel ist vieles für viele: Gottes ewiges Gesetz, die kirchliche Quelle der Offenbarung, das Geschichtsbuch des Volkes Israel, ein Werk spiritueller Lektüre und des Gebets ... Der zweite Teil des vorliegenden Buchs wird die Bibel jedoch auf eine neue Weise behandeln, nämlich als Quellentext männlicher Spiritualität. Denn die biblischen Mythen und Geschichten enthalten weise und beredte Lehren der Männlichkeit. Die Frage ist nur, wie man dem modernen Mann den Zugang zu diesen Lehren erleichtern kann.

Das größte Hindernis für die Bibellektüre für einen gebildeten und intelligenten Mann des ausgehenden 20. Jahrhunderts ist die leidige Frage der Glaubwürdigkeit, weil die meisten biblischen Geschichten so prall gefüllt sind mit außersinnlichen Ereignissen, phantastischen Wundern und offensichtlichen Märchen, daß man sie nicht wörtlich nehmen kann. Also werden wir das auch nicht tun. Wir werden uns dem Mythos der biblischen Geschichten zuwenden und sie als schöpferische Impressionen verstehen, die uns Wahrheiten über Gott und die menschliche Seele vermitteln. Wer mit dem faszinierenden Werk Joseph Campbells vertraut ist und um die Beziehung der Weltmythologien zur Dynamik der menschlichen Seele weiß, wird hier vertrauten Boden betreten; er weiß, daß echte Mythen keine Ammenmärchen, sondern von genialen Spezialisten erzählte, wahre Geschichte über das Wirken Gottes in der menschlichen Seele sind. Wir werden die Bibel also als »Mythologen« lesen und darin nach spirituellen Wahrheiten suchen, statt sie im Sinne wissenschaftlicher oder historischer Tatasachen wörtlich zu nehmen.

Mehrere Jahrhunderte historischer Studien, archäologischer Forschungen und literarischer Kritik haben jeden intellektuell rechtschaffenen Menschen davon überzeugt, daß die Bibel kein historischer oder wissenschaftlicher Tatsachenbericht ist. Versuche, ihr diese Rolle aufzuzwingen, sind aufgesetzt und überschreiten die Grenzen der Glaubwürdigkeit. Der Gedanke, die Bibel müsse historisch oder wissenschaftlich belegbar sein, um wahr zu sein, ist eine typisch westliche Vorstellung mit recht fatalen

Folgen. Einerseits sind manche Fundamentalisten so sehr erpicht darauf, die Geschichtlichkeit einzelner biblischer Verse nachzuweisen, daß sie die tiefere Bedeutung der Ganzheit übersehen. Zudem sind ihre Versuche, biblische Wunder zu erklären, wissenschaftlich gesehen oft noch unglaubwürdiger als die wortgetreue Fassung. Andererseits begehen viele Humanisten einen vergleichbaren Fehler: Ihr Spott über märchenhafte Erzählungen läßt sie ihre tiefere mythologische Bedeutung zurückweisen und ignoriert die psychologische und spirituelle Weisheit.

Wir wollen die biblischen Geschichten lesen, wie es die frühen Kirchenväter getan haben: allegorisch und spirituell. Mit einer Differenziertheit, die uns heute vielleicht überrascht, wußten die Exegeten der frühen christlichen Jahrhunderte, daß man manche Passagen der Bibel nicht als Tatsachenberichte lesen darf, sondern daß man unter dem wörtlichen Text nach der tieferen, spirituellen Bedeutung suchen muß. Solch kundiges Vorgehen ließ die Kirchenväter auf die Gegenwart von »Typen« und »Archetypen« in den Geschichten stoßen. Die frühen christlichen Theologen spürten den spirituellen Christus-Archetyp in alttestamentarischen Passagen auf, in denen er nicht wörtlich zum Ausdruck kommt.

In der Lektüre der Heiligen Schrift und der alten biblischen Geschichten und Mythen werden wir auf die klassisch männlichen Archetypen horchen. Wenn wir uns abgewöhnen, alles wörtlich zu nehmen, und uns nicht mehr ständig fragen, ob eine bestimmte Begebenheit tatsächlich geschah oder ob jemand tatsächlich gelebt hat, werden wir unsere Phantasie freisetzen, um in den biblischen Geschichten den Wilden Mann, den Krieger oder den König zu finden. Dann werden wir nachvollziehen können, was eine Geschichte über den Archetyp aussagt, was sie uns über unsere Männlichkeit lehrt und auf welche Weise sie uns zu Gott führt.

KAPITEL 5

Abraham: Pilger und Patriarch

Um das fünfte Jahrhundert vor Christi Geburt verflochten die Herausgeber des Buches Genesis drei alte literarische Quellen, die unterschiedliche Versionen der Mythen und Geschichten im Umkreis der Gründung Israels beschrieben. Alle drei Dokumente – die jahwistischen, eloistischen und priesterlichen Quellen – befaßten sich mit unterschiedlichen literarischen und theologischen Interpretationen der Anfänge Israels.[1] Trotz dieser Unterschiede trug jede Quelle dazu bei, die alten Überlieferungen über Abraham, den großen mythischen Patriarchen des Volkes Israel, sorgsam zu bewahren. Das daraus hervorgehende Gemisch, das wir heute nur noch in Genesis 12-25 (dem »Abrahamszyklus«) nachlesen können, ist eine wunderschöne Geschichte über den Glauben eines Pilgers und die Liebe eines Patriarchen.

Die biblische Figur mit Namen Abraham hat vielleicht nie wirklich existiert, denn es gibt nicht die Spur eines literarischen oder archäologischen Beweises, der ihn in einen bekannten historischen Rahmen stellen würde. Der Name *Abraham* (»großer Vater« oder »Patriarch«) legt vielmehr nahe, daß die Geschichten dem Reich der Mythologie und Überlieferung zuzuordnen sind. Sie entstanden wahrscheinlich bei alten hebräischen Erzählern, die ihre Stammesgenossen mit Lagerfeuergeschichten über ihren Urahnen unterhielten: Woher er kam und wie es geschah, daß er nach Kanaan auswanderte ... Ein Aspekt der Abrahamsgeschichten informiert die Hebräer über ihre Abstammung als Wandervolk und erzählt, wie sie in ein »gelobtes« Land gezogen waren. Neben der unterhaltenden Funktion vermittelte eine andere Ebene der alten Berichte aber auch Werte wie Gastfreundschaft und Gottestreue. Doch im Tiefsten schufen die Abrahamsgeschichten einen Mythos für das Volk Israel, der es durch seine grausame Geschichte bis zum heutigen Tag geführt hat. Denn »Abraham« ist ein Symbol für jeden Juden und für jeden christlichen und islamischen Nachfahren seines Geschlechts. Sein Charakter ist zwar reich an Archetypen männlicher Spiritualität, doch nur zweien von ihnen wollen wir uns zuwenden. Abraham verkörpert den Glauben des Pilgers und die Liebe des Patriarchen.

Abraham der Pilger

Der Jahwist beginnt seine Geschiche von Abraham mit Gottes aufrüttelndem, aus heiterem Himmel an den Fünfundsiebzigjährigen ergangenem Befehl: »Verlasse dein Land, deine Familie und das Haus deiner Väter und begib dich in das Land, das ich dir zeigen werde.« (Gen 12,1).

Keine Erklärungen und keine Entschuldigungen: Jahwe gibt nur ein Versprechen ab: »Ich werde aus deinem Stamm ein großes Volk machen, werde euch segnen und auch euren Namen werde ich segnen.« Abraham gehorchte Jahwe und verließ das sonnige Land seines goldenen Lebensabends, um sich mit seiner Frau Sarah und seinem Neffen Lot auf die Suche nach einem gelobten Land zu machen.

Abrahams absoluter Gehorsam gegenüber Gott ließe sich mühelos als die eindimensionale Tat eines biblischen Pappkameraden abtun. Doch gehen wir etwas phantasievoller auf die Geschichte ein und fragen wir uns: Wie konnte der alte Bursche den einzigen Ort verlassen, den er je gekannt hatte, wie das Land zurücklassen, für das er ein Leben lang geschuftet hatte, und die Vorzüge des aramäischen Rentenalters aufgeben, einfach nur, weil eine Stimme, die sich als »Gott« ausgab, es ihm befal? Schlichter Gehorsam genügt nicht, wenn es um das Hören von Stimmen geht, man muß zusätzliche Kräfte im Geschirr haben. Was Abraham trotz Alter und großem Reichtum vorzuweisen hatte, war ein sehr lebendiger Pilgerarchetyp.

Für einen mittelöstlichen Patriarchen besaß Abraham eine ungewöhnliche Eigenschaft: dynamische Männlichkeit, jene Energie, die den Pilger nährt. Bekanntlich kehrt in das Patriarchat jeder Kultur leicht Langeweile und Rigidität ein – wenn es auf alle Fragen die Antwort schon kennt, das Gesetz erläßt und Abweichungen bestraft, keinen Widerstand toleriert, sich nicht überraschen lassen will, sich standhaft vor allem Neuen drückt und beschließt, bis zum letzten Atemzug allen den Willen aufzuzwingen (natürlich zu ihrem eigenen Besten). Wir alle kennen den steifen Patriarchen und die Lähmung, die er in all jenen schafft, die empfindlich auf seine Herrschaft reagieren: Der verzweifelte Aufschrei von Willie Loman in »Der Tod eines Handlungsreisenden«, das gefrorene Starren von Ayatollah Khomeini oder das grausame Gesicht von Deng Hsiao Ping, Schlächter von Peking. Ein Teil ihrer Tragödie liegt darin begründet, daß jeder von diesen Männern große und gar heroische Leben führte, ehe sie den geheimen persönlichen Entschluß faßten, Mauern um sich zu errichten und die Türen und Fenster zu schließen.

Irgendwie überwand Abraham diese Schattenseite des Patriarchats; vielleicht lehrte ihn die Beobachtung seiner Herden und des Wachstums seiner Ernten und der Natur die fundamentale Weisheit, die der griechische Philosoph Heraklit niederschrieb: Panta rei! (»Alles fließt«). Der kranke Patriarch haßt die Veränderung, da sie Selbstgefühl und Macht bedroht. Doch die Wirklichkeit sieht so aus, daß sich tatsächlich alles ständig verändert; alle Panzer, Dekrete, Schwüre und Drohungen der Welt können dieses Fortschreiten nicht aufhalten. Der Pilger ist der Archetyp der Veränderung, die Figur, die in der Psyche auftaucht, wenn es Zeit ist, wieder aufzubrechen und eine neue Welt zu suchen.

Als Jahwes Stimme erscholl, erwachte Abrahams innerer Pilger – ohne geheime Verwünschungen und knieschlottrige Verlegenheit, denn der Pilger ist der Archetyp, der eine negative Erfahrung des Verlusts in eine positive Chance zur Veränderung umsetzt. Allerdings ist hier die anmutigste der menschlichen Zierden gefragt – die Bescheidenheit. Durch den Zug in irgendein »gelobtes Land« bejaht jeder Pilger stillschweigend, daß er es in »Ägypten« eigentlich doch nicht so gut hatte. Wann immer der Pilger in der Psyche eines Mannes aufgerufen wird, bejaht er, daß er die Antworten noch nicht kennt und offen ist für Veränderung. Diese Demut ist jene liebenswürdige menschliche Eigenschaft, von der das II. Vatikanische Konzil sprach, als es die katholische Kirche eine »Pilgerkirche« nannte, eine Gemeinschaft auf der Suche nach Gott, offen für Veränderungen.[2]

Wenn ein Mann mit seinem inneren Pilger Kontakt aufnimmt, beschwört er in sich die Tugend der Hoffnung. Hoffnung sollte nicht mit Optimismus oder Wunschdenken verwechselt werden; es ist jene Mischung aus Mut, Vertrauen und Risikobereitschaft, die aus einer sich selbst erfüllenden Prophezeiung eine eigene vielversprechende Zukunft schafft. Wie Péguy sagt, ist sie »das, was noch nicht ist, aber sein *wird*«. Abraham verließ Haran mit dieser Art Hoffnung, bereit für das Neue, offen für Veränderung und Gottes Segen gewiß. Jahwe konnte sich dem Vertrauensbeweis, um den der alte Mann ihn bat, nicht entziehen, und gab ihm wirklich seinen Segen.

Die Pilgerseele in uns

Die vielleicht verbreitetste Einstellung unter Männern mittleren oder höheren Alters ist heutzutage die Resignation, jene stille Verzeiflung, die schon alles gesehen hat und nichts Besseres mehr erwartet, die sich grimmig der Routine des eigenen Lebens angepaßt hat und Naivität mit Hoffnung verwechselt. Etwas an diesen Männern will sicher, ruhig und verzweifelt bleiben; zwar stecken sie in geistigen und emotionalen Gefängnissen, doch ihr Gehalt rollt weiterhin auf das Konto, die Steuern werden bezahlt und das Abendessen steht auf dem Tisch. Finanzieller Streß und familiärer Druck arbeiten gemeinsam, um das alte Arbeitstier auf Trab zu halten, und solange er sich mit ein bißchen Kegeln und Bundesliga zufriedengibt, wen interessiert es schon, daß Pappi insgeheim hirntot und seelisch ausgehungert ist?

Als Anreiz, um dieser Malaise zu entrinnen, könnte man es mit der Übung probieren, sich den eigenen inneren Pilger vorzustellen, mit ihm zu sprechen und ihn zu fragen, ob er sich immer noch an seine größten Wünsche und Kindheitsträume erinnern kann.[3] Man könnte ihn fragen, was er wirklich will, wonach er sucht und wohin er sich wenden möchte? Möchte er einfach nur Klavierspielen lernen oder will er Step tanzen? Oder sind tiefere Bedürfnisse am Werk, lange unterdrückte Sehnsüchte, eine schöpferischere Arbeit zu finden oder wieder an einem erfüllten spirituellen Leben teilzuhaben? Der Pilger weiß um Antwort und Ausweg. Und wenn die altbekannte Stimme sagt:»Das schaffst du nie!«, hat der alte Abraham auch ein Wörtchen zu sagen:»Das Leben fängt mit Fünfundsiebzig erst an!«

Ob alt oder jung, den inneren Pilger zu ignorieren, bedeutet eine große Gefahr für die Seele. Denn der Pilger ist der Archetyp der spirituellen Bewegung, ohne die wir stagnieren, verknöchern und sterben. Der Pilger ist der Archetyp des Reisens – jener Teil in uns, der eine spirituelle, dem Bewußtsein nicht zugängliche Landkarte besitzt. So geschieht es, daß uns der Pilger anfangs in eine Richtung schickt, nur um uns später in eine ganz andere zu lenken. Kevin Kostners Darsteller in »Das Feld der Träume« gehorchte dieser Pilgerstimme (»Wenn ihr das Feld baut, wird er kommen«); im Glauben, ein Baseballfeld zu bauen, fand er seinen Vater. Ignatius von Loyola wollte eigentlich ein Abenteuer in Jerusalem erleben und gründete den Jesuitenorden;[4] Saul suchte seine verlorenen Esel und fand ein Königreich (1 Sam 9–10).

Abraham der Patriarch

Wir sollten uns Abraham natürlich nicht als launischen alten Mann vorstellen, denn letztlich war er auch *Patriarch*: Er trug die Last der Verantwortung für eine Großfamilie. Heute wiegt sie weniger schwer, doch für einen Patriarchen des sozial geächteten, hebräischen Volks vor Tausenden Jahren war das eine einsame Aufgabe. Obrigkeiten oder gesellschaftliche Institutionen, die als Stütze hätten dienen können, gab es nicht; ebensowenig wie eine echte Regierung, eine Kirche, Schulen, Gerichtsbarkeit, Therapeuten und Polizei. Als Stammvater mußte Abraham alles selbst in die Hand nehmen: Kinder erziehen, Streitigkeiten schlichten, Gottesdienste abhalten, geistigen Beistand leisten und die Familie verteidigen – und die Verantwortung für seine Entscheidungen oblag ihm ganz allein.

Heute ist das Konzept des Patriarchentums höchst unpopulär, weil darunter in der Regel nur ein *erbarmungsloses* Patriarchat und männliche Dominanz verstanden werden. Das ist bedauerlich, denn dieser Archetyp kann sich in einem Mann sehr großzügig und anziehend ausdrücken. Jedesmal, wenn ein Mann die Verantwortung für eine Gruppe von Menschen übernimmt, so als wäre er ihr leiblicher Vater, erweckt er diesen Archetyp zum Leben. Zu den großen Tragödien unserer Gesellschaft gehört, daß immer weniger Männer Zugang zu diesem Archetyp finden. Darunter leidet unsere ganze Kultur.

Ein Mann, der sich in unserer Kultur des Interesses, der Fürsorge und des Segens seines Vaters gewiß sein kann, ist ein wahrlich seltenes und sehr glückliches Individuum. Der Patriarch ist der Archetyp in der männlichen Psyche, der sich anbietet, jenen ein Vater zu sein, die nicht so viel Glück hatten, die verwaist, verloren, hilflos oder ohne Führung sind und weise Anleitung brauchen. Diese archetypische *Persona* sorgt in der Menschheit offenbar für einen seelischen Ausgleich für den tragischen Verlust des biologischen Vaters durch Tod, Krankheit oder moralische Schwäche.

Die Väterlichkeit ist den Männer nicht einfach so in den Schoß gefallen. Männer der Urzeit haben den Brauch offenbar wenig geachtet, so daß sich väterliche Eigenschaften erst über Jahrtausende entwickelten und mühsame spirituelle Arbeit verlangten. Bei der Verbreitung dieser Werte hat die Bibel eine große Rolle gespielt.[5] Noch heute ist die väterliche Eigenschaft so zerbrechlich, daß sie beinahe stets verlorengeht bei Männern, die von psychischen oder sozialen Problemen betroffen sind – sehr zum Nachteil ihrer Kinder. Die gesellschaftlichen Folgen sind kaum zu ermessen: alleinerziehende Mütter und Väter, Jugendkriminalität und zahlreiche psychische Probleme bei Jugendlichen. Und dennoch sind manche Männer gesegnet mit einem Übermaß an Liebe und väterlicher Fürsorglichkeit und können nicht nur an ihren eigenen Kindern väterliche Interessen wahrnehmen, sondern auch an den Kindern anderer Menschen. Wenn sie den inneren Patriarchen »anzapfen«, kümmern sie sich um vaterlose oder bedürftige Jugendliche. Die S.O.S.- Kinderdörfer, die Pfadfinder oder die Stiftung »Ein Platz an der Sonne« sind aus dieser Fürsorglichkeit entstanden. Einer meiner Freunde verbringt seine Samstage in einem Heim für HIV-positive Säuglinge, wo er mit ihnen spielt und kuschelt und ihnen die »Streicheleinheiten« gibt, die sie brauchen, um gesund zu bleiben. Manche Männer drücken ihre patriarchale Liebe als Trainer, noch andere als Lehrer aus. Mönche und Pfarrer lassen oft diesen Archetypen erkennen; in der katholischen Kirche würdigt der Titel »Pater« die persönliche spirituelle Fürsorge und das Interesse, das Menschen in ihrem Seelsorger vorzufinden hoffen.

Einige Männer haben ihre väterliche Sorge sogar auf die Menschheit als Ganzes übertragen. Ein solcher Mann war Angelo Roncalli, besser bekannt als Papst Johannes XXIII. Seine Autobiographie, das »Geistliche Tagebuch«, zeigt ihn als tief traditionellen, gar altmodischen Konservativen und frommen Priester der italiensch-katholischen Tradition. Erzogen zur Zeit der modernistischen Reaktion auf neue theologische Ideen, behielt er trotzdem ein offenes Ohr für die Trends, die um ihn herumwirbelten. Die Kardinäle, die ihn 1958 zum Papst wählten, erwarteten von dem alten und rundlichen Pontifex, daß er als milder Sachwalter dienen würde, bis ein passenderer Nachfolger gefunden wäre. Doch Johannes fand Wege, die Fenster offenzulassen, und völlig unerwartet blies der Geist hinein. Er hörte eine innere Stimme, die auch zu ihm sagte: »Erhebe dich und versetze die Kirche in ein Land, das ich dir zeigen werde!« Er schockierte seine wichtigsten Berater, als er das II. Vatikanische Konzil einberief, das die katholische Kirche erneuern sollte und auf einen weiteren innovativen und aufregenden Pfad der Wandlung schickte. Johannes lebte und strahlte auch in seinem persönlichen Leben patriarchale Offenheit aus. Er ging resolut, warmherzig und mit einem Lächeln auf jene zu, die anders waren, auf Kommunisten, Gefangene und Prostituierte, auf Protestanten und Juden. Als er Anfang 1963 im Sterben lag, sah die ganze Welt mit Liebe und Mitgefühl auf sein Krankenbett, denn sie hatte im »Guten Hirten Johannes« jemanden gefunden, der wußte, was es hieß, ein Vater zu sein, auch wenn ihm die biologische Elternschaft verwehrt war.

Entschlossenheit und Großmut

Der wahre Patriarch drückt die Liebe zu seinen Leuten in der Vorsicht im Umgang mit zwei besonderen Eigenschaften aus: Entschlossenheit und

Großmut. Die erste Tugend umfaßt den seltenen Charakterzug der Klarheit und Entschiedenheit. Abraham bewies diese Eigenschaft wiederholt im resoluten Gehorsam gegenüber der Stimme. Denn trotz allem Schaden, den erbarmungslose Patriarchen anrichten, verursacht die *Weigerung zu führen*, Entschlüsse zu fassen und Verantwortung zu übernehmen wahrscheinlich ebensoviel Schaden. Eine Familie, eine Kirche oder eine Firma zu führen, ist eine schwierige Aufgabe, die nicht ohne Fehler abgeht; doch nicht zu führen, ist das viel schlimmere Versagen. Wer unter uns hat nicht schon unter Vorgesetzten gelitten, die bei notwendigen Entscheidungen zaudern und »heiße Eisen« weitergeben, die uns an eine andere Agentur verweisen oder unseren Fall zur weiteren Begutachtung an ein Komitee weiterleiten? Nicht so der Patriarch: Er beschließt, was für die Menschen unter seiner Obhut das Beste ist, und lädt den Druck der Verantwortung auf sich. Auch Abraham besaß die Eigenschaften der Entschiedenheit, Beharrlichkeit und Verantwortung für sein Volk. Kein Wunder, daß Jahwe ihn erwählte, um Israel zu segnen, dem Glauben Form zu geben und als biblisches Vorbild für den weisen Patriarchen zu dienen.

Die Geschichten über Abraham, geschrieben in den Anfängen Israels, in den ruhigen Tagen des nationalen Selbstvertrauens, geben Beispiel für das, was Israel am meisten in einem Mann bewunderte und als Volk am meisten sein wollte: großherzig, großzügig und eine Verheißung des Friedens für jedermann.[6] Außer bei einem kurzen Scharmützel mit garstigen Königen, die Lot verschleppt hatten (Gen 14), zeigte Abraham ständig Großzügigkeit und Versöhnlichkeit gegenüber allen neuen Nachbarn in Kanaan.

Wir nennen eine solche Tugend »Großmut« – in einem gesunden Mann eine besonders bewundernswerte Eigenschaft. Wir alle kennen kleinkarierte und ängstliche Menschen; leider begegnen wir ihnen und ihren kleinen Imperien ständig bei der Arbeit, in den Kirchen und im Gemeinderat. Wir müssen durch ihre Reifen springen und ihre Spielchen mitmachen, bis sie ihr Pfund auf die Seite gebracht und uns gedemütigt haben, bis ihr Machthunger ausgelebt ist. Ein wirklich »großer Geist« verhält sich jedoch anders. Er braucht seine Größe nicht anzupreisen – er hat sie schon in Form eines großen Herzens. Es ist die Art Person, die im Jiddischen als *Mensch* bezeichnet wird, ein Wort, das in dieser Sprache ein wahrhaft humanes Wesen von außergewöhnlicher Großzügigkeit und Weisheit meint.[7] So war es mit Abraham: Als er in Kanaan eintraf, überließ er seinem Neffen Lot (der eigentlich die Stelle des Sohnes einnimmt, den Abraham noch nicht hat) die erste Wahl des Weidelands (Gen

13). Lot wählte die jordanische Ebene, und Jahwe, der sich in Großzügigkeit nicht überbieten ließ, versprach Abraham und seinen Nachkommen gleich das ganze übrige Land Kanaan.

Abrahams Großmut zeigt sich auch als klassische orientalische Gastfreundlichkeit, als er die drei geheimnisvollen Besucher empfängt (Gen 18). Heute gilt es als riskant, Fremde einzuladen. Wie viele von uns würden jemanden von der Straße mit nach Hause nehmen oder einem Anhalter die Tür aufhalten? Als er die bedrohten Reisenden beköstigt und ihnen Schutz vor der Mittagssonne bietet, nimmt Abraham die Fremden vorübergehend als Söhne an. Wie anders als unsere moderne knausrige Engstirnigkeit, die Obdachlose ihrem Schicksal überläßt und Verwahrloste verdammt! Die Überraschung ist natürlich, daß die fremden Besucher Engel Gottes sind! Jahwe bleibt nicht unberührt von der freundlichen Aufnahme seiner Sendboten. Abrahams patriarchale Freigebigkeit und die Bereitschaft, die Obdachlosen wie Söhne zu behandeln, läßt den Herrn ein völlig unerwartetes Versprechen abgeben: endlich, ein Sohn für Abraham!

Der großmütigste Akt Abrahams betrifft jedoch einen hitzigen Streit mit Gott. Jahwe hatte beschlossen, die Städte Sodom und Gomorrha zu zerstören, bekannt für ihre große Grausamkeit gegenüber Fremden. Als Abraham jedoch davon Wind bekam, begann er, sich sofort bei Gott für die wenigen Gerechten einzusetzen, die Sodom möglicherweise beherbergte (Gen 18). Verwegen feilscht Abraham in orientalischer Manier mit dem Herrn. Würde Jahwe die Stadt für fünfzig gerechte Menschen verschonen? Vielleicht für fünfundvierzig? Sicher doch auch für vierzig? Schlau handelte und schnorrte Abraham bis auf Gottes »letztes Wort« hinunter: Zehn Gerechte, und Gott wäre bereit, Sodom zu verzeihen.

Weshalb würde Abraham seine Beziehung zu Gott aufs Spiel setzen, wo er doch gerade erst das Versprechen eines lang ersehnten Sohns erhalten hatte? – Ein Mann, der Zugang zum Archetypen des wahren Patriarchen hat, fühlt sich – ungeachtet seiner eigenen Bedürfnisse – für jedermann verantwortlich. Wahre patriarchale Verantwortung bedeutet soviel wie »Adel verpflichtet« – die heute aus der Mode geratene und wunderliche Vorstellung, daß man von denen, denen viel gegeben ist, auch viel erwartet. Diese Großmut stirbt unter den Patriarchen von heute rasch aus. Noch vor einer Generation gingen Familien wie die Roosevelts, die Kennedys und die Rockefellers nicht nur mit gutem Beispiel bei Geldspenden voran, sondern sie engagierten sich konkret politisch und sozial, wie etwa für Rassengleichheit und das Überleben der Armen. Noch viel sympathischer ist es, wenn sich auch arme und bescheidene Männer großzügig verhalten.

In solchen Männern ist »Noblesse oblige« nicht auf Bankkonto oder hohe gesellschaftliche Stellung zurückzuführen, sondern auf ihre große Seele. Ich lernte den alten Pater Horace McKenna S.J. an einem heißen Sommerabend des Jahres 1972 in Washington kennen. Als wir in seinem winzigen und unaufgeräumten Zimmer saßen, erwies er sich als faszinierender, wenn auch etwas ungemütlicher Gesprächspartner. Ständig unterbrachen hungrige oder obdachlose Menschen auf der Suche nach etwas Eßbarem die spannendsten Geschichten. Horace erhob sich jedesmal, begrüßte die Person herzlich und steckte ihr etwas Gutes zu. Viel Schlaf bekam er nicht, die Armen kamen auch mitten in der Nacht. Tagsüber sah man ihn in seinem alten Wagen durch die Stadt fahren, um jemanden zu einer bedrohlichen Behörde zu bringen oder einen Kongreßabgeordneten auf Bauten für Obdachlose festzunageln (von denen heute einer seinen Namen trägt). Wenn man einen seiner Schützlinge einschüchterte, sagte Horace ihm den Kampf an, ob es sich dabei um einen örtlichen Drogendealer, einen Stadtrat oder den Erzbischof von Washington handelte. Sein Mut und vor allem der Ausdruck warmherziger Güte in den Augen trug ihm bei Jung und Alt den respektvollen Namen »Vater« ein, weil er wirklich einer war. Horace ist nun schon seit vielen Jahren von uns gegangen, doch die Menschen in Washington erinnern sich liebevoll an den »Patriarchen der Armen«. Abraham hätte ihn auch gern gehabt.

Abrahams Fehler: Ismael

Zum Besten an den alttestamentlichen Geschichten gehört, daß sie vor den Tagen religiöser Frömmlei und vor einer »Verbreitungskontrolle« aus werbetechnischen Gründen geschrieben wurden. Die biblischen Geschichten sind glücklicherweise so unkompliziert, daß uns auch der Blick auf die Schattenseite jeder wichtigen Gestalt erlaubt ist. Das ist eine große Hilfe, weil wir so die Chance haben, den ganzen Menschen zu sehen, von seinen Fehlern zu lernen und unsere eigenen vielleicht etwas leichter einzugestehen. Es liegt ein Trost in der Erkenntnis, daß ebenso menschliche Wesen wie wir in die Bibel gekommen sind. Abraham bildet da keine Ausnahme.

Sehr spät in seinem Leben schenkte Gott dem Patriarchen zwei Söhne: Ismael und Isaak. Wenn wir wirklich an Gottes Vorsehung glauben, dann wissen wir, daß Gott uns nicht segnet – oder prüft – , ehe wir dafür nicht bereit sind. Für Abraham, den Mann, der für Veränderung und Lernen nie zu alt war, war es nun Zeit, seinen *eigenen* Söhnen ein Vater zu sein. Diese Erfahrung brachte ihm Versagen und Erfolg, Schmerz und Freude. Denn es zeigt sich, daß nicht jeder »große Vater« ein guter Vater ist! Zur Schattenseite des guten Patriarchen gehört offenbar, daß er, während er so viele Menschen gut behandelt, seine eigene Familie zu kurz kommen läßt. Der Himmelsvater, der manchmal so sehr mit der Welt als Ganzes beschäftigt ist, kann manchmal nicht auf die Erde herabsteigen, um seinen eigenen Söhnen zu helfen.[8]

Die Geschichte von Abrahams Erstgeborenem, Ismael, liefert ein eindringliches, gar bitteres Beispiel für dieses Problem. Sarah bat Abraham in der Verzweiflung ihres unfruchtbaren Alters, ein Kind mit ihrer Sklavin Hagar zu zeugen. Der alte Mann war einverstanden. Das war ein Fehler, weil die Schwangerschaft zu Eifersucht und bösem Blut zwischen den beiden Frauen führte (Gen 16). Abraham zog seinen Sohn dennoch auf, weil er das Gefühl hatte, Gott habe seinen Kinderwunsch erhört (*yishmael* = »Gottgegeben«). Hier spürt man schon den Beginn eines düsteren Bruchs in der Familie, von modernen Psychologen Disfunktion genannt. Rückblickend (wie leicht es doch für *uns* ist, solche Dinge klar zu erkennen!) verstehen wir jedoch, daß Ismael kein Kind der Liebe ist, sondern einer Kombination der Manipulationen Sarahs, der Machenschaften Hagars und der Verzweiflung Abrahams. Die meisten von uns werden mitten in ein solches Chaos hineingeboren, doch das lindert nicht den Schmerz, wenn wir die Jugend des verwundeten Ismaels betrachten.

Sogar im Mutterleib kann ein Kind Aufruhr und Unordnung in seiner Mutter spüren; seine späteren Kindheitserfahrungen mit Streit in der Familie untergraben das Gefühl von Sicherheit und Geborgenheit, und auf einer tiefunbewußten Ebene beginnt das Kind zu denken: »Ich bin ein Fehltritt, denn ich bin unerwünscht. An mir stimmt gar nichts.« Mit der Zeit werden seine schlimmsten Befürchtungen wahr, und die schwärende Disfunktion der Familie tritt zutage. In Abrahams Familie kam es zum unvermeidlichen Zwist, als Ismael vierzehn Jahre alt war, und Sarah auf wundersame Weise ihren eigenen Sohn, Isaak, gebar. Die Geburt führte zu einem Machtkampf innerhalb der Familie: Jetzt hatte jede Frau ein Kind, und nur eines konnte das väterliche Gut erben. Die eifersüchtige Sarah verlangte, daß Abraham Hagar und Ismael fortjagte. Tragischerweise gab Abraham ihrer grausamen Forderung nach. Fremde heißt er willkommen, Sünder versucht er zu retten – aber was ist mit dem eigenen Sohn? Abahram gibt Hagar und Ismael etwas Brot und Wasser und läßt sie in der Wüste von Beersheba im Stich.

Gott der Vater hörte Ismaels Ruf und rettete den Jungen und seine Mutter. Die Geschichte berichtet weiter, daß Ismael die Wüste zur Heimat erwählte und ein ausgezeichneter Schütze und der Stammvater eines großen Volkes wurde – der Araber. Doch auch wenn der junge Ismael überlebte und heranwuchs: Er verwandelte sich in einen Wildesel von einem Mann, der sich mit jedem anlegte und seine Vaterwunde auf ewig mit sich herumtrug, die bis zum heutigen Tage im Mythos der Feindschaft zwischen Arabern und Juden weiterlebt. Die Sünden eines Vaters haben wirklich weitreichende Folgen.

Wenige von uns wachsen ohne Vaterwunden irgendeiner Art auf, und die, unter der Ismael zu leiden hatte – von seinem Vater verlassen zu werden –, kommt heute sehr häufig vor. Jeder Junge braucht einen Vater, an den er sich wenden kann und der ihm ein bleibendes Gefühl von Sicherheit vermittelt, als sicherer und starker Zufluchtsort der Psyche, der ihm sagt, wo er hingehört und daß er es schaffen wird, wenn er sich ein bißchen anstrengt. Jeder Junge braucht das Gefühl, den Vater auf seiner Seite zu haben, indem er ihm seine väterliche Energie gibt, damit er sein Leben erfolgreich bestreitet. Wird dem Jungen solche Bestätigung von seinem Vater vorenthalten, hat er es sehr viel schwerer, innerlich ein dauerhaftes psychisches Zentrum, Selbstwertgefühl und Vertrauen zu entfalten. Das kann dazu führen, passiv und schwach zu werden oder zu überkompensieren, indem er den Supermacho spielt und durchdreht, wie es mit Ismael geschah.

Auch wenn Abraham sich einen Sohn wünschte, nahm er seine Vaterschaft nicht ernst genug. Als sich die Eifersucht zwischen den beiden Frauen entwickelte, beging Abraham den Fehler, nicht patiarchalisch genug zu sein! Das heißt, er zog sich von seinen Pflichten zurück und wurde ein typischer Himmelsvater, die Rolle, in der ein Mann sich nur um die großen Angelegenheiten der Welt und seiner Familie kümmert, die eigentliche Erziehung der Kinder aber der Frau überläßt – ein Arrangement, das funktionieren kann, wenn die Frau nicht neurotisch ist. Viele Männer tun das; weil sie sich in der Elternrolle nicht erfahren genug oder unsicher fühlen und Angst haben, einen Fehler zu begehen, halten sie emotional und psychisch Distanz zu ihren Kindern – und machen so einen noch größeren Fehler.

Und so wurde aus Ismael ein Randalierer und ein Plünderer (Gen 16,12), der das Verlassensein bei seinen Beutezügen durch die Wüste von Paran an allen anderen Menschen ausließ. Verlasse dein Kind, und es wird immer jemand anderen dafür zahlen lassen. Unsere Gesellschaft bringt zahlreiche solcher Desperados hervor, von den Slums bis in die Vorstädte. Viele dieser jungen Männer sind wirklich von ihrem Vater verlassen worden, die aus vielen Gründen nicht mit ihnen fertigwerden und nicht Vater sein können. Unsere Jugendlichen sind seelisch verlassen: Auch wenn ihre Väter zu Hause wohnen und die Rechnungen pünktlich bezahlen, sind sie spirituell nicht vorhanden. Ihre wilden kleinen Ismaels, verzweifelt auf der Suche nach authentischer Vaterenergie, kriegen statt dessen auf die billige Tour die Ersatzmännlichkeit eines Dirty Harry, Canon oder Rambo mit. Wo seelische Löcher entstehen, nehmen Dämonen den Platz ein. Vaterlos und uneingeweiht, wildern diese Jungen im New Yorker Central Park, randalieren in Hoyerswerda oder gehen in Berlin auf Türkenjagd. Verwundet schlagen sie zurück.

Die Opferung Isaaks

Wenn die Geschichte Ismaels eine Art Vaterwunde offenbart, so berichtet die eindrucksvolle Geschichte von Isaak über eine andere Art Verletzung. Abraham wünschte sich Isaak wirklich, sein Name (*yitzchak:* »er lachte«) läßt die Freude anklingen, die der alte Mann empfunden haben muß, als er die wunderbare Nachricht von der Geburt seines Sohnes erhielt. Oder wenigstens glaubte Abraham *mit dem Verstand*, daß er sich Isaak wünschte. Doch eine schreckliche Wahrheit trat während einer Begebenheit in Isaaks Kindheit zutage, die von der dunklen Seite der Vaterliebe kündete – eine Seite, die viele junge Männer erfahren, der sie sich aber nicht bewußt stellen können.

Deshalb haben wir die Mythen. Manche Wahrheiten kann man nicht offen aussprechen; sie sind zu schrecklich und zu geheimnisvoll. Also erzählt man sie verschlüsselt, in Form von Geschichten über Menschen, die vor langer Zeit in einem fernen Land lebten. In Wirklichkeit handeln diese Geschichten von uns. Das gilt auch für den Mythos des Opfers von Isaak (Gen 22), eine der seltsamsten und beeindruckendsten Geschichten der Bibel.[9]

Die Erzählung beginnt, als Gott Abraham befiehlt, seinen heißgeliebten Sohn zu nehmen und ihn auf dem Heiligen Berg Morija zu opfern. Ohne Regung und Widerspruch nimmt Abraham den Jungen mit auf die Reise und bereitet sich darauf vor, das Opfer zu vollziehen. Erst in letzter Minute schreitet ein Engel Jahwes ein und gebietet der schrecklichen Tat Einhalt, wobei er Isaak rettet und Abraham für seinen Gehorsam segnet.

Die Wahrheit, die dieser Mythos aufdeckt, ist so schmerzlich, daß die meisten Männer sie schlicht leugnen würden: Viele Väter hegen ein unbewußtes, mörderisches Ressentiment gegen ihre Söhne. Die Griechen drückten diese Urwahrheit der Psyche im Mythos von Uranos aus: Darin wird erzählt, wie der erste Himmelsgott seine eigene Nachkommenschaft auszurotten begann. Sein Sohn Kronos entfloh ihm zwar, doch verschlang er seinerseits alle *eigenen* Kinder, bis auf Zeus, der Kronos besiegte und höchster Gott über den Himmeln wurde. Das Motiv wiederholt sich, etwa in der altgriechischen Geschichte von Laios, der seinen gefesselten Sohn Odysseus im Stich läßt, um ihn in den Bergen verhungern zu lassen, oder in der modernen Film-Trilogie *Krieg der Sterne*, wo Darth Vader seinen Sohn Luke Skywalker auf mörderische Art verfolgt.

Was will uns hier der Mythos sagen? Psychologisch gesprochen bilden Kinder und vor allem Söhne eine unbewußte Bedrohung für ihren Vater, sei es als Rivalen um die Aufmerksamkeit der Frau und Mutter, als neue Einschränkung der Freiheit, als Belastung für das Gehaltskonto oder als ständige Erinnerung an die eigenen Träume und Hoffnungen.[10] Das kann den Vater dazu bringen, den bewußt »geliebten« Sohn insgeheim zu hassen. Solche väterliche Abneigung äußert sich oftmals als körperliche Mißhandlung. Die Ironie ist, daß die schockierende Erfahrung der Mißhandlung manchmal eine erlösende Komponente birgt: Dieses Tun ist so eindeutig pathologisch und widersinnig, daß der Vater (manchmal auf Anordnung eines zuständigen Amts) gezwungen sein kann, sich seinen Gefühlen in einer Psychotherapie bewußt zu stellen.

In vielen Fällen jedoch brodeln die Spannungen zwischen Vater und Sohn in der Psyche und richten dort Schaden an. Die Abneigung des Vaters findet Rechtfertigung als körperliche »Züchtigung«, oder aber er verhält sich unerklärlich streng zu seinem Sohn und kritisiert ihn bei jeder Gelegenheit. Psychologen und Sozialarbeiter wissen, daß sich viele Männer lebenslang mit diesen Vaterwunden belasten und sie nicht durchschauen, geschweige denn, sich mit ihren Vätern aussöhnen können. Die Geschichte von Abraham und Isaak handelt von einer solchen Beziehung. Wir können den Grund für die innere Abneigung Abrahams gegenüber seinem Sohn nur erraten. Könnte es sein, daß er es Isaak unbewußt und unfairerweise vorwirft, Ismael vertrieben zu haben? Könnte sein latent mörderischer Haß gegenüber Isaak sogar eine Art Rache an Sarah darstellen? So denkt das Herz in seiner Dunkelheit. Was immer die Ursache: Abrahams unterschwelliger Haß gegen Isaak trat in äußerst gefährlicher Form zutage, als unangreifbarste Rechtfertigung für Grausamkeit und Gewalt, die man jemals erfunden hat: als Religion. »Gott« befahl ihm, den Jungen zu töten!

Kein menschliches Unterfangen besitzt mehr Macht, die dunklen Regungen des menschlichen Herzens zu rechtfertigen als die Religion.[11] Die sogenannte Stimme Gottes diente als göttlich sanktionierte Rechtfertigung für die schlimmsten Verbrechen der Menschheit; wer könnte ihre Befehle in Frage stellen? Wer will diesen Heiligen Krieg oder jene Inquisition, diese Razzia oder jenen Kreuzzug anzweifeln, wenn zuvor Weihwasser gesprengt und Weihrauch zugefächert worden sind? Und nicht nur Institutionen mißbrauchen den Namen Gottes, um ihre Greueltaten zu lackieren – auch einzelne Menschen tun es.

So geschah es, daß Abraham, betäubt und geistig benebelt, auf die dämonische »Stimme« seiner eigenen unbewußten Abneigung hörte, als wäre es die Stimme Gottes. In kaltblütiger Hast bereitet er Isaak auf das grausige Brandopfer vor. Wer wird ihn aufhalten? Schließlich ist er der Patriarch. Nur eine andere Stimme vermag es, dieses Mal mit einer Botschaft aus dem tiefsten Selbst Abrahams, aus dem Herzen des Universums: »Erhebe deine Hand nicht gegen dein Kind«, sagte der Engel. Doch welche Stimme gehört dem Dämonen und welche dem Engel? Vielleicht liegt Abrahams Größe darin, daß er bereits in jenen längst vergangenen, von inneren Stimmen widerhallenden Tagen die wahre Botschaft aufnahm, die Gott Israel erst viel später verkünden sollte: »Liebe will ich, nicht Schlachtopfer« (Hos 6,6). Nichts auf Erden könnte Mord rechtfertigen. Und so gehorchte Abraham dem Engel, Isaak war gerettet.

Wir mögen den Kopf schütteln über die vielen irrsinnigen Dinge, die Menschen bisweilen im Namen Gottes tun. Teilweise liegt das darin begründet, daß die meisten von uns Gott – oder die Religion – nicht mehr sehr ernst nehmen, jedenfalls nicht so ernst wie Abraham. Doch bevor wir Abraham voreilig kritisieren, müssen wir uns eine brennende Frage stellen: Welchen Göttern von heute opfern *wir* denn unsere Söhne? Übertragen heutige Väter nicht einfach die alte Sitte des Kindsopfers in die heutige Zeit – mit einem endgültigen Brandopfer an einen neuen und schrecklicheren Gott, den Gott der Karriere? Männer können diese Gottheit in so heiligmäßige Gewänder stecken, wie sie nur je ein primitives Idol einhüllten, können einen unterwürfigen Gehorsam anbieten, der einen Jehova erbleichen lassen würde: lange Arbeitstage ohne Sonntagsruhe, totales Engagement, blinder Gehorsam und hemmungslose Willfährigkeit. Natürlich sagt auch dem heutigen Mann eine »Stimme«, daß er das alles für seine Familie und seine Kinder tue, und überhaupt bleiben immer noch die wertvollen Zeiten mit dem Sohn. Wie sehr auch ein Vater diesem Yuppie-Humbug glaubt, sein spirituell verlassener Sohn wird es ihm nicht abkaufen. Mit der schmerzhaften Ehrlichkeit der Jugend wird er genau wissen, daß sein Vater ihn auf dem Hochaltar der Karriere geopfert hat.

Zumindest Abraham ließ sich vom Engel aus der Trance wecken, als sein Messer drohend über dem liebenswerten Isaak in der Luft hing, gerade noch rechtzeitig, um zu merken, was er da eigentlich vorhatte. Offenbar geläutert durch die Begegnung mit Dämonen und Engeln, handelt Abraham nie wieder so überstürzt. Er begnügte sich damit, eine Grabstätte zu kaufen und seinem Sohn eine Frau zu finden – ein Akt wahrer patriarchaler Fürsorge in seinem Alter. Was Isaak betrifft, wer weiß, wie tief ihn die latente Abneigung seines Vater und die Todesnähe auf dem Berge Morija verletzt hat? Wir können nur soviel anbieten: Wie ein verwundetes Kind wild wie Ismael werden kann, führt ein anderes ein passives und kraftloses Leben, weil es zu angeschlagen ist, um viel auf die Beine stellen zu können. Isaak war ein solches Kind. Die Bibel berichtet über ihn nur, daß ihn Abraham mit der bemerkenswerten und gefürchteten Rebekka vermählte, und daß sie ihm half, den falschen Sohn zu segnen – Jakob, der Israel werden sollte.

KAPITEL 6

Mose: Krieger und Magier

Die erhabenste Gestalt des alten Testaments ist Moses, Befreier der Hebräer und Gesetzgeber des Volkes Israel. Die lange Geschichte des Mose (in den Büchern Exodus bis Deuteronomium) schildert zahlreiche heroische Momente aus dem Leben dieser biblischen Schlüsselfigur. Besonders interessant für uns ist vor allem der Bericht über seinen Streit mit dem Pharao, der Anlaß für die Flucht der Hebräer aus Ägypten war. Die Beschreibung des Mose in der Geschichte des Auszugs fördert zwei äußerst wichtige männliche Archetypen zutage: Krieger und Magier.

Wahrheit und Mythos

Es gibt gute Gründe für die Annahme, daß die biblische Gestalt namens Moshe tatsächlich existierte, wie sehr auch die Geschichten über ihn von Mythen, Legenden und Volkserzählungen umrankt sein mögen. Ein Hinweis auf die Historizität ist, daß die biblische Literatur stark von seiner Gegenwart geprägt ist. Jede der fünf Rollen des Pentateuchs erzählt seine Geschichte, und auch die Propheten, die historische Literatur und sogar die Überlieferung beziehen sich oft auf ihn. Zwei Ereignisse, die mit Mose zusammenhängen – der Auszug und die Wüstenwanderung – sind von zentraler theologischer Bedeutung für die gesamte jüdische Überlieferung und werden alljährlich im Frühjahr im freudvollen Pessachfest gefeiert.[1] Zudem sind diese biblischen Geschehnisse historisch plausibel; wir wissen beispielsweise, daß in der späten Bronzezeit ägyptische Truppen regelmäßig in die kanaanitische Kolonie einfielen; sie nahmen scharenweise Männer gefangen, brachten sie nach Ägypten und ließen die Sklaven an staatlichen Bauprojekten arbeiten.[2] Durchaus denkbar, daß der historische Moses Anführer eines Sklavenaufstands in Ägypten war, daß die Schar in die Wüste Sinai entkam und schließlich ihren Weg in die hebräischen Dörfer hoch oben in den Bergen von Kanaan zurückfand. Ebenfalls wahrscheinlich, daß Mose den Hebräern in Kanaan den Kult des Kriegsgottes Jahwe zurückgab, einer Gottheit, die man damals im Sinai und in den Wüste Midian verehrte.

Mose könnte sich unter Mitgefangenen in den ägyptischen Arbeitslagern oder unterwegs von Kanaan durch die Wüste Sinai zur kriegerischen Jahwe-Religion bekehrt haben. Die Einführung des Jahwismus in Kanaan erwies sich politisch wie auch theologisch als revolutionäre Entwicklung. Die frühere Gottheit der Hebräer war der Himmelsgott Elohim, ein wunderbarer, patriarchaler alter Gott, der auf seinem Thron auf dem kosmischen Berg die Welt regierte.[3] Wie bei so vielen Himmelsgöttern war das Problem mit Elohim, daß er »überflüssig« geworden war – daß er (mythologisch gesprochen) so sehr mit dem Lenken des Universums beschäftigt war, daß er offenbar keine Zeit mehr hatte, sich um die alltäglichen Sorgen der Hebräer zu kümmern. Das ist ein häufiges religiöses Phänomen; auch heute nehmen viele Menschen an, daß Gott keine Zeit für sie hat. In diesem theologischen Klima denken die Leute auch, daß Gott sich nicht um ihre konkreten wirtschaftlichen und politischen Probleme kümmert, weil Er »über dem allem« steht.

Nicht so Jahwe! In den frühesten Mythen röhrt Jahwe wie ein Kriegsgott aus dem Sinai, ein Sturmgott, der Windstöße aus seinen zitternden Nasenlöchern bläst, der seine Blitze ölt, seinen ausgestreckten rechten Arm anspannt und seinen Feinden direkt ins Gesicht schlägt. »Der Herr ist ein Krieger, Jahwe ist sein Name!« ruft Exodus 15,3 freudig aus. Zudem kümmert sich Gott um kleine Leute wie das Hebräervolk, das von allen anderen zurückgewiesen wurde. Jahwe setzt sich für die Armen ein, erhebt die Erniedrigten und beschützt Witwen, Waisen und Fremde. Dafür verlangt er nur zwei Dinge von seinem Volk. Erstens besteht er eifersüchtig darauf, ihr *einziger* Gott zu sein (Ex 20,2), denn Jahwe hatte nicht die Absicht, sich auf einen Krieg einzulassen, nur um später wegen irgendeinem dahergelaufenen Gott versetzt zu werden! Dann verlangt er Gerechtigkeit unter den Menschen. Daß hieß, daß die Israeliten selbst auf die Schwachen und Verletzlichen in ihrer Gesellschaft achten sollten, auf Witwen, Waisen und Arme (Ex 22,20-27). Es bedeutete auch ein Versuch, miteinander in einer Gemeinschaft zu leben, die radikal verschieden war von der ägyptischen oder von irgendeinem Weltreich, wie es in dieser Gegend auftauchte und verging: keine Könige (1 Sam 22,24), keinen Kapitalismus (Dtn 23,20), keine Ausbeutung der Armen (Ex 22,24), kein Töten, Gieren oder Stehlen (Ex 20,13-17). Jahwe will, daß sein Volk alles miteinander teilt und in Gleichheit und Gerechtigkeit zusammenlebt. Am meisten erstaunt aber Jahwes Wunsch – vor allem, weil er ja ein Kriegsgott war –, sein Volk möge auf *seine*, auf Jahwes militärische Fähigkeiten bauen, nicht auf seine eigenen. Sein Volk sollte seinen Jahwe für sich kämpfen lassen (Dtn 7,17-24).

Das ist der Gott, den Mose verehren lernte und in dessen Namen er seine Mitsklaven um sich versammelte und aus Ägypten entkam, und das ist die Religion, die seine Anhänger unter den Hebräern im kanaanitischen Bergland verbreiteten. Die Prediger Jahwes verkündeten den dortigen armen und unterdrückten Hebräern eine Art »frohe Botschaft« der späten Bronzezeit: Jahwe *ist* Elohim! Der große Gott des Universums ist tatsächlich ein und derselbe wie Jahwe, der uns aus der ägyptischen Sklaverei befreite! Er wird für uns kämpfen! Er wird unser Gott und wir werden sein Volk sein![4]

In Ketten geschlagen

Es erstaunt nicht, daß der Begründer einer Kriegsreligion selbst ein Krieger war. Die alten Geschichten erzählen uns, daß der Glaube des Mose in den Essen Ägyptens geschmiedet wurde, an einem Ort, den die hebräische Überlieferung als reiches Land der vielen Möglichkeiten in Erinnerung hat. Es sei denn, man ist zufällig Hebräer;[5] wenn man nicht zur Herrenrasse der Ägypter gehörte, hatte man nicht mehr Rechte als ein Tier. Genau so behandelten die ägyptischen Oberherren ihre Fremdarbeiter – sie prügelten sie grausam und beuteten sie aus. Erstaunlich an rassistischen Unterdrückern ist, daß sie, obzwar rechtlich, wirtschaftlich und militärisch im Vorteil, oftmals große Angst vor ihren Sklaven hatten (Ex 1,8-14). Also befal der Pharao den Hebräern, noch härter zu arbeiten, um ihren Geist zu brechen. Beim Tennis und Golf beklagen sich Pharaone gerne über die Faulheit der Armen.

Je stärker die Unterdrückung, desto stärker, widerstandsfähiger und zahlreicher wurden die Hebräer. Die Armen haben eine phantastische Begabung, durchzuhalten und sich so erfinderisch durchzusetzen wie nur möglich – etwa durch eine zahlreiche Nachkommenschaft. Also befal der Pharao den Tod aller männlichen hebräischen Neugeborenen (Ex 1,16). Ein bemerkenswertes Detail in der Geschichte des Auszugs: Unterdrücker interessieren sich immer für die Untergrabung der Männlichkeit der Unterdrückten. Nichts paßt einem Pharao besser als Sklaven, die ihre Männlichkeit nicht ausleben und die Energie des Kriegers nicht finden können. Besser über Opfer herrschen, die sich laut beklagen, überzeugend jammern und von allen bemitleidet werden, sich dann aber jeden Tag brav auf den Weg in die Steinfabriken machen.

Und wie die Hebräer sich beklagten! Sie stöhnten und schrien um Hilfe aus den Tiefen ihrer Sklaverei mit Stimmen, die den Thron Gottes erreichten, worauf Er sich seines Versprechens an Abraham erinnerte (Ex 2,23-25). In ihrer Verzweiflung waren die Israeliten ideale Kandidaten der Rhetorik des *Ressentiments*: Sie konnten mit Fug und Recht praktisch jedermann für ihre Probleme verantwortlich machen und das sozio-ökonomische System der Ungerechtigkeit bezichtigen, ohne jemals etwas dagegen unternehmen zu müssen. Als Opfer konnten sie für sich nicht nur Unschuld beanspruchen, sondern auch moralische Überlegenheit gegenüber den Peinigern. Das ist das Honorar: Die Opfer werden im Austausch für ihre Sklavenarbeit zwar ungerecht behandelt, aber dafür bleibt ihnen die Selbstgerechtigkeit: »*Wir* würden nie jemandem Leid zufügen oder ihn unterdrücken, *wir* doch nicht!« – die perfekte passiv-aggressive Strategie. Doch statt nur selbstgerecht zu »heulen und mit den Zähnen zu klappern«, beschlossen die Hebräer, um Hilfe zu rufen. Sonst wären sie immer noch Sklaven in Ägypten und würden – gefangen und unterdrückt – auf dem Boden höchster Moralität stehen. Zum Glück beendete Jahwe all das moralinsaure Selbstmitleid und erhörte ihr Gebet: Er sandte ihnen einen Krieger.

Der Krieger und sein Schatten

Der Krieger ist einer der wichtigsten Archetypen der männlichen Spiritualität, eine männliche Figur von zentraler Bedeutung für fast jede menschliche Gemeinschaft seit der Steinzeit, als das Kriegerparadigma in Verknüpfung mit der Rolle des Jägers entstand. Das allmähliche Aufkommen einer Kriegerkultur – versehen mit einer eigenen Mythologie, mit Ritualen, eigener Ethik, Kunst und Religion – weist voraus auf die Dominanz dieses männlichen »Handwerks« der menschlichen Geschichte. Dieser Prozeß hat sich als Fluch und Segen erwiesen. Die Perversion des Kriegerarchetyps ist mit Sicherheit das größte Leiden, das unseren Planeten im Lauf der gesamten Geschichte bis heute plagt.

Doch der Krieg ist nicht nur die Aufgabe großer Armeen, die unbarmherzig aufeinander losgelassen werden. Er sollte eigentlich das männliche psychologische Paradigma des Widerstands gegen jedes Übel sein: Wir »bekämpfen« Krankheiten, Probleme, Drogen und Feuer, ringen mit Unwissenheit und erklären der Armut den Krieg. Über die Jahrtausende ist der Krieger im kollektiven Unbewußten zum Archetyp des Widerstands gegen das Böse in seinen unzähligen Formen geworden. Von Dichtern, Liedern und Geschichten besungen, in Ritualen gehuldigt und geweiht, gesegnet von den Göttern, ist der Krieger zum Inbegriff der edelsten Eigenschaften des Mannes geworden: Mut, Selbstaufgabe, Durchhaltevermögen, Geschicklichkeit und heroischer Gleichmut.

Heute steht kein anderer männlicher Archetyp so sehr unter Druck wie der Krieger. In manchen intellektuellen Kreisen steht er ausschließlich für gefährliche und zerstörerische männliche Eigenschaften.[6] Es ist etwas Wahres an diesem Empfinden. Die ungeheure männliche psychische Kraft des Kriegerarchetypen wirkt wie ein fast unwiderstehlicher Magnet auf emotional verwundete Männer, die sich ihrer eigenen Bedeutung, ihres Werts und ihrer Männlichkeit nicht sicher sind. Das gilt im einen Extrem für die Verlierer der Gesellschaft, uneingeweihte Jünglinge, die nur dann Selbstachtung finden können, wenn sie die Insignien irgendwelcher Gruppen oder Gangs tragen. Auch wenn er das Erschießen von rivalisierenden Bandenmitgliedern als gerechte Rache oder als Schutz der Nachbarschaft rechtfertigt, erlangt der Stadtguerilla in Wirklichkeit nur billigen und schnellen Zugang zum übelsten aller männlichen Symbole, dem Schwert: Ich töte, also bin ich.

Dasselbe Phänomen zeigt sich auch bei einigen der mächtigsten Männer unserer Zeit. Sich auf das rein psychische Gewicht des Kriegerarchetyps zu verlassen, ist ein ausgetretener Weg zu Macht und Ehren, benutzt von gedankenlosen politischen Tagelöhnern, die nichts Besseres mit sich anzufangen wissen: Etwa der General im Ledersessel, der mit dem Säbel rasselt und ständig nach militärischen Lösungen schreit, genaue Angriffspläne vorschlägt und ganz allgemein dazu rät, »harte Seiten aufzuziehen« – indem er *andere* Menschen in den Krieg schickt.

Ob von verzweifelten Jugendlichen oder kranken Politikern ausgebeutet – der Kriegerarchetyp kann sich als Goldmine psychischer Macht und Symbolik erweisen. Solange die meisten von uns so leicht zu entflammen sind durch heuchlerische Geschichten über den Krieger, sind wir auch empfänglich für die Manipulation und Ausbeutung jedes beliebigen röhrenden Diktators, schmierigen Politikers oder Taugenichts. Darin liegt der große Widerspruch: Solange sich schwache, kranke und schlechte Männer für ihre eigenen egoistischen Zwecke mit dem Nimbus des Kriegerarchetyps umgeben, müssen gute Männer Krieger werden, um ihnen Einhalt zu gebieten. Es gibt keine Alternative, denn schlechte Männer haben nur dort Erfolg, wo gute Männer ihnen keinen Widerstand leisten.

Das ist der Grund, warum die Desavouierung des Kriegers so gefährlich ist. Einem Mann, der sich angespornt fühlt, das Ungerechte und das Böse zu bekämpfen, bleibt keine andere Wahl, als den Zugang zum inneren Krieger zu finden. Selbst die größten Befürworter des gewaltfreien Widerstands – Mahatma Gandhi und Martin Luther King – handelten unter diesem Grundsatz. Im Angesicht des Bösen ist die psychische Alternative zum Krieger nicht der Friedensschließer (der auch eine Art Krieger ist, allerdings ein gewaltloser), sondern das passive Opfer, ein in unserer Kultur um sich greifender und ungesunder Archetyp. Jetzt, da die moderne Gesellschaft den Krieger scheut, beginnt sie, sein Gegenteil aufs Podest zu heben, den Persönlichkeitstyp des Opfers, voller entrüsteter Rachegefühle und selbstgerechter Empörung. In linken Kreisen artet der politische Diskurs zu einem Wettbewerb darüber aus, wer mehr gelitten hat, wer am meisten benachteiligt wurde und was an ihm am meisten zu bemitleiden ist. Es hat beinahe den Anschein, als hätte das Verschwinden des Kriegerarchetyps aus unserer Psyche jene physiologische Veränderung in den Nasenhöhlen und im Kehlkopf bewirkt, die man Jammern nennt. Das ist der Ton, in dem sich heute manche politischen Kreise Gehör verschaffen, obwohl noch vor wenigen Jahren gesellschaftliche Reformbewegungen mühelosen Zugang zur inneren Energie des Kriegers fanden. Ein Linker zu sein, hieß einst, für Gewerkschaften kämpfen, sich für die Menschenrechte engagieren, Klassenunterschiede angreifen, sich für den kleinen Mann einsetzen – und dies zu *genießen*. Heute wettern die meisten Linken nicht wie Krieger gegen die Ungerechtigkeit, sie jammern darüber, wie unfair alles ist. Kein Wunder, daß immer weniger Männer sich als wohlverstandene »Krieger« ausweisen.

Der Krieger im Mann

Die Kriegerarchetyp hat eine tiefe Bedeutung für das Leben des einzelnen Mannes. Seine psychische Bedeutung erstreckt sich mindestens auf drei Ebenen. Die erste ist die offensichtlichste: Es ist der Krieger, der in den seltenen Augenblicken auftaucht, wenn unser Leben und unsere Sicherheit in unmittelbarer Gefahr sind. Der Akademiker, der den Krieger in seinen Büchern der Lächerlichkeit preisgibt, ruft immer noch die Polizei-Krieger, wenn in sein Haus eingebrochen wird. Es gibt Zeiten, in denen wir augenblicklich Zugang zu jener *Persona* brauchen, die sich zu verteidigen weiß und keine Angst oder Skrupel kennt.

143

Auf einer anderen Ebene spielt der Krieger eine wichtige Rolle im Leben unserer Psyche. Jeden Tag begegnen wir Menschen, die uns erdrücken wollen, unsere Rechte mißachten, in unsere Privatsphäre eindringen und ihre Nase in unsere Angelegenheiten stecken. Wie Robert Bly vorschlägt, ist unser innerer Krieger der Beschützer unserer psychischen Grenzen. Ohne ihn sind wir ständig das Opfer und erleiden kleineres oder größeres Unrecht. Kaum ein Tag geht vorbei, an dem wir nicht das Schwert des Kriegers ziehen und damit vor »Einmischern«, Flegeln, frechen Kellnern oder neugierigen Verwandten herumfuchteln müssen. Man bedenke jedoch hier, daß das Schwert unter diesen Umständen selten *benutzt* werden muß; meist genügt es, das Schwert zu *ziehen*, um klarzustellen, wo unsere Grenzen sind.

Auf der tiefsten spirituellen Ebene ist der Krieger jener Archetyp, der unsere psychischen und physischen Energien weckt, damit die Aufgaben erledigt werden, die getan werden müssen. Es ist das Paradigma der emotionalen Entschlossenheit und des mentalen Durchhaltevermögens, das technisches Geschick und berufliche Kompetenz vermittelt. Wir alle erleben rivalisierende Ansprüche auf unsere Zeit und Energie. Wir werden alle müde. Doch der Krieger in uns kämpft sich zum Ziel durch und mobilisiert unsere Kräfte für die bevorstehende Aufgabe. Der Therapeut Robert Moore meint, daß hinter jedem kreativen Künstler, kompetenten Autor oder erfolgreichen Studenten ein aktiver Krieger steht, der transzendente Werte, vorübergehende Bedürfnisse und Notwendigkeiten des Augenblicks unterscheiden kann.[7]

Dieser Archetyp steckt voller Gefahren. Jeder, der sich auf einen Kampf eingelassen hat, weiß, daß nicht nur der Schaden problematisch ist, den der Feind dem Kämpfer zufügen kann, sondern vor allem auch der Schaden, den er sich selbst zufügen kann. Wenn dieser Archetyp Besitz von einem Menschen ergreift, bekommen wir das zwanghafte »Arbeitstier«, das nicht spielen kann, den isolierten Einzelgänger, der keine Beziehung einzugehen vermag oder den ausgebrannten Kämpfer, der seine Schlachten nicht zu wählen weiß. Jeder Mensch, der an diesem Archetyp teilhat, muß offenbar nicht nur seine Stärken, sondern auch seine Schwächen und Begrenzungen kennenlernen. Deshalb haben wir Geschichten – um uns mit den heiligen Kriegern unserer spirituellen Tradition bekanntzumachen, um zu lernen, *was auf welche Weise* zu bekämpfen ist. Wir können viele solche Krieger in der Bibel finden, doch keiner ist größer als Mose.

Mose, der Krieger

Die Geschichte der Errettung des neugeborenen Mose ist die wunderbare Erzählung einer barmherzigen Verschwörung hebräischer und ägyptischer Frauen, die den Jungen retten (Ex 2,1-10). Die ausgeklügelten Pläne großer und kleiner Pharaonen werden oft durchkreuzt von den Machenschaften Untergebener, die noch eine Seele haben. Der Junge wuchs als Ägypter auf, die Geschichte erzählt uns nichts über seine Erziehung. Als er allerdings als erwachsener Mann die Szene betritt, ist sofort klar, daß sich Mose, auch wenn er das Mitgefühl eines Sklaven hat, selbst auch wie ein Pharao benimmt und noch nicht wie ein wahrer Krieger. Wir müssen uns vor Augen halten, daß die Hebräer bis zu diesem Punkt in der Geschichte Israels praktisch keine Kampferfahrung hatten und vom Kriegshandwerk nichts verstanden.[8] Mose wird eine Weile brauchen, um es zu erlernen, und Jahwe selbst muß es ihm beibringen.

Als Mose sah, wie ein Vorarbeiter einen Hebräer schlug, wurde er zornig und erschlug den Mann (Ex 2,11-15). Es war das erste und letzte Mal, daß er einen Ägypter eigenhändig tötete. Als seine Tat ans Licht kam, floh er in die Wüste, in das Land Midian.

Männer, die Krieger werden möchten, werden mit gewissen heiligen Pflichten betraut, die in beinahe jeder Kultur anerkannt sind. Die erste besteht darin, nie gewalttätig oder aus blinder Wut oder Rachsucht zu handeln; ein wirklicher Krieger handelt bewußt und plangemäß. Die Japaner erzählen die Geschichte von einem Samurai, der einen Kampf mit einem rivalisierenden Kriegsherrn abbrach, weil der Mann ihm ins Gesicht spuckte. Der Samurai konnte seinen Gegner nicht ehrenhaft besiegen, solange Zorn in seinem Herzen war. Die zweite Pflicht lautet, bis zum Tode die volle Verantwortung für die eigenen Taten zu übernehmen. Die Art, wie Mose den Ägypter angriff, spiegelt bloß die Ungerechtigkeit und Feigheit seines Feindes wider. Es ist die Tat eines Terroristen oder eines Räubers, doch nicht die eines Krieger. Im gebildeten und eingeweihten Krieger weckte man einst ethische Überlegungen dieser Art; aus ihnen entstand der ritterliche Kodex der persönlichen Ehre, der vornehmen Zurückhaltung, des Großmuts gegenüber besiegten Rivalen wie auch der Bescheidenheit.

Jahwe zieht in den Krieg

Als er in der Wüste zu seinem Schwiegervater Jitro stieß, einem midianitischen Priester, schien für Mose alles verloren. Wir können nur vermuten, was ihm durch den Kopf ging, als er durch die Wadis wanderte und seine mageren Schafe hütete. Vielleicht schürten die Wüstenteufel der Mittagssonne seine Einsamkeit zur trotzigen Entschlossenheit, sich nie mehr auf irgend etwas einzulassen: »Das bringt dich nur in Schwierigkeiten.« Vielleicht hackten die Dämonen auf seinem Gefühl des Versagens herum: »Du Feigling bist hier in Sicherheit, während dein Volk unter der Sklaverei ächzt!« Wir können die Tiefe der Entfremdung des Mose nur erraten, doch ein Hinweis ist, daß er seinen neuen Sohn Gershom nannte (*ger* = »anders, fremd«), weil er »Fremder in einem fremden Land« war (Ex 2,22).

Das Exil eignet sich nicht schlecht als Ort, wo ein Krieger zu sich selbst finden kann; einige der größten Befreier der Geschichte verbrachten einige Zeit im Exil oder im Gefängnis (Jesus, Mohammed, Gandhi, King, Mandela). Dort lernen sie den härtesten Kampf von allem zu bestehen; die Moslems nennen ihn den »großen Dschihad« – jener spirituelle Krieg, der in der Seele tobt. Mediengesättigte moderne Männer können sich die Heftigkeit der unsichtbaren Kämpfe nicht vorstellen, die in Gefängniszellen und unwegsamen Wüsteneien wüten. Gerard Manley Hopkins schrieb: »Nur der Geist kennt Berge und abfallende Klippen, steil, von keiner Menschenhand durchmessen. Haltet sie trivial, die ihr dort nie gegangen habt!« Auf den mondförmigen Bergen Midians hing Mose, bis er, in Augenblicken, die uns verloren sind, den Berg erkletterte und seine Angst vor den geistigen Schluchten und abgründigen Gefühlen verlor. Erst dann, auf dem heiligen Wüstengipfel der Seele, konnte Jahwe erscheinen.

Gott braucht immer lange, bis er sich zeigt. Vielleicht ticken auf seiner kosmischen Uhr die Sekunden nicht so langsam, wie sie uns vorkommen, besonders wenn wir in der Wüste sind. Doch plötzlich, bei einem eigenen guten *Kairos* (griechisch: »richtiger Zeitpunkt«) schlägt Gott zu, und nichts ist jemals wieder wie zuvor. So war es fünf Minuten vor zwölf auf dem schrecklich heißen Berg Horeb. Jahwe hörte endlich die Klagen seines Volks, das unter der ägyptischen Geißel ächzte. Was auch bedeutet, daß Mose zu guter Letzt und nicht einen Tag früher bereit war, in die Schule des Kriegers zu gehen.

Mose Begegnung mit Jahwe im brennenden Dornbusch (Ex 3) ist unerschöpflich reich an spiritueller Bedeutung, wie beinahe dreitausend Jahre anschließender Kommentierung beweisen. Nicht nur ist es eine von theologischer Offenbarung durchdrungene Apokalypse, Jahwes Erscheinen stellt auch einen Aufruf zu einem *Heiligen Krieg* dar. Dieser Begriff überzieht unseren Rücken vermutlich mit Schauern des Grauens, weil die menschliche Geschichte voller Wunden ist, die ihr von den Armeen zugefügt worden sind, die ihre Sache »heilig« nannten. Die Symbole Gottes, ob Kreuz, Halbmond, Ankh oder Swastika, fallen allzu leicht in die Hände schmutziger Räuber, großspuriger Diebe, rachsüchtiger Rassisten oder billiger Ayatollahs, die ihren verrückten Plänen den Mantel der göttlichen Vorsehung umhängen wollen. Ist der Begriff »Heiliger Krieg« nicht ein Widerspruch in sich?

Bevor wir diese Frage voreilig in ideologischer Gewißheit beantworten, gewiegt in der Sicherheit pazifistischer Philosophie und umgeben vom gewaltigsten Arsenal zerstörerischer Waffen, das je existierte, sollten wir das Problem in unserer Phantasie anderen Völkern unterbreiten, die weniger guten Schutz genießen als wir. Wir könnten die hilflosen Überlebenden von Auschwitz fragen, was sie empfanden, als die alliierten Streitkräfte im Frühjahr 1945 in die Todeslager einfuhren, oder die Bauern, die vom faschistischen Regime in El Salvador terrorisiert werden; wir könnten die Schwarzen Südafrikas fragen oder meinetwegen auch Eltern in einer drogenverseuchten Siedlung. Es gibt Gründe, die den heiligen Widerstand sogar dann zur Frage der höchsten Pflicht werden lassen, wenn er zur Gewalt greifen muß.

Doch auf dem Horeb erlaubt Gott Mose keine militärischen Eroberungszüge oder Bekehrungen, keine rachsüchtigen Vergeltungsschläge, keine Zwangstaufen oder theologischen Dogmen, die mit dem Schwert gelehrt werden. Aber täuschen Sie sich nicht: Noch bleibt Gott schön sicher in seinem Himmel, lediglich seinen erhabenen Grundsätzen von göttlicher Friedfertigkeit verpflichtet, während richtige Menschen unter der ägyptischen Geißel zusammenbrechen, wo sie gehen und stehen. Doch schließlich hört Jahwe die Schreie seines versklavten Volks, er hat Mitleid und reagiert. Er brennt vor glühendem Zorn im Dornbusch; mit donnernder Stimme gibt er die Anweisung, die Moses' Herz auf·immer versengen wird: Laß mein Volk ziehen!

Jahwes Befehl im Sinai ist die einzige Rechtfertigung für einen Krieg, der »heilig« genannt werden darf, den der Volksbefreiung. Der moderne Name für diese Problematik lautet »Theologie der Befreiung« – der Glaube, daß Gott aktiv daran beteiligt ist, unterdrückte Menschen von den jeweiligen Pharaonen zu befreien, die sie zum Opfer machen.[9] Das ver-

anlaßt einige spröde Alttheologen, die sich unter der nuklearen Schirm-
herrschaft sicher fühlen, sich über theologische Haarspaltereien und doktrinäre Spitzfindigkeiten zu ereifern und sich in die Hosen zu machen.
Doch für die *Campesinos* in El Salvador oder die schwarzen Aktivisten
in Südafrika kündet die Befreiungstheologie von einem entschiedenen
Nein zur Idee, daß Gott ungerührt sei von ihrem Leid oder auf irgendeine
Weise beteiligt an ihrer Ausbeutung. Die Geschichte von Mose verkündet,
daß ein schrecklicher biblischer Gott der Partisanen beabsichtigt, die
Mächtigen von ihrem Thron zu reißen und ihre Streitwagen ins Meer zu
schleudern. Jahwe wird dies alles auf seine Art tun, gemäß seinem eigenen
heiligen Plan und zu seiner eigenen Zeit. Doch in diesem zerbrechlichen
Augenblick der Geschichte ruht die gesamte göttliche Strategie auf den
äußerst menschlichen Schultern eines geflohenen Verbrechers.

Die Erziehung eines Kriegers

Bei all seinen Problemen und Schwächen könnte Mose keinen besseren
Lehrer bekommen haben als Jahwe. Damit wir es nicht vergessen: Jahwe
ist ein Krieger, und was Mose anbelangt, so zeigt der alte Meister seinem
stammelnden Schüler, wie man's macht und bringt ihm die grundsätzlichen Strategien der Befreiung bei (Ex 3,16-20). Ein klassisches Lehrver-
hältnis nimmt seinen Anfang, als Jahwe wie eine Mixtur aus einem
Marineoffizier, Yoda dem Yedi-Ritter und Pater Leppich beginnt, seinen
Schüler persönlich einzuführen, trainiert vom Champion. Aus Moses soll
ein *eingeweihter* und friedfertiger Krieger werden.[10] Vorsichtig und bewußt geht Jahwe mit Mose die nötigen Schritte durch, um Israels Befreiung von der Sklaverei zu erreichen. Langsam baut er in diesem Prozeß
das Selbstvertrauen seines Schülers auf (Ex 7,1- 13); auf jeder Stufe gibt
es einen klaren Plan und eine geschickte Strategie, denn die Emanzipie-
rung Israels umfaßt sowohl eine komplexe Organisation auf Gemeinde-
ebene als auch einen psychologischen Intelligenzkrieg.
Militärische Gewalt seitens der Hebräer ist ein Mittel, das im Exodus *nicht*
vorkommt. Das gilt es zu bedenken, denn die meisten von uns haben das
Alte Testament als gewalttätiges Buch in Erinnerung; in den priesterlichen
Schriften (Genesis – Numeri) kommt militärische Gewalt jedoch nur
selten vor.[11] Das Aufgebot Moses' enthält keine einzige wirkliche Waffe,
keine Schwerter, Speere, Pfeilbögen oder Messer, geschweige denn Streitwagen und Reiter. Es ist *Jahwe*, der kämpft! Das Volk Israel soll fasten,

beten, Jahwe Lobpreis singen und sich schadlos halten (Ex 3,21-22), doch es ist Jahwe, der die gesamte ägyptische Armee ertränkt (Ex 14). Der Auszug stellt damit das erste historische Beispiel von gewaltlosem Widerstand dar. Mose beeindruckte mit dieser erfolgreichen Taktik sowohl Gandhi als auch King.

Mose, der Magier

Die einzige »Waffe«, die Moses in seinem Kampf mit dem Pharao einsetzte, war sein Stab, Symbol des Archetyps des Magiers, ein Zauberstab, mit dem er Jahwes tiefe Magie beschwor (Ex 7-11). Das Paradigma des Magiers und seines Zauberstabs ist uralt, dargestellt im ersten Großen Arkanum des Tarot.[12] Ohne diesen Zugang zum Magier hätte Mose Israel weder befreien können; noch können wir ohne ihn ein heroisches Leben führen oder unsere Ziele erreichen.[13]

In der Volkskultur ist der Magier lediglich ein Unterhalter, der uns durch die Kunst der Täuschung und Taschenspielerei austrickst. Auf der oberflächlichsten Ebene greift Mose auf seinen inneren Houdini zurück, den er gegen den Pharao einsetzt, als er seinen Stab in eine Schlange verwandelt (Ex 7,8-13), doch kennen auch die Magier des Pharao diese Kunststücke; unterdrückte und benachteiligte Menschen *müssen* sie oft als Überlebensstrategie erlernen, weil in ihrer Welt nur mit gezinkten Karten gespielt wird. Jakob ist eine biblische Gestalt, die durch diese Form der Listigkeit überlebt (Gen 30-31). Die Fähigkeit, die Illusionen des eigenen inneren Magiers heraufzubeschwören, ist eine wichtige Überlebenstechnik und ein Hinweis dafür, daß ein Mann jener Naivität entwachsen ist, die die Welt für einen gerechten und aufrichtigen Ort hält. Jesus empfahl seinen Aposteln, klug wie Schlangen zu sein (Mt 10,16)! Mit anderen Worten: Sich preiszugeben, indem man Feinden oder Lügnern die ganze Wahrheit erzählt, ist selten eine gute Idee. Es ist besser, die Illusion der Stärke aufrechtzuerhalten, als die eigene Schwäche zuzugeben.

Auf einer tieferen Ebene ist der Magier aber auch der Archetyp, der die Ressourcen des inneren Bewußtseins in einem Mann mobilisiert. Erschreckenderweise fehlt zahlreichen Männern von heute das Gefühl für das enorme psychische Potential, das ungenutzt in ihnen liegt, gänzlich. Erzogen zu einer schablonenhaft-materialistischen Weltsicht, bestehen sie darauf, daß die Dinge genau das sind, was sie zu sein scheinen, daß man das bekommt, was man sieht, und daß jeder andere Standpunkt lediglich abergläubischer und religiöser Hokuspokus sei. Andere Männer hingegen, die ein inneres Gebets- und Meditationsleben entwickeln, verbünden sich allmählich mit ihrem inneren Merlin und lernen, die Dinge immer stärker über einen sechsten Sinn zu »wissen«. Wir nennen diese Funktion der Psyche Intuition; sie beeinflußt Phänomene der außersinnlichen Wahrnehmung und Hellsichtigkeit.

Intuition ist eine Funktion ähnlich dem Denken. Sie muß geschätzt, entwickelt und geübt werden, wenn sie irgend jemandem dienlich werden soll. Die Jäger und Krieger der Antike waren für ihr Überleben im hohen Maß auf ihre Intuition angewiesen; in Urkulturen, wie der der australischen Aborigines, findet man deshalb auch erstaunliche psychische Wahrnehmungskräfte. Der moderne Mensch hat viele dieser Fähigkeiten vergessen, doch es gibt immer noch viele hilfreiche Methoden zu ihrer Neubelebung: Tarot[14], I Ging[15], Medizinkarten[16] und zahllose Kurse und Lehren, die intuitive Kräfte fördern und nutzen. Männer, die allmählich Zugang zum inneren Magier finden, berichten oft von einer gesteigerten Fähigkeit, Eingebungen zu folgen, die im Alltag fruchten, subtile Gemütsveränderungen in ihren Frauen festzustellen oder zu bemerken, wie unglaubliche Koinzidenzen in ihrem Leben gute Chancen schaffen.

Hier eine Deutung der zehn Plagen (Ex 7-11): Mose war seines eigenen Glückes Schmied, sah die verschiedenen Unglücksfälle in Ägypten voraus und präsentierte sie dem Pharao magisch als Zeichen von Jahwes göttlichem Zorn. Darüber läßt sich jedoch nur spekulieren, denn ein echter Magier wird es uns nie verraten.

Auf der allertiefsten Ebene ist der Magier jener Archetyp, der uns mit der tiefen Magie des Universums verbindet, jener feinstofflichen, doch allgegenwärtigen Kraft, die der gesamten Schöpfung – auch uns – nach einem festgelegten Plan vorsteht. Reiche und mächtige Menschen, die in ihren Sprudelbädern vor sich hinplätschern und Kaviar speisen, tun Gedanken dieser Art gerne als dummes Zeug ab. Arme, Schwache und Kranke können sich Spott jedoch nicht leisten, denn oft genug ist das einzige, was sie über Wasser hält, ihre demütige Verbindung zur Weisheit dieser tiefen Magie. Das gilt etwa für den Krebspatienten, der aus schierer Glaubenskraft überlebt, und für jeden Mann, dessen innerer Magier lernt, den Heiligen Juda oder den Heiigen Antonius, das *Tao*, unsere Vorfahren, die großen Vorbilder der Menschheit oder Gott persönlich um Hilfe zu bitten.

Christen nennen diese tiefe Magie *Gnade* (lateinisch: »gratia«) – ein Wort, das soviel wie »unverdientes Geschenk« bedeutet. Die Gnade ist Gottes unerwartete und vorbehaltlose Hilfe, die uneingeweihten und unbewußten

Menschen wie blinder Zufall oder ein Glücksfall anmutet. Gnade ist die Magie Gottes, die unsere Krankheiten heilt, unsere Freunde versöhnt, unsere Niederlagen in Siege verwandelt und unsere Sünden wegwäscht. Gnade ist eine »überflüssige« Kraft, die uns eigentlich *nicht* zur Verfügung steht, die aber da ist, wenn wir sie nur annehmen.

Gnade heißt die tiefe Magie, die Mose zur undenkbaren Befreiung Israels aus dem ägyptischen Kerker heraufbeschwört. Die Geschichte des Auszugs erzählt, wie Jahwe Mose in die Geheimnisse dieses Kraftfelds einweiht, wie Mose sich mit dem Kraftfeld in Einklang bringt und sich nach ihm ausrichtet, wie er lernt, seine Kraft zu würdigen und im Heiligen Krieg zur Befreiung Israels einzusetzen. Als Mose dieser Kraft gehorchte, geschah Magisches. Die grundlegende Berechtigung der Bitte um Freiheit für Israel scheint eine harmonische Saite in der Natur anklingen zu lassen; Himmel und Erde vereinigen sich in der Forderung Moses': »Laß mein Volk ziehen!« Sein Zauberstab dirigiert das Orchester der Natur, Moses beschwört die zehn Plagen auf den Pharao herab: Blut, Frösche, Mücken, Fliegen, Tiersterben, Brände, Hagel, Heuschrecken, Finsternis. Doch erst der Tod der erstgeborenen Söhne der Ägypter (Ex 11;12,29-34) bringt die imperiale Souveränität des Pharao ins Wanken. Endlich erläßt er das kaiserliche Dekret: »Raus!« Das Pessachmahl noch unverdaut im Magen, mobilisiert Mose sein Volk und führt die große Flucht an. Weil Jahwe das Herz des Pharao verhärtete (Ex 14,8), sah jener sich veranlaßt, Israel zu verfolgen; der Narr löst damit ein so großes Wunder aus, daß wir immer noch bewegt sind, wenn wir davon hören. Als Moses seinen Zauberstab erhebt, durchquert Israel die Wasser des Chaos (Ex 14), ewiges Symbol der Freiheitsliebe, die im tiefsten Herzen des Universums wohnt. Ein weiteres Schwenken des Stabs, und der Pharao und all seine Streitwagen und Wagenführer waren verloren.

Loslösung von einem Archetypen

Nach dem Wunder am Roten Meer führte Mose Israel nur noch selten in den Krieg (vgl. Ex 17,8-16), bis die nächste Generation begann, Kanaan zu erobern (Num 20-24). Es ist schwer für einen Mann, sich von einem Archetypen zu lösen, der ihm solch gute Dienste geleistet hat, nunmehr aber nicht mehr gebraucht wird – doch es muß sein. Das gilt ganz besonders für den Krieger. Israel brauchte jetzt andere Fähigkeiten: Um Gesetze zu entwerfen, Streitigkeiten zu schlichten und den Gottesdienst zu leiten, mußte Moses den inneren Patriarchen, Richter und Priester entwickeln. Er wußte, daß der Krieger vorübergehend ausgedient hatte, daß er niemals von diesem inneren Archetypen besessen sein durfte, auch wenn ihn der heilige Krieg gegen den Pharaonen einst verlangte. Der Film »Patton« endet gleichwohl mit diesem Thema, denn der große, vom Krieg besessene General konnte sich mit dem Frieden einfach nicht abfinden. Eine harte Lektion: Das gesamte Selbst eines Mannes ist immer größer als jeder Archetyp.

Mose vergaß seinen Magier nie sehr lange, weil er pausenlos unmögliche Aufgaben zu lösen hatte: Nahrung und Wasser finden, sich einen Pfad durch die Wildnis bahnen oder einen Weg finden, um die starrsinnigen Israeliten zu regieren. Ständig mußte er bei Jahwe um Hilfe nachsuchen: etwas tiefe Magie hier, ein bißchen Gnade dort. Das ist kein Wunder: Stubenhocker brauchen den Magier nicht – Helden dagegen schon. Mose entwickelte diesen Archetyp in einem hohen Maße, zauberte Wachteln herbei zur Nahrung (Ex 16) und schlug auf Felsen, um Wasser fließen zu lassen (Ex 17). Und schließlich führte die Begegnung mit Jahwe auf dem Sinai (Ex 19) zur Offenbarung Gottes geheimer Gebote, lebensspendend für alle, die ihnen gehorchten. Den eigenen Magier in solch hohem Maße zu entwickeln, birgt eine große Gefahr, denn der Magier kann ebenfalls von einem Menschen Besitz ergreifen.

Alle spirituellen Traditionen betonen, wie gefährlich die Magie ist. Der echte Magier muß lernen, seine Kunst zu bändigen und zu beherrschen, andernfalls erdrückt sie sein unbedeutendes, irdenes Seelengefäß. Wer den inneren Magier wecken will, muß größte Vorsicht walten lassen und sich innerlich von diesem Archetypen lösen, sonst wird er sich selbst zwangsläufig als Quelle »Großer Magie« betrachten, statt als ihr Werkzeug. Eine Ego-Aufblähung solcher Art gehört zum Berufsrisiko von Priestern und Psychiatern, von Fernsehpredigern und New Age-Lehrern. Spirituelle Arroganz ist krankhaft, und Jahwe duldete sie nicht sehr lange.

Mose lernte die Gefahren des Stolzes schon früh kennen: Als er sich erstmals auf dem Rückweg nach Ägypten befand, tötete ihn Jahwe eines Nachts bei einem bizarren Vorfall beinahe (Ex 4,24-26). Moses' Frau Zippora rettete ihren Mann vor Jahwes Zorn, indem sie die Vorhaut ihres Sohnes abschnitt und mit ihr Moses' Geschlechtsteile berührte. Erst dann verschonte ihn Jahwe. Der Symbolismus dieser Tat ist wichtig, denn die Geschlechtsteile stehen für unsere menschlichste Dimension, für den Teil, der uns mit der Erde verbindet. Wenn uns etwas zu Kopfe steigt oder unser Herz sich in gefahrvolle Höhen begibt, stellen die Genitalien meist das Gleichgewicht wieder her, indem sie uns an unsere Erdenschwere und

Sexualität erinnern. Paulus beschrieb den Prozeß sehr gut, durch den Gott seine Magier daran hindert, sich in Hexer zu verwandeln. Nach einem spektakulären mystischen Ereignis, das einer außerkörperlichen Erfahrung ähnelte (2 Kor 12,1-6), berichtet Paulus, ein geheimnisvoller »Stachel« sei ihm »ins Fleisch gestoßen« worden, um ihn von allzu großem Stolz abzuhalten (2 Kor 12,8-9). Als Paulus betete, daß diese Schwäche von ihm genommen werde (2 Kor 12,8-9), weigerte sich Gott und antwortete: »Meine Gnade ist genug für dich – in deiner Schwäche ist meine Kraft am stärksten!«

Martin Luther King: der magische Krieger

Einer der größten Männer unserer Tage war ein Krieger und Magier, der, wie Mose, Demut durch Schwäche lernen mußte: Martin Luther King. Seit man seinen Geburtstag (der 15. Januar) zum amerikanischen Nationalfeiertag erklärt hat, entstand allmählich eine Legende um ihn, die in mancher Hinsicht ziemlich irreführend ist. Erstens will man jetzt Menschen, da diffuser Seidenflor sein Bild umwölkt und seine Worte sentimental gerahmt werden, weismachen, daß King vor allem ein mystischer Träumer war, der von seiner Vision der Rassengleichheit und wirtschaftlichen Harmonie phantasierte, eine Gestalt von konventioneller nationaler Frömmigkeit. Diese Hagiographie läßt ihn irgendwie harmlos, weich und friedlich erscheinen.

Martin Luther King war jedoch ein heiliger Krieger. Sein Herz schlug zu den Trommeln der Gerechtigkeit, sein Blut pochte im redlichen Zorn über eine zu lange verwehrte Gleichberechtigung. Er war als relativ privilegierter Sohn aufgewachsen, sein sozialer Status entsprach dem von Mose; er hätte lukrativ als Pfarrer, Schriftsteller oder Lehrer arbeiten können, mit ungefährlichen und vorsichtigen Worten. Oder er hätte ein perfektes Opfer werden und über die Schlechtigkeit der Welt jammern können. Als er sich jedoch tagtäglich mit der weit verbreiteten Zerrüttung konfrontiert sah, die der historische Rassismus dem afroamerikanischen Volk auferlegte, beschloß er, *etwas zu unternehmen*. Bald stand er an der vordersten Front der Bürgerrechtsbewegung und leitete den Bus-Boykott von Birmingham. Während des nächsten Jahrzehnts führte King den Kampf für die Rassengleichheit in Amerika an: hier eine Demonstration, dort ein Boykott, Sitzstreiks und Gebetsrunden organisieren, zivilen Ungehorsam pflegen und verhaftet werden, Ansprachen halten und Bücher schreiben.

Das sind nicht die Taten eines Träumers, sondern eines Feldmarschalls. Seine Rhetorik beflügelte seine Anhänger nicht zur Rache, sondern erfüllte sie mit einer Liebe, die Genugtuung gab. Seine Wortwaffen förderten die widerliche Wahrheit der nationalen amerikanischen Lüge zutage, seine strategischen gewaltlosen Einbrüche in Restaurants und Gerichtssäle erzürnten den Pharao, der feige zurückschlug auf die einzige Weise, die er kannte: Bomben in Kirchen, Kinder mit Wachhunden angreifen und Männer nachts erschießen lassen. So marschierte King seinem Schicksal entgegen. Träumer werden nicht von Feinden niedergemäht, Krieger schon. Auch er trug seine Kämpfe einzig und allein aus, damit man »sein Volk ziehen« lasse.

Dennoch feuerte er nie einen Schuß ab. Martin Luther King war ein großer Magier. Er meisterte die Magie des Fernsehens und zauberte aus der Luft Videobilder herbei, die tief in das Gewissen Amerikas eindrangen. Mehr als einmal zog er ein Kaninchen aus seinem Hut, wenn er in einem gefährlichen Augenblick genau das Richtige zu einer Menge sagte. Auch seine Worte waren magisch, noch nach dreißig Jahren verfolgen und bezaubern sie uns und ziehen uns in ihren Bann. Vor allem aber brachte sich King mit der tiefen Magie Gottes in Einklang, die immer wirkt, um die Erniedrigten zu erheben und die Stolzen zu Fall zu bringen, die Gefangene befreit, Pharaonen ein Schnippchen schlägt und Mauern einreißt, sei es in Jericho oder in Berlin.

Martin Luther King war keine Heiligenimitation. Um ihn vom Stolz auf seine Leistungen abzuhalten, verlieh ihm Gott eine Reihe von Schwächen. Täglich kämpfte er verzweifelt gegen seine Furcht an, weil er wußte, daß seine Ermordung kaum zu vermeiden war. Jeden Tag versuchte er, mit dem Mut eines Kriegers, der in den Kampf zieht, zu leben. Er erzählt, wie er eines Nachts in den Anfängen der Bürgerrechtsbewegung völlig verstört aufwachte, nachdem er eine weitere Morddrohung gegen sich und seine Familie erhalten hatte. Nach einer Tasse Kaffee legte er schließlich sein Leben in Gottes Hand und fand tiefen Frieden. Da war kein brennender Dornbusch, kein sich teilendes Meer – nur die Stille der Nacht von Alabama, die ihn begleitete. In der Nacht vor seiner Ermordung herrschte dieser Frieden immer noch, auch wenn er intuitiv wußte, welches Schicksal ihn am nächsten Tag erwartete. Wie Mose auf dem Berge Nebo (Dtn 34) konnte er seinen Anhängern versprechen: »Vielleicht werde ich nicht gemeinsam mit euch dort ankommen, aber ihr sollt wissen, daß wir als Volk das Gelobte Land erreichen werden.«

KAPITEL 7

Salomo: der König

Auf den ersten Blick hat der Archetyp des Königs anscheinend nur wenig zu bieten, womit sich ein moderner Mann identifizieren könnte. Landläufig haftet der Vorstellung vom Königtum eine gewisse majestätische Brillanz an, eine Aura souveräner Macht, eine Atmosphäre feudaler Herrlichkeit – mit anderen Worten Eigenschaften, die wenige Männer erfahren können oder wollen. Darüber hinaus ist vielen Demokratien die Idee eines solchen Herrschertums fremd geworden, selbst wenn uns gleichzeitig seine ungebrochene mythische Anziehungskraft in Märchen, Romanen und Filmen fasziniert. Unabhängig von dieser Widersprüchlichkeit muß jeder Mann in einer Machtposition, sei es als Politiker, religiöses Oberhaupt oder Geschäftsleiter, diesen Archeytp erfolgreich meistern, wenn er tadellos herrschen, wenn er kein Tyrann werden will. Bei dieser Aufgabe soll uns die Geschichte von Salomo helfen – *dem* biblischen König (1 Kön 3-11), der uns viel über Fluch und Segen dieses Archetyps zu lehren hat.

Ein König – wie bei anderen Völkern

Wir müssen uns zu Beginn von Salomons Geschichte bewußt sein, daß der Gedanke des Königtums vielen Menschen im alten Israel ebensowenig zusagte wie uns. Fiel das Wort »König«, hörten viele Hebräer nur das Wort »Pharao«. Die Wunden Ägyptens quälten Israel noch lange nach dem Exodus. Zudem liebten die Hebräer ihre Unabhängigkeit mindestens ebensosehr wie wir; sie wollten wie wir keine Macht, die in ihren Angelegenheiten herumschnüffelte, Steuern eintrieb, die Söhne einzog und ihre Töchter versklavte (1 Sam 8,10-18). Ihre traditionelle Regierungsform zog die patriarchale Herrschaft vor: Kleine Sippen, die im besten Fall von einem weisen, ortsansässigen Führer regiert wurden, der jeden beim Namen, jede Familie und ihre Probleme kannte. Doch vor allem glaubten viele in Israel, daß ihr Volk bereits einen König habe – Jahwe Zebaoth –

und daß jede irdische Ausübung dieses Amtes ein Schlag ins Gesicht ihres Gottes sei (1 Sam 8,6-9).

So verbreitet waren diese Konflikte und Zweifel, daß sich das größte Einzelwerk der biblischen Literatur, die deuteronomischen Erzählungen (Deuteronomium bis 2. Buch Könige) häufig und ausführlich mit der stürmischen Geschichte Israels und seiner Könige befaßt.[1] Dieses massive Werk, das etwa 550 v.Chr. aus früheren schriftlichen Überlieferungen entstand, machte eine Reihe von schlechten Königen, die sich weigerten, auf die Propheten zu hören, für den Zerfall von Israel und Juda verantwortlich. Dennoch spürt man sogar durch diese theologische und ideologische Abneigung hindurch eine gewisse Ehrfurcht in den Geschichten über König Salomo. Ein kurzer historischer Überblick wird uns helfen, den Einfluß dieser wuchtigen Gestalt auf das israelitische Leben zu verstehen.

Im späten elften Jahrhundert vor unserer Zeitrechnung bevölkerten verstreute hebräische Stämme die Hügel Kanaans, eine Berglandschaft, die sich von den bewaldeten Gipfeln Galiläas bis zu den nackten Wüstenhöhen Judas ausdehnte. Diese Stämme lebten unter ständiger Spannung und im Krieg miteinander und mit ihren kanaanitischen Nachbarn, die in den reicheren Stadtstaaten der fruchtbaren Täler und Ebenen weiter unten wohnten. Die Invasion der Philister, ein Seefahrervolk des Mittelmeers, veränderte den Stand der Dinge dramatisch. In das hebräische Hügelland eindringend, drohten die Philister, ganz Kanaan mit ihrer mächtigen Militärmaschine zu überrollen, ausgerüstet mit der neuesten Technologie: Waffen aus Eisen. Die moderne Kriegskunst war da: Die Hebräer konnten nicht länger als zersplitterte und isolierte Stämme überleben, angeführt von alternden Scheichs.

Die Bedrohung durch die Philister gab einem örtlichen starken Mann der Benjaminiter, Saul, Sohn des Kish, die Chance, die zersplitterten Stämme zu einem hebräischen Königtum unter seiner Herrschaft zu vereinen. Er besiegte die Philister in einer Reihe klug geführter Scharmützel, ließ sich als erster hebräischer König salben und errichtete seine Hauptstadt in Gibea.[2] Doch Sauls Tod durch Philisterhände auf dem Berge Gilboa ließ schließlich seinen ehrgeizigen judäischen Rivalen David, Sohn des Isai, den Thron besteigen; er rottete den Großteil der verbleibenden Sippe Sauls aus, zermalmte die Philister und erklärte die neu eroberte Stadt Jerusalem zur Hauptstadt (2 Sam 1-5). Siegreich über alle Feinde, errichtete König David ein ausgewachsenes israelitisches Königreich, komplett mit Militär und Verwaltungsbürokratie. Seine brutalen Erfolge als König zeigten

Wirkung bei seinem Sohn Absalom, der später eine gescheiterte Revolte anführte, um David ins Exil zu treiben. Familienprobleme und Palastintrigen machten der Dynastie zu schaffen (2 Sam 9-20), bis der alte David schließlich (mit Nachhilfe von dessen Mutter, Batseba) die königliche Macht seinem Sohn Salomo übergab (1 Kön 1).[3]

Israel salbte Salomo etwa Mitte des 10. Jh. v.Chr. zum König. Auch wenn unter Gelehrten kein Zweifel an der Historizität dieses Ereignisses herrscht, besteht Skepsis gegenüber den ausführlichen Beschreibungen von Salomos Herrschaft, die im 1. Buch der Könige beschrieben wird.[4] In den alten nahöstlichen Aufzeichnungen der damaligen Zeit hat man weder eine unabhängige Erwähnung von Salomon noch Hinweise auf sein Königreich gefunden. Offenbar war das kleine Israel noch nicht bedeutend genug, um auf dem internationalen dokumentarischen Radarschirm aufzutauchen. Was ist nun also mit Salomos angeblicher Macht, seinem verschwenderischen Reichtum und seiner Weisheit von Weltklasse? Diese literarischen Behauptungen sind der Stoff, aus dem Legenden gemacht werden, Geschichten, die Könige ihre Hofchronisten zur Erbauung zukünftiger Generationen aufschreiben lassen. Doch die extravagante Literatur über Salomo taucht ebenfalls tief in die Welt des Mythos ein, so daß die majestätischen Erzählungen über diesen Menschen uns eigentlich mehr über die spirituellen Eigenschaften des idealen Königs der Bibel erzählen als über die politischen oder wirtschaftlichen Bedingungen ein Jahrtausend vor Christi Geburt.

Die Weisheit Salomos

Mehrere wichtige Facetten des Königsarchetyps treten in der Geschichte Salomos zutage. Die erste und wichtigste bezieht sich auf den geheimnisvollen Traum Salomos auf den Kulthöhen von Gibeon, als der Tempel in Jerusalem noch nicht fertig war (1 Kön 3). Dort sagt Gott zum neuen König: »Sprich eine Bitte aus, die ich dir gewähren soll« – quasi ein Blankoscheck, von Jahwe unterschrieben! Salomos Antwort entspringt dem innersten Kern dessen, was es heißt, ein König zu sein, und zeigt – wie bei guten Menschen oft der Fall –, daß er das, worum er bittet, bereits besitzt: »Verleih deinem Knecht ein hörendes Herz, damit er dein Volk zu regieren weiß und das Gute vom Bösen zu unterscheiden weiß« (1 Kön 3,9). Salomon strebt nicht nach größerer politischen Macht, nicht nach finanziellen Mitteln für seine Familie oder nach militärischer Überlegenheit für sich selbst, sondern nach der nötigen Weisheit, um sein Volk gerecht zu regieren. Eine solche Bitte konnte Jahwe nicht abschlagen. Salomo wußte, daß ein heiliges Königtum nicht nur eine politische Position, sondern auch eine spirituelle Berufung ist, nicht nur Machtrolle, sondern auch verantwortungsvoller Dienst. Denn der gesalbte König sieht sich selbst als Vermittler, der sowohl einem Hohen König über sich als auch noch dem geringsten Untertan Rechenschaft schuldig ist. Er weiß, daß er als König an Gottes Stelle herrscht. Das ist der Grund, warum ihn ein so großer Teil der Salomonischen Schriften als betenden König darstellt, der Jahwe für sein Volk um Führung und Weisheit bittet (1 Kön 3,4-15; 8,22; 9,9). Offensichtlich handelt es sich hier um schwere Kost, mit zwingenden Folgen für die Psyche eines jeden Mannes, der König sein möchte. Doch es gehört nun mal zum Erbe des Heiligen Königs, das diesem Archetypen solch seelisches Gewicht verleiht.

In neuerer Zeit haben die weltlich humanistischen Philosophien unter den Regierenden jegliches Bewußtsein dafür verdrängt, daß sie für ihren Herrschaftsstil Gott in irgendeiner Weise Rechenschaft schuldig sind. Führerschaft wird heute vor allem als gesellschaftlicher Vertrag verstanden: Du stellst mich an, ich liefere die Ware. So logisch, wie ein solches Arrangement klingt, es erweist sich als ein Fiasko. Jeden Gefühls für eine *Vocatio* (lateinisch:»Ruf«) im Dienst der Menschen beraubt und bar jeden Begriffs für eine spirituelle Verantwortung vor Gott, fühlen sich viele Regierende nur den Parteien und Interessengruppen verpflichtet, die ihnen Stimmen bringen, oder den Spendern, die ihre Kampagnen finanzieren. Heute interessieren sich die Politiker vor allem für ihre Lobby, Bosse fühlen sich in erster Linie den Aktionären verpflichtet und Projektleiter schielen nur auf den Betriebsrat. Und was ist mit den Menschen ohne politischen Einfluß, mit den Armen, den Machtlosen und den Verlierern? In diesem Rahmen zählen sie nicht, man berücksichtigt sie nicht in den Machtgleichungen einer Nation, wo keine *Heiligen* Könige herrschen. Da sie keine Löhne zahlen und keine Stimmen abgeben, haben die kleinen Leute keinen König, der sich um sie kümmert. Und so sehen wir sie um Kleingeld betteln oder die Menschen auf der Straße wütend anpöbeln. Der »König« wird sie nicht hören und ihnen keine Gerechtigkeit widerfahren lassen.

So war es während der Amtszeit des amerikanischen Präsidenten Ronald Reagan, ein gewandter Zauberer, der die Äußerlichkeiten des Archetyps des Heiligen Königs gekonnt nachahmte, während er erfolgreich dessen Substanz aus dem Weg ging. Von den Interessen der Großindustrie bestellt und gewählt von klug manipulierten Parteigängern, wurde er von ihnen benutzt, um ihre Belange zu fördern und ihnen zu helfen, ein gutes Gewissen zu behalten, während er die Medien verhexte. Die Armen und die Machtlosen in seinem Reich wurden ignoriert; keine Bilder dieses »Königs« schmückten die Slumhütten in Alabama und die Bruchbuden von New York. Die kleinen Leute wußten sehr gut, daß er nicht ihr König, sondern ihr Pharao war.

Im Gegensatz zu Reagan war Salomo nie zu groß, um in den Tempel zu gehen und sich vor Jahwe zu verneigen, nie zu wichtig, um sich die intimsten Probleme der Armen seines Reichs anzuhören (1 Kön 3,16-28). Deshalb konnte sein Volk im von ihm errichteten Tempel singen:

> *Er wird Recht verschaffen den Gebeugten im Volk,*
> *Hilfe bringen den Kindern der Armut.*
> *Denn er errettet den Gebeugten, der um Hilfe schreit,*
> *den Armen und den, der keinen Helfer hat.*
> *Er erbarmt sich des Gebeugten und Schwachen,*
> *er rettet das Leben der Hilflosen.*
> *Von Unterdrückung und Gewalttat befreit er sie,*
> *ihr Blut ist in seinen Augen kostbar.*
>
> Psalm 72,4,12-14

Jeder Mann, der die Menschen gerecht führen möchte, muß in sich Zugang finden zum archetypischen Königtum von Gottes Gnaden, von dem die Bibel spricht. Ob er einer Gesellschaft oder einem Verwaltungsbezirk vorsteht, eine Schule leitet oder eine Diözese betreut, er muß wissen, daß er stellvertretend für alle und anstelle von Gott handelt (Röm 13,1-7). Die Probe für ein gelungenes Erwecken des Archetyps ist recht einfach: Haben Ihre Angestellten Vertrauen zu Ihnen? Hat auch der Hausmeister das Gefühl, er könne mit seinen Problemen zu Ihnen kommen? Liegt Ihnen das Wohlergehen Ihrer Mitarbeiter wirklich am Herzen? – Ein echter König beantwortet diese Fragen mit einem entschiedenen Ja; er ist wie der Offizier, der sich selbstverständlich zu seiner Mannschaft gesellt, um mit ihnen über Nachschubprobleme zu diskutieren, wie der Direktor, der sich für gleiche Löhne für das Sekretariatspersonal einsetzt und – jawohl! – wie ein Präsident, der sein Volk immer noch genug liebt, um »mit eigenen Händen« bezahlbare Wohnungen für sie zu bauen.

Salomo in seiner ganzen Herrlichkeit

Weitere Eigenschaften, die Salomo und auch den Archetyp des Königtums von Gottes Gnaden auszeichnen, sind außerordentliche Fruchtbarkeit, Schöpferkraft und Freigebigkeit. Salomos Förderung von Weisheit und Gelehrsamkeit in Israel, der Errichtung des Großen Tempels in Jerusalem als Aufenthalt Jahwes, dem großen Palast, Bauvorhaben im ganzen Land und sogar den bahnbrechenden seefahrerischen Unternehmungen widmet der biblische Text auffallende und ausführliche Aufmerksamkeit (1 Kön 5-9). Obendrein entspringen diese Beschreibungen nicht nur dem Reich der Phantasie: Archäologische Funde bestätigen zumindest teilweise die Geschichtlichkeit dieses phänomenalen Baubooms. Bibelexperten sprechen von der Salomonischen Aufklärung als einer Zeit großer literarischer Kreativität, welche die Jahwistische Schriftrolle, den Bericht über die Thronfolge und diverse Sammlungen von Weisheitssprüchen hervorbrachte.[5]

Für den Psychologen Robert Moore verkörpert der Heilige König das Lebensprinzip seines Reichs.[6] Eine solche Gestalt blüht regelrecht auf, wenn sie ihr Volk gedeihen sieht, und strahlt, wenn sie von seinen Errungenschaften hört. Der Heilige König fördert Kreativität, ist Schirmherr der Künste, unterstützt intellektuelle Vorhaben und ermutigt das Wachstum der Zivilisation. Der Schlüssel zur psychischen Kraft hinter dieser Aura von Hochherzigkeit ist, daß dem König die ganze Anerkennung zufließt, weil alles unter seinem souveränen Schutz zustandekommt. Er fühlt sich nicht bedroht vom Erfolg, den er verschreibt, er labt sich daran! Hier stoßen wir auf Augustus Caesar, Erfinder der *Pax Romana*, Karl den Großen, Retter der europäischen Kultur, Suleiman den Prächtigen, Rechtsreformer der Türken, Friedrich den Großen, Förderer der Humanwissenschaften, Franklin D. Roosevelt, Urheber des *New Deal*, Willy Brandt, Vater der Entspannungspolitik und Michail Gorbatschow, Mentor von *Perestroika* und *Glasnost*.

Glücklich sind die von uns, die unter einem Vorgesetzten arbeiten, der seinen Heiligen König auf *gesunde* Art auslebt: der Universitätsdekan, der seine Dozenten ermutigt, ihre Forschungen voranzutreiben, oder der Professor, der seinen Studenten wertvolle Anregungen gibt, der Pfarrer, der sich über die Beliebtheit seines jungen Assistenten freut, der Bischof, der seinen Priestern und Pfarrern den Rücken stärkt, der Chef, der die neue Idee seiner Angestellten für eine Werbekampagne prämiiert oder der Vorarbeiter, der für die neuen Sicherheitsmaßnahmen, die seine Fabrikarbeiter entwickelt haben, eine Gratifikation herausschlägt. Wie gut diese Männer sind, wie groß und wie herzlich! Wir alle haben sie gekannt und sind unter ihrer Führung aufgeblüht.

Der Tyrann: ein Schattenkönig

In Zusammenhang mit dem Archetyp des Königs können sich in Männern zwei ernsthafte Störungen entwickeln. Die erste tritt unter blassen Individuen auf, die Macht über andere gewinnen müssen, um ihr Selbstwertgefühl zu entwickeln: die nur allzu verbreiteten Tyrannen. Die zweite Krankheit findet sich unter Männern, die den Königsarchetyp nicht erfüllen können und sich ständig weigern, zu führen, sich zu verpflichten oder für irgendwen die Verantwortung zu übernehmen: der immer häufigere *Puer Aeternus* – der ewige Jüngling.

Die Aura des Heiligen Königs wirkt wie ein starker Magnet auf eingeschüchterte und emotional unsichere Leute des ersten Typs, die ihre eigene psychische Impotenz überkompensieren, die Schalthebel der Macht an sich reißen und sich den Mantel der Autorität umhängen. Unfähig, ein Gefühl von Würde zu entwickeln, erlauben diese Männer der Schattenseite des Königs, von ihnen Besitz zu ergreifen, und nehmen die oberflächlichen Allüren der Macht an. Ihre Taten sind geprägt von Taktiken der Einschüchterung, von Zwang, Manipulation, Kleinlichkeit und Paranoia. Diese Form von narzißtischer Krankheit zählt zweifellos zu den größten Plagen der menschlichen Geschichte; sie hat eine abscheuliche und scheinbar endlose Kette von Tyrannen hervorgebracht: Herodes, Nero, Caligula, Napoleon, Hitler, Stalin, Khomeini, Noriega, Saddam Hussein ... Sogar dem jungen Salomo war diese dunkle Seite nicht unbekannt, zumindest vor seiner Bitte an Jahwe. Kurz nach der Thronübernahme ließ er die politischen Rivalen Adonija, Abner und Joab töten (1 Kön 2).

Weit verbreiteter sind die kleinen Tyrannen, denen wir im Alltag begegnen. Voller Selbstzweifel und Mißtrauen sorgen sie dafür, daß niemand unter ihnen heranreift oder mit sich selbst zufrieden sein kann. Sie besitzen ein untrügliches Gespür für die Schwächen ihrer Untergebenen. Es gibt immer irgendein Problem mit der Arbeit, Leistungen sind niemals gut genug. Unter der Eifersucht der Tyrannen welkt das Königreich dahin: Angestellte lernen, »in Deckung zu gehen«, statt Risiken einzugehen; »Zucht und Ordnung« behalten stets die Oberhand über die Kreativität, und Meinungsunterschiede gelten als Mangel an Loyalität. Wo der Heilige

König Fruchtbarkeit fördert, ist der Tyrann oft eigenartig asexuell. Kirchliche Kreise sind besetzt mit Figuren, die durch Dominanz eine Pseudonähe zu anderen aufbauen, statt sich auf menschlicher Ebene wirklich mitzuteilen. Tyrannen und ihre kleinen Reiche finden wir überall, in Bibliotheken und auf Notfallstationen, in Regierungsämtern und an Hauptschulen ... – vor allem aber an Plätzen, wo ihre Dienste unentbehrlich sind und uns anderen keine Alternative offenstehen. So sind wir gezwungen, uns an ihre Termine zu halten und ihre Formulare auszufüllen, durch ihre Ringe zu springen und die kleinen Schikanen hinzunehmen, die sie uns so gerne zumuten.

Der kleine Prinz

Ein völlig entgegengesetzter Typus zum großen König oder seinem tyrannischen Schatten ist der *Puer Aeternus*, der jeder Verantwortung, Verpflichtung und Autorität aus dem Weg zu gehen weiß.[7] Während der Heilige König eine gewichtige Gestalt ist, in majestätischer Würde auf seinem Thron sitzend, ist der Puer flink und sogar flüchtig; die Tendenz, sich von einem neuen Abenteuer ins nächste zu stürzen, hat einen modernen Begriff geprägt für diese klassische Unfähigkeit, Verpflichtungen zu übernehmen oder einzuhalten: der »Peter Pan-Komplex«. Der Puer ist ein Mann, der *nicht* König sein möchte, der sich standhaft weigert, Verantwortung für andere Menschen zu übernehmen, sie zu fördern oder zu unterweisen oder im Leben irgend etwas außer seinem eigenen beschränkten Narzißmus zu leben. Er ist der ewige kleine Prinz, aus dem nie ein König wird.[8]

Mit der unaufhaltsamen Abkehr der westlichen Kultur von gereift männlichen Werten gewinnt der Puer-Archetyp an Boden. Im Vergleich zur rauhen Männlichkeit der Archetypen Wilder Mann, Krieger oder König wirkt der Puer relativ harmlos, als skurriler Verbündeter gar im Geschlechterkampf gegen die »schweren Jungs« der männlichen Gesellschaft: die großen bösen erwachsenen Männer. Charmant zu Frauen, ist der Puer das nette Muttersöhnchen, der »empfindsame Mann«, den seine Geliebten so sehr mögen. Reizend, anschmiegsam, jungenhaft und sanft ist der Puer-Archetyp in der Popkultur gut zu verkaufen. Seine öffentliche Persona sehen wir in solch unterschiedlichen Figuren wie Michael Jackson, Warren Beatty, Barry Manilow und den frühen Beatles. Sogar der Schatten des Puer (störrisch, unverantwortlich und unreif) läßt sich profitabel vermarkten, was man an der ungebrochenen Anziehungskraft des alternden Mick Jagger, des toten James Dean und am Rockstar mit dem passenden Namen Prince erkennen kann.

In seiner heterosexuellen Verkörperung ist der Puer ein Don Juan, stets die Frauen umwerbend, nur um sie immer wieder zu verlassen. Nach Marie Louise von Franz ist der Puer jedoch auch oft ein homosexueller Archetyp. Diese Behauptung ist beinahe schon trivial, aber dennoch wahr: Der Homosexuellenkultur ist der überschwengliche Boy sehr geläufig, der von Job zu Job, von Stadt zu Stadt und von Beziehung zu Beziehung treibt, ohne sich je niederzulassen oder sich an etwas oder jemanden zu binden, außer an einen vorübergehend geeigneten Papi. Schwul oder nicht, der Puer ist die lebendige Verkörperung des heutigen uneingeweihten Mannes, das Gegenteil des Heiligen Königs in all seiner Substanz, Fruchtbarkeit und Würde.

»Ja, ich bin ein König«

Salomo war keineswegs ein perfekter König. Die Bibel sagt uns, daß er gegen Ende seiner Herrschaft von der unbedingten Treue zu Jahwe abfiel und anderen Göttern und Göttinnen folgte. Das Deuteronomium zitiert diese Sünde als Grund für politischen Aufruhr und militärische Streitigkeiten gegen Salomos Lebensende und für das wachsende Schisma zwischen seinen Untertanen, das zur Abspaltung des nördlichen Königreichs Israel von Juda führte (1 Kön 11). Natürlich waren Salomos Fehler historisch viel komplexer als irgendeine polytheistische Episode. Salomos Politik der Zwangsarbeit und der hohen Steuern dürfte die nördlichen Stämme zermürbt haben; als sein Sohn Rehabeam den Thron bestieg, nutzten daher die Ältesten Israels die Gunst der Stunde, um vom Haus David abzufallen (1 Kön 12).

Trotz aller Schwierigkeiten gibt es keinen Hinweis dafür, daß Salomo als Mann oder als König je verzweifelt oder verstört war. Die schwerste Prüfung für den inneren König eines Mannes kommt weder, wenn Höflinge in Duckmäusermanier um den Thron schwänzeln noch, wenn mit zunehmendem Erfolg Eroberung auf Eroberung folgt noch, wenn sich im Palast Reichtümer anhäufen. Die wirkliche Probe königlichen Muts kommt mitten in der Katastrophe, besonders bei solchen Menschen, die über das Grab hinaus beflügelnd wirken. David begegnete ein solches Unheil in der Revolte Abschaloms (2 Sam 15-19). Bei dieser Heimsuchung zeigte David unmißverständliche spirituelle Souveränität. Wahre Könige legen auch dann majestätische Größe an den Tag, wenn sie unterliegen.

Diese königliche Würde ist die gleiche Eigenschaft, die auch von einem Nachkommen Salomos ausstrahlte, einem weiteren König der Juden. In der Woche nach dem triumphalen Einzug in Jerusalem erduldete Jesus von Nazareth, Bauernprediger aus Galiläa, edelmütig eine Kette von Prüfungen. Verurteilt von den Gerichten, vom Tempel mit dem Bann belegt, verlassen von seinen Freunden, verspottet von Feiglingen, gefoltert von Verbrechern, und hingerichtet von Soldaten, blieb er König bis zuletzt, verzeihend, selbstbeherrscht und groß im Geist. Der Bericht über das Leiden Jesu im Johannes-Evangelium hält die ehrfurchtgebietende Darstellung von Würde im Angesicht des Bösen besonders eindringlich fest (Joh 18-19). Der König ist mehr als eine gesellschaftliche Machtposition; im Endeffekt ist er ein Archetyp des Selbst. Es ist dieses Selbst, das aus dem schrecklich entstellten Körper des Elefantenmenschen ruft: »Ich bin ein Mann… Ich bin ein menschliches Wesen!« Das Selbst, das aus einem Gettojungen schreit: »Ich bin jemand!«

Nur selten erfahren wir den Archetyp des Königs. In der Regel beobachten wir an uns und an anderen vor allem qualvoll kleinkarierten Egoismus oder Selbstverachtung, sogar bei reichen, mächtigen, wichtigen oder berühmten Personen. Inneres Königtum hat absolut nichts mit äußerlichem Erfolg zu tun. Das versuchen uns jene, die die Armen oder Kranken aus nächster Nähe erleben, immer wieder begreiflich zu machen. Deshalb sind die Menschen, die die Armen kennen, ihnen auch so dankbar, weil sie die Chance erhielten, den König zu sehen. Da steht er, umgeben von deprimierender Armut, erniedrigender Besitzlosigkeit oder entstellender Krankheit; sein Thron ist ein Schaukelstuhl oder ein Krankenhausbett, sein Hof sind kleine Kinder oder geschäftige Krankenschwestern.

Ich kann mich sehr gut an meinen ersten Kontakt mit diesem inneren König erinnern. Er erschien mir in Gestalt eines alten schwarzen Mannes, dessen Name mir entfallen ist, in einer Kleinstadt in Missouri im Sommer 1969. Er trug Overalls, sein Gesicht war zerfurcht und unrasiert, sein Haar ergraute schon. Er begrüßte mich in seinem Vorgarten und beantwortete höflich meine Fragen in Zusammenhang mit einer kirchlichen Umfrage. Gegen Ende des Interviews begann ich, es zu spüren – ein Hauch von Würde und spiritueller Größe umgab den alten Herrn. Ich kann mir sein Leben in dieser kleinen südlichen Stadt ausmalen: Welchem Vorurteil auch immer er begegnete, welche Niederlagen er erlitt – dieser alte Mann hat gewiß mit dem inneren König darauf reagiert.

Als ich ging, blickte er mir in die Augen und sagte: »Gott segne Sie. Ich denke, wir sind Brüder im Herrn.« Ich habe mich wahrlich wie sein Bruder gefühlt – und mehr. Eine Sekunde lang fühlte auch ich mich wie ein König.

KAPITEL 8

Elija: der Wilde Mann

Im neunten Jahrhundert v.Chr. lebten zwei außergewöhnliche Propheten in Israel. Der ältere von ihnen war unter dem Namen Elija bekannt, sein jüngerer Schützling hieß Elischa. Die Elija- und Elischa-Zyklen (1 Kön 17 – 2 Kön 13), zwei faszinierende Texte, widmen sich diesen prophetischen Helden. Neben historischer Information über die Wurzeln des Prophetentums in Israel, bieten uns die Elija- und Elischa-Zyklen eine mythische Überlieferung, reich an männlicher Spiritualität. In Kapitel 9 werden wir uns mit dem Elischa-Zyklus befassen als Geschichte über den archetypischen schamanischen Heiler. Im folgenden Kapitel wenden wir uns dem Archetypen des Wilden Mannes zu, wie ihn Elija verkörperte.

Ein wenig Geschichtsunterricht

Als sich die zehn nördlichen Stämme Israels etwa 920 v.Chr. von Juda abgespalten hatten, gründeten sie in Israel ihr eigenes Königreich und salbten Jerobeam zum König, einen ihrer Landsleute (1 Kön 12). Jetzt war Israel ein großes und reiches Land, das sich über die fruchtbaren Täler Kanaans ausdehnte und auch das üppige Jesreel-Tal und die lieblichen Höhen von Ephraim und Galiläa umfaßte. Trotz einer florierenden Landwirtschaft hatte Israel mit einem ernsthaften Problem zu kämpfen. Die kanaanitischen Völker, die Jahrzehnte zuvor von David unterworfen worden waren, lebten und gediehen weiterhin in den reichen Feldern des Tals von Jesreel. Obendrein hielten sie an ihrer Fruchtbarkeitsreligion fest und verehrten Gott Baal und seine Gattin Aschera. Die Stämme Israels dagegen, die in den kargeren Bergregionen des Zentralmassivs lebten, bekannten sich zum Jahwe-Glauben mit all seinen Traditionen. Auch wenn die Hebräer unter David und Salomo das gesamte Gebiet Kanaans erobert hatten, waren sie schließlich nach der Trennung der beiden Königreiche im Vergleich zu den Kanaanitern in einer unterlegenen gesellschaftlichen Position. Diese Situation warf ein Problem auf, das moderne Staaten auch heute noch quält. Israel war zu einem Staat mit zwei Nationalitäten und zwei Religionen geworden, voller politischer, religiöser und gesellschaftlicher Unterschiede.

Obgleich ärmer als ihre kanaanitischen Nachbarn, waren die Israeliten, wie häufig bei Bergvölkern, ein stolzes und starrköpfiges Volk. Ihre Religion verlangte absoluten Glauben an einen einzigen Gott, den Herrn Jahwe, die befreiende Kriegergottheit des Auszugs. Andere Völker mochten anderen Göttern dienen, doch Israel sollte Jahwe *allein* verehren (Dtn 6,4). Dafür würde Jahwe Israel im Krieg beschützen, den Winterregen bringen und sein Volk mit Gesundheit, Frieden und Fruchtbarkeit segnen. Doch wenn Israel nach anderen Göttern schmachtete auf der Suche nach diesen Gaben, so würde Jahwes Atem heiß und eifersüchtig auf den starren Nacken Israels blasen, weil er befohlen hatte: »Du sollst keine anderen Götter haben neben mir!« (Ex 20,3)

Die Kanaaniter und die Hebräer hatten nach der großen Trennung gemeinsam einige Jahrzehnte in unruhiger religiöser, wirtschaftlicher und politischer Spannung in Israel verbracht. Dann, um 850 v.Chr., entfachte die Thronbesteigung des Israeliten Ahab und seiner heidnischen Frau Isebel das Feuer, die Feindseligkeiten explodierten. Durch die Heirat mit der andersgläubigen Isebel hatte sich Ahab gegen Jahwe versündigt, denn er hatte Altäre für Baal, den phönizischen Fruchtbarkeitsgott seiner Frau (1 Kön 16,19-33), errichten lassen. Anfänglich hatte Ahab offenbar lediglich einen cleveren politischen Schachzug im Sinn. Durch die Verschwägerung mit einem benachbarten König bei gleichzeitiger Unterstützung des eingeborenen Fruchtbarkeitskults rund um Baal wollte er den internationalen Einfluß Israels vergrößern und seine kanaanitische Gefolgschaft beschwichtigen. Die Kanaaniter im Königreich sahen in Ahab wahrscheinlich einen weisen, freisinnigen hebräischen Herrscher, der ihnen die Glaubensfreiheit zurückgeben würde.

Die Israeliten, die für »Jahwe allein« waren, sahen die Dinge natürlich anders. Durch die Preisgabe der alleinigen Verehrung Jahwes, zu der sich Israel unter Moses und Joshua verpflichtet hatte, war in ihren Augen großes religiöses Unrecht geschehen. So begannen jahwistische religiöse und politische Kreise eine Revolte gegen Ahab zu schüren. Die Führer dieses Aufstands der Basis waren Banden von Propheten Jahwes, strenge Asketen, die in radikalen religiösen Gemeinschaften lebten, welche sich der Verehrung Jahwes und dem Befolgen seiner Gebote verschrieben hatten. Heute können wir uns diese Menschen als religiöse Fundamentalisten vorstellen, denn sie träumten vom »Glauben ihrer Väter«, predigten ihre starre Moral und versuchten, ihre Nation in ein perfektes Gottesreich umzufunktionieren. Die Führer dieser Widerstandsbewegung waren Elija und sein prophetischer Schüler Elischa. Mit der Zeit gelang es ihnen, den militärischen Recken Jehu als König zu salben, in einem fundamentalistischen Coup d'état, der die gesamte herrschende Dynastie über den Haufen warf und massakrierte (2 Kön 9-10). Die Elija- und Elischa-Zyklen, angefüllt mit dem Stoff, aus dem Legenden (Mythen, Volksmärchen, Wunder und überwältigende Naturereignisse) bestehen, feiern diese beiden Helden des Widerstands.

Elija kam aus Tischbe in Gilead, einer Berglandschaft jenseits des Jordans von Ephraim, dem hebräischen Herzland. Weil Gilead am Rande Israels liegt, spielt es in der biblischen Geschichte keine bedeutende Rolle. Auch Elija ist eine Art Randfigur, und so weiß die Bibel nichts von ihm, bis er plötzlich aus dem Nichts auftaucht und Ahab darüber informiert, daß Israel bald von einer strafenden Dürre befallen sein wird (1 Kön 17,1). Mit seiner dreisten Opposition gegen den König handelte der historische Elija wie ein typischer Prophet (einen Archetyp, den wir in der Geschichte Jeremias in Kapitel 10 kennenlernen werden). Die Legenden und Geschichten, die die Bibel über Elija erzählt, sprechen jedoch auch viel über das Motiv des Wilden Mannes, ein klassischer männlicher Archetyp und eine Quelle enormer spiritueller Kraft.

Adam – der erste Wilde Mann

»Wilder Mann« – das klingt nach ungekämmter und verrückter Verschrobenheit oder nach undisziplinierter gesellschaftlicher Rebellion der Art, wie man sie in den Straßen von San Francisco und Berkeley sieht. Das sind in der Tat die bedenklichen Eigenschaften von Menschen, in denen dieser Archetyp entartet. Leider begegnen wir heutzutage dem authentischen Wilden Mann nur soch selten persönlich, diesem rauhen Kerl, der, wie sein Zuhause, die Wildnis, am Verschwinden ist. Dennoch bleibt dieser Archetyp in der männlichen Psyche lebendig, tief unter unserem modernen Bewußtsein begraben.[1]

Einst waren alle Männer Wilde Männer. Zu Hause in den Dschungeln Afrikas, wo der Mensch seinen Ursprung nahm, wo er in Harmonie mit den Jahreszeiten und der Bewegung der Gestirne lebte, die natürlichen Kräfte verehrte, die unsern Planeten beleben, und sich fürchtete vor den großen Mysterien von Geburt, Sexualität, Leben und Tod, pochte das Blut eines jeden Mannes in Einklang mit dem wilden Herzschlag der Natur. Wohin der Mensch auch später wanderte, er paßte sich seiner neuen Umgebung mit einer harmonischen Spiritualität an, die ihn in Verbindung mit den Kräften der Natur um ihn und mit der geistigen Kraft in ihm brachte. Die animistischen Naturreligionen der Ur-Menschheit verbanden den Mann mit dem Tier in den Ritualen der großen Jagd, mit der Erde im Kult der Göttin und mit dem Himmel durch die Mythologien der Himmelsgötter.[2] Bevor wir Menschen von heute die Urreligion jedoch romantisieren, sollten wir uns daran erinnern, daß sich die animistischen Kulte gegenüber dem einzelnen brutal und gleichgültig verhielten – wie es ja auch die Natur sein kann.

In der späten Jungsteinzeit gingen in der menschlichen Kultur allmählich bemerkenswerte Veränderungen vor sich. Durch die sich ausbreitende Landwirtschaft entstanden die ersten Dörfer und Städte und mit ihnen erste Versuche in Metallverarbeitung und Keramik. Der Mensch lernte, die Natur für seine Zwecke auszubeuten und sie zu seiner Macht, Sicherheit und Bequemlichkeit zu biegen und zu brechen. Dieser Prozeß hat nie aufgehört, die Zivilisation bewegt sich fort, läßt Segen und Fluch gleichermaßen auf die Menschheit niederprasseln. Auf tieferer Ebene hat sich die männliche Psyche auch nach Jahrtausenden nicht vom Bruch mit der Natur erholt. Etwas im Mann trauert insgeheim über das Aussterben unzähliger Tierarten, über die Abholzung des Regenwalds und das Verschwinden unberührter Wildnisse, über Regulierung und Verschmutzung unserer Flüsse. Darum geht es schon im biblischen Mythos der Vertreibung aus dem Paradies (Gen 2-3).

Adam ist der erste Wilde Mann der Bibel. Von Jahwe aus Erde geformt (hebräisch: *Adamah* = »Boden, Erde«)[3], lebte er in enger Gemeinschaft mit den Tieren des Waldes und den Vögeln des Himmels und mit der Zeit auch mit der Frau, die aus seiner eigenen Rippe geschaffen wurde. Doch er konnte der Frucht der Erkenntnis von Gut und Böse nicht widerstehen, der Chance, gottgleich zu sein im Schöpfen und Zerstören, im Erkennen, Analysieren und Meistern der Natur. Und so verstieß ihn Jahwe aus Eden und verdammte ihn mit einem Fluch, der noch heute jeden Mann quält: Verbannung aus dem Garten und ein Leben auf verfluchtem Land, das seine Früchte nur gegen großes Leiden und im Schweiße des Angesichts hergibt (Gen 3,17-19). Schreckliche Ungeheuer und ein flammendes Schwert wachen über dem Weg zu diesem Garten.

Diese Geschichte verweist mythologisch gesehen sowohl auf die Entfremdung als auch die Sehnsucht des modernen Menschen nach Natur, auf sein Ausbeuten und Zerstören und auf den Wunsch, zu ihr zurückzukehren. Dieser Konflikt wird eine Kernfrage des kommenden Jahrhunderts sein, wenn harte ökologische Entscheidungen bestimmen werden, ob der Mensch den Boden, den er beackert, völlig verdammen wird oder ob er wieder lernen kann, in Harmonie mit der Natur zu leben. Doch wird es nie wieder wie zu Adams Zeiten sein. Adam ist auf immer verloren. Der heutige Mann kann jedoch seelisch Zugang zu den Überbleibseln des Wilden Mannes in Adam finden, die auch in ihm selbst noch immer ruhen.

Der Wilde Mann heute

Der Wilde Mann ist der spirituelle Archetyp, der den Mann affektiv mit Gott verbindet, während er die Natur in ursprünglicher Wildheit, Schönheit und Würde erlebt, im Frieden eines Sonnenuntergangs wie auch in der Erhabenheit der Wüste in einer kalten Sternennacht. Wenn ein Mann sich gestattet, das überwältigende Wunder eines Sturms, die bedrückende Unruhe eines Erdbebens oder den unbegreiflichen Schrecken einer Sonnenfinsternis offen zu erleben, springen die archaischen Schaltkreise seines Geistes an. Beim Betrachten der anmutigen Sprünge eines Hirsches oder der geschmeidigen Bewegung einer Schlange wird dieser innere Wilde Mann sich an das mythische Eden erinnern, wo er einst die Namen aller Tiere kannte und sich in der kühlen Abendbrise mit Gott persönlich unterhielt.

Der Wilde Mann ist auch unsere psychische Verbindung mit der Natur des menschlichen Körpers, mit seinen Gezeiten, seinem Hunger und seinen Gelüsten, mit seiner Energie und seiner Müdigkeit und mit der subtilen inneren Weisheit, die uns genau sagt, was wir wirklich brauchen – im Gegensatz zu den andressierten Wünschen und Absichten. Moderne wirtschaftliche, religiöse und gesellschaftliche Kräfte, die sich verschworen haben, den Wilden Mann aus dem männliche Bewußtsein und in den Schatten zu vertreiben, ermutigen die Kultur des *Puer Aeternus* und wollen erwachsene Männer davon überzeugen, sie hätten sich ihrer haarigen und massiven Körper zu schämen, sich schuldig zu fühlen, bloß weil sie geil sind und Lust empfinden, und sich von vorneherein schlecht zu fühlen, weil sie rauhe, grimmige, stachlige und ungehobelte Gesellen seien. Der Zugang zu diesem Archetyp kann uns jedoch mit unserer Animalität in all ihrer Schönheit und irdischen Abgründigkeit versöhnen. Wie Robert Bly so eindrücklich in seiner Erörterung des Grimmschen

Märchens »Eisenhans« aufgezeigt hat – es erzählt von einem jungen Mann, der im Schlamm eines Weihers einem rustikalen, haarigen und scheinbar gefährlichen wilden Mann begegnet –, muß ein Mann in den Teich seines Unbewußten hinabtauchen, um diesen wilden Teil seiner selbst wiederzuentdecken.[4] Eisenhans, die gefährliche Gestalt, die dem Jungen dort begegnet, scheint nur deshalb gefährlich, weil er so heftig und so haarig ist. Tatsächlich kann sich der Wilde Mann als loyaler, großzügiger und mächtiger Verbündeter erweisen, wie das weiche und ängstliche Muttersöhnchen Jakob entdeckte, als er endlich den Mut aufgebracht hatte, sich mit seinem wilden und haarigen Bruder Esau zu treffen (Gen 33,1-17).

Einmal begegnete mir der Wilde Mann in einem lebhaften Traum. Ich arbeitete damals an einer Mittelschule als junger Religionslehrer, der sich sehr bemühte, »perfekt« zu sein, der sich sorgfältig vorbereitete, Vorlesungen hielt und versuchte, als Muster-Jesuit und christliches Vorbild für seine Schüler zu leben. Dieses Bestreben ist das klassische Berufsrisiko für Lehrer und Pfarrer: die Versuchung nämlich, auf Kosten der eigenen wahren Bedürfnisse und Wünsche ein nettes, abhängiges Muttersöhnchen zu werden. Im Traum war ich eifrig bei meiner Religionsstunde, gekleidet in ein höchst manieriertes schwarzes Kirchengewand mit römischem Kragen, als eine wilde, dunkle und haarige Gestalt, angetan mit Ziegenfellen, drohend an meiner Türe erschien und mich hieß, nach draußen zu kommen. Fasziniert folgte ich ihr, dann erwachte ich. Aus meinem Unbewußten heraus wollte mir dieser »gefährliche« Wilde Mann zu verstehen geben, daß ich mich wieder auf meinen Schatten, meine Erdverbundenheit, mein ganzes natürliches Selbst einlassen sollte, um nicht zu einem Törtchenesser von einem Pfaffen, zu einem »netten« Gesellschaftstier, zu verkommen.

Der Wilde Mann ist eine Bedrohung für kulturelle, politische und wirtschaftliche Übereinkünfte, die Männer in einem Zustand kindlicher Zahmheit halten oder aus ihnen brave Roboter für das System machen. In dem Maß, wie ein Mann in Berührung mit seiner Wildheit ist, ist er gefeit gegen autoritäre Einschüchterungsversuche, gegen Werbeleute, die ihm Dinge verkaufen wollen, die er nicht wirklich braucht, gegen Propagandisten, die ihn in Gedankengänge hineinmanipulieren wollen, die er nicht wirklich denkt, und gegen Ideologen, die ihn zu Vorstellungen bekehren wollen, an die er nicht wirklich glaubt. Der Wilde Mann läßt sich nicht von gesellschaftlichem Druck und falschem Versprechen von Sicherheit verführen; er weiß, worauf seine wahre Stärke ruht und wo er wirkliche Hilfe zu erwarten hat:

Ich hebe meine Augen auf zu den Bergen:
Woher kommt mir Hilfe?
Meine Hilfe kommt vom Herrn,
der Himmel und Erde gemacht hat.

Psalm 121,1-2

Jesus lehrte dieselbe Wahrheit, als er die Vögel am Himmel und die Blumen auf dem Felde betrachtete. »Macht euch keine Sorgen«, sagte er, »und fragt nicht: ›Was werden wir essen? Was werden wir trinken? Wo sollen unsere Kleider herkommen?‹ Heiden tun so etwas. Euer göttlicher Vater weiß genau, was ihr braucht!« (Mt 6,25) Der Wilde Mann baut auf Gott, der Himmel und Erde gemacht hat, und nicht auf künstliche Regeln, die nur dem Überleben und der Bequemlichkeit der nächstbesten Institution dienen. Der Zugang zum Wilden Mann sorgt auch dafür, daß wir uns in unserem naturgegebenen Körper wohlfühlen, und er befreit uns von den Ausbeutungen der Körperpflege-Industrie, die nur in dem Ausmaß floriert, wie sie Männer überzeugen kann, daß sie schlecht riechen, gräßlich aussehen, zu schwer oder zu leicht sind, zu dunkel oder zu weiß, zu alt oder zu jung, damit sie ihre Kleider, Duftwasser und Frisuren »an den Mann« bringen kann. Der Wilde Mann verhöhnt diese drei Bedürfnisse, die ihm von der Puer-Kultur aufgetischt werden – ob es sich nun um weinfarbene Jacketts, aktuelle Freizeitmode, Toupets oder das Wegoperieren von Bauch- und Gesichtsfalten handelt – und schert sich nicht um daß neueste modische Muß.

In dem Maß, wie ein Mann wild ist, gehört er niemandem, ist unmanipuliert, ungebrochen, ungebunden, ungezähmt, nicht sich ständig entschuldigend und dabei beschämt. Leider sind nur wenige Männer so frei. Und dennoch wohnt eine tiefe Sehnsucht nach solcher »Wildheit« in uns. Literatur und Kinos sind voller Phantasien über den Wilden Mann: *Tarzan, Robinson Crusoe, Grizzly Adams, Crocodile Dundee, Der Smaragdwald, Der Klub der toten Dichter, Jeremiah Johnson* oder *Der mit dem Wolf tanzt*, um nur einige zu nennen. Die Bibel ist voll von Geschichten über Wilde Männer, die uns in den Erzählungen über Adam, Ismael, Esau, Samson, Amos, Johannes den Täufer und vor allem über Jesus reichlich vermitteln, wie dieser Archetyp Männer mit Gott verbindet. Nirgends in der Heiligen Schrift tritt dieser Archetyp jedoch mächtiger und lebendiger zutage als in den Legenden über Elija.

Eine Stimme in der Wildnis

Plötzlich, aus dem Nichts, erscheint Elija vor einem verdutzten König Ahab und ruft aus: »Beim Leibe Jahwes, in dessen Dienst ich stehe, es werden viele Jahre weder Tau noch Regen fallen, es sei denn auf mein Wort hin« (1 Kön 17,1). So sind Wilde Männer, sie kommen und gehen, wie sie wollen, tauchen mit erstaunlicher Leichtigkeit aus der Wildnis auf und verschwinden wieder darin.[5] Doch Ahab ist noch mehr als über Elijas Botschaft erstaunt über die Art, *wie* er sie darbringt, denn der Prophet gibt hier keine langfristige Wetterprognose ab, sondern erklärt rundwegs, daß es durch seinen Befehl nicht mehr regnen wird, weil Jahwe ihn dazu ermächtig hat!

Die Legenden von Wilden Männern berichten oft von ihrer mystischen Beherrschung der Natur und ganz besonders von ihrer Fähigkeit, Stürme heraufzubeschwören oder abzuwenden.[6] In den Legenden über Elija symbolisiert die strafende Dürre, die der Prophet über Israel verhängt, einen fundamentalen Bruch mit der kosmischen Ordnung: Israel hatte sich von seiner Verehrung des einen wahren Gottes abgewendet, und so verdorrte und schmachtete auch die Natur. Doch sagt uns diese Geschichte auch etwas Wichtiges über den Archetyp des Wilden Mannes. Mythisch betrachtet, spricht Elijas Fähigkeit, Regenstürme fernzuhalten, von einer mächtigen Verbindung mit der Natur; er ist nicht wie zivilisierte Männer den scheinbar unvorhersehbaren und willkürlichen Handlungen der Natur ausgeliefert, sondern befindet sich so sehr im Einklang mit ihnen, daß eine »Ursächlichkeit« besteht. Drückt sich der Wilde Mann auf diese Weise in einem Mann aus, verändert sich unsere westliche philosophische Wahrnehmung der Wirklichkeit: Der Mann bekämpft die Natur nicht länger – fürchtet sich nicht mehr vor ihr, zerstört sie nicht länger und versucht, ihr nicht mehr auszuweichen. Er überläßt sich ihrem Fluß und reitet sozusagen das Pferd in die Richtung, die es einschlägt. Das verwestlichte und städtische Bewußtsein staut Flüsse, das Bewußtsein des Wilden Mannes »läßt« sie abwärts fließen. Ahab trotzt der Dürre und lehnt sich gegen sie auf, Elija bringt sich so sehr mit den vielfältigen, die Dürre verursachenden Kräften in Einklang, daß er zum einem Teil ihrer Ursache wird. Das eine Bewußtsein entfremdet und wütet, das andere gibt sich hin und versöhnt.[7]

Nach der Konfrontation befiehlt Jahwe Elija, sogleich ostwärts in die große Wüste zu entfliehen. Die Wildnis (*Midbar*) hat in der Bibel natürlich eine große Bedeutung. Es ist der Ort, wo die Ur-Väter herkamen, an dessen

Rand sie lebten, sich bewegten und ihr Dasein fristeten. Es ist der Ort, wo Israel aufgrund seiner vierzigjährigen Wanderung nach dem Auszug aus Ägypten mythisch zu einer Nation wurde. Die biblische Wildnis ist ein Ort der Prüfung und der Offenbarung, sei es für Mose oder für Jesus, ein Ort, wo Jahwe mit denen, die er liebt, allein sein und sie in seinem Sinne belehren kann. So kommt es, daß Elija in die Wüste geht, nicht nur, um dem Zorn Ahabs zu entgehen, sondern um ein noch tieferes Vertrauen in Gott zu lernen und sich darauf vorzubereiten, der Perversion Israels mit der ganzen Wucht von Jahwes Wildheit entgegenzutreten.

Die Wüste nährt Elija. Mit intimer und unschuldiger Zärtlichkeit kümmern sich Raben um ihn, bringen ihm tagsüber Brot und des nachts Fleisch (1 Kön 17,2-6). Auch wenn das Land ringsum unter der brütenden Dürre leidet, löscht ein kühler Bach den Durst des Propheten. Elija saugt an der Wildnis wie ein Baby, seine Verletzlichkeit und Nichtigkeit von Augenblick zu Augenblick und von Tag zu Tag spürend, doch dadurch alles über Demut und Vertrauen lernend. In seiner täglichen Unsicherheit erfährt Elija, wie er sich fügsam auf das Universum einstimmen kann, erfährt, daß ihn der Kosmos genau so ernähren wird, wie er ihn belehrt. In seiner völligen Abhängigkeit von Gott ist Elija radikal frei. Er springt nicht durch Ahabs Ringe und spielt nicht Isebels Spielchen, denn im Gegensatz zu den gedungenen Propheten, verdient Elija sein Brot nicht damit, dem Pharao die bequemen Beruhigungsmittel der bürgerlichen Religion zu verabreichen (Amos 7,10-16). Noch braucht Elija zu Ahab und Isebel ins Bett zu springen wie eine religiöse Hure, die um einen königlichen Kuß oder ein majestätisches Wort der Anerkennung bettelt. Die Wildnis sorgt für Speis und Trank und die Bestätigung, die er braucht. Für viele moderne Menschen ist die unberührte Natur etwas, wo sie – wenn sie überhaupt je hinkommen – allem entfliehen wollen, ein Ort wie auf einer Postkarte, wo sie sich entspannen, ehe sie wieder »in die Wirklichkeit zurückkehren«. Für Elija ist die Wildnis *die* Wirklichkeit – nicht eine große Leere, sondern eine positive Gegenwart, beseelt von uralten Geistern, prickelnd vor Geheimnissen, von tiefer Weisheit durchdrungen; der Ort, wo ihn die Lebenskräfte mit roher, kompromißloser und unverdorbener Unversöhnlichkeit konfrontieren. Wenn ein heutiger Mann Zugang zum inneren Wilden Mann finden will, muß er sich in diese Wildnis begeben, nicht im Geländewagen mit röhrendem Motor und plärrendem Radio, sondern in der Stille. Viele Männer drängen sich der Wildnis auf, statt aufrichtig etwas von ihr zu empfangen. Sie verpassen die Weisheit, die sie ihnen vermitteln könnte, wenn sie sie achten, schauen und hören.

Die Wildnis, die den Wilden Mann weckt, muß kein Amazonasdschungel oder Himalayagipfel sein, ein nahegelegener Wald oder sogar ein ruhiger Park genügt. Ein wilder Ort, der mit Ehrfurcht erlebt wird, kann, gleich wo er liegt, den Archetypen des Wilden Mannes wecken und einen Bewußtseinswandel bewirken, während er zumindest für den Augenblick befreit ist von der Hetzjagd nach der neuesten Illusion und herausgefordert von den letzten Wirklichkeiten des Lebens: Geburt, Leben, Tod und Wiedergeburt.

Der Wettstreit auf dem Berg Karmel

Elija kehrt kraftstrotzend nach Israel zurück und verpflegt alsbald eine hungernde Witwe aus Zauberkrügen voller Fleisch und Öl. Dann erweckt er ihren toten Sohn wieder zum Leben (1 Kön 17,7- 24). Bezeichnenderweise haben die biblischen Herausgeber diese beiden Wunder gleich nach der Erzählung der Wüstenerfahrung des Propheten eingefügt[8], denn Elijas Aufenthalt in der Wildnis ist kein Urlaub, sondern ein Quell spiritueller Kraft, die der Prophet sogleich den Schwächsten der Gesellschaft verfügbar macht, der Witwe und dem vaterlosen Sohn. Das ist die größte moralische Prüfung für den Archetyp des Wilden Mannes: ob seine Energie heroischer Natur ist – das heißt, ob er sie für das Volk einsetzt – oder ob sie als rein egozentrische geistige Betätigung der spirituellen Unterhaltung dient.

Elija bot seine wilde Energie dem ganzen Königreich an, als er sein Volk zur nackten Wahrheit von Jahwes alleiniger Herrschaft über Israel zurückzuführen suchte. So geschah es, daß Elija, seiner Gepflogenheit nach wieder einmal aus dem Nichts, König Ahab und die Propheten Baals zu einem großen Wettkampf – einem theologischen Endspiel – herausforderte, um ein für allemal zu klären, wer der wahre Gott Israels ist (1 Kön 18,16-46). Beide Parteien hatten ein Stieropfer vorbereitet, beide Seiten würden ihre Gottheit anflehen, das von ihnen vorbereitete Brandopfer anzunehmen. Der Gott, der mit Feuer antwortet, wäre der einzige und wirkliche Gott. So versammelten sich am besagten Tag 450 Propheten Baals auf den Höhen des Karmel zum großen Kampf gegen Jahwe und seinen einsamen Propheten.

Männer mögen einen fairen Wettkampf. Eine harte Prüfung fordert ihre ganze Stärke, Willenskraft und ihren Geist heraus, damit sie herausfinden können, wer sie sind und was sie wirklich können. Ein Endspiel klärt verbale Umweltverschmutzungen, die Diskussionen aller Art vernebeln. Dieses besondere Match würde endlich die religiöse »dicke Luft« wegfegen, die seit einer Generation über Israel lag.

Die Propheten Baals machten auf dem Karmel einen eindrucksvollen Anfang, doch wie sehr sie auch tobten und rasten, tanzten und sich schüttelten, sich verstümmelten und in wilder Ekstase wirbelten: nichts geschah. Ihre beachtlichen Anrufungen bewirkten nichts, denn der tote Bulle lag immer noch kalt und roh auf dem Altar. Elija konnte sich den Witz nicht verkneifen, daß ihr Gott vielleicht gerade ein Mittagsschläfchen halte, was die Baalistas zu noch lauterem Gebrüll veranlaßte!

Dann war Elija an der Reihe. Der Prophet konnte so oder so nicht verlieren. Schließlich war Jahwe ein Sturmgott, ein Gott des Blitzes und des Donners und ein Gott des Feuers. Das Aussenden feuriger Signale der Macht gehörte zu seinen Spezialitäten (Ps 29). Elijas Gebet um Feuer war kein billiger Trick, sondern eine Anrufung tiefer Magie, um Israel Jahwes Herrlichkeit vor Augen zu führen. Als es grell blitzte und das Feuer vom Himmel fiel, brannte der Bulle auf Elijas Altar als heiliges Brandopfer. Jahwe hatte gewonnen, und das ganz Volk rief aus: »Jahwe ist Gott!« Elija, rot angelaufen vor Siegesmut, beschwor als nächstes im Westen einen Sturm aus dem unerbittlich blauen Himmel herauf. Plötzlich entstand über dem Meer ein winziges Wölkchen, aus dem alsbald ein dunkler und regenschwerer Sturm wurde. Die Dürre war vorüber. Als Jahwes Geschenk in Strömen auf die Erde niederprasselte und die Wälder und Felder Israels mit dem lebenspendenden Naß erneuerte, floh Ahab vom Karmel und hetzte, so schnell er konnte, in seinem Wagen zurück nach Jesreel zu Isebel. Und Elija rannte wie eine junge Gazelle den ganzen Weg in heißer Verfolgung hinter im her.

Erde, Wind und Feuer

Zu Hause beklagte sich Ahab bei Isebel wie ein Schuljunge, der seiner Mami etwas vorjammert (1 Kön 19,1-2). Jemand hatte sich endlich dem königlichen Maulhelden entgegengestellt, und der kleine König war ein schlechter Verlierer. Isebel war wütend über diese Entwicklung der Dinge und befahl flugs Elijas Hinrichtung. Diese kurze Episode ist bemerkenswert. Ein radikalfeministischer Glaubensartikel besagt, daß politische Unterdrückung und religiöse Gewalt Zeichen des männlichen Patriarchats seien, wobei Frauen stets die historischen Opfer dieser Übereinkunft sind.[9]

Dieser ideologische Anspruch stimmt nicht immer mit den Tatsachen überein, weder in den alten Geschichten noch in heutigen. Der Bibelabschnitt über Isebel zeigt, daß sich die Autoren des Elija-Zyklus sehr wohl bewußt waren, daß Frauen der Oberschicht meistens vom Patriarchat profitierten und eine wichtige Rolle bei der Ermutigung und Fortsetzung der wirtschaftlichen, religiösen und politischen Ungleicheit spielten. Ein Jahrhundert später mußte auch Amos erfahren, daß die Unterdrückung der Quotenregelung unterliegt, als er die Aristokratinnen Israels als »Kühe Basans« titulierte, »… die ihr die Schwachen unterdrückt und die Armen zermalmt und zu euren Männern sagt: Schafft Wein herbei…« (Amos 4,1) Dieses alte Arrangement hat offenbar auch heute noch Gültigkeit, denn jeder Ferdinand hat seine Imelda …

Als er vom Todesurteil hört, flieht der erschrockene Elija aus Israel in südliche Richtung, zurück zur wilden Landschaft des Berges Horeb, wo Moses' ursprüngliche Begegnung mit Gott stattfand.[10] Die Flucht des Propheten zu diesem Gipfel ist mehr als ein Gesuch um politisches Asyl – denn dazu hätte er überall hinflüchten können. Elijas Reise zum Horeb ist nichts weniger als eine spirituelle Odyssee, eine Pilgerschaft zur heiligen Wildnis, wo Jahwe Israel einst umwarb und eroberte, und wo Mose als erster die tiefe Magie Gottes kennenlernte. Elija folgte seinem inneren spirituellen Kompaß unbeirrt und verfolgte den vierzigtägigen Weg des Auszugs durch den Sinai zurück, wobei Engel ihn in der Wüste magisch am Leben erhielten – bis er zum alles überragenden Horeb fand, dem Quell von Gottes Gabe der heiligen Wildheit an Israel.

Ein immer häufigeres Symptom bei guten Männern, die täglich mit ausweglosen und wachsenden gesellschaftlichen Problemen konfrontiert sind, ist das Phänomen des geistigen und körperlichen Raubbaus. Sozialarbeiter der westlichen Welt sind überwältigt von endlosen Fällen von Armut, Pfarrer ausgelaugt von der Verzweiflung in den Armenvierteln, Polizisten betäubt von der wachsenden Belastung durch Drogenfälle … Diese großherzigen Leute neigen oft zu der Überzeugung, sie müßten diese Probleme alleine bewältigen, alles Leid alleine schultern. So war es mit Elija: Sein Volk allein zu retten, erwies sich als enormer Energieverschleiß; der feurige Prophet war ganz einfach deprimiert und ausgebrannt, als er durch den Sinai zog. Elijas Instinkte funktionierten hingegen perfekt, da er richtigerweise zur Erde zurückkehrte, um sich an ihre alte Weisheit zu erinnern. Das ist eine gute Lehre für jene, die der Versuchung des Messiaskomplexes unterliegen würden: Die Sonne geht auf und geht unter, Generationen kommen und gehen, doch es gibt nichts Neues unter der Sonne (Hld 1-2). Eine bekannter Arzt, mit dem ich befreundet bin und der viele AIDS-Fälle betreut, heilt sein eigenes Ausgebranntsein, indem er wöchentlich an mehreren Tagen in seinem Obst- und Gemüsegarten arbeitet, die Erde umgräbt, sät und neues Leben hervorbringt, wobei er den natürlichen Rhythmus der Natur erfährt; damit findet er Ausgleich für die Trauer, die ihn befällt, wenn er zusehen muß, wie seine Patienten unwiderruflich dem Tode entgegengehen.

Erschöpft, ausgelaugt und angstvoll kommt der Prophet zum heiligen Berg und unternimmt dort etwas von tiefer mythologischer Bedeutung. Elija versteckt sich in einer Höhle in Horebs Flanke und schläft ein (1 Kön 19,9). Wir wissen heute, daß Israels Vorfahren mehr als hunderttausend Jahre vor der biblischen Zeit in Höhlen lebten, und daß viele Hebräer in Haushöhlen lebten bis zur Zeit Jesu, der selbst in einer Stallhöhle in Bethlehem geboren wurde, in einer höhlenartigen Behausung in Nazareth aufwuchs und in einer Felsengruft in Jerusalem beerdigt wurde. Als Elija in die dunkelsten Eingeweide der Erde hinabsteigt, nimmt er nicht nur eine direkte Verbindung zu seinen hebräischen Vorfahren auf, sondern auch mit mächtigen männlichen spirituellen Kräften der urältesten Art.

Eine weit verbreitete Fehldeutung wird von den Befürworterinnen der Göttinnenreligion propagiert, nämlich, daß die Erde das exklusive Reich *Gaias* und der weiblichen Gottheiten sei. Dieser Gedanke ignoriert die männliche Mythologie wie auch die archäologischen Beweise einer uralten männlichen Religiosität, die Männer einst mit dem Chtonischen (griechisch: Chton = »Erde«) verband. Tatsächlich haben Wissenschaftler die ältesten Beweise für eine männliche Gläubigkeit in Neandertal-Höhlen gefunden: in Le Mustière und La Chapelle aux Saints in Frankreich und – interessanterweise – auf Elijas heiligem Berg Karmel in Israel. Die prächtigen, altsteinzeitlichen Tempelhöhlen von Lascaux, dekoriert mit ehrfurchterregenden und überwältigend schönen Bildern von prähistorischen Tieren, haben wahrscheinlich viele Jahrtausende männlicher Einweihungsrituale und Feuerproben gesehen.[11] Die rituelle Bedeutung dieser Höhlen ist offensichtlich. Das Kind kommt als Mensch zwar aus der Gebärmutter, doch um als erwachsener Mann zu gelten, muß es in der Höhle »sterben« und sich einer *männlichen* Wiedergeburtsprüfung unterziehen. Symbolisch ist die Erde der Ort des Sterbens der Kindheit und der Auferstehung der Männlichkeit; die Höhle ist das Grab des Kindes und der Geburtsort des Mannes.[12] Deshalb sind die männlichen Erdgottheiten meistens Götter der Unterwelt: Freyr, Pluto/Hades, Osiris und Dumuzi – Götter, die über das Land der Toten und über die Passagen zur Wiedergeburt in ein neues Leben herrschen.[13] Eine Reise in und aus einer Höhle ist also eine rituelle Erfahrung von Tod und Auferstehung, eine heilige Begegnung mit den wilden Elementarkräften der Zerstörung und der Schöpfung tief im Innern der Erde.

Elija, erschöpft von seinem Marsch durch die Wüste und geschlagen in seiner prophetischen Aufgabe, begibt sich in die Höhle auf dem Horeb, um zu sterben. In ihrer betäubenden schwarzen Luft, die schwer ist von der Macht des Todes, schläft Elija ein und steigt in das Land Scheol hinab, in die mythische hebräische Unterwelt. Er ist spirituell tot, besiegt, ein Versager. Doch was ist wirklich gestorben? Was ist übriggeblieben von Elijas Messiaskomplex, von seinen kindischen Erfolgswünschen und von seinen egoistischen Träumen, und wie steht es jetzt vor allem mit seinen egozentrischen Ansprüchen auf Bestätigung durch die Gesellschaft, auf ihre Pfründe, Profite und Privilegien? Elija hatte versagt, und wie leidende Propheten vor und nach ihm, suchte er den Tod, wobei er sich gewünscht haben mag, er wäre nie geboren worden. Doch zu guter Letzt war er bereit, wie ein völlig freier Mann zu leben.

Tief im Innern der Erde begegnete Elija der mächtigen chthonischen Macht Gottes, nicht als der eines Hades oder Pluto, sondern in der überraschenden *Persona* Jahwes, jenem Gott über Donner und Blitz, der nicht *in* der Erde erscheinen sollte, sondern *über* ihr, die gleiche göttliche Gegenwart, die den Psalmisten so verwunderte:

Wohin könnte ich fliehen vor deinem Geist,
wohin vor deinem Angesicht flüchten?
Steige ich hoch hinauf in den Himmel, bist du dort,
bette ich mich in der Unterwelt, bist du zugegen.

Psalm 139,7-8

Jahwe weckte den schlafenden Propheten mit einer Stimme, die keinen Zweifel zuließ und die Wände der Höhle zum Erzittern brachte, und donnerte: »Was machst du hier, Elija?« Dann befahl er ihm, aufzustehen und sich auf den Gipfel des Horeb zu begeben. Dem Grab entrissen, wurde Elija den rauhen Elementarkräften der Erde, des Windes und des Feuers ausgeliefert und unter dem sternenübersäten Wüstenhimmel wiedergeboren. Erst erhob sich ein mächtiger Wind, der die Felsen zum Bersten brachte, dann ein Erdbeben, das die Erde schwanken ließ, dann ein Feuer an Blitzen – alles numinose Zeichen der göttlichen Macht und Besonderheiten von Jahwes tiefer Magie. Doch Jahwe – wild, unvorhersehbar, unbegrenzt und ungebunden an frühere Theophanien, Theologien und Mythen – war in keinem von ihnen. Statt dessen erschien seine Heilige Wildheit auf einer Brise, so sanft, so ruhig und so frisch, das Elija sein Anlitz bedeckte und sich ein zweites Mal in die Höhle zurückzog, da der harte Prophet den Hauch der göttlichen Zartheit nicht aushalten konnte. Hier beauftragte ihn die Stimme mit einer heroischen Mission: Nach Israel zurückzukehren und sein prophetisches Amt des Glaubens und der Gerechtigkeit wieder aufzunehmen, diese Mal jedoch taub für sein empfindliches Ego und für alle Betrachtungen dessen, was andere denken oder sagen würden.

Wiedergeboren, randvoll mit dem Hauch des göttlichen Geistes und sauber wie die Wüste, kehrt Elija zurück nach Israel – mit neuem Feuer, lechzend nach Gerechtigkeit für die Ausgebeuteten (1 Kön 21) und um die Sünder mit seiner Verurteilung zu strafen (2 Kön 1). Dort angekommen, wählt er einen Schüler, um die Fackel der Gerechtigkeit weiterzutragen und seine Mission in Israel zu beenden: Elischa ben Schafat. Nachdem er Elischa den Mantel der Verantwortlichkeit umgehängt hat, verschwindet er im Himmel in einem Feuerwagen, der von Feuerrossen gezogen wird (2 Kön 2). Elija verschwindet so schnell im Nebel, wie er einst auftauchte, um zum Himmel zurückzukehren, frei wie der knisternde Wüstenwind.

Den Wilden Mann wecken

Wie kann ein moderner Mann Elijas Kraft und Freiheit in sich selbst entdecken? Die Kenntnis der christlichen Tradition kann helfen, auch wenn ein Mann sich durch zahlreiche Schichten städtischer Entfremdung von der Natur hindurchgraben muß, um das Geheimnis zu entdecken.[14] Glücklicherweise hat der Katholizismus einige lebendige Traditionen, Rituale und Wilde Heilige beibehalten und zeigt in manchen Andachten Ansätze einer urheidnischen Beziehung zur Natur. Diese liturgischen Symbole – Osterfeuer, Weihwasser, Salbung und Taufe, Ostereier und Christbäume – verehren das Sakramentale in den Dingen der Natur und verweisen auf das tief Heilige in der gesamten Schöpfung. Rituale wie das Segnen von Tieren und Feldern gemahnen uns an die Abhängigkeit von und Beziehung zur Natur. Feste wie Halloween (der Abend vor Allerheiligen) und Fasching oder liturgische Jahreszeiten wie der Advent und die Fastenzeit bringen uns in Verbindung mit den geheimnisvollen

Naturrhythmen von Tod und Wiedergeburt, an denen wir teilhaben. Heiligengeschichten und -legenden – über Christophorus, Franziskus, Antonius und die Wüstenväter – sind Beispiele dafür, wie der klassisch christliche Wilde Mann aussieht.

Die Lebensgeschichte von Franz von Assisi, dem größten und meistgeliebten Heiligen der katholischen Kirche, erzählt von einem solchen Wilden Mann. Als Jugendlicher entkleidete sich Franziskus auf dem Marktplatz vor schockierten Mitbürgern und einigen Kirchenoberen und schwor der Verlockung des Besitzes auf immer ab, um sich einem Leben in Armut zu verschreiben. Noch heute rühmt man seine intimen Kenntnisse der Natur, die Affinität zu Bruder Sonne und Schwester Mond und seine Freundschaft mit hungrigen Wölfen und zwitschernden Vögeln. Doch Franz labte sich nicht an der Natur wie ein schmachtender Romantiker, sondern brachte seine freie und erfrischende Wildheit direkt in die Welt der Menschen zurück, sei es in zärtlicher Fürsorge für aussätzige Bettler, im Einsatz für die Armen oder in brüderlichen Gesprächen mit seinem Häscher, einem islamischen Kalifen. Franz' enge Beziehung zur Natur brachte ihm eine immense Freiheit von der Gier nach materiellen Gütern und nahm ihm die Angst vor dem, »was die Leute wohl denken«. Auch ein Jahrtausend später ragt er immer noch heraus als Inspiration, Führer und Leitbild.

Es ist weder realistisch noch gar wünschenswert, daß moderne Männer den Archetypen des Wilden Mannes so erfüllen, wie Elija oder Franz von Assisi es taten. In erster Linie müssen sie Zugang zu ihm gewinnen, wenn sie ihn brauchen. Es gibt eine Reihe von Kursen, christlichen Freizeiten in der Wildnis und »Wochenenden für Wilde Männer«, um zu lernen, diesen weisen Archetypen in sich wiederzubeleben. Die meisten Männer ziehen es jedoch vor, den Wilden Mann aus eigener Kraft zu entdecken. Ihnen geht es letztlich beim Fischen am Wochenende, bei herbstlichen Jagdausflügen oder sommerlichen Bergtouren weniger um das Fangen einer Forelle, das Häuten eines Hirsches oder um die Bewegung im Freien, sondern um die Wiedergeburt eines todgeweihten und abgeschnittenen Teils ihrer selbst, den sie zweifellos schätzen und sehr brauchen.

Letztlich kann ein Mann seinen Wilden Mann nur durch seine ureigene spirituelle Heldenreise finden[15] – und Jahwe gestern in einem Erdbeben, heute in einer lauen Brise, morgen in stiller Meditation, dann wieder in scharfer Beobachtung suchen, während unerwartbar Raben ihn nähren und kleine Bäche seinen Durst löschen. Auf ihre Art haben viele Männer diesen geheimen Pfad gefunden; es sind unsere Großväter und Väter, unsere Brüder und Söhne. Sie sagen uns, daß sie Gott nicht so sehr in der Kirche suchen, sondern unter dem freiem Firmament. Dort beten sie gern und aufrichtig. Kehrten sie doch nur, wie Elija, zum Volk Gottes zurück mit ihrer wilden Wohltat! Brächten sie doch unserer städtischen Kirche ihre erdige, luftige und feurige Wildheit zurück!

KAPITEL 9

Elischa: der Heiler

Der Elischa-Zyklus (2 Kön 2-13) erzählt Volksmärchen und Legenden über Elischa ben Schafat, den erklärten Nachfolger Elijas als Propheten. Eine geschichtliche Person namens Elischa dürfte Elija abgelöst und zustande gebracht haben, was seinem Mentor versagt blieb: die Zerstörung des Ahab-Regimes durch einen Staatstreich, angeführt vom schneidigen Jehu (2 Kön 9). Die Überlieferungen um Elischa geben jedoch eine friedfertigere Persönlichkeit zu erkennen, als man vielleicht erwarten würde. Während die Elija-Geschichten überborden mit Symbolen von Feuer und Streit, ist der Elischa-Zyklus angefüllt mit Bildern von Wasser und Heilung. Der Archetyp des Heilers, der aus den Elischa-Mythen spricht, schildert das überraschende Potential in jedem Mann, Krankheit zu heilen, Ganzheit wiederherzustellen und Wunden zu behandeln.

Der schamanische Heiler

Zu den eindrucksvollsten spirituellen Figuren der Urvölker, deren Archetyp in alten Mythen und auch heute noch im Leben vieler Männer auftaucht, zählt der Schamane, der heilende Held.[1] Diese Gestalt ist der Prototyp aller männlichen religiösen Gestalten, Großvater der Archetypen des Mystikers, Priesters und Magiers, wie auch der Ursprung für die Rolle des Arztes. Zur Aufgabe des Schamanen gehört die Heilung der körperlichen, emotionalen und spirituellen Krankheiten seines Volkes – obgleich er selbst wohl keine großen Unterschiede zwischen diesen Erkrankungen macht. Denn für den Schamanen hat die Ursache jeder Krankheit eine geistig-seelische Natur, nämlich als Angriff negativer geistiger Kräfte. Krankheit, Wahn, Depression, ja selbst körperliche Verletzungen gelten letztlich als Ergebnis der Heimsuchung durch verschiedene feindlich gesonnene »Dämonen«. Der einzig mögliche Heilungsweg ist ebenfalls geistiger Natur: die bösen Geister austreiben und den Leidenden mit den guten Geistern verbünden, die stärker sind als die Quälgeister.

Der Schamane ist eine Art spiritueller Krieger und seine Heilkraft ist in der Regel entschlossen männlich: das Bekämpfen und Überwältigen von Angreifern durch das Bündnis mit höheren Mächten. Im Gegensatz zum klassisch weiblichen Heilen, das den kranken Menschen in einer von Liebe, Sanftheit und Einfühlungsvermögen geprägten Beziehung pflegt, gehört zum männlichen Heilen Macht und Kraft, Konflikt und Bündnis.[2] Der Schamane, der auch gewisse weiblich mitfühlende und inspirative Gaben aufweisen kann, ist sprichwörtlich Herr über die Geister. Er ist ein Seher mit scharfer Beobachtungsgabe, der zuerst die Symptome des Leidenden aufspürt, bestehend aus der Gegenwart unsichtbarer böser Dämonen, deren Schwachstellen findet, um schließlich seine eigenen, ihm vertrauten Geister durch die Anwendung heilkräftiger Kräuter, magischer Anrufungen oder austreibender Tänze in den Kampf zu führen.[3]

»Durch seine Wunden werden wir geheilt«

Der Schamane erhält seine heilenden Kräfte in der Regel erst nach einer erschöpfenden spirituellen Heldenreise. Zumeist seit früher Kindheit verwundbar wegen bestimmter Körpermerkmale oder emotionaler bzw. mentaler Probleme, leidet der Schamane oft an einer lebensgefährlichen Krankheit oder erfährt eine große Krise, die einen gigantischen Kampf ums Überleben und gegen spirituelle Dämonen verlangt. Unter der Führung eines älteren schamanischen Lehrers lernt er, sich mit übernatürlichen Wesen zu verbünden – wie »Totemtiere«, Geister, Engel oder Götter. Der spirituelle Kampf endet entweder mit seinem Tod – oder mit dem Leben. Wenn er überlebt, bleibt der Schamane fortan von seinen »Hausgeistern« gegen Dämonen geschützt – mit anderen Worten: von seinen ihm gut gesonnenen persönlichen Hütern, die sich lebenslang in seiner Nähe aufhalten und an die er sich in ekstatischen Augenblicken wenden kann, um andere zu heilen. Denn das ist der eigentliche Sinn des ganzen Prozesses: Ein schamanischer Heiler wird nicht um seiner selbst willen geheilt, sondern für die Menschheit; seine wundersame Genesung führt zu einem Leben des Dienstes am kranken Mitmenschen.

Der innere Heiler

Die psychischen Überbleibsel des Schamanen existieren als Archetyp des Heilers immer noch in der männlichen Seele. Wenn ein heutiger Mann ihn verwirklicht, hat er einen wichtigen Schritt getan – in einer Zeit, da man Männlichkeit in erster Linie als verletzend und gewalttätig sieht. Männer müssen wissen, daß sie neben solch vertrauten Archetypen wie Krieger und König psychologisch ausgerüstet sind mit einer riesigen Fähigkeit, in sich selbst und anderen Wunden zu heilen und neue Ganzheit zu bewirken. Doch wie kann ein Mann in der aggressiven und wettbewerbsorientierten Kultur von heute den Heiler in sich selbst wecken?

Er muß zuerst lernen, sich selbst zu heilen. Ein Mann zu sein, heißt Wunden zu ertragen und Narben zu tragen – eine Wahrheit, einst lebendig symbolisiert durch die Ritzung und Verstümmelung des Körpers bei männlichen Einweihungsritualen. Leider merken viele Männer erst spät im Leben, wenn überhaupt, daß sie tatsächlich verwundet sind und daß sie seelische Schäden mit sich tragen, wie etwa die Vaterwunde, die Mutterschuld, zerschlagene Träume, verpaßte Chancen und diverse Süchte und Mißerfolge in Beruf oder Privatleben. Vielen Männern ist es von Kindheit an verboten, Gefühle zu empfinden und auszudrücken; oftmals verbringen sie ihr ganzes Leben in innerer Taubheit, unbewußt ihres permanenten Schmerzes und ihrer Verwundung – bis eine dramatische Krise ausbricht und die leugnenden Kräfte besiegt.

Oft tritt diese Krise in Form einer psychosomatischen Krankheit auf, weil der Körper unbewußten emotionalen Schmerz in Form eines Leidens körperlich auslebt. Ein Mensch, der keine Liebe erfahren kann, entwickelt etwa eine Herzerkrankung; wer sich weder gegen den Vater noch irgend jemand anderen wehren kann, schafft sich möglicherweise Wirbelsäulenprobleme; ein Mann, der mit seinen Gefühlen nicht klarkommt, entwickelt Magengeschwüre, weil er die Dinge nicht länger »verdauen« kann. Nicht, daß psychosomatische Signale stets eine eindeutige Sprache sprächen: Zahlreiche Störungen und Krankheiten entziehen sich einer simplen psychologischen Analyse. Dennoch führt die Krankheit unweigerlich zu einer Krise, sie verlangt Entscheidung, Veränderung und Wandel. Das ist ihr großer Widerspruch und ihr verborgenes Geheimnis: Im Herz der Krankheit können neue, vielversprechende Chancen zur Selbstentfaltung und Ganzheit angelegt sein.[4] Der Heiler ist der Archetyp, der diesen Transformationsprozeß nach schamanischem Muster leitet.

Die Selbstheilung ist ein heikles Thema, das in vielfacher Hinsicht mißbraucht wird. Manche spirituellen Lehrer verkaufen Instant-Versionen, basierend auf einer dramatischen religiösen Läuterung, auf der Anwendung esoterischer Kristalle, verwunschener Kräuter oder einer schablonisierten Gehirnwäsche. All diese Objekte und Praktiken können Heilung symbolisieren oder gar fördern, doch nichts davon kann sie ausschließlich und auf direktem Weg herbeiführen. Der Heilungsprozeß findet in einer weit geheimnisvolleren und individuelleren Weise statt, als der spirituelle Handlungsreisende uns glauben machen möchte – in Zusammenarbeit mit Kräften und auf einer Zeitskala, die unserem Intellekt verschlossen sind. Tatsächlich findet der Großteil einer Selbstheilung außerhalb der Ratio statt und besteht vor allem in schlichter hingebender Offenheit für das Geheiltwerden – durch die Zeit, durch die Natur, durch die Liebe anderer und durch Gott. Es gibt keine Heilung ohne elementare Demut im Angesicht dieser großen Kräfte. Gewiß jedoch besteht Heilung auch in der willentlichen und bewußten Teilnahme am Heilungsmuster – eine absichtliche, strategisch angelegte, schamanengleiche »Meisterung der Geister«.

Unser Name ist Legion

Eine spirituelle Meisterschaft bedeutet manchmal bestenfalls die endgültige, knallharte und kaltblütige Fähigkeit, Nein zu sagen zu »bösen Geistern«, bedeutet die Weigerung, auf ihre Stimmen zu hören oder ihrem Drängen nachzugeben, bedeutet die Bereitschaft, sie von unserer geistig-emotionalen Bühne zu verbannen. Wie man sich diese grausamen Kräfte vorstellt – als negative »Tonbänder« mit elterlichen Stimmen aus der Kindheit, als ererbte Familiendämonen, als reale böse Geister oder gar als den Teufel in persona –, das spielt für die siegreiche Strategie keine Rolle. Wie auch immer ihre ontologische Herkunft sei, diese inneren Stimmen reden uns ein, wir seien schlecht oder wertlos, hoffnungslos krank, ohnehin zum Sterben verurteilt und unfähig, ans Ziel zu kommen. Sie sagen, »Selbstheilung« sei lediglich religiöses Geschwätz, und nichts würde jemals besser werden. So plappern diese bösen Geister daher – alles Lügen oder Halbwahrheiten. Man sollte nie auf sie hören oder Entscheidungen treffen, wenn man sich unter ihrem Einfluß befindet.
Wahre Heilung erfordert eine Form des schamanischen Exorzismus, die Austreibung dieser meckernden Geister. Schamanische Rituale können dabei eine wesentliche Rolle spielen, indem sie die Niederlage der Dämonen symbolisieren und einleiten; schließlich sind Menschen sakramentale und dramatische Wesen. Das äußerliche, austreibende Zeichen muß jedoch von einem inneren, oftmals bekräftigenden Entschluß begleitet sein, aber nicht, um durch den Glauben an Dämonen an der eigenen spirituellen Niederlage mitzuwirken und sie insgeheim willkommen zu

heißen. Zahlreiche Studien zeigen, daß eine solch feste Entschlossenheit nicht nur den geistigen und emotionalen Zustand eines Menschen beeinflußt, sondern auch das körperliche Immunsystem anregt.[5]

»With a Little Help from My Friends«

Eng verknüpft mit dieser Art »Exorzismus«, im Sinne von Sich-Verweigern der inneren Negativität, ist das Phänomen der spirituellen Allianz. Niemand von uns ist in der Lage, gänzlich aus eigener Kraft seine bösen Geister zu besiegen und seine Heilung zu bewirken: eine unpopuläre Wahrheit in unserer individualistischen Gesellschaft, in der der Glaube, man müsse stets alles alleine schaffen, selbst zu den bösen Geistern gehört, die ausgetrieben werden müssen. Die Heilung verlangt nach einer starken Gemeinschaft engagierter und mitfühlender Menschen, die sich der kranken Person in einem Bündnis von Zuneigung, Liebe und körperlicher Berührung, in unterstützenden Gesprächen, mit Hoffnung und im Gebet anschließen. Nach der Aktivierung nimmt der innere Heiler instinktiv das Bündnis mit diesen »gute Geistern« an. Diese heilende Allianz ist der Hauptgrund, warum die Anonymen Alkoholiker und vergleichbare Programme so erfolgreich sind. Diese Gruppen veranstalten regelmäßige Treffen mit anderen Süchtigen auf dem Weg zur Besserung und bieten Menschen eine immense geistige Unterstützung und Ermutigung an, die dann selbst zu Quellen der Heilung werden und anderen Menschen helfen, sich von ihrer Sucht zu befreien. Der Einfluß eines Mitarbeiters bei den Anonymen Alkoholikern auf die Heilung seines Freundes weckt den Archetypen des Heilers in beiden ganz unmittelbar. Ähnliche Heilerkonstellationen gibt es in anderen Selbsthilfegruppen, wo es um Krebs, AIDS und andere Krankheiten geht.[6]

Das Modell des therapeutischen Bündnisses erweist sich als hilfreich, um die Bedeutung der »Kirche« zu verstehen. In einer Welt, die wahre geistige Werte zunehmend ignoriert, kann die Kirche ein Ort sein, wo wir uns mit unseren Brüdern und Schwestern verbünden, in einer Gemeinschaft von Seelen, die sich gegenseitig beschenken auf der Suche nach der Ermutigung, die wir alle brauchen, um weiter zu lieben, zu hoffen, zu glauben und zu beten. Viele religiöse Gemeinschaften – Kirchen, Synagogen und Moscheen – bieten ihren Mitgliedern regelmäßig geistigen Beistand dieser Art an; es ist praktisch unmöglich, ohne sie am Glauben (jedem Glauben) festzuhalten. Zu den Hauptgründen, warum es Männern an spiritueller Tiefe fehlt, zählt einerseits, daß die ihnen vertraute Kirche eine solche Brüderschaft nicht anbietet, andererseits aber auch, daß diese Männer oft zu individualistisch denken, um in »Kommunion« mit anderen Gläubigen zu treten.

Das Gute tief im Herzen

Der Zugang zum Heilerarchetyp bietet auch ein Entrée zur Erfahrung der Freundschaft mit der geistigen Welt in einer Weise, die wir uns vielleicht niemals erträumt hätten: Der Heiler kennt die helfenden Kräfte von Gegenständen – Kristalle, Kräuter, Figuren, Medaillen, Bilder, Steine, Kruzifixe, Weihwasser und heilige Orte. Viele Menschen verbinden mit solchem Tun das Wort Magie; es ist – *Tiefe Magie*. Ob heiligen Gegenständen und Orten tatsächlich ein elementarer Geist innewohnt, ob es psychologische Kräfte in uns sind oder ob sie nur sogenannte Placebo-Effekte bewirken … – sie können Menschen heilen. Ein kranker Mensch kann intuitiv einen geistig wirkkräftigen Gegenstand oder Ort finden, indem er sich durch eine schamanische Meditation auf das konzentriert, was seine Vorstellungskraft beflügelt oder ihm Hoffnung gibt. Manche finden einen Lieblingsplatz mit einer geheimnisvollen Aura, von dem eine merkwürdige Kraft auszugehen scheint; anderen kann ein bestimmtes Heiligenbild Vertrauen einflößen und wieder andere beziehen Kraft von einem schönen Stein oder einem Kristall. Tausende kranker Menschen haben durch die heiligen Wasser von Lourdes Genesung erfahren. Wie wir sehen werden, schöpfte auch Elischa viel Kraft aus der heilenden Wirkung des Wassers. Zu den frappierendsten Merkmalen schamanischer Heilung gehört der Glaube an die Kraft von »Geistertieren« als Führer und Helfer, wobei diese Einsicht in den modernen, städtischen Religionen leider beinahe völlig fehlt. Wir sind selbst Tiere und auf beinahe jeder Ebene mit anderen Tieren verwandt. Tiere beeinflussen uns sehr stark – als Haustiere, als Freunde und als Symbole der Kraft. Ein Zoobesuch kann Wunder wirken, um unseren Sinn für unsere Verbundenheit mit der Natur wiederzuerwecken, das Lachen über uns selbst und ein Gefühl von Bewunderung für den Architekten, der solche Geschöpfe entwarf. Es ist wohlbekannt, daß eine Hauskatze oder ein Lieblingshund eine unvergleichliche Form des Miteinanders bieten können, die manchen Menschen hilft, sich von einer Krankheit zu erholen oder nach der Pensionierung ein langes Leben zu genießen.

Wenn herbeigerufen, sucht der schamanische Heiler bisweilen nach einem »Tier der Kraft«, um es in das therapeutische Bündnis aufzunehmen. Um das zu entdecken, muß ein Mann vielleicht intuitiv erfassen, welches Tier seinen Wesenskern symbolisiert oder ihn am meisten anspricht, wenn es um Gesundheit, Kraft und Überleben geht. Zeitlebens habe ich eine solche merkwürdige geistige Beziehung zum Falken gehabt, der in wichtigen Momenten meines Lebens auftaucht und über mir kreist und schwebt. Für mich ist der Falke ein Bote des Allerhöchsten, der alles sieht und alles weiß – eine Art Sakrament von Gottes Gegenwart. In ähnlicher Weise sah Jesus bei seiner Taufe eine Taube auf ihn niederfliegen (Mk 1,10); der Wilde Mann Elija wurde von Raben gefüttert, die in der schamanischen Welt als Überbringer der magischen Medizin wohlbekannt sind, während Elischa der Heiler offenbar eine besondere Beziehung zu Bären hatte.[7]

Alle Heiligen und Engel

Der Heilerarchetyp bringt uns auch in Verbindung mit der heilenden Kraft von Schutzengeln und Heiligen, unseren verstorbenen Brüdern und Schwestern, die jetzt in Herrlichkeit leben. Der Glaube an eine solche Verbindung mit den Geistern unserer Vorfahren und Freunde ist eine schöne Besonderheit vieler asiatischer und afrikanischer Kulte, in denen die schamanische Heilertradition noch stark vertreten ist. Dem Katholizismus ist anzurechnen, daß er ebenfalls ein lebendiges Bewußtsein der »Gemeinschaft der Heiligen« pflegt; jede Messe erinnert daran, und beinahe jeden Tag wird weltweit eines ihrer Feste gefeiert. Katholiken beten immer noch zu einem besonderen Schutzheiligen oder gar zu einer Reihe von geistigen Helfern wie Maria, Franziskus, Georg, Michael, Antonius oder Theresa.

Mit der Wahrung des Glaubens an Geisthelfer zeigen sich die meisten Weltreligionen der Tatsache bewußt, daß das Universum ein viel geheimnisvollerer und belebterer Ort ist, als unsere Augen sehen können, daß Heilige, Boddhisattvas und Engel aus der geistigen Welt intervenierend eingreifen, wenn wir uns ihnen nur öffnen.[8] Leider sind viele Menschen heute von solchen geistigen Freundschaften ebenso abgeschnitten wie von der Natur und der Tierwelt. Der Materialismus beharrt darauf, alles auf den kleinsten gemeinsamen Nenner zu reduzieren, auf »reine Materie«, wobei er jede Wirklichkeit aus seinem Gesichtskreis verbannt, die die linke Gehirnhälfte nicht akzeptieren kann. Sogar viele Theologen begrenzen die christliche Lehre auf doktrinäre und ethische Thesen und geben den Gläubigen theologische Vitaminpillen, statt ihnen ein reiches spirituelles Mahl zu bereiten. Kein Wunder, daß so viele moderne Männer seelisch so ausgetrocknet und unterernährt sind.

Wird jedoch der Heilerarchetyp aktiviert, stellt sich das Herz auf geistige Kanäle ein, die die Gegenwart von liebenden Menschen um uns herum intuitiv aufspüren. Menschen, die todesnahe Erfahrungen machten oder Erlebnisse eines Lebens nach dem Leben hatten, berichten oft, daß die Geister verstorbener Freunde und Verwandte sie wie Wolken umgeben.[9]

Viele von uns spüren das instinktiv und wissen sogar, wer unsere helfenden Geister sind: ein lieber Großvater, eine Lieblingstante, ein Elternteil oder ein treuer Freund. Von ihnen geht immer noch die Liebe und Fürsorge aus, die wir im wirklichen Leben direkt erfahren haben – ein Phänomen, das so vergnüglich im Film »Geister« dargestellt wurde. Doch die Offenheit für den Heiler kann auch in die Gegenwart von liebenden Geistern führen, die wir sonst nicht in Betracht gezogen hätten. Mehrere merkwürdige und »zufällige« Erlebnisse mit der Todesanzeige eines äußerst lebensfrohen und lustigen Jesuiten – mein Lieblingslehrer am Gymnasium – , die mir immer wieder in die Hände fiel, wohin ich sie auch wegräumte, machten mich auf eine solche Gestalt aufmerksam. Schließlich steckte ich meinen Rationalismus weg und begann, bewußt mit meinem Lehrer zu sprechen und seine liebevolle Gegenwart anzuerkennen. Danach hörten die »Kartentricks« auf.

Manchmal ist die Katastrophe einer Krankheit erforderlich, um einen Mann aus dem kulturell andressierten Rationalismus zu reißen, der ihn von der Einstimmung auf die geistige Welt abhält. Schmerz kann quälen *und* aufwecken. Manche Männer arbeiten lebenslang in Richtung einer Super-Unabhängigkeit und Entfremdung; der Zugang zum inneren Heiler kann sich deshalb für sie vor allem während einer gesundheitlichen Krise als sehr hilfreich erweisen. Nachts allein in einem Krankenhausbett, kann ein Mann vielleicht doch das Gefühl von Isolation und Einsamkeit zugeben und Trost finden in der Erkenntnis, daß er von unsichtbaren liebenden Geistern umgeben ist. Das Wissen, daß wir nicht allein oder verlassen sind, verändert ein Leben; ein verwundeter Heiler kann seinerseits zu einem dieser liebenden Geister für andere werden. Das ist, was mit Elija, dem Wilden Mann, geschah. Allein, verwundet und verfolgt sandte ihn Jahwe vom Berg Horeb zurück nach Israel, um seinen treuen Schüler Elischa ben Schafat zu wählen (1 Kön 19,16). Selbst nachdem Elija diese Welt in einem Wagen aus Feuer verlassen hat, bleibt er »im Geiste« da, um Elischa im heilenden Dienst beizustehen.

Elischa und der Mantel der Schülerschaft

Nach klassischem Heiler-Motiv weist die Geschichte von Elischa einen kleinen Schönheitsfehler auf; im Gegensatz zum schamanischen Propheten Hesekiel (Hes 3-5) ist unbekannt, ob Elischa eine lebensgefährliche gesundheitliche Krise nach schamanischem Muster durchgemacht hatte. Sein Mentor, Elija, sah auf dem Horeb dem Tod ins Auge und besiegte ihn. Wenn also Elija sofort nach seiner Rückkehr aus Israel vorgeführt wird, wie er seinen magischen Mantel über seinen Schüler Elischa wirft (1 Kön 19,19-21), gibt man uns zu verstehen, daß Elischa jetzt die schamanische Heilungserfahrung seines Lehrers übernommen hat.[10] Elischas Identifikation mit seinem Mentor ist vollständig; als Zeichen der absoluten Hingabe des Schülers küßt er seine Eltern zum Abschied und schlachtet seine beiden Rinder als Mahl für seine Leute.

Das Mantelmotiv taucht später erneut bei einer dramatischen Abschiedsszene am Jordan auf (2 Kön 2).[11] Elischa, der darauf besteht, vom Geiste seines Meisters eine *doppelte* Portion geerbt zu haben, folgt dem davonziehenden Elija über den Jordan. Plötzlich erscheinen Feuerwagen und tragen Elija in einem Wirbelwind zum Himmel hoch; Elischa hat ihn nie wiedergesehen. In weiser Voraussicht bemächtigt sich Elischa des Mantels seines Mentors – jener magische Mantel des Schamanen, der fortan Elijas Kräfte auf seinen Träger delegiert – und schlägt damit auf die Wasser des Jordan. Sie tun sich auf und Elischa gelangt trockenen Fußes auf die andere Seite, um sich, einmal mehr, im Gelobten Land wiederzufinden.[12]

Sogleich bitten die Bewohner Jerichos den Propheten, den Wasservorrat ihrer Stadt zu reinigen – ein erfolgreiches Ansinnen, weil sich Elischa später als Experte für Wasserwunder erweisen wird! Während Elija wunderbare Zeichen erwirkte, die sich auf Erde, Wind und Feuer bezogen (1 Kön 19,10-14), wird Elischa ein Meister für Wunder mit dem vierten Naturelement, dem Wasser. In typischer Schamanenmanier verlangt er eine Schüssel und etwas Salz – ein reinigendes magisches Elixier – und klärt das Wasser der Quellen Jerichos für alle Zeiten (2 Kön 2,19-22). Elischas erste Wunderheilung hat auch psychologische Bedeutung: Der schamanische Heiler, einmal beschworen und aktiviert, heilt die Wunden in der Erde, die Tod und Fehlgeburt bringen; der Heiler bewirkt neues Leben für das ganze Volk.

Die Gefahren der Hexerei

Die Elischa-Erzählung liefert nun einen bizarren folkloristischen Bericht, der den Mißbrauch des Heilers schildert, ein typisches Merkmal der biblischen Literatur, die den Leser auf die Schattenseite jedes Archetypen aufmerksam machen will. Wie ein neuer Josua, soeben zurück von seinem erstaunlichen Wunder in Jericho (siehe Jos 7), wandert der siegreiche Elischa die Straße nach Bethel hinauf zum Bergland von Ephraim (2 Kön 2,23-25). Von sich selbst eingenommen und aufgeblasen, gerät er prompt in eine Tragödie. Auf seinem Weg belästigen Banden frecher Kinder den Reisenden (wie sie es in Palästina noch heute gerne tun!) mit Gejohle wie »Hau ab, Glatzkopf!«. Wütend läßt Elischa seine Heilkraft ins Dämonische wechseln, er begibt sich auf die dunkle Seite der Macht. Als er die Lümmel mit seinen schamanischen Kräften verflucht und seine Totemtiere aus den Wäldern ruft, kommen zwei Bärinnen zwischen den Bäumen hervor und zerreißen die jungen Übeltäter.

Das ist Hexerei – der Gebrauch spiritueller Kräfte zur Schädigung statt zur Heilung. Elischa mißbraucht das schamanische Bündnis mit den Tiergeistern für seine persönliche Rache.[13] Doch was sagt dieses Beispiel für spirituellen Mißbrauch einem Mann von heute? Hexerei im engsten Sinne ist eine eher seltene Erscheinung, auch wenn ich als Priester öfters, als ich es je erwartet hätte, Menschen begegnet bin, die in Voodoozauber und Hexerei verwickelt waren. Weiter gefaßt, ist der Hexer jedoch ein negativer Archetyp, der Männer beschreibt, die ihre spirituellen Kräfte aus Eigennutz oder Mißgunst einsetzen: für medizinischen Profit statt für die ganzheitliche Heilung ihrer Patienten, für kirchliche Macht statt für den apostolischen Dienst, für die Rache an einem Mitarbeiter statt für den Erfolg einer gemeinsamen Sache. Die Geschichte mit den Bärinnen gemahnt uns daran, daß man es sich zu leicht macht, wenn man spirituelle Kräfte als persönlichen Besitz betrachtet, die man nach Willkür und Belieben gebrauchen kann; sie sind es nicht. Schamanische Kraft dient der Heilung der Menschen, nicht der Machtgier und Willkür des Heilers.

Aussätzige heilen und Tote auferwecken

Nach der kurzen Begegnung mit schwarzer Magie, die er überwand und nie wieder erlebte, wirkte Elischa noch weitere Wasserwunder. Während eines Krieges mit Maob flehten Juda und Edom, mit Israel verbündete

Könige, den Propheten an, für ihre Truppen Wasser zu finden. Ein zögernder Elischa fiel in Ekstase und produzierte den gewünschten Teich (2 Kön 3,12-20). Bei Gildal reinigte er für seine Mitpropheten eine vergiftete Suppe (4,38-41) und brachte später eine kostbare Axt, die einer der Propheten im Jordan verloren hatte, an die Oberfläche (6,1-7). Elischas größtes Wasserwunder heilte jedoch nicht einen Kollegen oder auch nur einen seiner Landsleute, sondern den feindlichen syrischen General Naaman, der vom Aussatz befallen waren; Elischa befahl ihm, sich siebenmal im Jordan zu waschen (5,1-14). Das ist eine berühmte Geschichte und ihre Bedeutung liegt auf der Hand: Der Heiler ist aufgerufen, außerhalb der Fesseln seiner Eigeninteressen und auch aller politischen Überzeugung und religiöser Ideologie zu handeln.[14] Der Heiler ist letztlich der Archetyp, über den sich Männer mit ihren früheren Feinden versöhnen, indem sie mit ihnen unser aller Wunsch nach Heilung und Leben erfahren. Keine dieser Prüfungen kam Elischas größter Herausforderung gleich: Der Sohn einer vornehmen Frau aus Schunem lag kalt und tot auf seinem Bett (2 Kön 4). Hier war kein Wassertrick möglich; Elischa schien zu guter Letzt keinen Rat zu wissen. Man kann sich gut vorstellen, an wen sich Elischa in diesem Augenblick wandte: an seinen Geistführer und Schamanenmeister Elija, der einst einen anderen Jungen vom Tode auferweckte (1 Kön 17). Als der Prophet zum Totenbett trat, legte er sich auf das Kind und preßte Mund auf Mund, Auge an Auge, Hand auf Hand. Sieben Mal hauchte Elischa seinen Atem dem Jungen ein. Als das Kind mit den Augen blinzelte, gab es der Prophet seiner Mutter zurück. Das war Elischas größte Stunde und auch für ihn eine heilende Erfahrung. Erst kurz zuvor hatte er seine schamanischen Kräfte als Hexer eingesetzt, um kleine Jungen zu verletzen, jetzt benutzte er sie als Heiler, um einen von ihnen zu neuem Leben zu erwecken.

Der verletzende und verwundete Heiler

Zu Recht mag man sich fragen, warum die biblischen Autoren einen vermeintlichen Heiler wie Elischa als Anstifter des Jehu-Aufstandes schildern, der das gesamte Regime Ahabs ausrottete und gewaltsam ein fundamentalistisches, Jahwe verpflichtetes System einsetzte (2 Kön 9-10). Die Antwort gibt uns die Mythologie des schamanischen Archetyps. Männliches Heilen ist, wie man sich erinnern wird, nicht immer nährend, sanft oder angenehm. Im Gegenteil: Der männliche Heiler muß sich oft wie ein Krieger verhalten, der das Schwert schwingt und sich bösen Geistern und lebensgefährlichen Feinden gegenüber in der Regel hart, kalt und antagonistisch zeigt. Er ist der Chirurg, der willens ist, einen geschwächten Körper zu öffnen und auf blutige Weise ein Krebsgeschwür zu entfernen, um den ganzen Menschen zu retten; der Zahnarzt, der auf schmerzhafte Weise an einem Zahn bohrt, um ihn zu retten, der Therapeut, der darauf beharrt, daß wir uns mit unseren schmerzlichsten Erinnerungen auseinandersetzen, um sie heilen zu können. Die Künstler, die den Elischa-Zyklus schufen, sahen ihren Helden genauso. Der Prophet rettete einzelne mit schamanischer Magie; er rettete Israel durch eine schmerzhafte Operation, die den Krebs des sündhaften Ahab-Regimes aus ihm herausschnitt.

Das ist der Heiler, den Männer manchmal anrufen müssen, wenn sie Ganzheit herbeiführen wollen; der zerstörerische Shiva, der die sterbende Welt verwüstet, damit er neu erschaffen kann, der die Felder verbrennt, damit neue Ernten heranreifen können, der ein Glied amputiert, um den ganzen Körper zu retten. Dieser Heiler ist ein Mann, der seine eigenen Verletzungen und Schwächen gut kennt, der seine Hilfsbedürftigkeit demütig bekennt und mit spirituellen Freunden in gegenseitig heilendem, therapeutischen Bündnis zusammenarbeitet. Er ist der genesende Alkoholiker, der für andere Trinker zur Quelle von Mitgefühl und Ermutigung wird, der zuversichtliche AIDS-Kranke, der den Menschen in seiner Nähe die Dankbarkeit für das Leben lehrt, der Krebspatient, dessen Kampf ums Überleben alle erhebt, die ihn kennen. Wenn wir einen Augenblick innehalten, würden wir erkennen, wie viele dieser demütigen Heiler mitten unter uns leben: Der Herr auf dem Amt, dessen gefurchtes Gesicht und dessen Weisheit davon erzählen, daß er das Leben kennt, der liebenswürdige Hausmeister, mit dem man einmal sprechen möchte, ohne genau zu wissen warum, oder der Lehrer, der mehr als in jeder Stunde zu sagen hat, wenn er nur jemandem mitfühlend in die Augen blickt. Unsere Welt ist voll solcher Männer, und sie machen uns alle ein wenig menschlicher und ein wenig weiser. Die Kraft eines heilenden Menschen heilt.

Ein letztes Wasserwunder

Sprache und Rhetorik der Heilberufe wirken oft übertrieben, grandios und unrealistisch. Mit Glanz in den Augen sprechen Enthusiasten oft von »vollständiger« Heilung und hinterlassen in uns ein Gefühl von Unbehagen. »Alternative« Heiler und New Age-Lehrer verkaufen ihre Produkte häufig wie Schlangenöl. Nach meiner Erfahrung geschehen echte Wunderheilungen im Leben eines Menschen sehr still, ohne jedes Aufsehen und heutzutage fast immer, ohne daß sich der Heiler zu erkennen gibt. Man braucht das Auge eines Falken, um sie wahrzunehmen. Deswegen sind sie allerdings nicht weniger gnadenvoll.

Mein Vater hatte in den zehn letzten Jahren seines Lebens gegen seinen zunehmenden Alkoholismus anzukämpfen. Ich kann mich nur allzugut erinnern, wie ich ihn als Kind in den Fängen des Dämons irisch-katholischer Schuldgefühle sah, denke an seine teuflischen Selbstmordgedanken, seine Versagensgefühle und andere böse Geister. Trotz allem verbündete er sich jedoch mit Freunden bei den Anonymen Alkoholikern, versuchte zu beten, zu hoffen und an seiner Genesung zu arbeiten. Er hat sich nie wirklich erholt, und man könnte nun allzuleicht sagen, er habe versagt. Doch mein Vater hatte viel Herz. Er stand treu zu seinen Freunden und half vielen Menschen auf unauffällige, jedoch bedeutsame Weise. Er erlaubte seiner eigenen Verwundung nicht, ihn sich nicht mehr um andere Menschen kümmern zu lassen.

Mein Vater empfand großen Stolz und Freude an unserer ungehobelten kleinen Heimatstadt Deadwood in Süd-Dakota, mit ihren Bars, Spielhöllen und Prostituierten. Im Sommer 1961, einige Monate vor seinem Tod, versiegte unser Wasser nach einem dritten Dürrejahr. Die Wasserspeicher der Stadt waren völlig leer. Eine solche Dürre kann einen Mann zum Trinken bringen! Doch in seiner Liebe zu Deadwood verweigerte sich mein Vater den Dämonen und fuhr zu einer verlassenen Goldmine in den Black Hills oberhalb des Städtchens hinauf, wo er schon als Kind gespielt hatte. Er hatte sich daran erinnert, daß es in dieser Mine immer Wasser gab. Wie Elischa in Moab fand er einen großen Teich im Schacht, der sogar in der Dürrezeit Wasser führte. Er gab keine Ruhe, bis er den Stadtrat überredet hatte, die Quelle zu erschließen, die rechtliche Seite zu klären, die nötigen Rohre zu beschaffen und das Wasser direkt in die Speicher von Deadwood fließen zu lassen. Einige Tage später hatten wir wieder Trinkwasser. Im Frühling des nächsten Jahres starb mein Vater, immer noch stolz auf das, was er erreicht hatte. Die Wunden blieben. Der Mann hatte jedoch seinen Durst nach Alkohol lange genug zurückgestellt, um den geliebten Menschen seiner Heimat einen Schluck Wasser zu bringen. Auch heute, mehr als dreißig Jahre danach, bezieht Deadwood sein heilendes Wasser vom Teich der Cutting Mine. Ich denke, ich weiß auch, wer heute noch über das Wasser wacht.

KAPITEL 10

Jeremia: der Prophet

Die prophetischen Kämpfe, die Elija und Elischa 850 v.Chr. gegen das königliche Regime Israels geführt hatten, flammten über ein Jahrhundert später erneut auf. Zu jener Zeit begannen die Propheten Amos und Hosea die Zerstörung des Königreichs Israel zu verkünden, als Strafe für seine lange, sündige Geschichte der Götzenanbetung, des Militarismus und der gesellschaftlichen Ungerechtigkeit. Ihre schrecklichen eschatologischen Prophezeiungen erfüllten sich kurz darauf, als assyrische Streitkräfte unter Sargon II. 722 v.Chr. die Stadt Samaria und das übrige Ephraim zerstörten. Israel gab es nicht mehr, seine zehn Stämme verloren sich im Dunkel der Geschichte.

Im Süden überlebte das Königreich Juda den assyrischen Angriff 701 v.Chr., auch wenn der verhaßte König Manasse vor dem Feind kapitulierte, was eine grausame Kolonialherrschaft von über fünfzig Jahren zur Folge hatte (2 Kön 21). Als Reaktion auf die assyrische Unterdrückung haben offenbar nationalistische und fundamentalistische jüdische Kräfte, bekannt als »die Menschen des Landes«, 740 v.Chr. einen mörderischen Staatsstreich gegen Manasses Sohn angezettelt, um anschließend Amons achtjährigen Sohn Josia als Leitfigur Davidscher Prägung auf den Thron zu hieven. Als die assyrische Macht während der nächsten zwei Jahrzehnte zerfiel, begann Josia gemeinsam mit seinen patriotischen jahwistischen Gönnern, die politische und religiöse Kontrolle über Juda wiederherzustellen. Die sogenannte Josianische Reform von 622 merzte alle Zeichen eines assyrischen Einflusses im Königreich aus und mit ihm die einheimischen kanaanitischen Fruchtbarkeitsgötter, ihre Symbole, Priester und Kultstätten. Josia tolerierte nur einen Kult, eine Priesterschaft, ein Gesetz, einen Gott – und nur eine Kultstätte: den Tempel zu Jerusalem.

Der Endzeit-Prophet

In jenen aufregenden Tagen wuchs in einem kleinen Dorf in der Nähe von Jerusalem ein Junge namens Jeremia ben Hikiah auf. Offenbar hatte sich der Sohn einer alten Priesterfamilie stark mit der Josianischen Restauration identifiziert, die den judäischen Stolz und den Glauben in seiner Umgebung belebte. Bei einer machtvollen mystischen Erfahrung im Jahre 627 hörte der Junge den Ruf Jahwes (Jer 1). Der Ruf war verblüffend: Gott gab dem jungen Jeremia die Macht über Völker und Königreiche: »Du sollst ausreißen und niederreißen, vernichten und einreißen, aufbauen und einpflanzen« (Jer 1,10). Als Jeremia unter Josias jüdischer Renaissance, der bedeutendsten geschichtlichen Ära seit dem goldenen Zeitalter von David und Salomo, zu einem Mann herangewachsen war, sah seine Zukunft ziemlich rosig aus. Gott persönlich hatte dem jungen Mann große Macht, überwältigende Autorität und beispiellosen Erfolg versprochen. So dachte Jeremia.

Dann schlug das Schicksal zu. Als König Josia 690 v.Chr. den ägyptischen Pharao Necho bei Meggido abfangen wollte, der aufmarschiert war, um das zerfallende assyrische Reich zu stützen, wurde er getötet (2 Kön 23,29). Das Ereignis erwies sich als spirituelles Desaster für das jüdische Volk und besonders für den jungen Propheten Jeremia. Von diesem Tag an regelte Ägypten über den Marionettenkönig Jojakim die Angelegenheiten der Judäer. Die Reform war gescheitert, das Selbstvertrauen zerschlagen, und einmal mehr ächzten die Juden unter dem Joch kolonialer Herrschaft. Jeremia konnte den Wandel nicht akzeptieren. Etwa zu dieser Zeit begann er, in langen, grollenden Orakeln zu prophezeien, die den kollaborierenden jüdischen König mit Anklagen von politischer Feigheit und religiöser Schlampigkeit brandmarkten. Noch unheilvoller, Jeremia begann, »auszureißen und niederzureißen, zu vernichten und einzureißen«: Das Ende Judas sei absehbar, so verkündete er. Die vielversprechende Berufung aus Jeremias Jugendtagen war jetzt zu einer schrecklichen und bitteren Last geworden: seinem eigenen Land das Verhängnis zu verkünden. Jeremia prophezeite, daß es mit Judas langer Geschichte als freiem Königreich zu Ende ging, daß es mit Jerusalems Unantastbarkeit als Stadt Gottes vorbei sei, daß die Tage des Tempels gezählt seien. Die Zeit war abgelaufen.

Wie ein todgeweihter Patient, der die Diagnose nicht ertragen kann, tanzte Jerusalem leugnend weiter, nahm keine Blumen an, begrüßte keine Gäste und erlaubte keinerlei Bestattungsvorbereitungen. Alles war in Ordnung! Kein Problem! Frieden! – Doch es sollte keinen Frieden geben. Und Jeremia verkündete es beharrlich: das Ende ist nah – so sehr, daß seine Landsleute nur den eschatologischen Teil seiner Botschaft verstanden. Was sie bis lange nach Jeremias Abwanderung ins ägyptische Exil nicht hören konnten, waren seine Worte über einen neuen Anfang, einen neuen

Weg und ein neues Herz (Jer 31,31-40). Jeremia sprach die schmerzliche Wahrheit allzu oft und allzu deutlich aus, als daß sie jedermann hätte annehmen können. In dieser Hinsicht war Jeremia ein wahrer Prophet.

Der Prophet

Der Prophet ist ein faszinierendes Individuum. Heute neigen wir zu einer sehr beschränkten Vorstellung, die ihn als bizarre Figur, die die Zukunft vorhersagt, sieht. Zwar trifft es oft zu, daß Propheten dem Auge verborgene Ereignisse voraussehen, doch das Weissagen ist nur ein Nebenaspekt der eigentlichen Aufgabe des Propheten: nämlich die Botschaften Gottes dem Volk zu überbringen. Soziologisch gesehen ist der Prophet eine Art »Kanal«, der in religiös betonten Gemeinschaften als Bindeglied zwischen den Menschen und den höheren Sphären fungiert – und umgekehrt.[1] Mit Hilfe ekstatischer Techniken tritt der klassische Prophet in einen veränderten Bewußtseinszustand ein und empfängt Botschaften von der Gottheit, die er wiederum seiner Gefolgschaft überbringt. Ein Prophet ist ein »Kanalisierer«, der die Gesellschaft mit himmlischen, normalerweise verschlossenen Wirklichkeiten konfrontiert.

Theologisch gesehen ist der biblische Prophet ein Kanal der Gnade, ein Instrument der Offenbarung, durch das Gott seinen Willen dem Volk kundtut. Der Bibel-Theologe Walter Brueggemann spricht von »prophetischer Vorstellungskraft«, die einem Menschen die Begabung verleiht, einen anderen Bewußtseinszustand wahrzunehmen und beherzt zu artikulieren, um Gottes Denken, Fühlen, Werten und Handeln darzustellen – im Kontrast zur gängigen, gleichförmigen Weltsicht.[2] In christlichen Kategorien ist diese andere Wahrnehmung nichts anderes als das Bewußtsein von Gottes Reich, eine frische und radikal andersartige Sicht der Bedeutung unseres Lebens hier auf Erden, so wie sie Jesus von Nazareth schaute. In seiner Vorstellung sieht der echte Prophet die Dinge, wie Gott sie sieht, in seiner Empathie spürt er die »Gefühle« Gottes.[3] Zudem kommuniziert der Prophet über diese Visionen und Gefühle lebhaft mit uns gewöhnlichen Sterblichen, gefangen in den ausgetretenen Geleisen des vorherrschenden profanen Bewußtseins. Der wahre Prophet gemahnt uns kompromißlos daran, wer wir wirklich sind, was wir hier tun und was wir in Gottes Augen und in seinem Herz sind – im Gegensatz zu den Einstellungen zu uns selbst und unserer Kultur, die wir unter der Hypnose von Massenideologie und -kultur übernommen haben.

Der wahre Prophet ist also eine sehr männliche spirituelle Figur. Erstens sehnt er sich nach dem Völlig Anderen (*Totaliter Aliter*), nach der anderen Wirklichkeit der reinen Heiligkeit, die uns aus unserem normalen und profanen Bewußtsein erlöst. In diesem Hang zum Anderen ist der Prophet eine Art spiritueller Pilger, der ekstatisch nach neuen und tieferen Wahrheiten der menschlichen Erfahrung sucht, als wir in unserer täglichen Routine finden können. Doch die spirituelle Wirksamkeit dieser Gestalt tritt erst in dem zutage, was der Prophet mit seinen Visionen und Botschaften *tut*. Er hortet diese Dinge nicht in seinem Herzen wie Maria (Lk 2,51), ganz im Gegenteil: Der Prophet macht sich auf, die Gesellschaft mit seinen verschiedenen Visionen zu konfrontieren, um eine *Metanoia*, eine Umkehr des Herzens herbeizuführen. So agiert er als eine Art spiritueller Krieger, wobei seine gottgegebenen Botschaften wie ein Schwert direkt auf das Herz des Volkes zielen – nicht, um es zu vernichten, sondern um seinen Panzer der Ablehnung und Gleichgültigkeit zu durchdringen und die Menschlichkeit darunter freizulegen. Strafend, richtend, anklagend, angreifend, ermahnend und erregend verwunden seine Worte manchmal und irritieren immer – provozieren und rühren unweigerlich auf. Jeder Prophet benimmt sich »unmöglich«. Den Selbstgefälligen schleudert er Warnungen entgegen, den Verzweifelten gibt er Hoffnung. Er sagt uns, was wir nicht hören wollen, genau dann, wenn wir es nicht hören wollen. Deshalb ist die Gesellschaft auch so erpicht darauf, ihn außer Hörweite zu halten.

»Jahwe spricht – wer wird da nicht zum Propheten?«

Der Prophet ist ein kraftvoller Archetyp in Männerseelen, auch wenn viele das nicht bewußt und vollständig anerkennen. Ein Mann, der nur unbewußt und teilweise Zugang zum inneren Propheten findet, wird manchmal zum Eigenbrötler, der pausenlos nebelhaft irritiert über den »Stand der Dinge« ist, sei es in der Politik, im Geschäftsleben, in der Religion oder im Leben ganz allgemein. Er wirkt zynisch und mürrisch; und wenn er eine weitere Bonzenlüge hört, noch eine Halbwahrheit aus dem Munde eines Politikers oder die wiederholte Heuchelei eines Werbefachmanns, dann reagiert sein fein justierter innerer »Humbugfühler« mit rollenden Augen und Achselzucken. Wir alle kennen solche Männer: Doch oft lassen wir uns nicht die Zeit zu berücksichtigen, daß tief unter dem Panzer ihrer scheinbaren Negativität das Herz eines frustrierten Individualisten schlägt, eines Träumers, der sich vorstellen kann, wieviel besser die Dinge sein könnten, wieviel ehrlicher und wahrer. Im bewußten Umgang mit dem Propheten könnten diese Männer ihre verschrobene Negativität in eine positive spirituelle und gesellschaftliche Kraft umwandeln.

Die populäre Psychologie ist derzeit mit Büchern überbordet, die warnen vor den Gefahren der Leugnung, der Verdrängung oder vor der Verstellung in Beziehungen, Familien, Institutionen und gar in der Gesellschaft als Ganzes.[4] Viele von uns leben verstrickt in ein Netz von Lügen und Halbwahrheiten, von uns selbst und anderen gesponnen im fehlgeleiteten Versuch, Schmerz oder Schmach zu vermeiden. Ehen kranken, gestörte Familien existieren weiter und halten am Luftschloß fest, alles sei in bester Ordnung sei, während in Wahrheit die Zerstörung nagt. Ebenso ist Heuchelei an unseren Arbeitsplätzen an der Tagesordnung, unsere Kirchen sind bisweilen ein Schwindel, unser nationales Leben oft genug eine Farce.

Der Psychologe Scott Peck spricht sogar von den »Menschen der Lüge«, Menschen in unserer Umgebung, die diese krankhafte Falschheit am Leben erhalten, um Macht zu erlangen und zu bewahren.[5] Aktiviert, kann uns der Archetyp des Propheten – der »Wahr-Sager«, der die künstlichen Illusionen zerstört – den Weg aus dem Sumpf zeigen. »Menschen der Wahrheit«, die einen sauberen Zugang zum inneren Propheten haben, sind unsere einzige Hoffnung, Lüge und Täuschung zu brechen und uns der Wirklichkeit zu stellen.

Nur selten hört man jemanden wahrheitsgemäß und liebevoll, aus seinem Propheten heraus, sprechen. Eine Kultur, die lächelnde Gesichter verlangt, »Have a nice day«-Anstecknöpfe trägt und Liebe mit Lebkuchenherzen und Eigennutz mit Engagement verwechselt, kann sich nur schwer eine Liebe vorstellen, die auch anficht, die weiß, daß Fürsorge auch schmerzen kann oder daß die Wahrheit noch vor dem Heilen kommt. Liebe heißt auch, dem geliebten Menschen die Wahrheit zu sagen und dann die Würfel so fallen zu lassen, wie sie wollen. Für diese Art der Liebe müßte eine Gesellschaft, die zum Beispiel »Fußball *liebt*«, eigentlich ein neues Wort erfinden.

Der Prophet in uns ist auch ein Liebhaber. Wenn erweckt, erlaubt er uns, die Gesellschaft illusionslos zu betrachten, ohne Sippenchauvinismus oder fahnenschwingenden Nationalismus, ohne das vorherrschende Gruppendenken und die blindmachenden Ideologien, die Verleugnung mit Loyalität und eine abweichende Meinung mit Verrat verwechseln. Der Prophet weckt ein Bewußtsein in uns, das absichtliche Taubheit und bequeme

Blindheit nicht verträgt. Diese Unduldsamkeit gegenüber dem Leugnen beruht jedoch nicht auf Verschrobenheit, Zynismus und Negativität, sondern auf heftiger Liebe und hoffnungsvoller Vorstellungskraft. Die Liebe unseres Propheten entstammt einem anderen Bewußtsein, einem völlig neuen Gewahrsein von Gottes ursprünglichem Plan, das die Dinge sieht, wie sie wirklich sind, statt als Schatten dessen, was sie heute zu sein scheinen.

Der wahre Künstler schöpft aus seinem inneren Propheten; er erkennt ursprüngliche Schönheit und sieht Entfaltungsmöglichkeiten in einer Weise, die anderen Menschen verborgen bleibt. Wahre Kunst ist prophetisch. Ob in Dichtung, Musik oder Malerei – der aufrichtige Künstler zeigt uns eine Vision der Wirklichkeit, die uns auffordert, die Dinge auf eine neue Weise zu sehen, zu hören und zu fühlen. Hat er sich von seinem inneren Propheten entfernt, malt der Supermarkt-Werbegrafiker einfach nur hübsche Bildchen, wie der Kalenderdichter bloß nette Sätze bildet. Prophetische Kunst sagt die Wahrheit, durchschaut Heuchelei und stellt Lügen bloß. Prophetische Vorstellungskraft belebt die Auftritte eines Dustin Hoffman, die Musik eines Leonard Bernstein, die Gemälde eines Pablo Picasso oder die Filme Akira Kurosawas.

Die Fähigkeit, wahrhaftig und aus dem inneren Propheten heraus voll Liebe zu sprechen, ist im echten Sinne heldenhaft. Die meisten Erwachsenen bekennen als ihre größte Angst, vor einem Raum voller Menschen sprechen zu müssen, auch wenn die Worte harmlose Beruhigungsmittel und die Zuhörer kritiklos sind. Wie viel mehr Mut ist gefragt, wenn das Publikum aus Experten der Verdrängung besteht oder aus einer Gesellschaft, die ihre schmerzlichsten Wunden und ihre schädlichsten Dämonen verschleiert. Solche Gruppen werden beinahe alles tun, um die Konfrontation mit ihren Gebrechen und Selbsttäuschungen zu vermeiden, bis hin zur Ausschaltung derer, die taktlos genug sind, sie ihnen unter die Nase zu reiben. Wir sehen die Folgen solcher Repressionen mit widerwärtiger Häufigkeit: Panzer überrollen demonstrierende Studenten auf dem Platz des Himmlischen Frühlings in Peking, palästinensische Dissidenten werden auf der Westbank niedergemäht, Fürsprecher sozialer Gerechtigkeit in El Salvador ermordet; oder, weniger gewalttätig: Regierungen zensieren Künstler, die katholische Kirche macht ihre Theologen mundtot. Der Preis für Prophetentum ist stets hoch, und nur wenige haben den Mut, ihn zu zahlen.

Wie glücklich können wir uns schätzen, daß überhaupt manche Männer die Wahrheit so sehr lieben, daß sie sie ohne Rücksicht auf die Folgen aussprechen. In kratzbürstiger Dickköpfigkeit weigern sich diese Propheten, den Mund zu halten. Es sind Beamte, die schonungslos die überzogenen Posten im Verteidigungshaushalt offenlegen, hartnäckige Reporter, die nicht nach der Pfeife offizieller Versionen tanzen, Befreiungstheologen, die nicht aufhören zu schreiben. Unsere Romane und Filme feiern diese Helden, von »Einer flog übers Kuckucksnest« über »Network« bis »Die Tage des Kondor«, von »Der Klub der toten Dichter« bis »Ein Mann für alle Jahreszeiten«. Unser Privileg ist es, auch in der heutigen Zeit prophetische Helden zu erleben, die ihre Wahrheiten aussprechen und ihre Visionen anbieten: Männer wie Teilhard de Chardin und Dag Hammarskjöld, Alexander Solschenitzyn und Andrej Sacharow, Martin Luther King und Willy Brandt, Nelson Mandela und Daniel Ellsberg, Richard von Weizsäcker und Winston Churchill. Alle diese Männer sprachen die Wahrheit im Vertrauen darauf, wir seien erwachsen genug und »Manns genug«, sie zu hören; sie ersparten uns nichts und weigerten sich, unsere Ängste auszunützen. Wahre Propheten achten ihre Zuhörer, ihretwegen sehen wir die Dinge ein bißchen klarer und erkennen die Wirklichkeit, wie wir es ohne sie nie vermocht hätten. Dieselbe Dankbarkeit empfand das Volk Juda gegenüber Jeremia, eine Generation nach der babylonischen Katastrophe 586 v.Chr., als es die Worte zu schätzen und festzuhalten begann, die es zu seinen Lebzeiten nicht hören konnte.

»Sag nicht, ich sei bloß ein Kind!«

Als Junge erfuhr Jeremia eine außerordentliche Berufung. Eine Stimme spach zu ihm: »Zum Prophet für die Völker hab ich dich bestimmt!« (Jer 1,5). Diese Stimme duldete keine Einwände des jungen Jeremia; seine unreifen Proteste überstimmend, verlieh Gott dem Knaben die prophetische Autorität über Leben und Tod im gesamten Reich. Das ist schon schwere Kost – so sehr, daß viele Bibelforscher annehmen, diese Berufungsgeschichte sei nur ein Kunstgriff, den prophetischen Orakeln des Jeremia vorangestellt, um dessen Reden mit göttlicher Autorität zu besiegeln. Kinder, davon gehen sie aus, haben keine apokalyptischen Erlebnisse dieser Art.
Das stimmt natürlich nicht! Der anthropologischen Literatur sind erstaunliche, beinahe schon traumatische »Ruf«-Erlebnisse bekannt, die zumeist Knaben widerfahren, die später eine prophetische oder schamanische Laufbahn einschlagen. Die Urgroßväter übertrugen dem neunjährigen Black Elk

im Sommer des Jahres 1872 das Recht über Leben und Tod, als die weiße Invasion der High Plains das Land der Lakotas zu vernichten drohte.[6] In seiner Vision gab der Älteste Black Elk eine hölzerne Schale: »Nimm sie«, sagte er, »es ist die Macht, Leben zu schenken, sie gehört dir.« Dann erhielt er einen Bogen: »Nimm ihn, es ist die Macht, zu zerstören, sie gehört dir.« Auf Black Elk lastete zeitlebens der Segen und Fluch dieses Auftrags: sein Volk vor dem endgültigen Untergang zu bewahren.[7]

Ein junger Mann auf der Suche nach sich selbst und seiner Aufgabe im Leben ist ein leichtes Ziel für psychische Einbrüche durch den Großen Geist. Der Heilige Gral übt auf einen verletzlichen und beeinflußbaren Jungen eine mächtige Anziehungskraft aus. Wenn eine *Stimme* die ruhige kleine Welt des Knaben einmal zerstört hat mit dem Versprechen von Abenteuer und Heldentum, dann findet er keinen Frieden, keine Rast, keinen Trost, bis seine Aufgabe erfüllt ist. Es ist gewiß keine Kleinigkeit, wenn eine Stimme einen jungen Mann erwählt; denn ihr Ruf wird ihn zeitlebens verfolgen. Oftmals wird er sich von ihren Geboten überfordert fühlen, und wenn er versagt, endet er deprimiert und gebrochen.[8] So erging es Jeremia, wie wir bald sehen werden.

Das Ende ist nah!

Der junge Jeremia hatte ständig Vorahnungen von der Katastrophe, die Juda bevorstand: Am Markt kippt ein kochender Kessel um, und der Junge sieht Unheil aus dem Norden hereinbrechen (1,13). Endzeitvisionen rotierten in seinem Kopf: Feinde aus dem Norden, sengende Wüstenwinde, ein wilder Ansturm von Kampfwagen (4,5-18). Dennoch herrschen überall rings um ihn Unverständnis, Todesverleugnung, arrogante Anmaßung und Gesichter härter als Stein. Gegen solch selbstzufriedene Pseudogewißheit muß Jeremia seine Stimme erheben – die Stimme besteht darauf: »Du aber gürte dich, tritt vor sie hin und verkünde ihnen alles, was ich dir auftrage« (1,17). Von solcher Art ist der prophetische Zwang. Ein Mann, der auf seinen inneren Propheten eingestimmt ist, *kann* nicht schweigen, kann sich nicht von der offenkundigen Wahrheit abwenden. Er muß sprechen.

Jeremia tut es. Bohrend wie ein gründlicher Zahnarzt, der ein Loch auskratzen muß, bleut der junge Prophet seiner Umwelt die harten Wahrheiten ein. Jeremia nimmt sich das Thema der Unzerstörbarkeit Jerusalems vor und stichelt:

*Vertraut nicht auf die trügerischen Worte: Der Tempel des Herrn,
der Tempel des Herrn, der Tempel des Herrn ist hier! Denn nur
wenn ihr euer Verhalten und euer Tun von Grund auf bessert, wenn
ihr gerecht entscheidet im Rechtsstreit, wenn ihr den Fremden, die
Waisen und Witwen nicht unterdrückt, unschuldiges Blut an diesem
Ort nicht vergießt und nicht anderen Göttern nachlauft zu eurem
eigenen Schaden, dann will ich bei euch wohnen hier in diesem
Haus, das ich euren Vätern gegeben habe für ewige Zeiten.*

Jeremia 7,4-7

Die Priester und Propheten Jerusalems verglich er mit Quacksalbern und
wetterte: »Den Schaden der Tochter, meines Volkes, möchten sie leichthin
heilen, indem sie rufen: Heil! Heil! Aber kein Heil ist da« (8,11). Gegen
diese Krankheit gab es kein Balsam in Gilead. Dennoch murmelten die
Propheten Jerusalems weiterhin tröstende Worte, die besänftigten, statt
aufzurütteln, die die Krankheit leugneten, statt einen guten Arzt zu emp-
fehlen.

Jerusalem wollte Jeremias Diagnose nicht akzeptieren. Die Tempelhier-
archie, die wie die meisten religiösen Bürokratien ohne Propheten funk-
tionierte und die nackte Wahrheit eines mutigen Mannes nicht ertragen
konnte, schlug schließlich zu. Der Priester Paschhur, Oberaufseher im
Tempel, ließ Jeremia fesseln und während einer ganzen langen Höllen-
nacht foltern (20,1-2), zweifellos um das Volk Jerusalems davor zu »bewahren«, in »Verwirrung« zu stürzen, wenn es die prophetischen Wider-
sprüche zur offiziellen Version hört, daß alles in Ordnung sei. Wie in den
meisten alttestamentlichen Versuchen, Wahrsager einzuschüchtern, gelang es Paschhur durch seine Umerziehung von Jeremia nicht, den Propheten zum Schweigen zu bringen. Im Gegenteil, Jeremia reagierte auf
die Inquisition mit einer kategorischen Weissagung: Juda wird Babylon
zufallen.

»Du hast mich verführt!«

Jeder Mann, der jemals den Mut aufgebracht hat, eine ungeliebte Wahrheit
öffentlich auszusprechen, kann sich wahrscheinlich vorstellen, was nun
mit Jeremia geschah: Er erfuhr den Zusammenbruch seines Selbstvertrauens. Der aktivierte Archetyp des Propheten macht uns verwundbar, nicht
nur für Gewaltmaßnahmen und offenen gesellschaftlichen Druck, den

Mund zu halten, sondern auch für unsere innere Inquisition. In seiner Aufrichtigkeit teilt Jeremia sogar seine seelischen Konflikte mit, die in seiner prophetischen Gabe wurzeln; außer Paulus öffnet uns keine andere biblische Gestalt ihr Herz so sehr. Jeremias Bekenntnis (20,7-18) ist eine bemerkenswerte Schilderung der inneren Zweifel eines Propheten, seiner Entfremdung und Wut, sogar auf Gott, und seines Gefühls der Isolation von seinen Mitmenschen. In ihrer Aufrichtigkeit stellen Jeremias Worte einen klassischen Ausdruck des männlichen agonistischen Gebets dar.

Jeremias erste Salve, wahrscheinlich geäußert, als seine Wunden noch von Paschhurs Folter brennen, ist wohl das Schrecklichste, das die Bibel zu oder über Gott laut ausspricht: »Du hast mich verführt, oh Herr, und ich ließ mich verführen; du hast mich ergriffen und überwältigt« (Jer 20,7). Wir müssen es ganz klar sehen: Der Prophet bezichtigt Gott falscher Versprechen, als Jeremia noch ein verletzlicher kleiner Junge war, er beschuldigt ihn im wesentlichen der geistigen Päderastie: Einen wehrlosen Knaben manipuliert, versucht und mit großen Visionen von Macht überwältigt zu haben, um ihn zu einer prophetischen Aufgabe zu verführen, die er sonst nie angenommen hätte. Eine ernsthafte Anschuldigung, die in unmittelbarer Beziehung zur Empfänglichkeit des Heranwachsenden für den Ruf des geistigen Heldentums steht.

Der naive Mann

Und dennoch können wir Jeremia mit dieser Anschuldigung nicht davonkommen lassen. Der wütende Anwurf der »Verführung«, eine Variante der Opfer-Sprache und der Politik des heute so beliebten Jammerns, verlangt eine nüchterne Beurteilung. Hat Jeremia *irgendeine* Verantwortung in dieser Angelegenheit? Oder trifft Jahwe alle Schuld? Und ist Jeremias Leidensweg ausschließlich negativ oder bestehen Chancen auf inneres Wachstum? Wenn man darüber nachdenkt, dann hat dieser junge Mann noch einen langen Weg des Erwachsenwerdens vor sich. Dieses Leiden bietet die Gelegenheit, einen ziemlich ernsten Fall von männlicher Naivität zu kurieren.

Robert Bly spricht humorvoll und überzeugend vom Naiven Mann, der geläufige Typ eines Mannes, der in einer frühen Stufe der Individuation steckt und viel zu vertrauensvoll, empfindlich und passiv reagiert.[9] Verträumt und unschuldig verlassen sich junge Männer allzu leicht auf andere Leute, wobei sie sich der Motive, Schwächen und Laster, die sie bewegen, segensvoll unbewußt sind. Der Naive Mann ist der Narr des Tarot, der durch die Felder tanzt, aber drauf und dran ist, über die Klippe zu springen. Bly sagt richtig, daß die einzige »Heilung« für dieses erstaunlich häufige Phänomen bei jungen Männern der Verrat sei! Nur einmal den Teppich unter der jugendlichen Leichtgläubigkeit wegziehen, sollte genügen; ein geschäftlicher Betrug oder ein Treuebruch in einer Freundschaft ist zwar schmerzhaft, doch es birgt die einzige Hoffnung, daß ein solcher junger Mann je mit offenen Augen durchs Leben gehen und mit klarem Kopf denken wird. Wenn man es in diesem Licht betrachtet, ist Jahwes »Verführung« des Jeremia lediglich ein Verrat an der jugendlichen Naivität des Propheten.

Dann wäre da noch diese kleine Sache mit Jeremias Über-Ich. Es gibt kein fordernderes, perfektionistischeres oder großartigeres Phänomen auf Erden als das Über-Ich eines jungen Mannes. Bis er ihm entwächst, ist nichts und niemand je gut genug, alles ist weniger, als erwartet, jeder (auch er selbst) ist hoffnungslos unvollkommen. In seinem Narzißmus erwartete Jeremia offenbar von Israel, daß es alles fallen läßt und seine Unheilsbotschaft dankbar annimmt! Wenn man ihn nicht im Schach hält, wird aus ihm womöglich auch ein verschrobener Kauz, die klassische Gefahr der Schattenseite des Propheten. Der Sonderling äußert ungebeten zu jedem beliebigen Thema seine Meinung und kann nicht begreifen, warum ihm niemand zustimmt.

Im Gegensatz dazu übernimmt ein Mann, der freien Zugang zum Propheten hat – im Gegensatz zur Besessenheit von ihm –, die Verantwortung für die Folgen seines Tuns. Er ist nicht mehr naiv; er weiß genau, was seine Konfrontationen auslösen können, und jammert nicht wie ein naives Opfer, wenn das Unvermeidliche geschieht. Jesus bewies dies ganz deutlich, als er als Verbrecher vor Gericht stand (siehe Joh 18-19); da ist kein Zorn, kein Brandmarken, kein Vorwurf. Jesus wußte genau, was er tat, und er kannte die Folgen. Das ist eine schmerzliche Lektion für Jeremia, schmerzlich auch für uns alle. Wenn der wahre Prophet in uns spricht, geschieht dies nicht im Dienst eines wildgewordenen Über-Ichs, sondern als Zeugnis von Gottes barmherziger Wahrheit; nicht als Werkzeug zur Aufblähung des Ichs, sondern als Einladung an andere, sich hoffnungsvolle neue Alternativen vorzustellen.

»Verflucht sei der Tag, als ich geboren wurde!«

Es ist einfach, Jeremia aus sicherer Distanz zu kritisieren, doch die Analyse sollte uns nicht davon abhalten, Mitgefühl zu empfinden oder uns von der sehr realen Agonie zu versperren, die sein Bekenntnis ahnen läßt. Wie Jesus im Garten Gethsemane, war Jeremia nicht nur Foltern, Lächerlichkeit und dem Verrat seiner Freunde preisgegeben: Er mußte auch Gottes Schweigen ertragen. Als Zeichen wachsender Reife konnte Jeremia innere Zweifel, das Gefühl des Versagens und die Frustration mit uns teilen, vor allem jedoch sein Gebet zu einem Gott des Lichtes, das sich plötzlich verdunkelte. Wir stellen uns das Gebet oft als vorgefertigte Lobesworte vor, die man auswendig lernt und ständig wiederholt. Das stimmt nicht: Wahres Gebet ist aufrichtige Kommunikation mit Gott. Denn Jeremia empört sich kühn als aufrichtiger prophetischer Gläubiger gegen Jahwes Verrat und Preisgabe und läßt ihn unmißverständlich von seinem Schmerz wissen.

Dieses Lamento ist in der Tat das klassische Gebet Israels, eines Volks, das seinen Namen (*yisrael* = »er ringt mit Gott«) vom rauhen Ringen Jakobs mit Gott bezieht (Gen 32,22-32). Es ist auch ein essentiell männliches agonistisches Gebet, ein Duell mit Gott, ein Streiten, Zupacken und Abwägen, das Gottes Versprechen sehr ernst nimmt. Gewiß kann Gott solche Kränkungen und unflätigen Herausforderungen seiner Güte und Macht nicht dulden! Doch genau das tut er. Und mehr noch, denn Gott scheint Israel – und Jeremia – gerade wegen dieser Eigenschaft von *Chutzpe* auserwählt zu haben. Es scheint, als wähle Gott jene, die ihn ernst genug nehmen, um sich gelegentlich zu wehren. Und wenn das heißt, daß Seine Göttlichkeit von Zeit zu Zeit etwas »abbekommt«, dann ist der Preis für einen solch lebendigen Bündnispartner wie Israel doch wohl nicht zu hoch. Jeremia hat die Bedeutung der Geschichte Jakobs, das Beispiel des Mose und die Botschaften der Psalmen gut begriffen: Unsere Arme sind *nicht* zu kurz, um mit Gott zu boxen, wenn er sich nur ein wenig hinunterneigt.

Die dunkle Seite Gottes

In seinem Bekenntnis bezeugt Jeremia eine schreckliche, verleugnete Wahrheit, die nur selten Ausdruck findet: die Schattenseite Gottes, die göttliche Shiva-Energie, die Verrottetes und Beschädigtes zerstören muß, damit neues Leben entstehen kann. Der Schmerz dieser Entdeckung genügt, um in Jeremia den Wunsch zu wecken, er wäre nie geboren worden (20,14-18). Doch der Prophet in ihm muß sprechen; die Wahrheit ist ein brennendes Feuer in seinem Herzen und steckt ihm so sehr in den Knochen, daß es auflodern muß (20,9). Weder nimmt Jeremia den Mund voll mit süßen Gottesworten noch gibt er sich einer leichthin konstruierten Theodizee hin, noch antwortet er mit vorsichtig formulierten katechetischen Phrasen auf jede beliebige Frage. Jeremia will mit der fidelen Religion Judas nichts zu tun haben. Er wagt es, sich dem zerstörerischen Schatten Gottes zu stellen, wie er ihn tatsächlich erfährt, und ihm Ausdruck zu verleihen. Es ist ein Aspekt Gottes, der in der Bibel wiederholt vorkommt – auch wenn wir ihn meist leugnen oder ignorieren. Er ist schrecklich, strafend und grausam, droht einmal einem Leben, einem Volk, dann wieder der ganzen Welt ein Ende zu machen. Seine Diener kann er wie austauschbare Bauern im Schachspiel seiner umfassenderen Strategie einsetzen. Man kann ihn nicht beeinflussen. Als er diese Schreckensherrschaft am eigenen Leib erfährt, tut Jeremia, was jeder rechtschaffene Mann tun würde. Er beklagt sich: Du hast mich verführt! Du hast mich ausgenutzt! Du hast mich belogen! Verflucht sei der Tag, als ich geboren wurde!

Jeremias' innerer Prophet hat die schreckliche Wahrheit entdeckt und ausgesprochen. Jeder gläubige Mann, gleich wie reich und mächtig, wie beschäftigt und lebendig, wie wohlmeinend und geistig diszipliniert, lebt innerhalb einer mehr oder weniger gut konstruierten Illusion der Besonderheit, Immunität und Auserwähltheit. Unbewußt sieht er sich selbst nur als ein bißchen verschieden oder ein bißchen besser als der Rest, denn er hat auf seinem religiösen Bankkonto zusätzliches Kapital gehortet und genießt als Ergebnis seines moralischen Lebenswandels spirituelle Vorteile, er ist ein Gewinner – nicht wie die vielen armen unglücklichen Schweine da draußen, die nicht so vorsichtig, so untadelig und so besonders waren. Das Gebet eines solchen Mannes ist das des Pharisäers (Lk 18,9-14), dessen Lied an Gott nicht lautet »Wie groß bist du«, sondern »Wie klug bin ich«.

Doch dann kommt der Tag Hiob – oder der Tag Jeremia – mit widerwärtigem Schrecken. An diesem Tag, oder vielmehr in dieser dunklen *Nacht* der Seele, ziehen die klugen Antworten nicht mehr, die sorgsamen Berechnungen gehen fehl, die lieblichen Schilderungen eines zärtlichen Gottes stoßen ab, statt zu besänftigen. Gott ist fort. Dann steht ein Mann allein in seinem Schmerz, in seiner Verlassenheit oder in seinem Wahn, mit seinem Krebs oder seiner AIDS-Diagnose, mit einem leeren Haus oder einer gähnenden Leere in seinem Bett. Glücklich der Mann, der sich die selbstgerechten Erklärungen seiner Hiob-Freunde nicht anhören muß, so vertrauensvoll in ihrer bequemen kleinen religiösen Welt, voller Klischees über »Mysterien« und den göttlichen Plan, und so sehr damit beschäftigt, ihre kleine Lieblingstheodizee zu verbreiten, daß sie der Wahrheit nie ins Gesicht zu sehen brauchen.

Jeremia weiß, daß Gott uns unsere Sicherheit nicht als Lohn für ein wenig Rechtschaffenheit garantiert. Er sagt uns, daß Gott der Schöpfer, Herr über alle Dinge, ein beharrlicher Widersacher aller unserer egozentrischen Verblendungen und Illusionen ist. Der Prophet hat nicht nur die Verirrungen der religiös selbstgerechten judäischen Gesellschaft durchschaut, sondern auch seinen eigenen, sorgfältig kultivierten und naiven Größenwahn. Er weiß, daß er, wie Jerusalem, nichts als Lehm in der Hand des Töpfers ist (Jer 18). Als Folge dieser Aufrichtigkeit ist Jeremia nun bereit, den wirklichen Gott Israels zu lieben, nicht den Pappi im Himmel aus der Kindheit oder den Nikolaus unserer infantilen Träume. Er ist bereit, Gott auch mit seinem Schatten anzunehmen und ihn sogar in seiner Abwesenheit zu lieben. Wenn echte Vergebung bedeutet, den anderen so sein zu lassen, wie er ist (und nicht, wie wir ihn gerne hätten), könnten wir sogar sagen, daß Jeremia gelernt hat, »Gott zu vergeben«. Das ist ein eigenartiger Satz, doch er beschreibt zutreffend, was auf jede biblische Klage folgt: die Bestätigung von Gottes Majestät – trotz allem. »Auch wenn er mich tötet, will ich ihm folgen.«

Satyagraha

Jeremia hält trotz allem an Gott fest. Er sagt Jerusalem die Wahrheit. Mit prophetischer Ehrlichkeit und Liebe verkündet er die bevorstehende Zerstörung des Tempels, der Stadt und des Landes durch Babylon (Jer 21-29). Wie geweissagt, traf dies alles 586 v.Chr. ein. Doch bevor er nach dem Zusammenbruch ins ägyptischen Exil ging, hatte Jeremia noch eine weitere Aufgabe an Jerusalem zu erfüllen: Die Verheißung einer neuen Zukunft – eines neuen Herzens – für ein Volk, überwältigt von Depression und Mutlosigkeit (Jer 30-33). Propheten sind in der Tat kontroverse Gestalten: Gegen Gleichgültigkeit und Leugnung sprechen sie ihr Urteil, gegen Verzweiflung setzen sie Hoffnung. Seine Umgebung weiß in solchen Augenblicken weder die eine noch die andere Konfrontation zu schätzen. Doch ein Mann, der seinen inneren Propheten weckt, ist ohnehin nicht auf der Suche nach Bestätigung; sein moralischer Kompaß ist die Wahrheit.

Ein solcher Mann war Mahatma Ghandi, eine der machtvollsten moralischen Stimmen des zwanzigsten Jahrhunderts. Gandhi hatte eine Strategie des gewaltlosen Widerstandes entwickelt, die seine Heimat Indien vom britischen Kolonialismus befreite. Er prägte einen hinduistischen Ausdruck für seine Lebensaufgabe: Er nannte sie *Satyagraha* (»Wahrheit erfassen«), ein Begriff, der nicht selbstgefälligen Besitz der Wahrheit impliziert (als wäre sie eine verkäufliche Ware), sondern den demütigen und andauernden Versuch, die Wahrheit zu »erfassen« und sie nach besten Kräften auszusprechen. *Satyagraha* ist der Lebensstil eines Menschen, der von seinem inneren Propheten erfaßt ist und sich der Tugend der Aufrichtigkeit verschrieben hat – gleichgültig, ob das bedeutet, kleine alltägliche Wahrheiten über sich selbst und andere auszusprechen oder große Wahrheiten über Gesellschaft, Politik und Religion.

Ich begegnete einmal einem Mann mit einer solchen Verpflichtung zu *Satyagraha*. Er empfing mich in seiner heimeligen Wohnung in Manhattan und servierte mir freundlich einen Tee. Seine gegerbtes Gesicht, sein schlohweißes Haar und seine sanfte Art straften der Tatsache Lügen, daß ihn das FBI unter Edgar J. Hoover als flüchtigen Verbrecher einst quer durch die Vereinigten Staaten gehetzt hatte. Die Anklage lautete auf Zerstörung von Wehrdienstakten; sein tatsächliches Verbrechen war, daß er mitten im Vietnamkrieg die Wahrheit über den amerikanischen Militarismus sagte. Dieser Mann ist Daniel Berrigan, ein Priester und Dichter mit einer aktiven prophetischen Vorstellungskraft.[10]

Berrigan fehlt offenbar das menschliche Gen, das moralische Täuschung erlaubt; er kann nicht anders, als die Wahrheit so darzustellen, wie er sie sieht, ohne Rücksicht auf Ideologie oder Popularität. Er hat sich nicht nur gegen den Vietnamkrieg ausgesprochen, sondern auch gegen die israelische Besetzung der jordanischen Westbank, nicht nur gegen die Unterdrückung Osteuropas durch die Sowjetunion, sondern auch gegen die Tiraden des Vatikans gegen Andersdenkende. Dieses Wahr-Sagen hat die Linke und die Rechte aufgebracht, hat ihn Freunde und Verbündete gekostet, die sich mit einem Seitenwechsel nicht so schwertun. Trotz allem bleibt Berrigan bei seiner Liebe, wobei ihm *Satyagraha* den Weg zeigt wie ein moralischer Kompaß. Ein solcher Mann provoziert uns alle, doch sein Extremismus erettet uns. Wir brauchen dringend solche Menschen, und sei es nur ein einziger, die in der Wahrheit keine Kompromisse eingehen. Wir brauchen jemanden, der einen anderen Blick, ein anderes Bewußtsein hat, das er unserer Verwirrung und Spitzfindigkeit entgegenhalten kann. Wir brauchen einen Mann wie Daniel Berrigan – Liebhaber, Wahrsager und Prophet, der uns daran erinnert, daß es, um den Titel eines seiner Bücher zu zitieren, tatsächlich »keine Hemmnisse für die Männlichkeit« gibt, wenn der innere Prophet geweckt wird.

Und wie steht es um uns übrige Männer, die wir nicht so hünenhaft sind? Können wir in uns selbst Spuren des Propheten entdecken, die Andeutung eines Jeremia oder Berrigan? Viele von uns könnten, spüren es aber nicht. Immer dann jedoch, wenn ein Mann an einem Grundsatz festhält und nicht davon abläßt, wenn er sich weigert, Ausflüchte zu gebrauchen, wenn er Ungerechtigkeit im Großunternehmen bloßstellt, an einem Protestmarsch teilnimmt, die Wendehälse in Politik und Religion durchschaut, die Heuchelei in einer Anzeige oder die Falschheit eines Arguments aufdeckt, wenn er es nicht erträgt, mit dem Strom zu schwimmen, um sich durchzulavieren, wenn er sich gegen eine offiziöse Theologie sträubt, die seiner Gotteserfahrung fernsteht, oder sich eine Kritik zu Herzen nimmt, die sich gegen seine Person richtet, dann erwacht der Archetyp des Propheten – und Jeremia lebt.

KAPITEL 11

Jona: der Schelm

Zu den eigentümlichsten männlichen Archetypen zählt der Schelm oder »Schalk«, Ursprung aller respektlosen, lustigen, satirischen und komischen Dinge, die Männer tun. Wir sehen ihn am Werk als Büroclown mit seinen Gags, als Außendienstmitarbeiter mit seinem letzten schrägen Witz oder als Freund, dem stets eine witzige Bemerkung zu entlocken ist. Selten nur finden wir heute an diesen Archetypen einen positiv spirituellen Aspekt. Die Antike wußte es besser: Die Gestalt des Schelmen galt als wichtiges Element des religiösen Lebens. Sein heutiges Fehlen verweist auf die Ursache der Humor- und Freudlosigkeit moderner Religion und der Langeweile, die Männer in der Kirche empfinden. Der Schelm bleibt jedoch eine wichtige spirituelle Gabe und ein wertvoller Schatz, den Männer der Religion zurückgeben können. Die biblischen Geschichtenerzähler wußten das nur zu gut und servierten zu unserer Unterhaltung Gestalten wie Jakob, Gehasi (2 Kön 4,8ff.) oder gar Petrus.[1] Das beste Beispiel für den Schelm ist allerdings die Geschichte von Jona, beigesteuert von einem anonymen Satiriker, der im vierten oder dritten Jahrhundert vor der Zeitenwende wohl selbst ein Schelm war.[2]

Is was, Doc?

Ehe wir uns mit Jona befassen, sollten wir uns ein wenig mehr um Einsicht in den Archetyp des Schelmen bemühen – eine Aufgabe, so erfolgversprechend wie Kater Sylvesters Jagd auf Tweetie. Denn der Schelm ist wohl die rätselhafteste Figur der Mythologie und Literatur. Gelehrte erkennen ihn, wenn sie ihm begegnen, doch wenn sie überzeugend definieren oder beschreiben sollen, was er tut, kommen sie ins Schwimmen. Dem Schelmen paßt das natürlich in den Kram! Sobald man glaubt, man habe ihn erwischt, verändert er seine Gestalt mit koboldhaftem Vergnügen und entkommt ein ums andere mal. Doch er hinterläßt genügend deutliche Spuren, um so manche Vermutung darüber anstellen zu können, warum er für die heutige Psyche so wichtig ist und in der männlichen Spiritualität eine so große Rolle spielt.

Schelmenfiguren tauchen in dreierlei Form in Mythologie und mündlicher Überlieferung auf. Das elementarste Beispiel ist der Schelm in Tiergestalt, zu Hause vor allem in der indianischen Mythologie Nordamerikas.[3] Unter den beliebten Tiergestalten sind Coyote, Hase oder Kaninchen, Rabe, Spinne und Esel – Wesen voll spöttischer Zweideutigkeit, schierer Animalität, komischer Selbstsucht und unbezähmbarer Schalkhaftigkeit. Während die meisten modernen Menschen nicht direkt vertraut sind mit schalkhaften Tieren im ursprünglichen mythologischen Kontext, kennen wir sie im zeitgemäßen Gewand als Zeichentrickfiguren. Schallend lachen wir, wenn Wily Coyote schon wieder eine Chance verpaßt, den Roadrunner zu schnappen (»Beep-Beep!«), über eine Klippe rennt und eine kleine Ewigkeit lang in der Luft hängt, ehe er in den Wüstencanyon abtaucht und in einer Staubwolke verschwindet (um später natürlich immer wieder aufzuerstehen). Bugs Bunny kaut an seiner Möhre und klopft dumme Sprüche, während er es so einrichtet, daß ein Amboß auf Yosemite Sams Kopf fällt; und wehe Elmer Fudd, wenn er den Karottenvorrat je bedroht! Roger Rabbit richtet Chaos an und verursacht einen Aufruhr in der Küche, als er Baby Herman erfolgreich vor dessen eigenen Lausbübereien rettet usw. Eine überraschend große Zahl erwachsener Männer schaut sich immer noch treu diese Schelmentiere im Fernsehen an oder schlägt zuerst die Cartoonseite in der Zeitung auf. Warum?

Männer lachen einfach gerne; das allein ist natürlich schon ein guter Grund. Doch hinter dem Geschmunzel ist spirituell viel mehr los, als man sich vielleicht vorstellt. Denn Bugs und Wily stehen für einen sehr natürlichen, aber zumeist verdrängten Teil unseres Ichs: unsere animalischen Triebe und Instinkte. C.G. Jung sagt, daß der typische Tierschelm ein »Psychologem« ist – mit anderen Worten, eine sehr alte archetypische Struktur, die uns unser primitives tierisches Wesen bewußtmacht.[4] Wenn wir über das mythologische Tier lachen, wie es obsessiv seinem Abendessen nachgeht oder dümmlich über seinen gigantischen Penis stolpert, lachen wir damit indirekt über uns selbst und unsere eigenen tierischen Triebe und die Verletzlichkeit, die uns die Sexualität oft beschert. Wenn der Schelm seinen Kopf ins eigene Rektum schiebt, um sich zu verstecken, blicken auch wir unserer eigentlichen essentiellen Animalität »ins Gesicht« – die klassische menschliche Konditio, ein »Engel mit Anus« zu sein. Denn wie sehr wir unsere Raubtierinstinkte auch leugnen und Vegetarier werden oder uns für den Tierschutz einsetzen, jeder von uns ist auf einer Ebene nur ein Sylvester auf der Suche nach seinem nächsten Tweety. Die größten kulturellen, intellektuellen und religiösen Giganten leben wie wir alle, indem sie sich von geschlachteten Tieren oder geernteten Pflanzen ernähren und sie später wieder ausscheiden. Wir alle weilen auf diesem Planeten, weil sich unsere Eltern mit animalischer Leidenschaft unter Stöhnen liebten. Und wenn wir unweigerlich in zivilisierte Leugnung und Heuchelei verfallen, was unser Sein und Herkommen betrifft, taucht der Schelm auf, um uns zu necken und uns zum Lachen zu bringen über uns selbst. Der Schelm ist der Narr, der uns weise macht.

Vielleicht war es ... der Teufel?

Die zweite Schelmenfigur aus Mythos und Märchen ist die listige, skrupellose oder närrische *menschliche* Gestalt. Die niedrige Eigensucht des Schelmen bringt alles und alle durcheinander – letztlich mit fruchtbaren Folgen! Denn er steht für das Auftauchen unseres Schattens im Bewußtsein, für alles in uns, was kindisch, instinktiv, boshaft, sündig und erdhaft ist, was so viele von uns besiegen und verstecken möchten. Das Stehaufmännchen von einem Schelm läßt jedoch nicht zu, daß wir uns etwas vormachen. Der Kerl taucht immer wieder auf, clever verborgen in literarischen oder filmischen Gestalten, die uns aus sicherem Abstand an die eigene Niedertracht und Egozentrik erinnern. Die große Überraschung ist, daß der Schelm trotz dieser Zwiespältigkeit und trotz seiner bösartigsten Bemühungen irgendwie doch den Sieg davonträgt. Unsere Psyche sagt uns damit, daß der Schatten, den wir zu hassen begonnen hatten, die versteckte Seite in uns, die uns in Verlegenheit bringt und die wir zu verstecken suchen, uns retten kann: *Felix Culpa* (= glückbringende Schuld).

Dieser Schelm zeigt sich in der Bibel in der Gestalt Jakobs (Gen 27-35), der verschlagene Underdog, dessen betrügerisches Leben schließlich Segnungen für ganz Israel erwirkt; als Gehasi, Elischas geschmeidiger Assistent, der auf ein paar schnelle Schekels aus ist (2 Kön 4-8); als Petrus, Jesu Freund, der trotz seiner Dickköpfigkeit ans Ziel kommt; in der Gestalt Jonas, des bärbeißigen Propheten, den wir uns noch näher ansehen werden. Der Schelm ist Shakespeares Narr, dessen lächerliche Sprüche die einzige Weisheit im Königreich sind, der Puck aus dem »Sommernachtstraum«. Es ist der berühmte Däumling, der dumme Hans oder der Hanswurst des Märchens. Er ist der Calvin des Comics oder der rotznasige

Held von »Ferris Bueller macht blau«, der clevere Axel in »Beverley Hills Cop«, der ausgelassene »Arthur« oder der unglaubhafte Kriegsheld in »Good Morning Vietnam« oder »MASH«. Wenn wir über ihn lachen, in welcher Verkleidung auch immer er sich präsentiert, beichten wir allen Menschen in Hörweite: »Das bin ich!« Durch das Lachen werden wir erlöst.

Deshalb ist der innere Schelm eine solch wichtige spirituelle Gestalt. Wenn die Religion sich aufbläht und wichtig macht, durchbohrt der Schelm die Maskerade und stutzt uns auf unsere wahre Größe zurück. Einen gesunden Glauben kennzeichnet Humor, der über sich selbst lachen kann; nüchterne Prüderie herrscht dagegen in morbider Religiosität. Hinduistische Gurus, in denen der Schelm oft noch lebendig ist, entzücken ihr Publikum mit Geschichten voll tiefer Ironie und Witz; sie lassen uns nicht nur über unsere eigenen Schwächen lachen, sondern auch über all die kosmischen Überraschungen. Selbst die christliche Kirche, heute wahrhaftig kein lustiger Ort, feierte einst den Schelm in fröhlichen Festen mit köstlichem Sinn für göttlichen Humor. Die katholische Kirche des Mittelalters hielt die römischen Saturnalien mit einem Neujahrsfest mit Singen, Tanz und fröhlicher Neckerei am Leben. Im *Festum stultorum* (lateinisch: = »Fest der Narren«) gab es einen Kinderbischof in bischöflichen Gewändern, einen Narrenpapst (*Fatuorum Papam*), vermummte Gestalten, Clowns und andere Witzfiguren, die die Aufgeblasenheit des kirchlichen Bombasts aufs Korn nahmen. Reste dieser Tradition finden sich im Karneval des Vorfrühlings und in den Halloween-Parties am Vorabend des Allerheiligenfests. Es überrascht kaum, daß diese Feste schon bald den Zorn der religiösen Rechten auf sich zogen, die sie als satanisch betrachteten. Das ist nur ein Hinweis darauf, wie schwer es geworden ist, irgend etwas Lustiges oder Humorvolles an der Kirche zu finden. Fundamentalismus macht selten »Spaß«.

Also tritt der Schelm auf den Plan. Wenn die Religion Selbstgerechtigkeit, Dogmatismus und Selbstherrlichkeit betont, muß er auftauchen, meistens unter Männern, die ihre Religion immer noch ernst genug nehmen, um sich über sie zu mokieren. Die moralische Betulichkeit der heutigen Kirche *nötigt* zum Spott. Sich über sie lustig machen, ist eine religiöse Handlung höchster Ordnung, die als Gegengewicht zur künstlichen Ordnung das menschliche Chaos wiederherstellt und irdische Demut affektierter Pomphaftigkeit entgegensetzt.

Die göttliche Komödie

Die dritte Form mythologischen Schelmentums betrifft eine Gottheit. Die Nigerianer erzählen die Geschichte des Schelmengottes Edschu, der die Straße entlanggeht mit einem Hut auf dem Kopf, rot auf der einen und blau auf der anderen Seite. Das führt später zu einem Aufruhr, als die Bauern zu beiden Seiten der Straße miteinander streiten, ob der Gott, den sie gesehen hatten, einen roten oder einen blauen Hut trug. Edschu platzt mitten in diesen Krawall und sagt: »Es tut mir leid. Ich war's und ich hab's absichtlich getan. Zwietracht säen ist meine größte Freude.«[5] In seiner Schalkhaftigkeit erfüllt Edschu eine sehr wichtige Aufgabe: Jene zu verwirren, die genau zu wissen glauben, wie Gott ist. Schelmengötter ziehen den Boden unter akzeptierten Metaphern für Gott weg, die man zu ausschließlich, zu ernst genommen hat, und die die Menschen in der gefahrvollen Vorstellung leben lassen, sie hätten Gott ganz verstanden oder ihn gar gepachtet.

Oftmals ist der Gott der Bibel ein solcher Schelm. Jahwe zeigt großes Talent im Überraschen und Verwirren Israels, wenn es in seiner Theologie zu arrogant, seiner Auserwähltheit zu sicher wird. Der klassische theologische Begriff für die göttliche Schalkhaftigkeit ist »Skandal« (griechisch: *Skandalon* = »Stolperstein«). Quer durch die Bibel hindurch überzieht Gott Israel jedesmal mit »Skandal«, wenn es den Kopf ein wenig zu hoch trägt; die Geschichte von Jona ist nur ein Beispiel von vielen.[6] Das Possenhafte erreicht seinen klassisch theologischen Höhepunkt im Neuen Testament (1 Kor 1-2), als Paulus Jesus einen »Skandal« für die Juden und einen »Narren« für die Griechen nennt – wegen der Kreuzigung, dem allerletzten »Trick« eines Gottes, der »die Weisheit der Weisen vergehen und die Klugheit der Klugen verschwinden läßt« (1 Kor 1,18). Dieser Text liefert die Basis für das Motiv von Jesus als Narr oder Clown, ein Lieblingsthema des französischen Malers Rouault und ein Leitmotiv, das in jüngerer Zeit in dem liebenswerten Musical »Godspell« auftaucht.

Jona: die Taube Gottes

Die biblische Geschichte, die den Schelmen am besten kennt – in allen drei Typen –, ist die berühmte Erzählung von Jona, das größte »Anglerlatein« aller Zeiten. Diese Geschichte, verfaßt von einem spitzbübischen jüdischen Weisen, ist ein reizendes Fest des Schelmentums, ein biblischer

Witz und theologischer Lachsack, der den Schelmenarchetypen in jedem weckt, der es zuläßt. Die Ironie ist, daß Fundamentalisten, die in der Regel den Humor in der Geschichte nicht sehen können, die Jona-Satire zweiundzwanzig Jahrhunderte nach ihrer Entstehung mit Bierernst buchstabengetreu auslegen.

Die Erzählung spielt im achten Jahrhundert v.Chr., als das historische assyrische Weltreich von der angstverbreitenden Hauptstadt Ninive aus regiert wurde und den gesamten Mittleren Osten bedrohte. Die Geschichte erzählt von einem Propheten namens Jona ben Amittais (erwähnt in 2 Kön 14,25), den Gott auf eine gefahrvolle Mission aussendet, um das Weltreich des Bösen zu bekehren. In Wirklichkeit stammt die Erzählung aus der Zeit fünf bis sechs Jahrhunderte nach der assyrischen Ära, wobei der anonyme Satiriker die Assyrer als schlimmsten Feind der Juden und perfekte Empfänger von Jonas mißmutiger Amtsausübung auserkor. Es ist eine Geschichte von Gottes wunderbarer Macht, Erlösung zu bringen, wider dummen religiösen Haß und alle Arroganz.

Die Erzählung beginnt mit Jahwes Befehl aus heiterem Himmel an Jona: »Steh auf! Mach dich auf den Weg und begib dich nach Ninive, in die große Stadt, und sage dort, daß mich ihr Böses beleidigt!« – Würden Sie zum Platz des Himmlischen Friedens im Herzen Pekings marschieren und die chinesische Tyrannei wegfegen? Wie wäre es mit der Verurteilung der irakischen Aggression direkt in Bagdad oder einst der südafrikanischen Apartheid in Pretoria? Nun, Jona macht sich tatsächlich auf, doch er zieht statt dessen gen Westen – in die genau entgegengesetzte Richtung von Ninive – zum Hafen von Jaffa, wo er sich nach Tarsis (Spanien) einschifft. Jona ist kein Narr. Und trotz seines Namens (*Yonah* = »Taube«) will er niemandem den Hanswurst machen, nicht einmal Jahwe. Und so flüchtet unsere Botentaube auf einem Kreuzfahrtschiff ins sonnige Spanien. Kein Problem für den Herrn der Stürme: Jahwe, der Schelm, läßt prompt einen Hurrikan aufziehen, um den verirrten Vogel vom Kurs abzubringen.

Als die übrigen Matrosen von den Wogen hoch- und niedergeworfen werden und über der Reling hängend »die Fische füttern«, entdecken sie hinter allem das Handeln eines Gottes. Und siehe da, man zieht Lose und offenbart den Schuldigen: Jona, der vor dem Angesicht Jahwes davonläuft. Also ab in die brodelnde See mit ihm. Jahwe läßt locker, das Meer beruhigt sich, der Tag ist noch mal gerettet! Doch was ist mit Jona? Jahwe hat natürlich auch daran gedacht: Ein großer Schelm-Fisch erscheint aus der tiefsten Tiefe und verschluckt Jona! Jona verbringt drei lange Tage in dessen Bauch, umgeben von Seetang, Lachsrogen und von dem, was große Fische sonst noch fressen, und hat nun *etwas mehr* Zeit, über das Angebot Jahwes nachzudenken, das er gar nicht ausschlagen kann! Nach einem großen Gebet (Jona 2,3-10) weiß unsere Taube wieder, wo's langgeht. Also spricht Jahwe mit dem großen Fisch, der seine unangenehme Ladung prompt an den Gestaden Israels ausspuckt. Zurück aufs erste Feld! Jahwe wiederholt die Befehle an Jona, und dieses Mal gehorcht der Prophet.

Als er in die riesige assyrische Hauptstadt einzieht (Durchmesser drei Tagesreisen, wie der Großraum von London), verkündet ein griesgrämiger Jona das Unheil als deprimierenden Einzeiler: »In vierzig Tagen wird Ninive der Zerstörung anheimfallen.« Kein Wenn und Aber. Es ist die kürzeste prophetische Botschaft der Geschichte – keine Zusatzbedingungen, Aufforderungen zur Umkehr oder gar ein Hoffnungsschimmer. Wenn man die biblischen Autoren gelesen hat, weiß man, daß sie viel von endlosen Oratorien, langen Anklagen, umständlichen Anschuldigungen und scheinbar unendlichen Tiraden halten. Niemals kommt bei dieser Wortgewalt etwas Gutes heraus – nicht ein einziges Mal. Die Propheten schleudern Jahwes Worte gen Israel, sie drohen, schmeicheln, beschämen, flehen, denunzieren, versprechen und prophezeien, doch ohne Ergebnis; niemals hört Israel, niemals zeigt es Reue. Gewiß auch Ninive nicht; also murmelt Jona rasch seine düstere Prognose und verschwindet, so schnell ihn seine Füße tragen.

Aber es klappt! Die Menschen von Ninive glauben Jona prompt, und vom König bis zu den Katzen und Hunden bereuen sie, fasten, kleiden sich in Sack und Asche und beten sogar um Vergebung und Erlösung – zu einem fremden Gott! Jahwe bereut seinen Entschluß; Ninive ist gerettet! Sieg! Hurra für unsere Seite! Das erste und einzige Mal in der Bibel ist es einem Propheten gelungen, einen Sinneswandel, eine Reue für böse Taten unter den Menschen zu bewirken, und das beim schlimmsten aller Völker, den Assyrern. Das böse Imperium hat die weiße Fahne geschwenkt.

Jona ist wütend. Erst jetzt erfahren wir, daß er die ganze Zeit über befürchtete, genau dies würde eintreten! Jona weiß nur allzugut, daß Jahwe ein »gnädiger und barmherziger Gott ist, langmütig und groß an Güte, und einer, der sich das Unheil gereuen läßt« (Jona 4,2). Seine schlimmsten Befürchtungen bewahrheiteten sich. Im Logenplatz oberhalb der Stadt sitzt der rachsüchtige Jona in sprachloser Wut: Gott hat ihm die Freude einer guten Show versagt – das böse Ninive hätte in Rauch und Asche aufgehen sollen! Doch der göttliche Schelm ist noch nicht fertig mit Jona und schlägt noch einmal zu. Kaum hat Jahwe einen Rizinusstrauch über dem murrenden Propheten wachsen lassen, um ihn vor der assyrischen Sonne zu schützen, so läßt er diesen auch schon wieder verdorren. Als Jahwe Jona klug nach seinem verlorenen Sonnenschutz fragt, beißt der Prophet an und beklagt sich. Jetzt kreist Jahwe ihn ein: »Du bist betrübt wegen des Rizinus, um den du dich nicht gemüht und den du nicht großgezogen hast, der als Sohn einer Nacht entstand und als Sohn einer Nacht zugrunde ging. Und ich, ich sollte nicht betrübt sein wegen der großen Stadt Ninive, in der mehr als 120 000 Menschen sind, die nicht unterscheiden können zwischen ihrer Rechten und ihrer Linken, und außerdem eine Menge Vieh?« – Und hier endet die Geschichte.

Ein Gott der Barmherzigkeit und Gnade

Was gab den Anstoß zu dieser wunderbaren Geschichte? Im dunklen Zeitalter des dritten Jahrhunderts v.Chr., als das Buch Jona verfaßt wurde, hatten viele Juden offenbar einen religiösen Überlegenheitswahn und sattsam bekannte Vorurteile gegenüber anderen Völkern und Gottheiten entwickelt. Das kommt immer wieder in allen Religionen vor: »Kein Heil außerhalb der Kirche«, »Du mußt Jesus als deinen persönlichen und alleinigen Erlöser annehmen«, »Du mußt wiedergeboren werden, um erlöst zu sein« … Jede Religion bringt offenbar zwangsläufig einige selbstgerechte Auserwählte hervor, die überzeugt sind, sie hätten ein Patent auf den Katholizismus oder das exklusive Urheberrecht auf den Islam, einen besonderen Zugang zu Gott oder zu den Schlüsseln der Erlösung. Diese aufgeblasene Arroganz ruft die Sticheleien des Schelmen auf den Plan. Der unbekannte Humanist, der das Buch Jona schrieb, ein geistesverwandter Vorfahr des Humors von Ernst Penzoldt und Tucholsky, von Loriot und Woody Allen, reagierte auf snobistischen religiösen Chauvinismus, wie er es am besten konnte – mit satirischem Gelächter. Doch die Geschichte von Jona hat auch eine tiefere Bedeutung: Gott schreibt mit krakeliger Schrift Geradliniges. Jona, dieser flegelhafte Geizkragen und Pechvogel, ist nachweisbar die erfolgreichste Gestalt der Bibel – trotz bester Absicht, sich Jahwes Willen zu widersetzen! Weisheit durch die Purzelbäume eines Narren zu erlangen, die Starken mit dem Sieg der Schwachen zu beschämen und Heiligkeit zu bewirken durch Verfehlungen eines Sünders – diese drei Dinge gefallen Gott ganz besonders. Unser Schelm von einem Autor weiß, daß wir alle Jona sind, Tauben in der Hand eines listigen Gottes.

»Der Teufel hat's mir eingegeben«

Der Schelm lebt auch heute noch in vielen Männern. Manche sind gar von ihm besessen. Um sich vor Schmerz und Nähe zu schützen, werden diese Männer zu unverbesserlichen Possenreißern und Witzbolden und sind immer am Feixen, ohne je ernst sein zu können. Ein Mann, dessen wichtigster psychologischer Archetyp der Schelm ist, ist unreif – ein Trottel. Alle sind wir anfällig für die Clownerien unseres inneren Schelmen, wenn er uns unbewußte Streiche spielt. Wenn Sie stolz auf Ihre Karriere sind, wartet der grobe Schnitzer schon auf Sie, wer die neue Bekanntschaft mit kulinarischer Expertise beeindrucken will, wird seine Soße genau auf den Schlips gießen. Haben Sie kürzlich nicht auch einen von diesen Tagen erlebt, als das Brötchen mit der Butterseite nach unten auf dem Teppich landete oder Ihnen unterwegs zu einem wichtigen Treffen das Benzin ausging? Vielleicht ahnen Sie, wer hinter den Kulissen arbeitete, alles durcheinander brachte und Ihnen ein Bein stellte.

Zumeist verträgt sich der innere Schelm mit uns, gibt Würze und Pfeffer in unsere Alltagsroutine. Im Büro ist es der Witzbold, der die Dinge mit seinen Gags am Laufen hält, im Klassenzimmer ist es der Lehrer, der immer bereit ist, den Stoff mit Humor aufzulockern; im Operationssaal ist es der Chirurg, der mit einem kleinen Schuß schwarzen Humors die Spannung abbaut, oder es ist schlicht der liebenswerte Kumpel, der gerne feiert und spielt. Der Schelm steckt auch in jenem alten Freund, der uns so aufzieht, daß wir über uns selbst lachen können – und immer den Sinn dahinter begreifen. Und er lebt in allen wundervollen Komikern und Komödianten, die unser Leben leichter und froher machen: Charlie Chaplin, die Marx-Brothers, Laurel und Hardy, Jerry Lewis oder Danny Kaye, Red Skelton, Richard Pryor oder Monty Python.

Narren um Christi Willen

Wo man den Schelmen nicht die Tür öffnet, herrscht tödliche Geschwollenheit, ob in Klubs oder in Kirchen. Kein deutlicheres Zeichen für Abwesenheit männlicher Spiritualität in der Religion als die Langeweile, die man in zahlreichen Gemeinden und kirchlichen Veröffentlichungen als mit »Kirchenleben« beschönigt. Das kann den Schelmen jedoch nicht davon abhalten, zähe Manöver mit unbewußten Zweideutigkeiten eines Predigers zu unterbrechen (nach dem Motto: »Geschlechtlichkeit ist ein heilig Ding; der Mann hat seinen Teil, die Frau ihren Teil – doch auch Gott hat seine Finger drin!«), mit törichten Schüttelreimen oder dem scheinbar unangebrachten Lachanfall eines Gemeindemitglieds. Ich erinnere mich da an eine höchst schwülstige Hochzeitsfeier, bei der man sich gerade das Eheversprechen gab, als sich jemand unter den Gästen nicht länger beherrschen konnte und einen wohltönenden Furz entweichen ließ. Das unterdrückte Gelächter schien für einige Zeit blamabel. Doch inmitten all der Spitzenrüschchen und der aufgesetzten Feierlichkeit war etwas sehr Menschliches geschehen, trotz aller Bemühungen zu seiner Verhinderung. Glücklicherweise besitzen einige wenige Männer des Glaubens die Kühnheit, ihren Schelmen ins Spiel zu bringen. Gesegnet ist die Gemeinde, die einen Priester oder Pfarrer mit Sinn für Humor und mit der Respektlosigkeit, ihn auch zu gebrauchen, ihr eigen nennt. Frohgemut auch diejenigen, die dem berühmten indischen Jesuiten Anthony de Mello lauschten, als er seine lustigen spirituellen Geschichten im klassisch hinduistischen Guru-Stil erzählte. Wenn er auf Heuchelei mit dem Finger zeigte und sich über sein eigenes verkrampft-anales Gehabe und das seines Publikums lustig machte, rollten Lachsalven durch den Saal, ein Hochgefühl entstand über der existentiellen Ironie und Absurdität aller Dinge. De Mellos Erleuchtungen waren nicht nur »Aha«-, sondern »Ha-Ha«-Erlebnisse.

Ich jedoch muß erst noch jemanden finden, der dem religiösen Humor meines Englischlehrers am Gymnasium gleichkam, Pater Mike Tueth S.J., der einen buchstäblich schamlosen Schelmen besaß. Im Laufe der Jahre entwickelte er ein Repertoire von Gestalten, die ihm im Religionsunterricht, bei Abendgesellschaften oder Kirchenversammlungen praktisch jederzeit gehorchten. In Sekundenschnelle (mit Hilfe einiger Laken und Sicherheitsnadeln) verwandelte er sich in die hochherrschaftliche Mutter Männerwach, Oberin der Schwestern des Göttlichen Zorns und der Heimsuchung, deren religiöser Orden die fromme Erziehung immens reicher junger Mädchen aufgegeben hatte zugunsten der Gefängnisseelsorge. Einen Augenblick später ist er der schrullige Monsignore Geifer, der auf die Frage eines Gemeindemitglieds, was er von weiblichen Pfarrern halte, sabbernd antwortet: »Was halten Sie von quadratischen Kreisen?« Dann tritt die stattliche Schwester Judith auf den Plan, Teilzeitnonne und Teilzeitstewardeß; als nächstes Pater Lukas, der gitarrespielende Cowboy-Priester, der in seiner Gemeinde einen Brathähnchenstand führt. Bei einem Tuethschen Auftritt kommt wirklich niemand ungeschoren davon, alle Luftblasen werden angepiekst, alle Rippen durchgekitzelt. Und irgendwo schmunzelt koboldhaft der Autor des Buches Jona.

KAPITEL 12

Der Liebhaber

Der Liebhaber ist der Archetyp der Verbundenheit eines Mannes mit anderen Menschen[1] – eine *Persona*, die erst dann richtig zum Leben erwacht, wenn die Lösung weiterer elementarer Individuationsfragen im Leben eines Mannes bevorsteht. In der psychologischen Entwicklung ist der Liebhaber ein spät erblühender Archetyp, gekennzeichnet durch den Wunsch eines gereiften Mannes, von sich selbst zu geben und seine Erfahrungen, Freuden und Leiden mit anderen Menschen zu teilen. Je gesünder der Mann, desto gesünder sein innerer Liebhaber. In einer unreifen oder narzißtischen Person degeneriert der Liebhaber zur plärrenden Romantik der Hitparaden oder zur Pathologie des abhängigen Persönlichkeitstypus, den man als »Klette« bezeichnet.

Über die Bibel ist ein Zugang zum Liebhaber nur schwer zu finden; das gilt ja auch für viele Männer, denn er sorgt stets für emotionale Verletzlichkeit. Weder die Heilige Schrift noch die Männerwelt haben viel dafür übrig, jenen Teil ihrer selbst zu öffnen, zu erfahren oder zu erörtern, der zu Intimität, Sexualität und Gefühlen in Beziehung steht. Obendrein ist der Liebhaber oftmals ein tief verwundeter Archetyp, in dem viel Schmerz pocht. Nur wenige haben noch niemals Zurückweisung oder Mißachtung von geliebten Menschen erfahren; große Schmerzen ebnen großer Verdrängung den Weg. Als Schutz gegen diesen Schmerz haben sich viele Männer ihrem inneren Liebhaber so sehr verschlossen, daß sie sich seiner Existenz kaum noch bewußt sind. Doch selbst in der abgestumpftesten Seele wohnen Erinnerungen an kostbarste Begegnungen mit dem aktivierten Liebhaber: die Hitze der Leidenschaft, eine großherzige Tat, die man einem Freund erwiesen hat, befreiende Anteilnahme, die man in einer Zeit der Niederlage erfuhr, oder die ekstatische Freude, die wir einst in der Gegenwart Gottes empfanden. Die klarsten Erinnerungen und die tiefsten Erfahrungen unseres Lebens leben aus der Gegenwart des Liebhabers.

Drei Formen der Liebe

»Liebe« ist heute in vielen Sprachen ein derart mehrdeutiger und miß-brauchter Begriff, daß man gut daran tut, drei Formen von Liebe zu unter-scheiden; sie beruhen auf drei verschiedenen griechischen Ausdrücken, die sämtlich zu dem Archetyp des Liebhabers in Beziehung stehen.

Die erste Form der Liebe ist *Eros* – die emotionale und sexuelle Anzie-hungskraft, die wir in Gegenwart eines anderen Menschen empfinden. Die erotische Liebe äußert sich oftmals im Phänomen des »Verknalltseins«, des »Sich verliebens«. Dabei kommt es zu einer romantischen Übertra-gung emotionaler Bedürfnisse auf einen anderen Menschen, der dann für das eigene Glück verantwortlich zu werden scheint.

Die zweite Art Liebe, die *Philia*, ist die Freundlichkeit, die wir in der Partnerschaft mit anderen erleben. Unter Männern wird sie als männliche Verbundenheit, Kameradschaft oder brüderliche Liebe erfahren; Mann-schaftssportarten bewirken oftmals diese Art Kameradschaft und *esprit de corps*. In der Beziehung zwischen Mann und Frau ist es die alltägliche Kameradschaft unter zwei Freunden. Während sich bei *Eros* zwei Men-schen von Angesicht zu Angesicht begegnen, stehen sie bei der *Philia* nebeneinander und machen gemeinsame Erfahrungen.

Die dritte Art Liebe wird *Agape* genannt. Es ist die aufopferungsvolle und großzügige Liebe, die anderen gibt, ohne Erwartungen zu hegen; auf Lateinisch heißt sie *Caritas* und hat uns das Adjektiv »karitativ« gegeben. Diese Liebe wird vom reifen Helden in Taten umgesetzt, die sich als se-gensreich für andere Menschen oder die Gesellschaft erweisen.

Der Liebhaber trägt meist alle drei »Lieben« in eine Beziehung, auch wenn in der Regel die eine oder andere überwiegt. Wir erfahren natürlich selten eine dieser drei »Lieben« so sauber getrennt, wie diese Differen-zierung anklingen läßt, oder so gereift, wie diese Definitionen festlegen. Der Archetyp des Liebhabers repräsentiert in der Regel vielschichtig Großzügigkeit und Bedürftigkeit, sexuelles Verlangen, Zärtlichkeit, Selbstsucht und Leidenschaft. So ist es immer schon gewesen.

Der Liebhaber im Christentum

Das Christentum hat sich – trotz schrecklicher Irrwege auf diesem Gebiet – für die Entwicklung des Liebhabers im Manne vielfältig als Segen erwiesen. Seine Riten und Glaubensbekenntnisse, seine Predigten und Seelsorge förderten vor allem eine tiefe Liebe zu Gott. Jeder Mann, der an einer *kraftvollen* Liturgie teilnahm, hat die leidenschaftliche Liebe zu Gott empfunden, die aus der Musik, den Gebeten und Ritualen eines solchen Gottesdienstes spricht.

Keine Institution auf Erden hat *Agape* als Liebe so sehr gefördert wie die christliche Kirche. Auf unzählige Arten ermutigt und unterstützt die Kirche Männer, zu reifen in dieser selbstlosen Liebe, die Mitgefühl hat mit anderen, ein offenes Ohr für Arme, Schwache und Verletzliche. Genau in diesem Augenblick bemüht sich die Kirche in großen und kleinen Städten, in ländlichen Gegenden und in ihren Missionen und fordert Männer faktisch dazu auf, sich in Suppenküchen um Obdachlose zu kümmern, den Armen Lesen und Schreiben beizubringen, Inhaftierte zu besuchen, Asylanten und illegal Eingewanderten zu helfen, Freundschaft mit Alten und Vergessenen zu schließen und sich um Kranke zu kümmern. Männer, die diesem Ruf folgen, entwickeln eine Seite ihres inneren Liebhabers und reifen als Freunde der Menschen.

Die Kirche ermutigt auch das Gedeihen von Freundschaft und Kameradschaft *(Philia)* unter ihren Angehörigen. In der Tat zählt es zu den Hauptanliegen der christlichen Kirche, eine Gemeinschaft zu schaffen, in der sich die Mitglieder gegenseitig stützen in Glauben, Hoffnung und Liebe. Es ist unmöglich, ein christliches Leben isoliert zu leben. In der Entfremdung und der Einsamkeit des modernen Lebens reicht die Kirche allen Mitgliedern eine freundschaftliche Hand in Form von Gesprächsrunden, Selbsthilfegruppen für Unverheiratete, Bildungsprogrammen für Erwachsene, Ausflügen und Picknicks, Feiern, Gebetsgruppen und spirituellem Austausch – faßbare und konkrete Formen der Kameradschaft.

Die Sünde der Kirche

Das Problem – der Fluch gar – des modernen Christentums bezieht sich auf die *erotische Liebe*. Im Laufe seiner ganzen Geschichte hat sich das Christentum als mehr oder weniger unbrauchbar erwiesen, wenn es darum ging, seinen Angehörigen zu helfen, mit erotischen Gefühlen, Gedanken und Erfahrungen umzugehen. Nicht nur das: Die Kirche hat dieses Problem oft noch verschärft. Im besten Fall ehrt die Kirche die erotische Liebe im Kontext des Sakraments der Ehe und lehrt, daß die Liebe zwischen verheirateten Partnern nichts weniger als eine Manifestation der Liebe Gottes ist. Theologisch genießt die erotische Liebe im Christentum meist nur dann hohes Ansehen, wenn sie im Rahmen der Ehe stattfindet.

Hinter den offiziellen Lehren zum Ehestand besteht im Christentum eine düstere Zwiespältigkeit gegenüber sexueller Liebe. Eine Religion kann wie ein Mensch auch Gefühle und Gedanken ins Unterbewußte verdrängen, doch sowohl im einzelnen als auch in der Gruppe wird dieser unterdrückte Schatten irgenwie immer wieder auf fragwürdige, verwirrende und widersprüchliche Weise auftauchen. Der sexuelle Schatten der Kirche tritt zum Beispiel in der kirchlichen Rede über den Körper zutage. Die wenigsten unter uns hat man nicht schon wegen sexueller Angelegenheiten ebenso unerwartet wie beängstigend verdonnert, in Predigten, bei der Beichte oder im Einzelgespräch, und zwar genau dann, als wir am verletzlichsten waren und am meisten zu kämpfen hatten. Als wäre die Jugendzeit nicht schon problematisch genug, haben Generationen von Kindern den zusätzlichen Terror über sich ergehen lassen müssen, den beflissene Geistliche verbreiteten, daß Selbstbefriedigung in einer Sommernacht zum ewigen Feuer und Schwefel der Hölle verdamme. Die spätere Entdeckung, daß derselbe Pfarrer mit der Chorleiterin schlief, steigert nur die Empörung vieler Männer über die ganze Heuchelei.

Viele Männer haben sich von der Kirche entfremdet, weil diese sie als Kinder und Jugendliche im verletzlichsten Aspekt ihrer Seele so sehr verwundet hat – im Archetyp des Liebhabers. Die Unsensibilität der Kirche hat die Sexualität vieler Männer mit Schuldgefühlen und Scham beladen. Die Härte gegenüber Kindern und Jugendlichen im Bereich der Sexualität und der erotischen Liebe ist nichts weiter als eine Form der Kindsmißhandlung. Viele Männer lassen nicht zu, daß man sie dort noch einmal verwundet und gehen der Religion gänzlich aus dem Weg. In jenem Bereich unseres Leben, wo sanftes und mitfühlendes Lehren am meisten nötig ist, predigt die Kirche oft mit ungerechtfertigter Härte und sogar Grausamkeit. Im Gegensatz zu Jesus, der Gier wiederholt streng verurteilte, Menschen mit sexuellen Problemen aber Mitgefühl erwies (siehe Joh 8,1 oder Lk 7,36), läßt die Kirche nur kraftloses Gesäusel gegen unsere kulturelle Sucht nach Geld hören, während sie laut und deutlich gegen die fälschlich so benannten »Sünden des Fleisches« wettert.[2]

Die christlich-sexuelle Wandlung

All das beginnt sich zu verändern. Das zunehmende Verständnis des Einflusses der Psychologie auf sexuelle Fragen hat manchen christlichen Amtsträgern und Moraltheologen geholfen, im Reich der erotischen Liebe ein menschlicheres Klima zu schaffen – was der Einstellung Jesu schon viel näherkommt. Manche Pfarrer und Priester von heute verhalten sich schon viel verständnisvoller, einfühlsamer und mitfühlender gegenüber sexuellen Angelegenheiten als ihre Vorgänger. Die Kirche beginnt, sich ihrem sexuellen Schatten zu stellen. Doch dieser Prozeß wird zwangsläufig noch lange dauern. In der Zwischenzeit fragen sich schon wieder vermeintlich wohlmeinende Christen, ob die gegenwärtigen Bemühungen der Kirche um eine positive Einstellung gegenüber dem *Eros* Zeichen des Zerfalls, der Dekadenz oder sogar des Bösen sind. Eine Betrachtung des Archetyps des Liebhabers, wie er in biblischen Erzählungen und Gedichten auftritt, wird uns ein gutes Stück auf den Weg führen, diese Ängste zu verscheuchen und im Umfeld der Sexualität ein Gefühl der Festlichkeit und Dankbarkeit wieder herzustellen. Die Geschichte Salomos gibt uns dazu ein gutes Beispiel.

Salomo: der Liebhaber

Der Liebhaber taucht in den Erzählungen zahlreicher biblischer Gestalten auf, doch nirgends so deutlich wie in den salomonischen Traditionen. Zu den primären Aspekten des Archetyps des heiligen Königs, den Salomo verkörpert, gehört seine außergewöhnliche Sexualität, Erotik und Fruchtbarkeit. »Salomo«, erzählt man uns, »liebte viele Frauen« (1 Kön 11,1). Das kann man wohl sagen! Der biblische Text hält fest, daß er etwa siebenhundert Frauen und dreihundert Konkubinen hatte.[3] Die politisch bedeutsamste dieser vielen Ehen verband Salomo gar mit der Tochter des ägyptischen Pharaos (1 Kön 31) – eine interessante Übereinkunft angesichts früherer Erfahrungen Israels mit Pharaonen. Die berühmteste seiner romantischen Begegnungen bezieht sich auf die legendäre Königin von Saba, eine immens reiche und mächtige Frau, die so sehr in Salomo verliebt war, daß sie ihm teure Geschenke machte und ihn über alles rühmte (1 Kön 10,1-13).

Salomos legendärer Ruf als der große archetypische Liebhaber sorgte zweifellos dafür, daß man ihm ein außergewöhnliches biblisches Buch der erotischen Liebesdichtung zuschreibt – das Hohelied (in manchen Traditionen auch als Lied des Salomo bekannt). Möglicherweise in seiner ursprünglichen Form als musikalische Aufführung gedacht, besteht dieses Werk aus sinnlichen und erotischen Liebesliedern, die zwischen dem Liebhaber (in 3,9 als Salomo identifiziert) und einer schönen Geliebten hin- und herfließen, einer »schwarzen und schönen Tochter Jerusalems« (1,5).[4]

Ihre Liebe zum König ist leidenschaftlich und erdhaft, ihr Verlangen heiß:

> *Des Nachts auf meinem Lager suchte ich ihn,*
> *den meine Seele liebt.*
> *Ich suchte ihn und fand ihn nicht.*
> *Aufstehen will ich, die Stadt durchstreifen,*
> *die Gassen und die Plätze,*
> *ihn suchen, den meine Seele liebt.*
>
> Hoheslied 3,1-2

Ihre Liebe bleibt nicht unbeantwortet; Vers für Vers erwidert Salomo ihre Leidenschaft:

> *Schön bist du, meine Freundin, ja, du bist schön.*
> *Verzaubert hast du mich, meine Schwester Braut;*
> *ja verzaubert mit einem Blick deiner Augen,*
> *mit einer Perle deiner Halskette.*
>
> Hoheslied 4,1.9

Oder:

> *Deiner Hüften Rund ist wie Geschmeide,*
> *gefertigt von Künstlerhand.*
> *Dein Schoß ist ein rundes Becken,*
> *Würzwein mangle ihm nicht.*
> *Dein Leib ist ein Weizenhügel, mit Lilien umstellt!*
> *Deine Brüste sind wie zwei Kitzlein,*
> *wie die Zwillinge einer Gazelle.*
>
> Hoheslied 7,2-4

Und so fort. Die Gedichte sind sogar Jahrtausende nach ihrer Schöpfung noch sexuell anregend, und zwar so sehr, daß das Buch auch heute noch kontroverse Interpretationen auslöst. Viele Beobachter, denen diese zügellose Sexualität mißfällt, behaupten, diese Gedichte müßten allegorisch verstanden werden, nämlich als Gleichnis für die Liebe Gottes zu Israel oder Christi Liebe zur Kirche. Natürlich lassen sie sich so verstehen. Doch die primäre Bedeutung des Hohelieds ist offensichtlich eine Huldigung an Lust und Leid der erotischen Liebe. Dieses Buch ist auch kein Freudengesang auf die eheliche Vereinigung, wie fromme christliche Kommentatoren meinen.[5] Die Ehe kommt im Hohenlied überhaupt nicht vor; die gegenseitige Verfolgung von Geliebtem und Geliebter findet ohne die Privilegien eines Trauscheins in den dunklen Gassen Jerusalems und in den die Stadt umgebenden Feldern statt.[6]

Der beständigen Neigung, die transparente Bedeutung des Hohenlieds zu ignorieren, liegt weniger Prüderie zugrunde als die unbewußte Überzeugung, daß Eros Männer und Frauen irgendwie von Spiritualität und Gottesliebe ablenke. Als wäre Gott ein eifersüchtiger und schüchterner Liebhaber, der die Konkurrenz einer schönen Frau oder eines gutaussehenden Mannes nicht ertragen kann (auch wenn er sie selbst so schuf). Nach dieser Unterstellung ist Gott so abstoßend und kleinlich, daß wir ihn nur dann lieben können, wenn alle anderen Rivalen ausgeschaltet sind.

Doch Gott ist kein Gegenstand auf einem Spielfeld, noch viel weniger die Teilnehmerin an einem Schönheitswettbewerb. Zudem lenkt erotische Liebe dem Wesen nach Männer nicht ab von Gott. Im Gegenteil, sie führt sie Ihm näher. Eros ist eine Gnade, die Männer für das tiefe Verlangen nach einer Liebe öffnet, das nur Gott befriedigen kann.

Die Erfahrung der romantischen Betörung, wie im Hohenlied beschrieben, ist oft ebenso lustvoll, wie sie Schmerzen bereitet.[7] Nicht jeder Mann macht diese Erfahrung. Wenn der Liebhaber im Zusammenhang mit Eros auftaucht, wartet eine Fülle von Lernerfahrungen: Ekstase, Freude, Vereinigung – aber auch Trauer, Depression und Verlassenheit. Eros lädt den Archetyp des Liebhabers mit enormer Energie auf und zerstört die sichere, selbstgenügsame Welt, die jeder von uns sich zu schaffen neigt, mit einem Schlag. Die meisten Männer betrachten diese Folgen als unwillkommen, und es ist tatsächlich beängstigend, die Kontrolle (oder die Illusion der Kontrolle) über das Gefühlsleben zu verlieren. Dennoch verbirgt sich im Sog des spirituellen Erdbebens, das eine leidenschaftliche erotische Liebe auslöst, eine große Gnade.

Wer erotische Liebe aufrichtig und bewußt erfährt, wird erkennen, daß die armen geliebten Empfänger unserer Zuneigung niemals unseren gewaltigen Bedürfnissen, Wünschen und Erwartungen an sie gerecht werden können, noch sind sie halb so wunderbar, wie es sich unsere idealisierten Projektionen gerne vormachen.[8] Sie sind nichts anderes als beschränkte menschliche Wesen, die das Pech hatten, als Leinwand für die Projektionen der Phantasie eines äußerst aktiven Liebhaberarchetyps zu dienen. – Doch was ist mit der starken Sehnsucht nach Vereinigung und dem Bedürfnis nach Liebe in uns selbst? Werden sie auf immer unerfüllt bleiben? Sind sie ein absurder Witz: ein emotionales Verlangen nach einer

Liebe und einer Zugehörigkeit, die wir niemals finden können? Zyniker würden das bejahen. Der gläubige Mensch erkennt hingegen, daß er in seinem großen Erotizismus die wahren Sehnsüchte und Bedürfnisse verwechselt und auf ein anderes zerbrechliches kleines Menschenwesen übertragen hat; nur *ein* Liebhaber kann sie erfüllen, und dieser Liebhaber ist Gott. Wie der Heilige Augustinus – dem erotische Liebe nicht fremd war – einmal sagte: »Du hast uns für dich selbst geschaffen, und unsere Herzen sind unruhig, bis sie ruhen in dir.«[9]

Wie können wir dieses ungeheure Bedürfnis nach Liebe – dieses Loch in unserer Psyche, das nur von Gott gefüllt werden kann – ohne die Erfahrung der Verliebtheit je konkret begreifen? Sich zu verlieben, ist der wichtigste Hinweis, den ein Mann je auf seine latenten spirituellen Bedürfnisse und Erfahrungen bekommen kann. Ohne diese Erfahrung bleibt die Beziehung eines Mannes zu Gott in erster Linie eine Frage von Gehorsam, Achtung und Willenskraft – sicherlich eine gute Grundlage für eine akzeptable religiöse Beziehung, doch eine, der es letztlich an Leidenschaft, Herz und Seele fehlt. Die Liebe transformiert gläubige Angemessenheit in spirituelle Leidenschaft – wie der Heilige Augustinus ebenfalls wußte: »Zeig mir einen verliebten Menschen und ich zeige dir einen Menschen auf dem Weg zu Gott.«[10]

So war es mit Salomo. Trotz des biblischen Gebots, sich praktisch unsterblich in Gott zu verlieben (»Darum sollst du den Herrn, deinen Gott lieben mit ganzem Herzen, mit ganzer Seele und mit ganzer Kraft«: Dtn 6,4), wird nur von *einem* Menschen in der gesamten Heiligen Schrift behauptet, er »liebte den Herrn« (1 Kön 3,3). Dieser Mann ist Salomo. Seine Fähigkeit, sich vom Gesicht einer schönen Frau betören zu lassen, ist identisch mit seiner Fähigkeit, sich in den lebendigen Gott zu verlieben. Und was ist mit den Fehlern der Liebe? Salomo hat sie gewiß begangen, vor allem als er heidnische Altäre für seine Frauen baute (1 Kön 11,7-8). Doch die Liebe ist größer als diese Verfehlungen. Wie Salomo selbst im Buch der Sprüche sagt: »Liebe deckt alle Vergehen zu« (10,12). Besser einen Fehler zu machen, indem man zu sehr liebt, als keinen zu machen, indem man gar nicht liebt.

David: der Geliebte

Ein wichtiger verwandter Aspekt des Archetyps des Liebhabers ist die Fähigkeit, sich von anderen *lieben zu lassen*. Männer fühlen sich oft nicht wohl, wenn sie die passive Rolle des »Geliebten« spielen und können häufig nicht gut mit Liebe, wie unvollkommen auch immer, umgehen. Das ist eine Verschwendung. Liebe ist kein Konsumartikel. Sie ist ein kostbares persönliches Geschenk, das man nicht abschütteln, ignorieren oder als selbstverständlich nehmen kann. Die Geschichte von David erzählt vom Reifen dieses Aspekts der Liebe in einer der größten Gestalten der Bibel.

David war ein erbarmungsloser militärischer und politischer Führer, der rund tausend Jahre v.Chr. Kanaan eroberte und in Jerusalem die Davidische Dynastie gründete. Zwischen den Zeilen des biblischen Texts zu lesen, ist erst gar nicht nötig, um sein brutales und grausames Wesen zu erkennen, wenn es darum ging, militärische Gegner zu besiegen oder den Großteil der rivalisierenden Sauliden-Dynastie auszurotten. Wie erstaunlich häufig der Fall, existierte in ihm neben dem grimmigen Krieger ein archetypischer Liebhaber von großer sinnlicher und persönlicher Anziehungskraft.

David ist eine der wenigen Figuren, deren Äußeres die Bibel beschreibt: »David war rötlich, hatte schöne Augen und eine schöne Gestalt« (1 Sam 16,12). Diese Beschreibung hilft dem Leser, Davids nachhaltiges persönliches Charisma zu erklären und warum sich jeder, der ihm begegnete, heftig in ihn verliebte. Als der junge Heißsporn aus Bethlehem am Hofe zu Gebeah erschien, verliebte sich König Saul in ihn und ernannte ihn zum persönlichen Schildträger und Musiker (1 Sam 16,17-23). Die Beziehung erinnert an die klassisch männliche Beziehung zwischen Liebhaber und Geliebtem, wie sie in der mediterranen Antike zwischen älteren Mäzenen und jüngeren Schützlingen so häufig vorkam, und erklärt, warum Saul später so zornerfüllt war, als er die Rivalität Jonatans um Davids Gunst spürte (1 Sam 20,30).[11] Auch Sauls Tochter Michal verliebte sich in David (1 Sam 18,20) und wurde schließlich seine Braut. Der Junge war sogar so begehrenswert, daß die Bibel zweimal erwähnt, ganz Israel und Juda liebe ihn (1 Sam 18,16.28)!

Es ist *eine* Sache, mit starker natürlicher Anziehungskraft . versehen zu sein, jedoch eine ganz *andere*, diese persönliche Energie in Liebe für einen anderen Menschen umzuwandeln. Viele attraktive Männer leben eine Form des Narzißmus, taub für die Zuwendung anderer Menschen – Liebe empfangend, aber selten je gebend. Stets umringt, sobald er einen Raum betrat, trug David alle Züge eines solchen egoistischen und passiven Mannes. Zum Glück für ihn entwickelte sich eine erstaunliche Beziehung, die diesen Narzißmus durchbrach und den Archetypen des Liebhabers aktivierte. Es war Sauls Sohn Jonatan, der sich in David verliebte (1 Sam 18-20).

Die Geschichte der Liebesaffäre von David und Jonatan ist faszinierend, mit starken homoerotischen Untertönen und der ganzen Leidenschaft zweier Jugendlicher, die sich in einander »verknallen«.[12] Beide Liebhaber waren berühmte und kampferprobte Krieger – Jonatan, der Held der Schlacht von Michmas (1 Sam 14), und David, der Sieger im Wettkampf mit Goliath (1 Sam 17). Man fühlt sich hier an die leidenschaftliche Liebe erinnert, die nach der Überlieferung zwischen den Kriegern Spartas herrschte. Sie gingen sexuelle Bindungen ein, um entfesselte Kampfverbände zu bilden.

Bezeichnend ist, daß David in der Beziehung nicht den ersten Schritt macht; Jonatan verhält sich anfangs wie der leidenschaftliche Liebhaber, überreicht David gar seine persönliche Kampfausrüstung als Liebesgabe und schwört einen Eid (hebräisch: *Berit*) für seinen immer noch passiven Geliebten.

Es stellte sich heraus, daß David für Jonatan mehr war als eine »Flamme«; der junge Mann riskierte sein Leben, um dem Geliebten zu helfen, der wachsenden Eifersucht Sauls zu entkommen (1 Sam 20). In einer Abschiedsszene voller Menschlichkeit und Zärtlichkeit küssen sich Jonatan und David und vergießen viele Tränen (20,41). In der Geschichte Davids ist es das erste Mal, daß der Held ein Gefühl, ein Innenleben zeigt und die reife Fähigkeit, auf einen anderen Menschen einzugehen. Jonatans erotische Liebe hat dem *Puer* David geholfen, erwachsen zu werden, aus seiner narzißtischen Schale auszubrechen und seinen inneren Liebhaber zu entwickeln. Auf David wirkt dieser Ausbruch dramatisch – in vielen Märchen symbolisiert durch den Kuß, der einen Liebenden vom Todeszauber befreit. Als er später von Jonatans tragischem Tod auf dem Berg Gibeon erfährt, schreibt er ein Trauerlied voller Liebe:

Weh ist mir um dich, mein Bruder Jonatan.
Du warst mir sehr lieb.
Wunderbarer war deine Liebe für mich
als die Liebe der Frauen.

2 Samuel 1,26

Wie sehr ist der heißblütige Junge aus Bethlehem in dieser kurzen Zeit gereift!

Wie sein Sohn Salomo, machte der erwachsene David viele Fehler in der Liebe. Seine Leidenschaft gewann wieder die Oberhand, als er die schöne Batseba erblickte, die (absichtlich?) genau unter dem Fenster des Königs badete (2 Sam 11). In dieser Episode setzen sich die alte Rücksichtslosigkeit und Brutalität wieder durch – Ruckzuck, Dankeschön, Aufwiedersehen – und schon steht Batseba wieder draußen im Flur. Doch das Verheimlichen war schlimmer als der Ehebruch; David sorgt dafür, daß Batsebas Gemahl Uria im Kampf getötet wird und daß sie jetzt ihm gehört – um schließlich die Mutter Salomos zu werden. Er hat nun offenbar aus seinen Fehlern gelernt, denn man sieht David nie wieder sexuell unverantwortlich handeln. Was nicht heißt, daß die Feuer seines *Eros* erloschen sind. Als alter Mann hat er die überaus schöne Abischag, um ihm das Bett »warm zu halten« (1 Kön 1)!

Wie bei seinem Sohn Salomo haben Davids romantische Abenteuer offenbar den inneren Liebhaber für eine beseelte Beziehung mit Gott geöffnet, eine Leidenschaft, die in den David zugeschriebenen Lobespsalmen an Jahwe anklingt. Von allen Gestalten der Heiligen Schriften des Alten und Neuen Testaments sagt nur ein Mensch »Ich liebe dich« zu Gott: David (Ps 18,1). Seine Hymnen an Jahwe sind voller Süße und Intimität:

> *Nur eins erbitte ich vom Herrn,*
> *danach verlangt mich:*
> *Im Hause des Herrn zu wohnen*
> *alle Tage meines Lebens,*
> *die Freundlichkeit des Herrn zu schauen*
> *und nachzusinnen in seinem Tempel.*
>
> Psalm 27,4

Der Liebhaber in uns

David und Salomo, zwei mächtige Könige, lehren uns, daß ein Mann nie zu wichtig oder zu groß ist, um zu lernen, wie man liebt. Der Archetyp des Liebhabers hat es immer nötig, sich zu entwickeln, zu wachsen und stärker zu werden. Das gilt bis zur letzten Stunde: Er ist für jeden Mann die entscheidende Bedingung, damit er mit seinen Mitmenschen verbunden bleibt – Frau, Geliebter, Kindern und Freunden. Ohne den Liebhaber kann ein Mann leicht in unfruchtbare Isolation, Einsamkeit und Überdruß abrutschen.

Der Liebhaber ist auch der Archetyp der Beziehung eines Mannes zu seiner *Anima*. Wenn Jesus uns auffordert, unseren Nächsten *wie uns selbst* zu lieben, bedeutet das auch: Zu dem, was wir am meisten schätzen sollten, gehört auch unsere innere Weiblichkeit, die so oft geleugnet, projiziert und mißbraucht wird. Die Tragödie eines verdorrten Liebhaber-Archetyps wiegt weit schwerer als alle Fehler, die man bei seiner Erweckung unweigerlich macht. Wie groß die Fehler und Sünden eines Mannes auch sein mögen – die Geschichten von David und Salomo lehren uns, daß es Erlösung für ihn gibt, wenn er nur lernen kann zu lieben.

Teil III
Männliche Rede über Gott

Die biblischen Geschichten, die wir diskutiert haben, vermitteln vitale Spiritualität über Erzählungen, die die klassischen männlichen Archetypen enthalten. Beim Lesen dieser Geschichten werden archetypische Entfaltungsmöglichkeiten in uns geweckt und ins Bewußtsein gebracht; wir beginnen, unseren eigenen Wilden Mann, Krieger oder König … bewußter zu erfahren. Die Geschichten lehren uns auch, daß sich archetypisches Potential gesund entwickeln, aber auch degenerieren, Gutes und Böses wirken, Fluch und Segen bringen kann. Alle Archetypen können entarten: Die lenkende Weisheit des inneren Helden ist nötig, um sie in Quellen der Gnade zu verwandeln. Die Bibel veranschaulicht, wie jeder Archetyp zum aufrichtigen Weg zu Gott werden kann, wenn man ihn nur mutig umsetzt. Diese Erzählungen sind die Landkarte, die uns den Weg weist, ein *Heiliger* zu werden – ein Held also, der seine Archetypen rein, radikal und kühn für Gott so verwirklicht, daß er andere Menschen im besten Sinne berührt, belebt und ihnen Kraft spendet.

Die männlichen Archetypen geben uns noch einen weiteren unerwarteten Schatz in die Hand. Als spirituelle psychologische Schlüsselkategorien, in denen Männer leben, reifen, sich selbst verstehen und Größe erringen, geben sie eine einprägsam metaphorische »Sprache« ab, um Gott zu beschreiben und über ihn zu sprechen. Lange bevor Israel die Bühne der Weltgeschichte betrat, begannen unsere Vorfahren in dieser Sprache zu denken und wahrzunehmen, von den Göttern als Wilde Männer, Krieger oder Könige zu sprechen. In seiner Bibel bereicherte und verwandelte Israel dieses spirituelle Vokabular und fügte noch weitere Archetypen hinzu – nicht in Form neuer Götter, sondern als Metaphern für den Einen Gott. Später sprachen die Autoren des Neuen Testaments dieselbe »Sprache« bei dem Versuch, ihrem Erleben des Jesus von Nazareth Ausdruck zu verleihen.

Der technische Ausdruck für all dieses Sprechen von und über Gott lautet »Theologie« – die Wissenschaft, die sich bemüht, eine angemessene, deskriptive Sprache zu finden für das Reden über die Dinge Gottes.

Natürlich ist Theologie letztlich ein aussichtsloses Unterfangen: Der Versuch, den *Einen* zu verstehen und zu beschreiben, den man nicht beschreiben oder verstehen kann. Trotzdem versuchen wir es; ganze Bibliotheken sind voll mit theologischen Bemühungen, Gott zu verstehen und zu charakterisieren. Der dritte Teil dieses Buchs ist ein solcher Versuch, zu ergründen, ob und wie die Sprache männlicher Metaphern etwas darüber aussagt, wer Gott für uns ist.

Eine christliche männliche Theologie kreist naturgemäß um Jesus von Nazareth. Sie stellt sich die Frage, warum sich Gott entschieden hat, sich der Welt unwiderruflich in der Person dieses Mannes zu offenbaren. Zu welcher Kategorie Mann gehörte Jesus? Inwiefern ist seine Männlichkeit ein Sakrament der göttlichen Liebe und ein Werkzeug der Offenbarung? Im nächsten Kapitel werden wir uns diesen Fragen und dem höchsten christlichen Archetypen, dem Christus, zuwenden.

Das letzte Kapitel dieses Buchs, »Die Männlichkeit Gottes«, diskutiert dann die unersetzliche und elementare Rolle der männlichen Archetypen bei der Schaffung einer metaphorischen Rede über Gott. Wohl wissend um die gesellschaftlich vorgegebenen sogenannten patriarchalen Denk- und Sprachmuster, müssen wir uns doch immer aufs neue fragen: »Warum offenbarte sich der biblische Gott der Welt fast ausschließlich in männlichen archetypischen Metaphern?« Wir werden vier Schlüsselarchetypen für Gott in der Bibel erörtern – Wilder Mann, Krieger, König und Vater – und darüber reflektieren, was sie über Gott gerade heute auszusagen haben.

KAPITEL 13

Jesus: der Christus

Nach den meisten Historikern lebte Jesus etwa zwischen 4 v.Chr. und 30 n.Chr. im von Rom besetzten Palästina. Alte Quellen führen an, daß er ländliche Gegenden des nördlichen Galiläa durchstreifte und eine Botschaft der Buße und Barmherzigkeit predigte sowie das Motiv eines geheimnisvollen und wunderbaren Königreichs Gottes. Die bildkräftigen Parabeln über die Vaterschaft Gottes und Jesu aufrüttelnde Botschaft heilender Vergebung lockten Menschen an, Kranke berichten von ihrer Heilung, und eine kleine Gruppe von Schülern schließt sich ihm an. Allmählich jedoch wuchs die Beliebtheit Jesu zur Bedrohung für die religiös-politische Koalition der römischen Kolonialherrschaft und der jüdischen religiösen Obrigkeit. Sie mußten befürchten, daß massive Unruhen ihre Vorherrschaft über Palästina destabilisieren könnten. So planen sie seine Ausschaltung. Bei seinem letzten Besuch in Jerusalem wird Jesus gefangengenommen, man sitzt im Schnellverfahren Gericht über ihn, verurteilt ihn wegen Volksverhetzung, exekutiert ihn umgehend durch Kreuzigung und begräbt ihn. Tage danach finden seine Jünger jedoch das Grab leer vor und behaupten kurze Zeit später, daß Gott Jesus von den Toten auferstehen ließ.

Zweitausend Jahre später nennen sich beinahe zwei Milliarden Menschen »Christen«: Gemeint ist ihr Versuch, ihr Leben mit unterschiedlichen Bemühungen und wechselndem Erfolg nach Jesus auszurichten und seine herausfordernde Botschaft mit Leben zu erfüllen. Dieses Phänomen läßt uns die Frage stellen: Was ist an diesem Mann, das nach so vielen Jahrhunderten immer noch so viele Menschen berührt? Warum beflügelt Jesus so viele Nichtchristen und sogar Atheisten, auch wenn sie sich oftmals von seinen streitsüchtigen Anhängern abgestoßen fühlen?

Als Antwort bringen manche Menschen vor, die humanistischen Lehren Jesu seien so außergewöhnlich, daß sie auch heute noch moralische und ethische Loyalität wecken können. Da ist etwas Wahres daran; seine Botschaft ist in der Tat sehr tiefgründig. Andererseits enthält die Botschaft Jesu nur wenig wirklich Neues oder Eigenständiges. Andere spirituelle

Meister haben im Laufe der Jahrhunderte auch solche Dinge gesagt. Manche behaupten, daß Jesus mit seiner Begabung für das Erzählen von Geschichten seine Wahrheiten einfach nur wirkungsvoller aussprach als die meisten Gurus. Auch an dieser Behauptung ist etwas Wahres: Die Parabeln Jesu können den Zuhörer wirklich fesseln und niemals wieder loslassen!

Fragt man jedoch die nachdenklichsten und engagiertesten Christen, warum sie Jesus folgen, dann würden die meisten ihren Glauben weder Jesu doktrinären Einsichten noch seinem rhetorischen Geschick zuschreiben. Vielmehr fühlen sich die meisten von uns Männern vom Magnetismus seiner Person angezogen – berührt, herausgefordert und fasziniert von der Art Mann, die Jesus war. Etwas in uns sehnt sich danach, wie Jesus zu sein. Etwas in uns erkennt in ihm unsere höchsten menschlichen Bestrebungen. Mit anderen Worten, in Jesus erkennen wir den höchsten Archetypen dessen, was ein Mann sein kann, den Wesensausdruck dessen, was ein menschliches Leben zu führen heißt.

Der Christus-Archetyp

Die spirituelle Qualität, die so großartig in der Person des historischen Jesus zutage tritt, ist der Christus-Archetyp. Vor Jesu Zeit lag diese sich spät entwickelnde Entfaltungsmöglichkeit der Seele tief im kollektiven Unbewußten des Menschen, unbenannt und nur nebelhaft wahrgenommen. Frühe biblische Hinweise auf ihre verstärkte Präsenz erscheinen im Alten Testament, in den messianischen Weissagungen Jesajas (Jes 9,1-7; 11,1-9), den apokalyptischen Visionen Daniels (Dan 7,13-14) und vor allem im zweiten Lied des Jesaja über den kranken Knecht (Jes 52,13-53,12). – Dann erschien Jesus. Sein Leben aktivierte und personifizierte den Archetypen so sehr, daß er nach ihm benannt wurde. Der Begriff »Christus« (griechisch: *Christos*), anfänglich von seinen Anhängern Jesus vorbehalten, ist schlicht die Übersetzung des hebräischen Wortes »Messias« (*Meschiach* = »Gesalbter«): ein alter Titel, der jenen idealen israelitischen Krieger-König bezeichnete, von dem die Juden sehnlich den Sieg über die Römer und die Wiedereinsetzung des Hauses David erhofften. Doch Jesus war kein Messias dieser Art. Statt dessen verwandelte er die militärisch-politischen Beiklänge und Erwartungen um die Bezeichnung »Christus« und versah sie mit völlig neuen Werten.

Welche Eigenschaften des Christus-Archetypen sind es, die in Jesus so sichtbar zutage treten? Die Wesentlichste ist die freie *Losgelöstheit.* Auch an Buddha erkennbar, einer Variante des Christus-Archetyps, geht es bei dieser Eigenschaft um den schrittweisen Verzicht auf das unausbleibliche Streben des Ego nach Selbsterhöhung und nach »Nebensächlichkeiten« wie Geld, Macht, Familie und Ruhm – die Qualität der kompromißlosen geistig-seelischen Loslösung von allen Annehmlichkeiten des häuslichen Lebens, ein Akt der totalen, radikal männlichen Spiritualität. Mit dem berühmten Gleichnis von den »Vögeln am Himmel und den Lilien auf dem Felde« (Mt 6,25-34) ermahnte Jesus seine Anhänger, die Sorgen des Ego über Nahrung und Kleidung aufzugeben. Zu anderen Zeiten schwingt Jesus rhetorisch mit harten und schrecklichen Worten das Schwert als Symbol seiner Mission: Seine Jünger sollen alle Familienbande durchtrennen und Vater, Mutter und Familie verlassen (Mt 10,34-39), wie er selbst es getan hat (Mt 12,46-50). Das sich abgelöst habende »Christus-Selbst« macht einen radikal *männlichen* Schritt der Befreiung von den unmittelbar häuslichen Bindungen, um einen *weiblichen* Schritt in Richtung der Wiederbindung mit allen Menschen zu tun, die zu Brüdern und Schwestern werden, die mit Liebe und Güte zu behandeln sind. Jesus *predigte* nicht nur diese Abgelösung, sein Leben ist Vorbild für sie.

Eine weitere Christus-Eigenschaft ist die des *erlösenden Leidens* – die Gabe eines Menschen, der stellvertretend das Leiden eines ganzen Volkes auf sich nimmt, und dessen selbstaufopfernde Duldsamkeit verlorene Menschen aus ihrem Gefängnis erlöst. Das ist auch die wichtigste Eigenschaft von Avalokitesvara, eines buddhistischen Heiligen (Boddhisattva), der auf das Eingehen ins Nirvana verzichtet, um der leidenden Menschheit spirituell beizustehen. In der Bibel äußert sich dies im ehrfurchterregenden Heiler-Archetypen des geheimnisvollen Knechts des Herrn (*Ebed Jahweh*), der in Jesaja 52,13-53,12 beschrieben und von Christen als Prototyp Christi verstanden wird:

Er wurde verachtet und von den Menschen gemieden,
ein Mann voller Schmerzen, mit Krankheit vertraut.
Wie einer, vor dem man das Gesicht verhüllt,
war er verachtet; wir achteten ihn nicht.
Aber er hatte unsere Krankheit getragen
und unsere Schmerzen auf sich geladen.
Wir meinten, er sei von Gott geschlagen,
von ihm getroffen und gebeugt.
Doch er wurde durchbohrt wegen unserer Verbrechen,

wegen unserer Sünden zermalmt.
Zu unserem Heil lag die Strafe auf ihm,
durch seine Wunden sind wir geheilt.

Jesaja 53,3-5

Das Buch Jesaja beschreibt hier die wesenhafte Rolle des großen Kriegers, der als einsamer Vertreter seines Volkes die ganze Wut des Feindes auf sich zieht, der leidende Held, der in einzelkämpferischer Agonie das Böse in sich aufnimmt, auf daß Schaden von seinem Volk abgewendet werde. Es ist das Bild von Jesus am Kreuz, der für Israel und die ganze Menschheit leidet. Doch es ist auch Ghandi, der fastet, bis die Gewalt zwischen Hindus und Moslems ein Ende hat, der gefangene Nelson Mandela, der geduldig die Sünden Südafrikas auf sich nimmt, der Dalai Lama, der für Tibet die Verbannung erträgt, oder der von Lederriemen überzogene Sonnentänzer der Lakotas, der stellvertetend sein Volk erlöst.

Eine letzte Eigenschaft, die vom Christus ausstrahlt, ist die Aura spiritueller *Unversehrbarkeit.* Worte und Taten Jesu bezeugen eine Seele, die die Angst des Ego vor Verlassenwerden, Selbstverlust und Tod transzendiert hat. Hier ist ein Mann, den man nicht bedrohen, bestechen oder einschüchtern kann, der sich eines tieferen Selbst bewußt ist, verwurzelt im Leben Gottes. Ein solcher Mut erlaubt es dem christusgleichen Menschen, sich kühn aufzuopfern und voll und ganz dem Dienst am Nächsten hinzugeben: Dieselbe Eigenschaft liegt in Sitting Bulls Schrei vor dem Kampf: »Heute ein guter Tag zum Sterben«, in der stolzen Bekundung des Elephantenmenschen im Angesicht menschlicher Brutalität: »Ich bin ein Mensch« wie auch im Heldenmut zahlloser Märtyrer, deren Leben eine unsichtbare Quelle der Kraft bezeugt.

»Zieh Christus an!«

Die ersten Anhänger Jesu glaubten, daß der auferstandene Jesus trotz grausamer Folter und barbarischem Tod unzerstört in ihrem Herzen lebe. Zudem begannen sie, sich selbst »Christen« zu nennen, in der Überzeugung, daß der Geist Jesu nun denselben Christus-Archetypen in jedem von ihnen geweckt habe. Der größte christliche Theologe, Paulus von Tarsus, drängte seine Zuhörer, »Christus anzuziehen« (Gal 3,27), mit anderen Worten, den Christus-Archetypen anzunehmen und ihr Leben zu verwandeln. Paulus aktivierte den neuen Christus-Archetypen in sich selbst so sehr, daß er später in paradoxer, jedoch ausdrucksstarker Sprache von sich sagen konnte: »Denn das Leben ist für mich Christus und das Sterben Gewinn« (Phil 1,21) und sogar: »Nicht mehr lebe ich, sondern Christus lebt in mir« (Gal 2,20).

Einziges Ziel des Lebens und Glaubens der christlichen Kirche, so könnte man sagen, bestand ursprünglich darin, ihren Mitgliedern zu helfen, den Christus-Archetyp in sich neu zu erschaffen und so die Kraft des auferstandenen Christus in ihrem Leben zu erfahren. Wenn sie sich also zum Mahl versammelte, das sie *Agape* (griechisch: »hingebende Liebe«) nannte – das Teilen von Brot und Wein, von Jesus seinen Jüngern dargereicht –, glaubte die christliche Gemeinde, daß sie der auferstandene Jesus dort seelisch zusammenschweiße. Sie glaubte auch, daß sie durch eine solche Erfahrung Christi am Leben Gottes selbst teilnahm. Paulus ging sogar so weit zu sagen, daß alles, was in der Religion nicht auf diese Erkenntnis von Christus ausgerichtet ist, bloßer »Dreck« sei (Phil 3,8).

»Nicht Mann und Frau«

Auch wenn Jesus ein Mann war, ist der Christus-Archetyp nach der Theologie des Paulus nicht geschlechtsspezifisch. Er bezieht sich auf das tiefste Selbst und das höchste menschliche Potential in Mann und Frau, die beide als Gottes Ebenbild geschaffen wurden (Gen 1,27). Paulus stellt klar, daß diejenigen, die »Christus anziehen«, eine Einheit erfahren, die den Unterschied zwischen Jude und Christ, Sklave und Herr oder gar Mann und Frau auflöst (Gal 3,27-28). In Jungschen Bezügen könnte man sagen, daß das Christus-Selbst die menschliche Seele darstellt, die sich über die Grenzen von Kultur- und Lebensgemeinschaft, Herkunft oder Geschlecht hinausentwickelt hat – der Ort, wo *Animus* und *Anima* in heilender Einheit verschmelzen. Diese religiöse Öffnung für die *Anima* – bemerkenswert unter Menschen mit patriarchalisch religiösem Erbe – erscheint auf sogenannten Tugendkatalogen wie etwa im Galater-Brief 5,22-24, die solch weibliche Tugenden wie Liebe, Freude, Frieden, Güte und Sanftmut anführen. Das Christus-Selbst ist fraglos ebenso tief weiblich wie männlich gefärbt. In bezug auf eine Spiritualität für Männer heißt das, daß der Weg zu Christus unweigerlich über die *Anima* führt. Die Aufgabe, sich Christus als Vorbild zu nehmen *(Imitatio Christi)* bedeutet aber auch, daß Frauen jene Aspekte unversehrter männlicher Spiritualität, die das Leben Jesu so sehr prägten, entwickeln müssen.

Das Christus-Selbst existiert als Entfaltungsmöglichkeit in jedem Mann und jeder Frau. Als wollte sie diese Wahrheit unterstreichen, kennt die christliche Tradition viele Legenden über heilige Frauen, die einmalige und überraschende Wege gehen, um sich in »Christus zu kleiden«: Katharina von Siena, Hildegard von Bingen, Johanna von Orléans, Julia von Norwich, Theresa von Lisieux, Elisabeth Seton, Dorothy Day und unzählige andere. Der Mensch, der heute wohl den Christus am stärksten ausstrahlt, ist eine Frau: Mutter Teresa von Kalkutta – mit großem Mitgefühl, mit den Ärmsten der Armen leidend, mutig und unbeugsam im Geist. Das ausdrückliche Motiv ihres Lebenswerks spricht für sich: In den Gesichtern der Armen und Sterbenden findet *sie* das Antlitz Christi!

Die Männlichkeit Jesu

Das erste Modell des Christuspotentials der Menschheit erfüllt jedoch, in Gottes unerforschlicher Weisheit, ein Mann mit Leben – Jesus von Nazareth. Damit Männer nicht stolz werden und Frauen sich nicht beleidigt fühlen vom Mannsein des Gottessohns, sollten wir nicht vergessen, daß Gott in der Bibel stets den »Geringsten« wählt, um seinen heiligen Willen auszuführen. Das Mannsein Jesu Christi bietet keinen Anlaß für männliche Arroganz, ist kein Pluspunkt im ewigen Wettstreit der Geschlechter, geschweige denn ein Grund, um Frauen zu entwerten oder sie vom Priesteramt auszuschließen. Die endgültige Offenbarung des Christus in einem geschichtlichen Mann ist zuallererst ein Akt des göttlichen Mitgefühls und der Annäherung, um den verwundbaren menschlichen Wesen – den Männern – auf ihrem Wege zu Gott zu helfen.
Mit Jesus können Männer eine Vorstellung davon gewinnen, wie der Christus sich in einem Mann verkörpert. Diese imaginative Aufgabe erfüllt in erster Linie die Lektüre des Lebens Jesu, dargestellt in den vier Evangelien. Die Ironie ist, daß wir uns wahrscheinlich glücklich schätzen können, daß Jesus selbst keine Autobiographie verfaßte, keine Interviews gab und in keinem Fernsehporträt vorkommt. Die daraus resultierende Genauigkeit und das Wortwörtliche hätte im christlichen Glauben die schlimmste Form des Fundamentalismus hervorgebracht. Statt dessen geben uns die Evangelien vier unterschiedliche, kontrastierende und abwechslungsreiche spirituelle Eindrücke von Jesus, aufgezeichnet von vier ungleichen theologischen Künstlern, von denen jeder sein Thema in der mythischen Sprache der männlichen Archetypen beschreibt. Diese Evan-

gelien-Porträts von Jesus sind mehr Dichtung denn Biographie, mehr abstrakte Kunst denn Photographie.

Es ist erstaunlich, wie sehr sich die ursprünglichen Beschreibungen Jesu von den Eindrücken unterscheiden, die sich über zweitausend Jahre christlicher Tradition, Predigt und Kunst in der populären Denkweise eingenistet haben. Viele Männer sind leicht irritiert von der »Frau mit Bart«, die von so manchem Gemälde Christi herabblickt, abgestoßen vom »lieben Jesukind, süß und zart« vieler Kirchenhymnen und entfremdet durch das oftmals klebrige Kanzelgerede über Jesus, das nur dessen weiblichen Werte erwähnt. Filme über Jesus zeigen ihn oft als träumerische, ätherische und gar »abgehobene« Figur (z.B. Zeffirellis Jesus-Film) oder, schlimmer noch, als plärrenden Weichling (»Jesus Christ Superstar«).[1] Schon eine oberflächliche Lektüre des Evangeliums nach Markus würde sogleich mit diesen modernen Zerrbildern aufräumen.[2] Der Jesus des Markus *brüllt* aus der Wüste, und die Hölle bricht los! Durch den restlichen Text hindurch erscheint er als Mann von elektrisch geladener Macht und männlicher Energie, eine Gestalt von großer persönlicher Anziehungskraft, der jeder Mann begeistert folgen könnte.

Der Jesus der übrigen Evangelien ist nicht weniger männlich. Wie die Evangelisten diese Wirkung erzielen, liegt auf der Hand: Sie haben ihren Jesus nach den männlichen archetypischen Motiven gestaltet, die wir im Alten Testament untersucht haben. Jeder Evangelist beschreibt seinen Jesus einmal als Wilden Mann, als Krieger, dann als König. Männer können sich so archetypisch mit Jesus identifizieren und der Erfahrung des größten aller Archetypen nähertreten: des Christus. Auf den folgenden Seiten werden wir uns der Person Jesus zuwenden, wie sie in männlichen Archetypen von den Verfassern der Evangelien beschrieben worden ist.

Jesus: der Wilde Mann

Jeder der sogenannten Synoptischen Evangelisten (Matthäus, Markus und Lukas) schließen das Motiv des Wilden Mannes in ihr Bild Jesu ein; Johannes dagegen nicht. Diese Technik hat ihre Wurzel wahrscheinlich im Evangelium des Markus: Es beginnt damit, daß der Wilde Mann Johannes, der Täufer, eine Taufe der Bußfertigkeit in der Wildnis predigt. In Kamelfell gehüllt, von Heuschrecken und wildem Honig lebend, das Jordantal mit seiner strengen Botschaft von Reue und Sühne heimsuchend, erscheint Johannes wie der reinkarnierte Wilde Mann Elija.[3] Jesus spricht diese Verbindung später sogar deutlich aus: Johannes *ist* der wiedergeborene Elija, zurückgekehrt, um dem Menschensohn den Weg zu bereiten (Mk 9,9-13).

Die Erscheinung Johannes' als feuriger und primitiver Wilder Mann elektrisiert die Luft: Etwas Wunderbares kommt auf uns zu! Jemand nähert sich, der vom Täufer aus dem Urgrund der Menschheit heraufbeschworen wird – wild, frei und verwegen. Als die Zeit gekommen ist, trifft Jesus von Nazareth in Galiläa ein. Johannes' ansteckende Wildheit, die von weitem durch die trockene Wüstenluft knistert, hat einen Niemand von Nirgendwo dazu inspiriert, sich auf den Pfad des Helden zu machen. Alle Zweifel, alle Maßstäbe und die behütete Anonymität eines jungen Mannes liegen zurückgelassen in einer dürftigen, jedoch sicherlich behaglichen Hütte in Nazareth. Jesu innerer spiritueller Kompaß führt ihn nach Süden, zum Jordan und zu Johannes, bewegt von der verlockenden Kraft der höchsten männlichen Energie. Der Wilde Mann tut solche Dinge.

Bei einem erschreckenden Einweihungsritual taucht Johannes Jesus sofort in die schmutzigen Gewässer des Jordan. Der Sinn der Taufe (griechisch: *baptizo* = »tauchen«), heute eine niedliche Zeremonie mit blubbernden Babies und gurrenden Eltern, lag ursprünglich im Ertränken des »alten Ichs« des spirituellen Aspiranten und in der Geburt eines wiedergeborenen »neuen Menschen«. Für einen Augenblick lang ertrank also der alte Jesus der bequemen Häuslichkeit Nazareths im trübbraunen Jordan. Doch welcher neue Jesus würde geboren werden? Welcher neue Mann würde aus dem Fluß auftauchen?

Ein neuer Wilder Mann: Als er sich aus dem Wasser erhob, öffnete sich der Himmel über Jesus, und eine Stimme verkündete ihre Freude an ihrem neuen Sohn. Der Himmelsvater hatte gesprochen; Jesus gehörte nicht länger seiner Mutter Maria oder gar Mutter Erde: Der Himmelsvater beanspruchte ihn nun als eigenen Sohn. Nach dem göttlichen Einweihungsritual in die Männlichkeit konnte die Prüfung beginnen. Die Sprachgewalt von Markus' Griechisch ist an dieser Stelle erstaunlich: »Danach«, sagt er uns, »*warf* der Geist Jesus in die Wüste« (1,12). Wie Elija auf seiner Reise zum Horeb, wanderte Jesus vierzig Tage lang in der judäischen Wüste. Dort versuchte ihn der Teufel. Matthäus (4,1-11) und Lukas (4,1-13) berichten von diesen Versuchungen und erzählen von des Teufels Ratschlag, den schrecklichen Prüfungen eines Himmelsvater-Sohnes (hungrige Leere, Gefahren, beständige Machtlosigkeit) zu entgehen, zugunsten der Freuden und Segnungen eines Sohnes von Mutter Erde (schmackhaftes Brot, behagliche Sicherheit und weltliche Macht). Jesus blieb standhaft.

Die Wüste ist zwar ein furchtbarer Ort, doch nicht nur Dämonen hausen dort. In heißen Tagen und kalten Nächten macht sich Jesus dort mit dem eigenen Wilden Mann vertraut, mit jenem Archetyp der Ur-Einheit mit der Natur, dem Prolog zur wahren geistigen Freiheit. Neue Freunde tauchen plötzlich auf. Wilde Tiere kriechen aus den Wadi-Höhlen und legen sich ihm zur Seite, unter den wachenden Augen von Engeln (Mk 1,13). Am gefährlichsten Ort auf Erden war Jesus sicher und geborgen. Jetzt konnte er überall hingehen. Jetzt konnte man ihn nicht mehr kaufen, einschüchtern, versuchen oder zähmen. Jesus war wahrlich gefährlich geworden. Heldenhaft kehrte er nach Galiläa zurück, mit dieser wilden Männlichkeit geladen und in der vollen Kraft seines Mannseins.

Jesus hat diese Wildheit nie verloren; sie durchdringt auch die Verkündigung des Gottesworts. Um seine Jünger von quälenden Sorgen über Nahrung, Gesundheit und Kleidung zu erlösen, wies er auf die Vögel am Himmel und die Blumen auf dem Felde (Mt 6,25-34). Um seine eigene totale Freiheit zu beschreiben, meinte er einst fast melancholisch: »Die Füchse haben ihre Höhlen und die Vögel ihre Nester; der Menschensohn aber hat keinen Ort, wo er sein Haupt hinlegen kann« (Mt 8,20). Eine seiner kraftvollsten – und für uns schwierigsten – Lehren wurzelt in ihm als Wildem Mann. Er verdammte wiederholt und unmißverständlich, was der moderne Kapitalismus zum höchsten Gut erhoben hat: das Streben nach Geld.[4] Man spürt, daß seine harten Worte hier nicht nur auf soziale Ungerechtigkeit gemünzt sind, die sich oft als Folge solcher Gier einstellt, sondern auf den unweigerlichen Verlust der freien und losgelösten spirituellen Wildheit, die eine solche Gier meist nach sich zieht.

Die Synoptischen Evangelisten bereichern die Geschichte Jesu auch mit klassischen Erzählungen von der Macht eines Wilden Mannes über die Natur. Als ihr Boot in einer stürmischen Nacht am Kentern ist, wecken die Jünger den schlafenden Jesus mit der Bitte um Hilfe. Auf seine mahnenden Worte hin läßt der Wind nach, der See beruhigt sich (Mk 4,35-41). Später, an einem anderen Sturmtag, sehen dieselben Jünger, wie Jesus auf dem Wasser auf ihr Schiff zugeht; als er an Bord kommt, flaut der Wind wiederum ab (Mk 6,45-52). Die Evangelisten erzählen auch von Jesu magischer Macht über die Fische: Einmal führt er erfahrene Fischer zu einem großen Fang (Lk 5,1-11), ein anderes Mal hilft er Petrus, die Tempelsteuer zu bezahlen, indem er einen Fisch mit einem Schekel im Maul fängt (Mt 17,24-27).

Die Berichte vom tragischen Tod des Wilden Mannes Jesus an einem Baum auf Golgatha enthalten Ehrfurcht erregende Naturzeichen. In mitfühlender Trauer verdunkelt sich der Mittagshimmel nachtschwarz, während die Erde vor Abscheu bebt über das schreckliche Verbrechen, das soeben gegen Jesus und die Natur selbst begangen wurde (Mt 27,45-54). Obwohl abgeschottet, in einer Felsengruft begraben, kann Mutter Erde Jesus nicht lange festhalten; er gehört dem Himmelsvater und zum Himmel muß er zurückkehren (Lk 24,50-51). Wie Elija, der Wilde Mann alter Zeiten, der auf feurigem Wagen gen Himmel fuhr, gehört der auferstandene Jesus jetzt dem Wind und den zukünftigen Zeitaltern.

Jesus: der schamanische Heiler

Die Jesus-Geschichte birgt zwar manche Elemente des Wilden Mannes Elija, doch den Archetyp von Elijas schamanischem Nachfolger Elischa verkörpert sie vollständig. Alle vier Evangelisten beschreiben Jesus unter dem Leitbild des Heilers. Die literarische Ähnlichkeit der Evangeliumsbeschreibung von Jesus mit dem Elischa-Zyklus ist frappant. Beide sind die Jünger feuriger Wilder Männer, beide empfangen ihre Macht im Feld dramatischer Ereignisse am Jordan, beide erwecken tote Kinder zum Leben, heilen Aussätzige und beide richten ihre besondere Aufmerksamkeit auf die Armen und Verletzlichen. Die Berichte von Jesu Amt und Wirksamkeit sind nicht rein poetisch; denn es besteht kein Zweifel, daß sich der historische Jesus auf besondere Weise um körperlich und geistig Kranke in Galiläa kümmerte.[5]

Wie heilte Jesus? Wie ein Schamane und wie ein Krieger. Wir werden die Heilungsberichte erst dann voll und ganz verstehen, wenn wir erkennen, daß Jesus darin einen eschatologischen Krieg gegen Satan und seine Heerschar böser Dämonen führt. Für Jesus sind Besessenheit, Blindheit und Gelähmtheit der Menschen direkte Folgen böser Geister und verlangen nach dem Ritual der schamanischen Austreibung und der Heilung durch ein spirituelles Bündnis. Ehe wir das alles als Aberglaube abtun, müssen wir uns daran erinnern, daß die meisten Krankheiten einen psychosomatischen Hintergrund haben. Echte Heilung beruht oftmals auf dem Heilen von Depression und Negativität – durch solch geistig-seelisches Tun wie Visualisieren, Lachen, Versöhnung und Gebet.[6]

Der Heiler in Jesus ist eine überraschend bündige und kämpferische Gestalt. Weder versorgt Jesus in den Evangelien die Kranken noch ist er sehr nachsichtig mit ihnen; er kümmert sich nicht um sie auf mitfühlend weibliche Weise, wie etwa eine Mutter ihr krankes Kind pflegen würde.

Gewiß ist er keine Florence Nightingale. Das überrascht uns und verstimmt manchmal. War Jesus nicht sanft und zärtlich zu den Kranken? Eigentlich nicht – wie erkennbar an seiner ersten Heilung eines Besessenen (Mk 1,23). Als der arme Irre Jesus mit der Stimme eines Dämonen bestürmt, blafft Jesus scharf und kalt: »Schweig! Und fahre aus von ihm.« Sofort danach heilt Jesus die Schwiegermutter des Petrus mit einer Berührung seiner Hand und später einen Aussätzigen mit den Worten: »Sei geheilt«, wobei er ihm einschärft, niemandem davon zu erzählen. Und so geht es weiter mit den Wunderheilungen – eine Berührung hier, etwas Speichel auf Ohren oder Augen dort, oft ein scharfer Befehl zu genesen, und die betreffende Person wird kurz angebunden auf ihren Weg geschickt: »Nimm deine Bahre und geh!« (Joh 5,8) oder »Geh! Dein Glaube hat dir geholfen« (Mk 10,52). Doktor Jesus arbeitet schnell.

Nirgendwo in den Evangelien berichten die Zuschauer von Jesu Zärtlichkeit gegenüber den Kranken. Was sie staunen läßt, ist seine *Autorität* (Mk 1,27; 2,10). Jesus heilt nicht durch Freundlichkeit, sondern durch schiere männliche und spirituelle Kraft. Er treibt die krankmachenden Geister mit der »Sanftheit« eines Marineausbilders aus. Er *befiehlt* Menschen, gesund zu werden! Natürlich beklagte sich keiner der Patienten über seine Schroffheit; sie waren zu sehr damit beschäftigt, sich wieder gesund zu fühlen, um über Jesu abrupte »Manieren am Krankenbett« zu klagen. In medizinischen und seelsorglichen Berufen arbeitende Männer, die man oft wegen ihrer »Gefühllosigkeit« oder »mangelhafter Seelsorge« (d.h., daß sie ihr Herz nicht auf der Zunge tragen) kritisiert, sollten sich an seine ruppigen Heilmethoden erinnern. Es gibt viele Wege, um kranke Menschen zu heilen; eine kraftvolle, selbstsichere und bestimmt auftretende männliche Energie kann ebenso erfolgreich heilen wie nährend weibliche Pflege.

Das alles soll nun nicht heißen, daß Jesus kein Herz oder keine Gefühle hatte (siehe Mk 1,41), sondern vielmehr, daß er sich erst warmherzig zeigte, *nachdem* er den Kampf gewonnen hatte. Inmitten des Aufruhrs nach der Erweckung des Kindes des Jairus (Mk 5,41-43) bat Jesus als erstes um Essen für das hungrige kleine Mädchen, das er mit dem Kosenamen *Talitha* (aramäisch: »kleines Lämmchen«) bedachte. Und: Er hatte schon immer eine Schwäche für kleine Kinder. Sie weckten einen Archetypen, den wir bei ihm nicht vermuten.

Jesus: der Patriarch

Es gibt keinen Hinweis darauf, daß Jesus je verheiratet war oder gar Kinder hatte. Dennoch lebte in Jesus ein aktiver und mannhafter Archetyp des Patriarchen, jene Eigenschaft der Psyche, die wir als eines Mannes Fähigkeit beschrieben haben, Menschen ein Vater zu sein, die nicht zwangsläufig seine eigenen Nachkommen sind. Eine Reihe von Erzählungen zeigen diese Eigenschaft auf rührende Weise.

Jesus liebte Kinder. Das ist natürlich keine besonders außergewöhnliche Eigenschaft, es sei denn, man ist jemals einer Bande kleiner Schurken begegnet, die sich als Kinder *ausgeben* und die man auch heute noch in Palästina antrifft. Zu den großen Rätseln dieser Welt gehört, wie aus diesen kleinen Plagegeistern höfliche und würdevolle palästinensische Männer werden können. Sie betteln, sie nerven, sie plagen Besucher, kneifen Frauen, machen obszöne Bemerkungen, schneiden Grimassen und rennen beglückt von dannen. Selbst der noble Elischa konnte sich nicht beherrschen und schickte Bärinnen auf Jugendliche los, weil sie ihn »Kahlkopf« nannten (2 Kön 2,24). Als nun eine solche Kinderbande Jesus umringte, begannen seine Jünger automatisch, die kleinen Teufelsbraten fortzujagen (Mk 10,13-16). Doch Jesus wollte spielen. Das Evangelium sagt, daß er seine Arme um sie legte und sie segnete; doch das ist wahrscheinlich der sehr erwachsene theologische Weg, um zu sagen, daß er sie ein bißchen knuffte und neckte, kitzelte und ihnen vielleicht ein paar gute Witze und Geschichten erzählte.

Jesu Patriarch erscheint am greifbarsten in der meisterhaften Mentorenarbeit, die er an seinen Jüngern leistete; er belehrte und ermahnte sie und verwandelte die aufgeblasene Bande von Fischern, Zeloten und Steuereintreibern in wenigen Jahren zu Führern der erfolgreichsten Massenbewegung der Geschichte. Jesus wußte offensichtlich, wie er seinen Anhängern ein Vater sein, ihr Potential fördern, ihre Faulheit in Fleiß verwandeln und ihre Schwächen im Schach halten konnte. Wie jeder wahre Lehrer und erfolgreiche Führer bewahrte Jesus jeden von ihnen im Herzen und sorgte sich um ihn wie um einen Sohn.

Jesu wichtigste väterliche Beziehung spielt sich mit Petrus ab, in dem viele Männer eine anziehende, frische und aufrichtige Gestalt sehen, so ganz anders als viele »religiöse« Menschen. Jesus spielte ein kühnes Spiel, als er den Fischer vom Hafen weg zum Schützling wählte (Lk 5,1-11). Weiß ein Genie intuitiv, welches Potential ein Jünger hat? Petrus seinerseits konnte jedenfalls den echten Guru erkennen, als er ihn sah; sofort auf das Angebot eingehend, wie Jahre später auch, als er den auferstandenen Jesus sah (Joh 21), sprang Petrus ins kalte Wasser. Er ließ seine Netze fallen und folgte ihm. Dieser Wagemut ist genau das, was Jesus in einem Jünger sucht: Die Fähigkeit, alles zu riskieren, auf eine Karte zu setzen und »einfach loszulegen«. Mit einem solchen Menschen kann man arbeiten. Und bearbeitet wurde Petrus. In Matthäus 10 überschüttet Jesus ihn und seine Mitstreiter mit apostolischen Ratschlägen: »Tut dies«, »Vermeidet das«, »Paßt auf«, aber »Habt keine Angst!« Und wenn du das jetzt begriffen hast, Petrus, würdest du bitte auch auf dem Wasser wandeln? In einer großartigen Passage (Mt 14,22-33) lockt der Wilde Mann Jesus wie ein vernarrter Vater, der seinem Sohn das Gehen beibringen will, Petrus aus dem Boot auf die Wellen und in den Wind. Petrus folgt ihm. Doch als er in seiner Angst beginnt, wie ein Stein unterzugehen, reicht ihm Jesus die Hand und rettet ihn. Mir gefällt der Gedanke, daß er genau zu dieser Zeit anfing, ihn neckend *Kephas* zu nennen – was auf Aramäisch »Stein« bedeutet.

Das sichere Vertrauen eines großen Lehrers in seinen Schützling erklärt Jesu berühmte Zurechtweisung des Petrus in Caesarea Philippi (Mt 16,13-23). Nach allem Verkünden und Lehren ist Jesus bereit, seine Mündel aus der Anfängerklasse zu entlassen und in die fortgeschrittene Arbeit der christlichen Mysterien einzuführen. Wie ein schlauer Sokrates fragt er sie: »Für wen haltet ihr mich?« Petrus schießt typischerweise gleich los: »Du bist der Messias!« Stolz wie ein Musterschüler, der die richtige Antwort gegeben hat, sonnt sich Petrus in Jesu Anerkennung. Doch er ist noch nicht bereit für den nächsten Schritt hinaus auf das Wasser des Skandals: Jesus erklärt, was es heißt, Christus zu sein: das Kreuz zu tragen, zu leiden und zu sterben. Solcher Wind und Wellengang sind zu stürmisch, Petrus wendet ein: »Das darf dir nicht geschehen!« Wie ein Zen-Roshi zerschmettert Jesus jedoch die Unwissenheit seines Schülers über das Christsein mit einem verbalen Schlag: »Weiche von mir, Satan!« Wer den Knaben liebt, der weist ihn eben auch zurecht. Vaterschaft heißt manchmal auch: glasklare Zurückweisung, heftige Bestrafung und feste Ermahnung. Ein Mann kann das verkraften; in der Tat, wenn er wirklich einer ist, wird ihn die eiskalte Flut der Wahrheit sogar erfrischen.

Jesus geleitete seine Jünger nach besten Kräften zur letzten Woche in Jerusalem und in die Schule seines Leidens. Weiter konnten sie ihm damals noch nicht folgen. Geduldig, warmherzig und mit Klarheit hatte er sie geführt und eingeladen bis an den Rand des Christus-Archetypen. Fortan mußte er den Weg allein gehen. Ein Vater erteilt seinem Sohn die notwendigsten Lektionen nicht so sehr durch das, was er sagt, sondern durch das, was er tut und wie er es tut. Die letzte Lektion des Meisters lehrt uns, wie man stirbt: wahrhaftig, mutig, würdig und verzeihend. Es ward vollbracht. Doch Petrus konnte nicht hinsehen.

Später, als die tiefen Wunden des Kalvarienberges zu heilen begannen, erzählt uns das Evangelium des Johannes, daß sich der auferstandene Christus den Jüngern zeigte, als sie auf dem See von Tiberias fischten (Joh 21). Als einer von ihnen Jesus im Morgennebel am Ufer erkennt und ausruft: »Es ist der Herr!«, springt Petrus natürlich sofort ins Wasser und schwimmt (nicht etwa geht!) an Land. Dort wartet Jesus wie ein unverheirateter Vater, damit beschäftigt, ihnen ein Fischfrühstück zu kochen (sogar der HERR kann einem *hungrigen* Jünger nichts beibringen). Jesus hat, wie sich zeigen sollte, noch eine weitere Lehre zu vermitteln. Natürlich nimmt er sich Petrus vor, seinen Lieblingsschüler. Etwas streng fragt er ihn mehrmals: »Liebst du mich?« – diese Frage gestellt an einen erwachsenen Mann, der von der aufregenden Schwimmerei immer noch klatschnaß ist, um an Land seinen Meister wiederzusehen! Aus der Fassung gebracht, begreift Petrus, daß Professor Jesus wieder etwas vorhat und folgt ihm in unbekannte Gewässer. Jesus wollte absolut sichergehen, daß Petrus erkennt (und wir erkennen), was ihn zu lieben bedeutet: ihm bis ans Ende zu folgen in den Christus-Archetyp der aufopfernden Liebe, andere zu nähren und die Selbstsucht des Ego aufzugeben. Die überraschende Lektion in der Morgendämmerung zeigt, daß nicht einmal der Tod weder einen Lehrer aufhalten kann, der noch etwas zu sagen hat, noch einen Vater mit einem letzten Rat.

Jesu innerer Patriarch war seinen Jüngern nicht nur ein ausgezeichneter Vater, er schuf auch eine große christliche Lehre. Das Hervorragendste, was Jesus seine Schüler lehrte, war: Gott, den Herrn des Universums und Das Heilige schlechthin, mit dem zärtlichen aramäischen Namen *Abba* zu rufen, was »Pappi« oder »Papa« bedeutet. Die intime Verbundenheit mit Gott, die ein solches Wort ausdrückt, war damals nicht weniger erstaunlich als heute. Man kann nun weder geben, was man nicht besitzt, noch in einem anderen Menschen erkennen, was in einem selbst nicht gegenwärtig ist. Jesu Vermögen, dem Herrn der himmlischen Heerscharen einen solchen Kosenamen zu geben, spricht von einer zärtlichen Beziehung zum inneren archetypischen »Vater«; seine Entdeckung der zärtlichen Elternschaft Gottes ist auch Konsequenz seines eigenen glanzvollen inneren »Abba« – derselbe »Abba«, den seine Jünger in Jesus erfuhren: belebend, frisch und geduldig, mit einer Autorität, die ausschließlich danach strebte, zu befreien und zu erziehen. Seine kluge und gewinnende Lehre vernichtete jedoch ihre alten Illusionen und schuf neue Möglichkeiten; seine moralische Führung drang mit erstaunlicher Klarheit ins Herz der Dinge.

Jesus: der Schelm und Narr

So viele unserer Gedanken über Jesus sind ernst und voller eschatologischer Schwere. Unsere Predigten, unsere Kunst und unsere Theologie hüllen den Mann in feierlichsten Ernst. Doch zu Lebzeiten wandelte der geschichtliche Jesus inmitten ungezügelter Kontroversen, politischem Konflikt und tödlicher Intrige gegen sein Leben. Um so überraschender die Erkenntnis, daß Jesus manchmal noch im Ansturm massivster Probleme den Schelmen hervorkehrte und mit koboldhaftem Witz, neckischer Verspieltheit und sogar in schamlosen Wortspielen sprach.

Die Beweise für die Schalkhaftigkeit Jesu sind zugegeben subtil – doch das gilt generell für trockenen Humor. Wie die meisten Schelmen machte er sich gerne lustig über die Frömmler, sei es, daß er ihre aufgeblasene Heuchelei und ihre religiöse Theatralik (Mt 6,1-6) bloßstellte oder ihre aufgeblasenen und langatmigen Gebete als »Geplapper« abtat (Mt 6,7). Die Schriftgelehrten und Pharisäer nennt er »blinde Führer«: ein komischer Ausdruck für jene Heuchler, die sich als Menschenführer verstehen, jedoch in ihrer haarspalterischen Oberflächlichkeit nicht einmal die Grundsätze der Gesetze beherrschen (Mt 23). Unverbesserliche Wortspieler fühlen sich vielleicht ermutigt (als ob sie es nötig hätten!), wenn sie hören, daß sich Jesus gelegentlich zu dieser Form des Humors herabließ. Eine Tirade gegen die Pharisäer (Mt 23,24) lautet auf aramäisch: Die *qamla* (»Mücke«) siebt ihr aus [eurem Essen], doch ein *gamla* (»Kamel«) schluckt ihr!«

Seinen Jüngern erging es nicht viel besser: Auch sie neckte er gerne. Ob er nun Simon den »Stein« nannte oder Jakob und Johannes »die Söhne des Donners«, spielerisch einen Schekel aus einem Fisch zog wie ein Kaninchen aus einem Hut, um damit die Tempelsteuer zu entrichten (Mt 17,24-27), ihren Wert mit »vielen Spatzen« (Lk 12,7) verglich, oder ob er den zu kurz geratenen Zachäus neckte, der auf einen Baum klettern mußte, um ihn zu sehen (Lk 19,1-10) – Jesus scherzte mit seinen Freunden auf bewährt männliche Art. Auch der Tod konnte einem guten Spaßmacher nicht beikommen. Lukas schmückt seinen wunderbar humoristischen Bericht über die Erscheinung des auferstandenen Jesus vor seinen Jüngern auf dem Wege nach Emmaus (24,13-35) mit klassisch komischen Elementen aus: Als Jesus unerkannt neben seinen trübsinnigen und verzweifelten Jüngern einhergeht, überhäuft er sie unbeschwert mit theologischen Fragen. Sie verstehen sie nicht. Doch später, am Abendtisch, erkennen sie ihn, als er das Brot bricht. Kaum haben sie Jesus erkannt, Puff, verschwindet er, wie jeder gute Schelm.

Ein Schelm ist Jesus auch für uns: Seine Lehre über das Christus-Sein in uns skandalisiert, untergräbt, und stellt alle unsere anständigen religiösen Erwartungen auf den Kopf. Die Höchsten sind die Geringsten, Sünder sind Gott am nächsten, wir müssen wie die Kinder werden, selig sind die Armen, liebe deine Feinde, es ist schwer für einen Reichen, in den Himmel zu kommen, die Ersten werden die Letzten sein … – und so macht er weiter und schockiert uns, überrascht uns, zieht uns den Teppich unter den Füßen weg und zerstört unsere niedliche kleine religiöse Welt mit seinen scharf gewürzten Parabeln. Er ist der fleischgewordene göttliche Schelm. Als die Zweifler nach einem Zeichen verlangten, um seine unorthodoxen Lehren zu beglaubigen, antwortete Jesus, daß das einzige Zeichen für sie das »Zeichen Jonas« sei (Mt 12,39). Die herbe Anspielung impliziert hier, daß Jesus – gleich dem Schelm-Propheten, dessen Dienst unwissentlich zum Entsatz von Israels schlimmstem Feind führte – Israel einmal mehr übergehen und die Nichtjuden retten würde – und sogar die Römer![7]

Theologisch war Christus ein »Narr«. Nicht seine Feinde sagten das, sondern sein wichtigster Apostel Paulus! Gegen die penetrante und selbstgerechte Ernsthaftigkeit der Korinther, deren religiöse Untergrundarbeit absehbar in doktrinäre Zwietracht und rivalisierende Parteien mündete, setzte Paulus das Bild von Christus, dem Narren (1 Kor 1). Im Gegensatz zu den »weisen« und selbstgerechten Korinthern – so besessen von der Ausübung orthodoxer Religion, daß sie eine Spaltung der Gemeinde riskierten – bot Christus eine selbstlose Liebe an, die Einheit höher bewertet als Rechthaberei. Als Beweis erduldete er die »Torheit des Kreuzes« zugunsten von Freund *und* Feind. Nur ein Clown ist dazu fähig! Jeder weiß doch, daß man seine religiösen Feinde zerstören muß – oder sie wenigstens strafen und zum Schweigen bringen, sie erniedrigen und bekämpfen muß –, auf daß der Irrglaube nicht Geltung erlange!

Doch eine solche religiöse »Weisheit« führt zu nichts und kann den Menschen sicher nicht den Weg zum Leben des Christus-Archetypen weisen. Nur Jesu »Torheit des Kreuzes« kann zu einem Leben in Christus führen, zur Aufgabe des Ego in einer Wirtschaft, die Prämien für kapitalistischen Größenwahn verteilt, zu einer erduldenden Liebe in einer Kulturlandschaft von Menschen, die alles, nur nicht verletzt werden wollen, zur Achtung der Überzeugungen anderer Menschen in einer Welt voller »Fundamentalismus«. Christus, der Narr, kann nicht einmal auf sich selbst aufpassen, kann die Prinzipien der Selbsterhaltung nicht hochhalten und läßt sich viel zu sehr von den Problemen und Bedürfnissen anderer Menschen auffressen.

Gott helfe einem Mann, der nicht – wenigstens ab und zu – so töricht lieben kann!

Jesus: der Krieger

Das populäre Bild von Jesus als Mann des Friedens macht vergessen, daß das erste Evangelium Jesus als Krieger charakterisiert. Genau das tut Markus, als er diesen Archetypen als Leitmotiv seiner evangelischen Darstellung von Jesus wählte.[8] Für Markus ist Jesus der apokalyptische göttliche Krieger, dessen Erscheinung im von Satan besetzten Territorium sofort zum Ausbruch einer eschatologischen Kampfhandlung führt. Zudem sind alle, denen Jesus begegnet, gezwungen, in diesem großen Kampf Partei zu ergreifen; Zaungäste gibt es nicht: »Wer nicht für mich ist, der ist gegen mich« (Lk 11,23).

Wie gerne wir auch Jesus nach unserem eigenen Bilde erschaffen wollen, als mildherzigen Lehrer aufgeklärter Ethik, als Liberalen des neunzehnten Jahrhunderts oder als Feministin des zwanzigsten: Der apokalyptische Jesus der Evangelien läßt das nicht zu und verbietet alle plastisch-chirurgischen Versuche.[9] Die Wahrheit ist, daß die psychosoziale Welt Jesu und seiner Zeitgenossen für uns eine fremde und ferne Landschaft ist, beherrscht von gnadenlosen teuflischen Dämonen. Zudem war Jesu Antwort auf die bösen spirituellen Kräfte in seinem Umfeld weder verschüchtert noch zeitgemäß; weder überwies er seine Opfer an einen Therapeuten noch leitete er ihre Probleme zur Abklärung an einen Ausschuß weiter. Jesus führte den Kampf gegen das Böse bis zum Tod.

Welche bösen Dämonen bekämpfte Jesus, mit unseren heutigen Begriffen ausgedrückt? Natürlich die üblichen Verdächtigen: Selbsthaß, Verzweiflung und Süchte. Jesus zermalmte diese Kreaturen, wenn sie den einzelnen mit psychosomatischen Krankheiten ansteckten. Doch diese Feld-, Wald- und Wiesenteufel verblassen im Vergleich zu den kosmischen Kräften des Bösen, die Jesus ebenfalls aufs Korn nahm: Militarismus, Kolonialismus,

Nationalismus und die systematische Ausbeutung ganzer Völker. Befreiungstheologen öffnen unsere Augen dafür, daß die Evangelien die Grausamkeit der römischen Kolonialmacht und der verbündeten jüdisch-religiösen Obrigkeit konkret als Werk Satans betrachteten.[10] Als Jesus die Namen der Teufel in einem besessenen Mann wissen will, schrieen sie ihm auf Lateinisch den Namen einer römischen Militäreinheit entgegen: »Legion« (Mk 5,1-20), und als Judas Jesus an die jüdischen Behörden verriet, beschreibt Lukas diesen Akt als das Werk Satans (Lk 22,3).

Als er das Königreich Gottes ausrief, führte Jesus einen direkten Streich gegen die Macht des Teufels und seiner Spießgesellen, um die dämonische Lüge tyrannischer Staatsgewalt für immer zu brechen, ob sie in wirtschaftlichem, gesellschaftlichem oder religiösem Gewand daherkommt. Das Volk gehört direkt Gott, dem Herrn, so lehrte Jesus, und erst an zweiter Stelle kommt Armee oder Regierung, Firma oder Kult. Als er diese radikale Lehre unterbreitete, war Jesus nicht im geringsten naiv, was die Folgen der Ausrufung des Königreichs anging. Er kannte sie, doch weder jammerte er über seinen Auftrag wie ein Opfer, noch hegte er irgendwelche Illusionen darüber, ungeschoren davonzukommen. Es mußte ein Kamikaze-Angriff sein.

Nach der wilden Station in der Wüste landet Jesus am Invasionstag in Galiläa und verkündet die revolutionäre neue Herrschaft des Gottesreichs für alle, die ihm nachfolgen wollen (Mk 1,15). Der Zugriff Satans auf die Erde wird sich lockern, und Gott wird nicht länger schweigen wie der ohnmächtige Kopf einer Exilregierung. Jesus war gekommen, um in Gottes Namen eine neue geistige Ordnung auszurufen, um den Armen die frohe Botschaft zu bringen und die Gefangenen und Unterdrückten zu befreien (Lk 4,18). Und den Menschen der Lüge, die ihre Gurus sanftmütig, ihre Prediger mildherzig und ihre Religion effeminiert mögen, sagte es Jesus ins Gesicht: »Meint nicht, daß ich gekommen sei, Frieden auf die Erde zu bringen; ich bin nicht gekommen, Frieden zu bringen, sondern das Schwert« (Mt 10,34). Dieser Freiheitskämpfer war mit dem Feuer Elijas gekommen, und wie ein Soldat vor der Erstürmung eines Strandes konnte es Jesus kaum erwarten, daß der Kampf beginne (Lk 12,49).

Satan wußte sehr wohl, daß ein Krieg bevorstand. Als Jesus seinen spirituellen Staatsstreich ausrief, begannen Dämonen aus denen zu schreien, die vollständig vom Bösen besessen waren: »Was haben wir mit dir zu tun, Jesus von Nazareth? Bist du gekommen, um uns ins Verderben zu stürzen?« (Mk 1,24) Mit dem verrückten Genie, das nur Teufel aufbringen, begriffen diese Feinde wie keiner von den Gesunden *genau*, was

Jesus vorhatte; er war tatsächlich gekommen, um Beelzebub und all seine kleinen Kröten zu zerschmettern. Also zieht Jesus durch Galiläa wie Mose durch Ägypten, als Krieger-Magier, der Dämonen austreibt und ihre Opfer von Krankheit, Verrücktheit und Verzweiflung erlöst. Der Angriff war direkt und frontal. Die satanische Macht wankte einen Augenblick und verschloß dann wieder ihr Herz.

Die Menschen der Lüge, jene düstere Koalition begeisterter Stiefellecker und feiger Denunzianten, schlugen zurück. Wie immer benutzten sie das Gesetz und die Aura religiöser Selbstgerechtigkeit als Waffen, um ihre tyrannische Hegemonie über menschliches Leben zu erhalten. So kam es, daß Schriftgelehrte und Pharisäer Jesus verschiedener Verbrechen beschuldigten: vom Umgang mit Sündern (mit denen er gegessen hatte, Mk 2,15) bis zu Übertretungen des Sabbats, auf denen die Todesstrafe stand (weil er eines Mannes verdorrte Hand geheilt hatte, Mk 3,6). Diese Beamten, wie Goebbels und Stasi nach ihm, umzingelten Jesus mit einer widerlichen Lüge: Er sei das Instrument Beelzebubs, ein Werkzeug Satans (Mk 3,22-30). Er verdiene den Tod.

Als Antwort verschärfte Jesus die Attacken auf die heuchlerischen religiösen Mächte und die bedauernswerten Marionetten Roms. Wichtig ist hier zu erkennen, *wie* Jesus, der Krieger, diesen Kampf ausfocht und gegen *wen*. Jesus nahm weder Waffen zur Hand noch schloß er sich antirömischen, paramilitärischen Terroristengruppen wie den Zeloten an.[11] Er hätte es tun können. Doch diese vorsätzliche Weigerung als Beweis für den »Pazifismus« Jesu anzusehen, ist ein ernsthaftes Mißverständnis. In vieler Hinsicht ist der spirituelle Krieg, den er gegen die herrschende römisch-jüdische Koalition anzettelte, eine weitaus radikalere und effektivere Strategie gegen tyrannische Obrigkeit, als sich die jüdischen *Sicarii* je hätten vorstellen, geschweige denn entwickeln können. Für die Sache Gottes führte Jesus eine engagierte Kampagne über die Dörfer Galiläas und erzählte Geschichten, trieb Dämonen aus und riß seine Zuhörer aus dem apathischen und deprimierenden Bann der herrschenden Mächte.

Und was war mit seinen Feinden? Wie ging Jesus mit ihnen um? Wer glaubt, daß Jesus mit dem Gebot »Liebet eure Feinde« dazu anregte, im Interesse des Friedens jeden Dissens mit ihnen zu übertünchen, sollte Matthäus 23 lesen, eine ätzende Verdammung der Heuchelei der Pharisäer. Jesus wußte, daß die einzige Strategie im Kampf mit den Menschen der Lüge darin besteht, sie mit der Wahrheit (*satyagraha*) zu konfrontieren und besonders darauf zu achten, selbst nicht dem desorientierenden und virulenten Zauber ihrer großen und kleinen Lügen und Halbwahrheiten zu verfallen. Er wußte, daß man den Menschen der Lüge immer das Schwert des Kriegers zeigen muß. Der Jesus, der aufrechte Fragen von Menschen, die Erleuchtung suchten, beantwortete, ging *niemals* auf die heimtückischen Fragen der Schriftgelehrten und Pharisäer ein, die ihm Fallen stellen wollten (etwa Mk 11,27-33). Er kannte ihr Herz. Und er wußte, was auf ihn zukam.

Der letzte Konflikt nahte unweigerlich. Lukas beschreibt, wie Jesus »sein Angesicht fest auf Jerusalem richtet« (9,51) – wie ein Krieger, der in seinen letzten Kampf zieht. In seinen letzten Tagen führte Jesus einen aufreibenden Krieg gegen die Behörden, mit einer wuchtigen gewaltlosen Demonstration (der triumphale Einzug in Jerusalem: Mk 11,1-11), mit begrenzter symbolischer Gewalt (die Vertreibung der Geldverleiher aus dem Tempel: Mk 11,15-19) und revolutionärer Rhetorik (Mk 12). Die Spannungen eskalierten bedrohlich.

Als die Zeit des Pessach-*Seder* gekommen war, lagen alarmierende Vorzeichen der bevorstehenden Verhaftung Jesu in der Luft. In dieser Atmosphäre von Endgültigkeit und Abschied brach Jesus ein letztes Mal das Brot mit seinen Jüngern. Das Motiv der »letzten Worte des Kriegers mit seinen Kameraden« (Mk 14,12-25) ist ebenso alt wie eindringlich, wie etwa kürzlich im Film »Glory« gezeigt: Im amerikanischen Bürgerkrieg, am Vorabend der letzten Schlacht, feierten und beteten die schwarzen Soldaten und bestätigten einander im Glauben.

Im Garten Gethsemane, in den frühen Morgenstunden des Karfreitags, stellte sich Jesus seiner letzten Entscheidung wie ein Krieger: Bleiben und den letzten Kampf austragen oder in der Nacht schnell auf der Straße nach Jericho fliehen, um an einem anderen Tag den Kampf neu aufzunehmen. Lukas schildert die Szene in klassisch-kriegerischen Ausdrücken buchstäblich als *Agonia* (Lk 22,44), als den schmerzlichen Konflikt zwischen angeborenem Überlebenstrieb und heroischem Wunsch, die Pflicht eines Kriegers zu erfüllen. Nur Soldaten, die diese scheinbar endlose Nacht erlebt haben, können die Agonie in Jesus wirklich verstehen, als seine »Stunde« gekommen war. Er entschloß sich zu bleiben.

Der Krieger in Jesus in der letzten Nacht seines Leben bringt kraftvoll zum Ausdruck, was es heißt, ein Mann zu sein. Wahrlich, Jesus liebte das Leben; seine Geschichten sind voller Würze und Lebensfreude. Dennoch ließ er sich nicht zum Gebundensein des Ego ans Überleben um jeden Preis verführen. Jesu Krieger durchbrach die dünne Schale seines Ichs und erlaubte dem Christus-Selbst zu erscheinen – ein Selbst von Größe und Unverletzlichkeit, das sein Leben heldenhaft für sein Volk dreingibt.

Wenn das Weizenkorn nicht in die Erde fällt und stirbt, bleibt es allein; wenn es aber stirbt, bringt es viel Frucht. Wer sein Leben liebt, wird es verlieren; und wer sein Leben in dieser Welt haßt, wird es zum ewigen Leben bewahren.

Johannes 12,24-25

Mit festem Schritt und mit dem Mut eines Kriegers geht Jesus durch seinen letzten Tag, durch Folter, Spott, falsche Gerechtigkeit und Verlassenheit und selbst durch den Tod. Doch am Schluß schweigt sein Krieger wie ein Lamm, das zur Schlachtbank geführt wird, und ein anderer Archetyp des Christus-Selbst erscheint: der König.

Jesus: der König

Weitere Archetypen lassen sich im Jesusporträt des Neuen Testaments aufspüren: der Prophet, eine archetypische Rolle, zu der sich Jesus selbst bewußt Zugang verschaffte[12]; der Priester, der Demut durch Leiden und Mitgefühl durch Schwäche erwirbt (Hebr 4,12-5,10); der Weise, durchdrungen von der Weisheit des ewigen *Logos* (Joh 1), oder der Liebhaber, so herrlich sichtbar in Jesu Abschiedsrede an seine Jünger (Joh 13-17). Wir werden hier jedoch nur noch einen weiteren Archetypen betrachten: den König, ein ehrwürdiger Titel für Jesus, der im Katholizismus alljährlich im Fest des Christkönigs gefeiert wird.

Während seiner gesamten Predigerlaufbahn zog Jesu überragendes persönliches Charisma Menschen in Scharen an, die nach einer messianischen Erlösergestalt suchten, nach einem König, der ihre nationalistischen Träume einer politischen und religiösen Freiheit erfüllen würde. Jesus bedauerte diese Menschen, diese Schafe ohne Hirten (Mk 6,34). Der Forderung nach einer Erfüllung ihrer politischen Ambitionen fügte er sich jedoch nicht. Einmal entzog er sich sogar vor der Menge, als man versuchte, ihn zum König auszurufen (Joh 6,15). Die Absage an politische Macht ist auffallend, wenn man sich so manchen Kirchenfürsten anschaut, der seinen spirituellen Reichtum gegen einen Beutel politisches Kleingeld eingetauscht hat, sei es durch das Anstreben eines politischen Amtes oder die Unterstützung politischer Aktionen. Im Angesicht ihn anhimmelnder Volksmengen konnte Jesus nicht entgangen sein, daß er das Zeug zu zirkusreifer, evangelischer Blenderei hatte; genau darum ging es ja auch bei seiner dritten Versuchung durch den Teufel (Mt 4,8-10).

Jesus hätte den Stoff, aus dem Könige gemacht sind, noch weit subtiler, perfider und übler einsetzen können. So viele religiöse Führer, betört durch Anerkennung und Vergötterung, verwandeln sich mit der Zeit in faschistische Gurus und üben eine beinahe hypnotische Macht über Denken und Handeln ihrer Jünger aus. Man begegnet ihren blauäugigen Schülern auf der Straße oder am Flughafen: stumpfer Blick, zombiehaftes Äußeres, dressierte Worte und roboterhafte Bewegungen – die »wahren Gläubigen«, wie Eric Hoffer sie nennt. Es muß solchen Gurus eine krankhafte Lust bereiten, über das Leben anderer Menschen in dieser Weise zu gebieten. Das ist keineswegs sonderlich schwer: kein Bereich des menschlichen Lebens, der für Tyrannei stärker verwundbar ist als Religion. Verblüffend und beschämend, wie rasch zahlreiche, ansonsten vernunftbegabte Menschen Intellekt, Verantwortung und Selbstbestimmung dem Diktat eines despotischen religiösen Führers opfern.

Jesus war kein König von solcher Art. Auch wenn er sich nur selten zum Thema Macht und Autorität äußerte: *Was* er zu sagen hatte, war klar und unmißverständlich. Seine strebsamen Jünger, versessen auf organisatorische Macht in der Jesus-Bewegung, mit all der Intensität eines Werbespots für Versicherungen, konfrontierte er mit einem Kind und sagte: »Wahrlich, ich sage euch, wenn ihr nicht umkehrt und werdet wie die Kinder, so werdet ihr nicht in das Reich der Himmel eingehen« (Mt 18,1-4). Inmitten eines weiteren apostolischen Machtkampfes befiehlt Jesus seiner Gefolgschaft barsch, den heidnischen Stil der Machtausübung gänzlich zu meiden: die Menschen zu beherrschen und ihr Leben zu zerstören. Menschen in Machtpositionen, sagt er, sollten der Gemeinschaft *dienen*, nicht sie einschüchtern (Mt 20,24-28). Jesus versprach seinen Anhängern eine milde Herrschaft, ein »sanftes Joch und eine leichte Last« (Mt 11,28-30).

Was für ein König ist Christus? Der Heilige Ignatius von Loyola (1491-1556), einstiger baskischer Krieger, dem höfische Manieren im Dienste eines Königs wohlvertraut waren, malte sich in seinen »Exerzitien« die Worte eines irdischen Königs aus, denen kein wahrer Ritter widerstehen könnte. Als dieser imaginäre König seine Untertanen aufruft, das Reich von Heiden zu säubern, erbietet er sich, die gleichen Härten auf sich zu nehmen, dieselben Speisen zu essen und sogar dieselben Wachen zu halten wie seine Krieger. Wenn ein solcher König unsere Aufmerksamkeit verdient, so Ignatius, um wieviel mehr verdient sie dann Christus, der Ewige König?[13] Eine solche Königsschaft erinnert an David, dessen Krieger einst ihr Leben riskierten, um ihrem durstigen König einen Trunk aus dem

Hausbrunnen in Bethlehem zu bringen (2 Sam 23,13-17). Wie bei David fasziniert der innere König Jesu, statt zu zwingen, weckt Liebe, statt Angst und lenkt, statt zu herrschen. Jesu heilige Königsschaft wurzelt in seinem *Charisma*, seiner persönlichen Lebenskraft.

Täuschen wir uns nicht: Jesus ist kein zaudernder Demokrat. Weder läßt er Wahlen zu, noch bringt er heikle Probleme auf den Tisch; er veranstaltet keine Umfragen, baut keinen Konsens auf und schließt keine Kompromisse. Denn unter trunksüchtigen Bürokraten leiden die Menschen ebensosehr wie unter Tyrannen, unter Führungsschwäche stöhnen sie ebensosehr wie unter einem Diktator. Die Autorität Jesu ist direkt und unmißverständlich, er befiehlt, er führt, er herrscht, aber er verlangt von seinen Anhängern nichts, was er nicht auch selbst auf sich nehmen würde: sich selbst zu lieben, den Nächsten zu lieben, Gott jedoch über alles zu lieben, von ganzem Herzen, ganzem Geist und ganzer Seele (Mk 12,28-31).

Der König, der in Jesus zutage tritt, ist eine Eigenschaft der Seele, ein innerer Adel, eine seelische Größe, die der Volksmund manchmal »Klasse« nennt. Wenn wie so oft die Pappkameraden institutioneller Macht zusammenbrechen und man einem Machthaber die Requisiten offizieller Autorität entzieht, wird man einem authentischen König diese »königliche Klasse« nicht nehmen können. Beispiel David. Während der vatermörderischen Revolte seines Sohnes Abschalom mußte David um sein Leben fliehen. Doch im persönlichen und politischen Desaster geschah etwas Wunderbares, und nichts stand ihm besser zu Gesicht als der Verzicht auf sein Amt. Er verließ Jerusalem, ging in die Wildnis und ertrug den Spott seiner Feinde; mit verdecktem Haupt und bloßen Füßen, jedoch unversehrter Königswürde erkletterte er den Ölberg (2 Sam 15-16). Auch wenn ihm nichts mehr geblieben war, Jerusalem verließ er wie ein König.

So kam es, daß die katastrophalen Geschehnisse seiner letzten Tage Jesu inneren König auf die Probe stellten. Als er den Ölberg auf demselben Weg hinabritt wie einst David, ließ sich Jesus zunächst die Verehrung der Menge, die *Hosianna* schrie, gefallen (Mk 11,1-11).

Es ist leicht, eine gute Figur zu machen, wenn einem die Leute an den Lippen hängen und die Presse jede Äußerung beflissen mitschreibt. Eine ganz andere Sache ist es, sich wie ein König zu benehmen und zu fühlen, wenn alle Lobhudelei plötzlich in Haß umschlägt. Genau das geschah mit Jesus: Kaum eine Woche nach seinem triumphalen Einzug in Jerusalem fiel alles in Stücke. Trotze dem Pöbel, und er wendet sich gegen dich; entzaubere seine politischen Umtriebe, und man wird dich kreuzigen. Jesus wollte nicht ihr Messias sein – nur ihr König.

So schnell, wie die Menge jubelte, lachte und schmähte sie. Und was ist mit Jesu Anhängern und seinen besten Freunden? Sie konnten ein sinkendes Schiff erkennen und sprangen über Bord. Um diesen Verrat perfekt zu machen, stellten die beiden herrschenden Mächte Jesus plötzlich vor Gericht und befanden ihn für schuldig: die Synagoge wegen Gotteslästerung, der Staat wegen Aufruhr. Als er vor Pontius Pilatus trat, hatten sich alle, die ihn jemals unterstützt hatten, aus dem Staub gemacht, jeder Beistand von außen war abgestreift, ausgelöscht. Jesus war mit seinem inneren König, mit Gott, allein.

Der Bericht im Evangelium des Johannes (Kapitel 18-19) über Jesu Gerichtsverhandlung vor Pilatus gehört zu den dramatischsten Geschichten der Weltliteratur. Er handelt nicht nur von einem furchtbaren Augenblick im Leben Jesu, sondern vom Leben eines jeglichen Menschen, der sich je dem Walten der Mächte ausgeliefert sieht. Sie handelt vom Wesenskern wahrer mannhafter Größe im Angesicht der entmenschlichenden und demütigenden Kräfte politischer Macht und Zweckdienlichkeit. In dieser Erzählung lehrt uns Johannes ebensoviel über unsere eigene königlich-menschliche Würde wie über die des Jesus.

»Bist du der König der Juden?«, fragt Pilatus seinen Gefangenen mit gespieltem Ernst. Jesus beantwortete diese Frage mit einer Gegenfrage, nicht so sehr, weil er Jude, sondern weil er ein König ist, und man Könige nicht verhöhnt: »Sagst du dies aus dir selbst, oder haben es dir andere von mir gesagt?« Das ist eine erwachsene Antwort in einem kindischen Spiel und sie verblüfft Pilatus: Keiner verhört den römischen Gouverneur von Palästina! Dann sagt Jesus unverblümt: »Mein Königreich ist nicht von dieser Welt.« Irgendwie spürt man, daß Pilatus die Spiritualität der Metapher begreift: »Also bist du doch ein König?« »Ich bin ein König«, antwortete Jesus, »und ich bin in die Welt gekommen, um für die Wahrheit Zeugnis zu geben«. Hinter seiner Maske einstudierter Verachtung beginnt Pilatus zu erkennen, was der Pöbel nicht zu sehen vermag: Vor ihm steht ein wahrhaftig königlicher Mann. Doch der römische Gouverneur läßt zu, sich von der Menge mit Anspielungen auf Caesar und auf seine eigene politische Zukunft unter Druck zu setzen und zu manipulieren. In eigener Johannes-Ironie ruft die Menge schließlich aus: »Wir haben keinen König außer Caesar!« Das kann man wohl sagen! – Doch am Ende veranlaßt etwas in Pilatus, auf dem Todeskreuz Jesu eine Inschrift anzubringen, die letztlich der Wahrheit entspricht: »Jesus von Nazareth, König der Juden.«

Der Christus: Gott und Mann

Die Jesusporträts der Evangelien, in der Sprache der klassischen männlichen Archetypen, geben die Kraft männlicher Spiritualität zu erkennen, sie beschreiben den höchsten geistigen Archetypen, den Christus. Zudem beweist die Intensität der männlichen Archetypen in den Geschichten von Jesus ein für allemal, daß ein Mann seine Männlichkeit nicht »ablegen« muß, um »sich in Christus zu kleiden«. Im Gegenteil: Der Christus-Archetyp bedeutet die Erfüllung der Männlichkeit, das Endziel gereiften Mannseins. Jesus in das Christus-Sein zu folgen, reduziert einen Mann nicht – es läßt ihn ganz werden.

Der Christus-Archetyp ist jedoch mehr als das höchste Ziel männlicher Entfaltungsmöglichkeit. Er ist nichts weniger als der Ort der Begegnung von Mensch und Gott. Durch die Erweckung des Christuspotentials nimmt ein Mann am Leben Gottes teil und wird zu seinem angenommenen Sohn.

KAPITEL 14

Die Männlichkeit Gottes

Gott ist kein Mann, Er gleicht auch nicht dem Menschen. Gott, die Quelle allen Seins, kann man nie wirklich verstehen, beschreiben, analysieren, definieren, sezieren oder erkennen. Keiner kann in das Licht Gottes eintauchen, niemand die unergründliche Dunkelheit durchmessen, in der Er wohnt – außerhalb von Raum und Zeit, jenseits der Worte und aller menschlichen Vorstellungskraft. Warum also nennen wir ein solches Wesen »Er« oder sprechen von der Männlichkeit oder Weiblichkeit dieses »Heiligen Seins«?

Weil wir müssen. Die jüdisch-christlich-islamische Tradition unterscheidet sich von allen Weltreligionen, weil sie gleichzeitig zwei unbedingt geltende Lehren verkündet: Gott ist Einer – und: Gott ist eine Person. Wider die heidnisch polytheistische Vorstellung von zahlreichen Gottheiten, die miteinander wetteifern wie die Figuren eines kosmischen Melodrams, lehren sie den Monotheismus: Der Schöpfer, der Urgrund allen Seins, ist der Eine. Wider die Vorstellung, die Quelle allen Seins sei eine unpersönliche Kraft, vergleichbar der Schwerkraft oder Elektrizität, lehrt unsere Tradition, daß Gott eine individuelle (»unteilbare«) Person sei, die verantwortlich und liebevoll an der Schöpfung teilnimmt.

Hier wurzelt das theologische Geschlechtsproblem. Weil wir uns nicht auf eine andere Person beziehen, geschweige denn mit ihr ohne den Aspekt des Geschlechts kommunizieren können, können wir einen personalen Gott nicht gut ins Auge fassen, ohne Ihn – oder Sie – mit einem Geschlechts-Wort zu versehen. Und so wie es entmenschlichend ist, das Sexuelle aus menschlichen Beziehungen auszulöschen, ist es entpersönlichend, das Geschlecht aus unserem Gottesbegriff zu entfernen. Ohne Sexualität und Geschlecht wird der Glaube zu einer Transaktion, die ebensoviel Wärme ausstrahlt wie zwei zusammengeschaltete Computer. Sexualität gibt persönlichen wie auch religiösen Beziehungen Tiefe, Farbigkeit, Erregung und Lebhaftigkeit. Doch ist es Sexismus oder sexuelles Vorurteil, wenn man das eine Geschlecht dem anderen bei der Beschreibung der Gottheit vorzieht? Gibt es keine Alternative zu »Er-Gott« oder »Sie-Göttin«?

Ein androgyner Gott?

Sexualität und Geschlecht färben und beleben unsere Beziehung zu dem Einen Gott. Wenn unser Bild von Gott schon geschlechtsbezogen sein muß, um persönlich zu sein, warum können wir uns Gott dann nicht als vollkommen androgyn vorstellen, als Mann und Frau zugleich? In der Theorie können – und müssen – wir das tun. Vor langer Zeit schon hat die Schöpfungsgeschichte das androgyne Prinzip festgelegt (Gen 1,27).[1] Die Schwierigkeit mit der Vorstellung der göttlichen Androgynie liegt darin, daß sie sich im Alltag als völlig unbefriedigender Weg erweist, um Zugang zu Gott zu finden. Erstens ist vollkommene Androgynie eine ideologische Modellvorstellung, die in der Realität nie zu erreichen ist: Unsere Versuche laufen daher auf den metaphorischen Vergleich zwischen einem unbekannten Wesen mit einem anderen Unbekannten hinaus. Die realen, quasi »androgynen« Persönlichkeiten unseres Gesichtskreises bewegen sich zudem meist auf dem *kleinsten* gemeinsamen Nenner des Männlichen und Weiblichen, statt in der kraftvollen Gegenwart beider Geschlechter. Das verringert die Möglichkeiten der Theologie, sich Gott auf metaphorischem Wege zu nähern, erheblich. Die Folge ist eine verwässerte Kompromißgottheit, die weder sehr männlich noch sehr weiblich ist. Schließlich wirkt eine androgyne Persönlichkeit auf andere Menschen nicht immer ausgeglichen und ist nicht zwangsläufig ein ansprechendes Element einer Rede von Gott. Der Umgang mit einer Person undefinierbaren Geschlechts ist für die meisten Menschen eine verunsichernde Erfahrung. Diese Verwirrung auf den Gott unserer Gebete zu übertragen, kann wohl kaum ein Schritt auf dem richtigen Weg sein. Wenn Intellektuelle ein vollkommen androgynes, in allen Teilen unverfängliches Modell Gottes auf ihre theologischen Bilderwände projizieren, dann ist das, was bei den Menschen in den Kirchenbänken schließlich ankommt, ein geschlechtlich verwirrender Hermaphroditengott oder ein grauer und farbloser Gott undefinierbaren Geschlechts.

Die Entmannung Gottes

Die Verneutralisierung Gottes ist in den »modernen«, liberalen und verbürgerlichten christlichen Kirchen der westlichen Welt schon ein gutes Stück vorangekommen, besonders in den USA. Das erklärte Ziel dieser Bewegung besteht darin, einen »inklusiven« und möglichst nicht »sexistischen« Gott zu schaffen, zu dem alle Zugang finden können. In Wahrheit ist ihre *politische* Absicht, die traditionell männliche Sprache, die männlichen Metaphern und die männlichen Bilder Gottes auszulöschen, weil sie angeblich gewaltfördernd sind und Frauen beleidigen.[2] Die Begradigung der historischen Unausgewogenheit männlicher Symbolik in der christlichen Tradition durch die Aufwertung weiblicher Bilder und Symbole Gottes in der Bibel oder durch die Schaffung neuer weiblicher Metaphern ist unbedingt ein berechtigtes Unterfangen.[3] Doch haben aufgeklärte Übersetzer, Theologen und Liturgiker sich leider auch – schlecht beraten – entschlossen, die männliche Gottessprache des Glaubens und der Theologie überhaupt »abzuwracken«.

Längst nicht alle, ja, nicht einmal die Mehrheit der Frauen steht hinter diesem Plan; die Basis hat offenbar wenig dafür übrig. Es dürfte weder Zufall noch ein Unfall sein, daß dieselben liberalen Kirchen, die Gott verneutralisieren, unter schwindender Mitgliederzahl und stets sinkender Anteilnahme der Bevölkerung leiden; während konservative, der traditionellen Symbolik verpflichtete Kirchen blühen. Die Entmännlichungsbewegung ist demnach nicht nur ein passendes Symbol für die Impotenz Gottes, sondern auch für den weitverbreiteten Verlust der Männlichkeit in der westlichen Kultur.

In manchen »modernen« und liberalen Kirchen hat der Drang, eine »Inklusivsprache« (beide Geschlechterrollen sollen zu ihrem sprachlichen Recht kommen) zu schaffen, buchstäblich zur Zensur der ältesten männlichen Metaphern der christlichen Tradition geführt: Gott ist nicht länger König, sondern Souverän, nicht länger Vater, sondern »Elternteil«, und nicht länger Herr, sondern Schöpfer. Seine alten Namen seien heute skandalös: Gott, will man uns weismachen, sei nicht länger Krieger, Sieger oder Richter. Er ist zu milde, um mit Jakob zu ringen, und zu lieb, um mit Hiob zu streiten. Seine ehemals starke rechte Hand rettet nicht länger.

Übersetzungskommissionen und liturgische Gremien entmännlichen unser Bild Gottes. Mit der zweckmäßigen Verpackung durch selbsternannte Werbefachleute wird Gott freundlicher, attraktiver und vor allem »politisch einwandfrei« aussehen. Endlich, endlich: ein freundlicherer und sanftmütigerer Gott, harmlos, weich und kuschelig – eine Gottheit, die man bereits eine »warme Puderquaste« und »den Bill Cosby des All-Seins« nennt.[4] Dieser Gott wird uns jetzt vielleicht nicht mehr in Verlegenheit bringen, nicht länger aufstören, beherrschen und fordern. Korrekt, kastriert, föngetrocknet, manikürt und renoviert, endlich ein Gott, den die

Yuppie-Kultur genießen kann: nett, fürsorglich, neutral und keine Gefahr mehr für unsere vielen Spielzeuge. Nietzsche lag falsch: Es ist heute unnötig, Gott zu töten (abgesehen davon, daß das nicht »nett« wäre); eine einfache Geschlechtsumwandlung genügt. Die Moderne hat gewonnen und die kastrierte Gottheit geschaffen, die sich der menschliche Egoismus eigentlich schon immer gewünscht hat: »Es«, der Göttliche Eunuch, souveräner Elternteil des Universums.

Nicht einmal eine Unbedenklichkeitsbescheinigung für diese Operation wurde vorgelegt. Wenn es um Theologie geht, kann sich der »moderne Geist« – der in anderen Bereichen stolz ist auf seine Sicherheitskontrollen und TÜV-Standards, der auf Umwelt-Grenzwerte und die Einhaltung der Menschenrechte pocht – abscheulich autark zeigen. Das Volk Gottes wollte Gott nicht kastrieren – nur einige ausgewählte Gremien und Elite-gelehrte. Einige theologische Beratungen hier, schnelle liturgische Erneuerungen dort, und *voilà* – ein neu eingekleideter Gott. Im Gottesdient merken Sie womöglich plötzlich, daß Sie einen »Souverän« anbeten – ein Ausdruck, den das Volk noch nie verwendet hat und dem jeglicher metaphorischer Gehalt fehlt. Vergeßt »Vater unser«! Es könnte jetzt »Elternteil unser« heißen, ein abstrakter Begriff, der nicht im Alltagsleben und unserer Erfahrung wurzelt, sondern einem soziologischen Lehrbuch entstammt. Oder man hört Gebete, die versuchen, die Personalpronomen »Er« oder »Sie« für Gott zu vermeiden; die zwingende Folge ist ein sprachliches Debakel, bar aller Poesie, aller Gefühle oder jeglicher Würde. Glücklicherweise ist es keineswegs zu spät, Gott davor zu bewahren, zur »bedrohten Art« zu werden; wir haben noch genug Zeit, dem Rest der Kirche die Entmannungsbewegung zu ersparen. Es ist unsere Pflicht. Schließlich geht es weder um rhetorische Eleganz noch um männliche Privilegien und männliche Macht, noch um die Bedürfnisse eines geist-losen Konservatismus, der nur deshalb an Traditionen festhält, weil sie alt sind. Die Frage ist, ob die verschwindenden männlichen Metaphern nicht unentbehrlich und unersetzlich für die Vorstellung von und die Beziehung zu Gott sind; ob man sie in Bausch und Bogen über Bord werfen kann, ohne der christlichen Botschaft irreparablen Schaden zuzu-fügen? Die Frage ist, ob die männliche Sicht der Wirklichkeit nicht etwas Einzigartiges zum Bild Gottes in Vorstellung und Gebet beizutragen hat? Mit anderen Worten: Könnte es sein, daß Männer und Frauen einen spezifisch *männlichen* Gott brauchen?

Fünftausend Jahre Glaubensgeschichte, zahllose altehrwürdige Rituale und der quantitative Umfang der Mythen und Geschichten aus allen fünf

Erdteilen beantworten diese Fragen offenbar bestätigend. Männliche Spiritualität hat uns Gott nicht entfremdet; im Gegenteil, sie hat sich als – natürlich in geschichtliche Gesellschaften eingebettet – zuverlässiges Vehikel religiöser Wahrheit erwiesen. Psychologische und spirituelle Kräfte, uns heute fremd, bewogen die Ureinwohner in aller Welt, ihre religiösen Mythen, Rituale und ihre Sprache durch überwiegend maskuline Bilder zu prägen. Wir können auf ihre Urweisheit nur auf unsere eigene spirituelle Gefahr hin verzichten. Statt die männlichen theologischen Metaphern zu liquidieren, sollten wir auf das hören, was sie uns über Gott zu sagen versuchen. Statt sie aus dem Leben der Kirche und dem Glauben wegzuzensieren, sollten wir nach ihrer Weisheit forschen. Vielleicht läßt die kollektive männliche Psyche, die über Jahrtausende im Einklang mit der Energie des Ewig-Einen vibrierte, doch eine Musik erklingen, die es verdient, gehört zu werden.

Männliche Metaphern für Gott

Jede positive Gottessprache ist zwangsläufig bildhaft.[5] Weil Gott in Ewigkeit existiert, jenseits von Raum und Zeit, müssen wir, wenn wir über ihn sprechen wollen, uns einer räumlich und zeitlich begrenzten Sprache bedienen, die dieser Aufgabe kaum gewachsen ist. Um sinnvoll über Gott zu sprechen, müssen wir auf die eine oder andere Art den Absolut-Unbekannten verbinden mit uns vertrauten metaphorischen Bezugspunkten oder Bildern, wie etwa König oder Liebhaber. Das Problem dieser theologischen Notwendigkeit ist natürlich, daß wir uns leicht an *Bilder* von Gott gewöhnen und dabei vergessen, daß sie immer nur Gleichnisse sind. Schlimmer noch: Die Bilder selbst verwandeln sich in Götter. Wir vergessen, daß Metaphern ebensoviel verdecken, wie sie enthüllen, daß sie gleichzeitig lügen und die Wahrheit sagen. Gott ist immer unendlich viel größer als die armselige Sprache, die wir zusammenbasteln, um ihn zu beschreiben.

Die biblische Tradition ist eine Schatztruhe solcher Gottesbilder, nicht alle davon männlich, nicht einmal alle menschlich. Die Vielfalt ist erstaunlich; in allen Büchern der Bibel geben die Dichter, Propheten und Weisen Israels Gott immer neue Namen: Löwe, Zerstörer, treuer Gatte, Viehhirte, Vogelfänger, König, Vater, Leopard, Bär, Arzt, Boxer, Tautropfen, Baum, Töpfer, Krieger, Licht, Richter, Winzer, Barbier, Stolperstein, Falle, Dieb, Schutz, Schatten, Dürre, Restaurator, Stein, Bauer,

Krone, Erlöser, Rächer, Vogel, starke Hand, Schafhirt, Sklavenbesitzer, Held, Bogenschütze, Retter, Tröster, Lehrer, Bräutigam, Sonne, Hebamme, eifersüchtiger Liebhaber, Fremder, Burg, Strom, Wind, Verführer, Feind, Adler, Zepter, Schlächter, Schild, Festung, Schale, Ladenbesitzer, Sturm, Lampe, Wächter, Maurer und Lied …

Ein Blick auf diese Liste läßt das schier überwältigende Spektrum religiöser Erfahrungen ahnen, das die biblischen Autoren dazu inspirierte, mit kühner Aufrichtigkeit und spiritueller Freiheit neue Gottesmetaphern zu prägen. Diese Vielfalt theologischer Bilder wirft aber auch ein Schlaglicht auf die geistige Verarmung unserer Zeit. Die moderne Religion ist stark eingeschränkt auf die bereits verfügbaren Gottesmetaphern. Kein Wunder, daß unsere Predigten, Gottesdienste und spirituellen Bücher oft so langweilig sind; wir haben uns auf erbärmlich wenige Metaphern geeinigt – in erster Linie auf den »lieben« Gott und auf »Vater«. So gehaltvoll diese Bilder sind – die Überstrapazierung schadet ihrem Wert und verdrängt die Wahrheit, daß Gott, in vieler Hinsicht, auch *nicht* Liebender oder Vater ist.

Die Liste biblischer Gottesmetaphern offenbart auch zwei weitere wichtige Dinge. Erstens sind die menschlichen Bilder in der Bibel beinahe ausschließlich männlich[6], zweitens sind diese männlichen Metaphern recht gleichmäßig verteilt auf positive Bilder von Fürsorge und Rettung (König, Vater, Arzt, Hirte …) und negative Bilder von Kampfbereitschaft und Strafe (Richter, Rächer, Zerstörer, Feind …). Jede dieser Metaphern strotzt vor männlicher spiritueller Energie, jede macht wichtige Aussagen über den biblischen Gott, die sich nicht immer angenehm anhören. Unter den zahlreichen positiven und negativen männlichen Metaphern Gottes in der Bibel werden wir einige auswählen und eingehender diskutieren, nämlich jene vier männlichen Schlüsselarchetypen, die wir unter anderen im zweiten Teil des Buchs erörtert haben. Wir werden die Bedeutung dieser männlichen Archetypen betrachten, metaphorisch übertragen auf Gott, um den Wert der männlichen Spiritualität für die Rede von Gott verstehen zu können – Gott, der *Wilde Mann*, der *Krieger*, der *König* und der *Vater*.

El Shaddai: Gott als Wilder Mann

Nirgends in der Bibel wird Gott direkt »Wilder Mann« genannt oder mit einem solchen verglichen (wie auch Elija, Johannes der Täufer oder

Christus nicht). Der Archetyp eines wilden und freien Mannes lugt jedoch aus einem Heer von Bibelstellen hervor: Er reitet auf den Wolken, schmettert Blitze, grollt donnernd, benetzt die Wüste, speist Löwen und spielt mit den Meeresungeheuern.[7] Hie und da wird er explizit als *El Shaddai* bezeichnet (»Herr der Berge«, siehe Gen 49,25-26), der mächtige Gott, der Israel Fruchtbarkeit und die Gaben der Natur bringt.

El Shaddai trotzt der zunehmend populären mythologischen, ökologischen und theologischen Vorstellung, daß Natur und Fruchtbarkeit ausschließlich Domänen des Weiblichen seien und daß sich Männlichkeit gegen die Natur richte. Hören wir nicht so viel von der Gaia-Ideologie des New Age, daß wir uns als Männer allmählich auf dem eigenen Planeten wie Fremde fühlen? El Shaddai erinnert uns daran, daß die Natur *auch* männlich ist. Er führt uns zurück zu allem, was erdhaft und wild ist.

Mit El Shaddai verbundene Bibeltexte lassen den Archetyp des Wilden Mannes anklingen: potent, fruchtbar und frei. In diesen Texten ermahnt er uns wiederholt: »Seid fruchtbar und mehret euch!«[8] Er selbst bedeckt jede Brust mit heißen Küssen und drückt seinen Samen in einem Ausbruch von Leben und Vitalität in jede Gebärmutter.[9]

> *Der Gott deiner Väter wird dir helfen,*
> *El Shaddai, der dich segnen wird:*
> *mit Segen des Himmels von droben,*
> *mit Segen tief lagernder Urflut,*
> *mit Segen von Brust und Schoß.*
> *Deines Vaters Segen übertrifft*
> *den Segen der uralten Berge,*
> *den man von den ewigen Hügeln ersehnt.*
>
> Genesis 49,25-26

Shaddai ist das Bild jener Gottheit, die das Leben erschafft in all seinen wilden und wunderbaren Formen, der Gott, den wir erahnen, wenn wir durch einen Zoo gehen und die schockierende, atemberaubende und phantasievoll promiskuitive Vielfalt des Lebens auf Erden betrachten: gestreifte Zebras und monströse Nashörner, schläfrige Baumkröten und zierliche Gazellen, glubschäugige Fische, giftige Schlangen und lustige Pinguine. Shaddai ist auch der Gott, den wir erfahren, wenn wir alle die Weltteile bereisen und im farbenfrohen Spektrum der Menschheit auf unserem Planeten schwelgen: Die kühle Eleganz des blonden und blauäugigen Europäers, das einnehmende Lächeln des mandeläugigen Thais, die Würde und Haltung des blauschwarzen Afrikaners, die Wärme und den Humor des liebenswerten Südamerikaners oder die tiefe Weisheit im Gesicht des Indianers. Wie ist es möglich, daß ein jedes dieser Völker auf seine eigene Weise so schön sein kann? Wer hätte sich eine solch wunderbare Vielfalt menschlicher Rassen, eine so abenteuerliche Mannigfaltigkeit der Tierwelt ausdenken können? Shaddai! Die Göttin mag geboren und genährt haben, doch Shaddai hat sie aus seiner wilden, furchtbaren und phantastischen Vorstellungskraft geschaffen.

Eine weitere, zunehmend populäre Vorstellung in mythologischen und theologischen Kreisen – kürzlich wieder in »The Power of Myth« verbreitet, einem ansonsten ausgezeichneten Fernsehinterview mit Joseph Campbell – geht davon aus, daß die eschatologische Krise der Erde auf die Dominanz des männlichen Gottes der hebräischen Bibel zurückgeht: Aus dieser Sicht inspiriert und legitimiert jene Bibelstelle, die dazu auffordert, »sich zu mehren und die Erde untertan zu machen« (Gen 1,28) den ausbeuterischen Krieg des Westens gegen die Natur. Nach biblischer Tradition, so sagt man uns, sei »das Leben korrupt und jede natürliche Regung eine Sünde«[10]. Verfechter solch tendenziöser Gedanken können die entsprechende Stelle in Genesis 1 nicht sorgfältig gelesen haben, denn dort erfreut sich Elohim an der Schöpfung und nennt sie *tov meod*, »sehr gut«; sie können die wunderbaren Hymnen an Jahwes Fruchtbarkeit nicht gesungen haben (z.B. Ps 8,19 oder 104); sie erinnern sich wohl nicht an Shaddais humorvolle, extravagante Rede, die dem von ihm erschaffenen Leben auf Erden huldigte (Hiob 38-41).

El Shaddai ist nicht nur die Metapher für Gottes Liebe zum Leben, sondern auch für Gottes Freiheit. Er ist ein freierer und wilderer Gott als die Natur selbst, völlig außerhalb unserer Kontrolle, nicht manipulierbar, käuflich, beherrschbar, nicht zu nötigen oder einzuschüchtern. Er tut, was er will. Er ist der Gott Hiobs, dessen Willen wir mit unseren hohlköpfigen Worten nur verdunkeln. Wir sind bedingte Wesen, ausschließlich lebend nach seinem Wohlwollen. Wir können keine Ansprüche stellen, ihm keine Rechte abverlangen. Sein sind die heißeste Wüste und der höchste Himmel; Sein sind die kälteste Tundra und der dichteste Regenwald, der finsterste Sturm und das leuchtendste Meer, die unheilvollste Sonnenfinsternis und der klarste Sternenhimmel.

El Shaddai ist die Essenz der Männlichkeit: Will man ihn anketten, lacht er und springt davon wie eine wilde Gazelle oder ein junger Hirsch. Wie sehr wir ihn auch fangen wollen, um ihn in unserem theologischen Zoo auf einen goldenen Tabernakel zu stellen, um ihn stets besuchen und verehren zu können, wenn es uns in den Kram paßt: Er entkommt uns!

Er ist der wildlebende Gott, den wir – wie stets – zähmen und dazu abrichten wollen, *unsere* Bedürfnisse zu erfüllen, *unseren* Regeln zu folgen, *unseren* Befehlen zu gehorchen. Doch El Shaddai kümmert's nicht. Er läßt uns seine Wildheit nicht so zerstören, wie wir es schon mit der Erde tun. Er läßt sich nicht einkerkern oder in einen Käfig sperren, wie eifrig wir es auch versuchen. Lege ein Netz aus, und er verschwindet, ein *deus absconditus*, ein »verborgener Gott« (Jes 45,15). Über unsere Bitten um mehr Gaben oder grüneres Gras lacht er und gibt die eine ärgerliche Antwort: »Ja: So ist das Leben.«

Letzten Endes enthüllt die Männlichkeit dieses Wilden Gottes genau das, was ihn am allermeisten zum Gott macht: *Heiligkeit.* Die Wurzel des hebräischen Wortes *qadosh* (»heilig«) ist »völliges Getrenntsein«, jene Eigenschaft des Göttlichen, die Rudolf Otto vor langer Zeit das *Ganz Andere* genannt hat.[11] Heiligkeit ist in diesem Sinne weder eine ethische Kategorie noch ein moralisches Werturteil, sondern vielmehr ein räumlich/zeitliches Getrenntsein von weltlicher, profaner Wirklichkeit. Heiligkeit ist der einzig verfügbare Ausdruck, um das völlige Anderssein der Erfahrung unserer Wirklichkeit im Vergleich zur göttlichen Erfahrung der »anderen Seite« zu erklären. Heiligkeit (»Getrenntsein«) ist eine elementar männliche Kategorie.

Der menschliche Drang zu trennen, individualisieren und zu teilen – es »anders« zu machen –, ist ein typisch männliches spirituelles Gütezeichen. Er bildet auch den Kern der El Shaddai-Metapher, die für die freie Heiligkeit Gottes steht. Deshalb gefährdet auch das modische Unterfangen, den biblischen Gott zu entmännlichen, die einzig angemessene Antwort, die der Mensch dem Heiligen-Einen Israels geben kann: reine Ehrfurcht – jenes Gefühl, das die Alten »Furcht vor dem HERRN« nannten. Riskiert wird dabei unser Gefühl für die fundamentale Trennung zwischen Gott und Mensch:

> *Meine Gedanken sind nicht eure Gedanken,*
> *Und eure Wege sind nicht meine Wege, spricht der HERR.*
> *So hoch der Himmel über der Erde ist,*
> *so hoch erhaben sind meine Wege über eure Wege*
> *und meine Gedanken über eure Gedanken.*
>
> Jesaja 55,8-9

Die kraftvolle männliche Metapher von Gottes wildem Anderssein schreckt uns von unserer schlimmsten Sünde ab: Zu denken und handeln, als seien *wir* Gott!

Jahwe: Gott als Krieger

Viele Leute fühlen sich abgestoßen, wenn sie das Alte Testament erstmals in die Hand nehmen; sie sind nicht vertraut mit ihm und können noch nicht mit den zahllosen kleinen Hinweisen auf ein pausenlos auftretendes Motiv umgehen: Die hebräischen Schriften schildern Gott oft als furchterregenden Krieger, als rächenden General, der die himmlischen Heerscharen in den Kampf führt.[12] Auch das Neue Testament vermittelt das Motiv des Göttlichen Kriegers, etwa in den apokalyptischen Passagen bei Markus 13, Matthäus 24, Lukas 21 und in der Offenbarung des Johannes. Während der Kriegergott im Alten Testament seine Kräfte nur aufbietet, um die Feinde Israels zu zermalmen, plant der apokalyptische Rächer des Neuen Testaments, den ganzen Planeten mit einem gewaltigen Streich zu zerstören!

Immer wieder tun wir uns schwer, solche Bibelstellen zu verstehen. Wohlmeinende Kirchen tendieren zu ihrem Ausschluß aus dem Alltag, aus Andacht und Predigt, während konservative oder fundamentalistische Kirchen sie zu wörtlich nehmen und ständig Furcht und Verdammung verbreiten. *Wie* aber sollen wir dann die vielen biblischen Textpassagen auslegen, die von Gott, dem fürchterlichen Krieger, erzählen? Aus der Sicht männlicher Spiritualität, die den Krieger als positiven Archetypen sieht, können wir lernen, diese Passagen gleichnishaft zu nehmen und hinzuhorchen, was sie uns zu sagen haben.

Die schwierigsten Bibeltexte zeigen Gott als Krieger, der *uns* angreifen will, sein eigenes Volk! Neben den obenerwähnten neutestamentlichen Stellen findet sich dieses Motiv vor allem bei den alten hebräischen Propheten. Von den frühesten Orakeln des Amos bis zur späten Apokalypse des dritten Jesaja wirft der Jahwe der Heerscharen seinen Schatten auf das sündige Israel und droht mit strafender Zerstörung.

Man kann hier kaum alle Textstellen aufzählen, die ein Ende im Feuer oder einen Tag der Vergeltung Jahwes ankündigen, doch Jesaja 5,25 ist ein typisches Beispiel:

Darum entbrennt der Zorn des Herrn gegen sein Volk,
er streckt seine Hand aus gegen das Volk und schlägt zu.
Da erzittern die Berge,
und die Leichen liegen auf den Gassen wie Abfall.
Doch bei all dem läßt sein Zorn nicht nach,
seine Hand bleibt ausgestreckt.

Ist Gott also unser Feind? Brennt er vor Zorn, und ist seine Hand bereit zum Schlag? Die Antwort lautet: Ja! Gott *ist* unser Feind, unser schlimmster Feind, und seine rechte Hand bleibt stets bereit, um den Schlag zu führen. Warum ist das so, und welche gleichnishafte Wahrheit verbirgt sich hier?

Biblische Texte nennen uns immer wieder den Grund: *Unsere Sünden* verwandeln Gott in einen furchterregenden feindlichen Krieger. Doch dieser Krieger ist kein debiler Rambo oder SS-Sturmtruppführer, kein blutdürstender Conan, kein professioneller Söldner, der nach dem nächsten Kampf lechzt. Jahwe, der Krieger, ist so unschuldig wie jeder Junge, der in den Kampf geschickt wird, wie jeder noble Krieger, der seine Pflicht erfüllt. Der biblische Gott ist ein Krieger, der den Kampf haßt, doch dessen Redlichkeit ihn nicht davon abhält, der Perversion der Schöpfung mit Gewalt zu begegnen. Vielleicht können wir die Schwere der menschlichen Sünde ermessen, wenn wir einmal beobachten, wie wir den wild-freien, fröhlichen und überschwenglichen Lebensspender El Shaddai zum heftigsten aller Kämpfer gemacht haben, zu einem schrecklichen Shiva, der das Schwert des Todes schwingt.

Unsere Sünden – ein kleines Nebengeschäft hier, eine kurze Affäre da – haben das alles veranlaßt? Reagiert Gott da nicht ein wenig überzogen? Unsere täglichen Fehler, Engherzigkeiten und menschlichen Schwächen sind nicht die »Sünde«, an die die Bibeltexte denken. Der biblische Begriff Sünde zielt auf etwas viel Tieferes: die alles durchdringende Neigung in jedem von uns, uns selbst zu Gott zu erheben. Die Bibel lehrt uns, daß jeder von uns für den anderen geschaffen worden ist, im Dienen, in Verantwortung und gegenseitiger Bindung; doch wir verhalten uns, als ob die Wirklichkeit ausschließlich für uns geschaffen worden sei. Die moderne Konsumkultur stärkt diese verdrehte Vorstellung nur. Sie lehrt uns, ausschließlich an unsere Rechte, nicht aber an unsere Verantwortung zu denken, an unsere Bedürfnisse, nicht aber an unsere Pflichten. Schlimmer noch, in unserer Überheblichkeit gehen wir davon aus, daß andere Menschen nur zu unserer persönlichen Nutzung existieren. Diese Haltung ist die denkbar korrupteste Entwürdigung der menschlichen Natur und der Schöpfung Gottes.

Die Folgen des schrankenlosen Mißbrauchs von Mensch und Natur treten im Ausmaß der menschlichen Armut und der Bedrohlichkeit der weltweiten ökologischen Zerstörung deutlich zutage. Doch wir brauchen nicht über die Grenzen unserer Person hinauszuschauen, um den Preis für die Sünde des Hochmuts zu erkennen. Wir wollen Dinge, die wir nicht haben können; töricht bilden wir uns ein, wir seien, was wir nicht sind, blasen unser Ego bedrohlich über die wahren Grenzen unserer Psyche hinaus auf und trotzen der naturgegebenen Begrenztheit von Körper und Geist. Die Bilanz unserer Ichverherrlichung reicht von hirnloser Arbeitssucht über krasse Genußsucht bis zu kaufwütigem Materialismus und Schlimmerem: die manische Fiktion, es sollte uns doch gelingen, dem Los des Menschen zu entgehen und ohne Krankheit, Schmerz und Tod zu leben.

Etwas Perverses in uns kämpft gegen unsere eigene tiefste menschliche Natur an, und Gott kann eine Mitschuld nicht zulassen, indem er zum Göttlichen Schlepper in dem falschen religiösen Spiel wird, das diese Sündhaftigkeit nach eigenem Bilde schafft. Amos und Hosea, die ersten der klassischen biblischen Propheten, erkannten vor fast dreitausend Jahren, daß eine Fühl-dich-gut-Religion schnell zur täuschenden Attrappe für einen unersättlichen institutionalisierten Egoismus wird, der Leben und Arbeitskraft der Armen auffrißt und wie wertlose Apfelbutzen fortwirft.[13] Gott läßt nicht mit sich scherzen. Er will jenen nicht nachgeben, die einen »netten« Cupido als Gott verlangen, der alle Gewissen beruhigt und alles Schuldgefühl einlullt. Im Gegenteil: Er brüllt vor Zorn in Zion (Amos 1,2) und rüstet seine Armee, um die Perversion des Hochmuts aus Israel zu vertreiben (Jer 15,5-9).

Das Bild von Gott, dem Krieger-Feind, ist Resultat unserer gravierenden Entfremdung von der Weisheit der Natur, metaphorisch auf den Kosmos projiziert, unserer Unfähigkeit, unser Lebewesen-Sein und unsere Kleinheit zu akzeptieren, unserer Leugnung von Schmerz und Tod. Vor allem erkennen wir nicht, daß Er uns den »freien Willen« gegeben hat – nach seinem Bilde –, um zu wählen zwischen dem Weg zu Ihm und anderen »Wegen«. Dieses Geschenk nimmt uns die Möglichkeit, Ihn für alle Schmerzen und alles Leid auf der Welt verantwortlich zu machen, wie es viele in Gedankenlosigkeit und Bequemlichkeit zu tun pflegen.

In dem Maß, wie wir uns weigern, menschlicher Demut zu folgen und dadurch den Lauf der menschlichen Natur blockieren, schaffen wir Jahwe, den Krieger. Er ist das Symbol unserer Entfremdung von der Weisheit. Wenn er mit dem Schwert oder mit angriffsbereitem Speer in der Hand erscheint, sollten die Alarmglocken läuten: Wir haben den Weg verlassen und das ewige Tao abgewiesen.

Eine Religion, die den Archetyp des Göttlichen Kriegers preisgibt, verliert ihre kraftvollste Metapher, um unsere eigene Angriffslust gegen den Schöpfer und das Leben, das er erschaffen hat, aufzudecken. Im Vermeiden der Symbolik des Krieges verstärkt der geheuchelte Pazifismus einer solchen Religion nur die Tyrannei des Ego. Denn Jahwe, der Krieger, mit seinem scharfen und glänzenden Schwert kommt nicht, um uns zu töten, sondern um uns mit schnellen und sicheren chirurgischen Schnitten vom Mühlstein gravierender und tödlicher Abhängigkeiten zu befreien. Durch diese Wunden werden wir geheilt.

Die positive Seite des Archetyps des Göttlichen Kriegers ist kraftvoll und schön. Die Bibel lehrt, daß der befreiende Jahwe mit feuriger Gerechtigkeit auch auf seiten der Armen, Versklavten und Unterdrückten kämpft. Nirgends kommt diese Metapher stärker zum Ausdruck als in der Geschichte des Auszugs, als Jahwe Moses sorgfältig in die Taktik der Verhandlung und des zivilen Ungehorsams gegenüber der unbeweglichen Tyrannei des imperialen Ägypten einweiht. Als der hartherzige Pharao seine Übereinkunft bricht, das Volk Israel ziehen zu lassen, stürzt sich Jahwe in den Kampf und zerstört die ägyptische Armee:

> *Der Herr ist ein Krieger, Jahwe ist sein Name.*
> *Pharaos Wagen und seine Streitkräfte warf er ins Meer.*
> *Seine besten Kämpfer versanken im Schilfmeer...*
> *Deine Rechte, Herr, ist herrlich an Stärke,*
> *deine Rechte, Herr, zerschmettert den Feind.*
>
> Exodus 15,3-6

Auch das Neue Testament kennt die erlösende Kraft Jahwes. Als Maria ihre Kusine Elisabeth in der von den Römern besetzten Westbank besuchte, drückt sie Gott ihre Freude über den versprochenen Befreier Jesus aus, den sie in ihrem Schoß trägt:

> *Gott vollbringt mit seinem Arm machtvolle Taten:*
> *er zerstreut die Hochmütigen;*
> *er stürzt die Mächtigen vom Thron*
> *und erhebt die Erniedrigten.*
>
> Lukas 1,51-52

Die Befreiungstheologie hat in den letzten Jahren unserer Erkenntnis aufgeholfen, daß die ganze Bibel durchsetzt ist mit dem Motiv von Jahwes militärischem Einschreiten als Rächer der Armen.[14] Die Bibel insistiert darauf, daß Jahwe ein Gott ist, der die Rufe der Armen hört, der sich um seine Geringen kümmert und mit zorniger Empörung eingreift, wenn Pharaos auf ihnen herumtrampeln. Jahwe ist ein »Mann des Krieges« für die Schwachen und die Verletzlichen, ein schrecklicher Feind ungerechter Könige, mächtiger Kaiser und von Amtsmißbrauch aller Couleur.

Der Archetyp des Göttlichen Kriegers findet sich in Religionen, die von der Tradition eines Glaubens durchdrungen sind, der Recht walten läßt. Jahwe, der Befreier, ist demnach eine Metapher des göttlichen Mitgefühls für das »Geringste« in unserer Welt. Mißtrauisch fragen wir: Welche Gruppierungen haben etwas gegen diese theologische Metapher einzuwenden? Natürlich sind es heute die Reichen, die Gebildeten und die Mitglieder der mächtigen Oberschicht der Ersten Welt. Welche Menschen ergreifen – und benötigen – dagegen die Metapher des Göttlichen Kriegers? Die Unterdrückten. Die Welt ist ein Ort voller Gewalt; daß die Schwächsten auf Gottes Schutz und Erlösung von Gefahr in der rohen und deutlichen Sprache des Göttlichen Kriegers der Bibel hoffen, ist wohl kaum unehrenhaft. Daß dagegen jene, die am meisten von Ausbeutung und Waffenhandel profitieren, sich so bequem gerade jener Metapher eines kriegerischen Gottes entledigen, die ihren wehrlosen Brüdern und Schwestern so viel Ermutigung spendet, verdient wohl kaum unsere Bewunderung.

Lebten wir in einer von Drogen heimgesuchten Siedlung oder einem von Jugendbanden terrorisierten Viertel, dann würden wir die Kraft spüren, die das Bild Jahwes ausstrahlt, wenn es der Psalmist als »Wächter« zeichnet:

Ich hebe meine Augen auf zu den Bergen:
Woher kommt mir Hilfe?
Meine Hilfe kommt von Jahwe, der Himmel und Erde schuf.
Er läßt meinen Fuß nicht wanken;
er, der dich behütet, schläft nicht.
Nein, der Hüter Israels schläft und schlummert nicht.
Der Herr behütet dich vor allem Bösen,
er behütet dein Leben.
Der Herr behütet dich, wenn du fortgehst und wiederkommst,
von nun an bis in Ewigkeit.

Psalm 121, 1-4; 7-8

Lebten wir unter der triebhaften und willkürlichen Gewalt eines Polizeistaats, könnten wir das freudige Versprechen des zweiten Jesaja (41,11-12) würdigen, als er sich im babylonischen Exil der Sprache des alten Göttlichen Kriegers bediente:

Schmach und Schande kommt über alle,
die sich über dich erhitzen.
Die Männer, die mit dir streiten,
werden zunichte und gehen zugrunde.
Du wirst sie suchen, aber nicht mehr finden,
die Männer, die mit dir zanken.
Sie werden zunichte und finden ihr Ende,
die Männer, die sich bekriegen.

Ist nicht die Gottesprache bankrott, wenn sie nicht für Menschen, die wirklich bedroht sind von körperlicher oder seelischer Gewalt oder eingeschüchtert von überwältigender Unterdrückung durch die Obrigkeit, die Hoffnung auf Befreiung unter dem Schutz eines Gerechten, kraftvoller und zäher als jeder Feind, verheißt?

Gott ist König!

Für viele Menschen auf diesem Planeten bedeutet der Alltag die Erfahrung von Chaos: Die Bewohner eines lateinamerikanischen Slums wissen heute nicht, ob sie morgen genug Wasser und Nahrung haben werden; afrikanische Dorfbewohner fragen sich, ob sie in den aufblühenden, aber gefährlichen Städten Arbeit finden werden; Philippinos machen sich Sorgen über die politische und wirtschaftliche Stabilität, die nötig ist, um ein fruchtbares Leben zu führen. Auch in der scheinbar sicheren Ersten Welt erfahren viele von uns Chaos und Wirrsal im persönlichen Leben. Die Angst vor Verbrechen lauert immer irgendwo in unserem Hinterkopf; wechselnde wirtschaftliche Verhältnisse bedrohen unsere Arbeitsplätze. Viele erleben auch als »normale Bürger« Außenseitertum und Verletzlichkeit: Arbeitslosigkeit, körperliche Behinderung, Krankheit, Alter, zerbrechliche Beziehungen, Neurosen und Depression, unter denen viele Menschen jeden Tag leiden.
Wer ist Gott für uns in diesem chaotischen Universum? Die ältesten Texte der biblischen Tradition behaupten: Er ist ein König. Der König ist ein Archetyp der Ordnung, Autorität und Fruchtbarkeit. Auf Gott angewandt, ist diese Metapher nichts weniger als eine prägnante Aussage der menschlichen Hoffnung, das Leben sei nicht nur willkürlich, zufällig oder bedeutungslos. Es ist Gott, der diese geordnete Welt aus dem wäßrigen Chaos des Urgrunds schuf (Gen 1,2), und er ist es, der die Welt mit fester Hand

regiert und sie zu einem Ort macht, wo Leben und Liebe unter seinem königlichen Schutz gedeihen können.

Verkündet bei den Völkern, der Herr ist König!
Den Erdkreis hat er gegründet, so daß er nicht wankt.
Er richtet die Nationen, wie es recht ist.

Psalm 96,10

Das Motiv des Königtums Gottes ist die zentrale Botschaft des Jesus von Nazareth. In Gleichnissen und Geschichten lädt Jesus seine Zuhörer ein, Gott zu ihrem persönlichen König zu machen und seiner Herrschaft jeden Tag bis in die kleinsten Dinge zu vertrauen. Das Königreich Gottes ist ein starkes Glaubensbekenntnis, daß mitten im offenbaren Chaos unseres Lebens eine verborgene Kraft für uns arbeitet.

Warum ist dann aber die Metapher des Königreichs Gottes in unserer Zeit so stark unter Beschuß geraten? Erstens, weil das Wort »König« die patriarchale, männliche Macht einer vergangenen Zeit heraufbeschwört. (Heute haben wir nur einen King und sein Name ist Elvis.) Zweitens ist die Gott-als-König-Metapher in den Ohren vieler Zeitgenossen offenbar mit zuviel »christlichem Ballast« behaftet. Eine der wirksamsten spirituellen Hilfsprogramme unserer Tage, das Zwölf-Schritte-Programm der Anonymen Alkoholiker, verwendet anstelle der Königsmetapher den vagen Begriff »Höhere Macht« für Gott, um Atheisten und Agnostiker in ihren Prozeß einbinden zu können. Es scheint zu funktionieren, wie die Mitglieder der AA millionenfach bestätigen können.

Doch solche Behelfsworte offenbaren auch die Verarmung von Sprache, Mythologie und Vorstellungskraft. Man versuche nur, sich einen »Schöpfer« auszumalen, oder in einem Satz das Wort »Souverän« zu verwenden; sogar »Höhere Macht« wirkt kalt und blutleer und erinnert an eine algebraische Gleichung oder an ein Elektrogerät. Andere moderne Metaphern der Macht würden hier auch nicht viel ausrichten. Ist Gott ein Präsident? Mit welchen Fernsehspots führte er seine Kampagne, um gewählt zu werden? Oder würden Sie Ihr Leben in die Hände eines Göttlichen Vorstandsmitglieds, einer Ewigen PräsidentIn legen?

Aber ein *König!* Das ist ein Bild, das die Vorstellungskraft fesselt. In der archetypischen Erinnerung des kollektiven Unbewußten sehen wir sein herrliches Haupt goldgekrönt, sein bärtiges Gesicht weise und mild auf seinen Hofstaat hinablächelnd. Er ist Arthur, der Camelot mit rigoroser Gerechtigkeit und Gesetzestreue regiert, stets um das Wohl seiner Untertanen besorgt. Es ist Ludwig der Fromme, der tapfere Heinrich V. oder der edle Indianer Chief Joseph, eine majestätische Gestalt von großer Kraft und Güte. Der König ist der alte Herrscher aus Mythos und Legende, dessen Anblick immer noch Bilder von Macht und Recht, Ordnung und Gnade heraufbeschwört, und unter dessen kraftvoller Herrschaft wir gedeihen können.

Ruht mein Schicksal und das Schicksal der Welt in den Händen eines solchen Königs? Es ist leicht genug, diese Frage zu bejahen, wenn das Bankkonto stimmt und der AIDS-Test ein negatives Resultat erbracht hat. Doch ist Gott immer noch unser König, wenn die Chemotherapie versagt und die Ehe in die Brüche geht? Ist er Herr über unser Leben in Arbeitslosenschlangen und Suppenküchen? Ist er der Herr des Universums, wenn Geschäfte schlecht laufen oder ein Elternteil die Alzheimersche Krankheit entwickelt? Genau dann brauchen wir nämlich die mächtige Metapher von Gott, dem König, und nicht irgendeinen clever ausgedachten Ersatz. In diesen Augenblicken müssen wir auf unsere alten Erinnerungen zurückgreifen und uns Israel in seinem monumentalen Glaubensakt anschließen, der Jahwe inthronisiert und ausruft: »Gott ist König!«

Abba: Gott als Vater

Jede der bisher betrachteten Metaphern für Gott sagt etwas Elementares über Gott aus. Denn für die biblischen Autoren, die sie schufen, für die unzähligen Generationen von Gläubigen, die sie in ihrem Gebet ehrten, erzählen diese Bilder von langer und manchmal schmerzlicher, doch jederzeit intensiver Beziehung in Gebet, Leiden und Glauben. Eine Metapher jedoch fesselt die Vorstellungskraft der Christen stärker als alle anderen, weil sie einen so zentralen Platz in Gebetsleben und persönlicher Identität Jesu einnimmt: Gott, der Vater. In inniger Verbundenheit mit Gott erkühnte sich Jesus, den König des Universums *Abba* zu nennen, ein aramäisches Wort, das – wie wir gesehen haben – »Papa« bedeutet. So wesentlich ist dieser Name für den Glauben Jesu, daß Paulus später behauptete, daß jeder, der sich *so* an die Gottheit wandte, eindeutig vom Geist erfüllt sei und gemeinsam mit Jesus zu einem Kind Gottes würde (Röm 8,14-17).

Ist nun Gottes Vatersein nicht eine zutiefst sexistische Wendung, beleidigend für Frauen und nach Ablösung rufend?[15] Oder bekräftigt die Vatermetapher eine einzigartige, elementare Wahrheit über Gott? In der ausgezeichneten Studie *Biblical Faith and Fathering*[16] verwendet sich John

W. Miller für die Vatermetapher. Er erinnert uns daran, daß menschliches Vatersein weder automatisch mitgegeben noch etwas Selbstverständliches ist.[17] Biologisch gesehen sind Männer nur Randfiguren im Zeugungsprozeß; nach der Empfängnis ist das biologische Wachstum des Fötus ausschließlich Sache der Mutter. Urgesellschaften haben möglicherweise den Bedingungszusammenhang zwischen biologischem Vater und Nachkommenschaft nicht einmal verstanden; absichtliche Vaterschaft, wie wir sie heute kennen, ist demnach vermutlich eine kulturelle Leistung neueren Datums, begünstigt durch die patriarchalische Religion.[18]

Diese Beobachtungen wiegen schwer, wenn man sich all die gestörten Familien vor Augen hält, in denen der Vater körperlich oder emotional abwesend ist. Die mögliche Zerrüttung der Psyche junger Menschen, die ohne starken und engagierten Vater aufwachsen müssen, ist für jeden offensichtlich, der schon mit jungen Straftätern, mit Gefangenen und mit schlechthin emotional verwundeten Menschen gearbeitet hat. Leider plädieren religiöse Intellektuelle gerade in einer Zeit, da Millionen Familien verzweifelt nach Vorbildern und Beispielen für eine väterlichen Bindung suchen, für die Abschaffung genau jener Metapher, die männliche Verpflichtung und Fürsorge am besten verkörpert: Gott, der Vater.

Was sagt uns dieses Bild über Gott? Es die Metapher für Gottes Verpflichtung gegenüber der Menschheit. Der männliche Himmelsgott ist der höchste Ausdruck göttlicher Transzendenz. Ob man ihn als Jahwe, Zeus oder Wakan Tanka kennenlernt, er ist der Himmelsgott, der in den erhabenen Gefilden des Himmels wohnt, uns Menschen fremd und unbekannt: nachts im kalten Reich der Milchstraße und bei Tage im grellstrahlenden Reich der Sonne. Das Problem mit dem Himmelsgott ist aber, daß uns gerade die transzendente Überwältigung erfroren unter dem Nachthimmel und verbrannt unter der Mittagssonne stehen läßt. Theologen nennen diese Gottheit *Deus otiosus*, den so sehr transzendenten Himmelsgott, daß er bedeutungslos wird, daß er in seinem Fahrtwind eine immense Entfremdung von Gott nach sich zieht, eine weitverbreitete spirituelle Leere, die in der westlichen Kultur als »Aufgeklärter Deismus« begann und mit dem modernen Atheismus endete (etwa in der »Gott ist tot«-Bewegung).

Der »Vater« ist dagegen die Metapher, die dem Geheimnis von Gottes Transzendenz die Schärfe nimmt.[19] Die Vatermetapher steht für eine Entwicklung innerhalb der Gottheit, in welcher der männliche Himmelsgott seine Ansprüche auf himmlische Freiheit und unaussprechliches Anderssein aufgibt und sich freiwillig zu einem nährenden, väterlichen Bündnis und einer immerwährenden Beziehung mit seinem Volk verpflichtet.[20] Als Vater tut

Gott gnadenvoll, was er von »Rechts wegen« nicht hätte tun müssen: Er läßt die Macht des Universums walten, um uns, seine Kinder, zu nähren. Statt die Metapher von Gott, dem Vater, zu schwächen, sollte die christliche Religion sie stärker hervorheben. Denn die menschliche Familie verhält sich von Tag zu Tag gestörter, verlorener und zielloser. Gleich der ärmsten Familie im schlimmsten Getto braucht die Menschheitsfamilie nicht weniger »Vater«-Energie, sondern mehr!

Die historische Bewegung von der Übermacht der steinzeitlichen Göttin zur modernen Vorherrschaft des Vaterarchetyps ist kein Sündenfall, wie die Anhänger Gaias meinen, sondern eine geistige Evolution. Die zentrale Rolle von Gott, dem Vater, steht für die Reifung der menschlichen Psyche von einer weiblichen, eher undifferenzierten »primitiven« Religiosität zu einer überaus männlichen individualisierten Spiritualität, die die Unabhängigkeit anderer Wesen hochachtet und die Anmut ihrer freien und unverdienten Liebe schätzt. Die Vater-Metapher ist ein passendes Symbol für diese Wirklichkeit.

Der Triumph der Vatermetapher über frühere männliche Bilder Gottes ist auch im biblischen Glauben ein großer spiritueller Entwicklungsschritt. Der Bogen, den die biblische Geschichte von der Genesis bis zu den Evangelien spannt, bedeutet letztlich, daß der Eine Gott, als El Shaddai wild und frei, als Jahwe ein schrecklicher Krieger, als König kraftvoll und gerecht herrschend, uns, seinen angenommenen Kindern, diese großartige und gute göttliche Energie frei zur Verfügung stellt. Wir müssen nur rufen: »Abba!«

Die Männlichkeit Gottes

Die männliche spirituelle Sprache der biblischen Archetypen bereichert unsere Vorstellung von Gott, unseren Glauben und unsere Theologie. Daß es unserer Gottesprache leider an weiblichen Elementen mangelt, schmälert nicht die Richtigkeit und Bedeutung der männlichen Metaphern und ist sicherlich keine Rechtfertigung für deren Vertreibung aus Spiritualität, Gebet und Glauben.

Heute eine weibliche Rede über Gott zu schaffen, ist für die männliche Gottesrede keine Bedrohung, sondern vielmehr eine notwendige Erinnerung daran, daß das Geschlecht in der Gottessprache stets rein metaphorisch zu nehmen ist. Eingedenk dessen, können wir gleichwohl dankbar die Rolle des Männlichen annehmen, das uns jahrtausendelang mit dem Bild eines so großen und guten Gottes beschenkte.

Anmerkungen

Kapitel 1: Sexualität, Geschlecht und Geist

1 Vgl. dazu: Heribert Fischedick, *Der Weg des Helden. Selbstwerdung im Spiegel biblischer Bilder,* München 1992; Robert Moore/Douglas Gillette, *König, Krieger, Magier, Liebhaber. Die Stärken des Mannes,* München 1992; Robert Bly, *Der Eisenhans. Ein Buch über Männer,* München 1991.

2 Aus einem Interview mit Redakteuren des *Time Magazine* vom 4. Juni 1990.

3 Um sich ein Bild von den Gefahren des Fundamentalismus zu machen, siehe mein Artikel »The Reemergence of Catholic Fundamentalism« (S. 172) oder den von Dr. Mortimer Ostow, »The Fundamentalist Phenomenon: A Psychological Perspective« (S. 99-125) in Norman J. Cohen, Hg., *The Fundamentalism Phenomenon: A View from Within, A Response from With-out,* Grand Rapids 1990. Was die Fundamentalisten nicht zuletzt kennzeichnet ist, ihr nachhaltiger Frauenhaß.

4 Hilfsorganisationen für Männer sind zum Beispiel *The Center for Contemplation and Action* in Albuquerque (katholisch) unter der Leitung von Pfarrer Richard Rohr, OFM, *Brother House* in Tulsa, *A Center for Male Spirituality* (eine überkonfessionelle Gruppe) und die *Brotherhood Commission* of Memphis (Southern Baptists).

Es sind jetzt auch einige Bücher zum Thema der männlichen Spiritualität erschienen, darunter das beste von John W. Millers *Biblical Faith and Fathering: Why We Call God »Father«* (New York 1989) – eine gelehrte Abhandlung, die das Bedürfnis nach biblischer Vaterschaft in modernen Familien belegt. *A Man and His God* von Fr. Martin Pable AFM (Notre Dame, 1988) ist eine gelungene Diskussion der männlichen Spiritualität und wendet sich an Laien. *The Intimate Connection* von James B. Nelson (Philadelphia, 1988) liefert eine ziemlich schwache Abhandlung der männlichen Spiritualität, reichlich verwässert durch seinen entschuldigenden und rechtfertigenden Ton. *Toward a Male Spirituality* von John Carmody (Mystic, Conn. 1989) bietet kühne theologische Einsichten, doch überraschend wenig Spiritualität, die wirklich mit Männern zu tun hat.

5 Eine bemerkswerte Ausnahme bildet »A Gathering of Men«, ein Interview von Bill Moyers mit Robert Bly, das erstmals im Januar 1990 im US-Fernsehen ausgestrahlt wurde (bei Ally Press als Videocassette erhältlich).

6 Die große Zahl feministisch religiöser Bücher machen eine vollständige Auflistung unmöglich. Zu den einflußreichsten und provokativsten christ-

lich-feministischen Werken zählen Elisabeth Schüssler-Fiorenza, *Zu ihrem Gedächtnis...*, München 1988, Phyllis Trible, *Mein Gott, warum hast du mich vergessen. Frauenschicksale im Alten Testament,* Gütersloh 1990, und Letty M. Russell, Hg., *Befreien wir das Wort. Feministische Bibelauslegungen,* München 1989. Zudem erscheint eine Flut post-christlicher feministischer Studien über die Göttin, auf die wir in Kapitel 3 näher eingehen werden.

7   Ein Beispiel für diese verdrehte Logik liefert Joseph Fessio SJ in seinem Artikel »Reasons Given against Women, Acolytes and Lectors« (im Vertrieb Catholics United for the Faith Inc., 45 Union Ave., New Rochelle, N.Y., USA).

8   Eine neuere Erörterung der geschichtlichen und philosophischen Ursachen der zunehmenden Entfremdung des Christen von fruchtbarer Spiritualität (einschließlich des Platonismus): Bernard Cooke, *The Distancing of God: The Ambiguity of Symbol in History and Theology,* Minneapolis 1990. Vgl. auch den guten Überblick in: Friedrich E. von Gagern, *Der andere Gott. Christsein ohne Angst,* München ²1990, S.78 ff.

9   Jesu radikale Aufforderung zum Leben eines Eunuchen (Mt 19,10-12) steht im Kontext der Wiederverheiratung nach einer Scheidung – und ist nicht als generelle Ermahnung zur Keuschheit oder Ehelosigkeit oder zum Zölibat gemeint.

10 Eine Erörterung der Mängel der Modellfigur Josef als männliches Ideal: James E. Dittes, *The Male Predicament: On Being a Male Today,* San Francisco 1985, darin besonders Kapitel 1, »Josef: Erstarrte Kraft«. Feministen haben das Motiv der »ewigjungfräulichen Maria« im römischen Katholizismus als der weiblichen Sexualität feindlich in Frage gestellt. Die entsprechende Asexualität Josefs untergräbt die männliche Sexualität ebensosehr.

11 Wir werden diese Annahme prüfen, welche in manchen extremen Formen des Feminismus die Form einer misandrischen Ideologie angenommen hat, siehe Kapitel 3.

12 Eine Diskussion der Androgynie und ihrer Beziehung zur männlichen Psychologie:Joseph H. Pleck, *The Myth of Masculinity,* Cambridge, Mass. 1983.

13 Wir werden die Verschiedenheit von Mann und Frau im nächsten Kapitel erörtern.

14 Siehe etwa Paulus' Lehre von der Auferstehung in 1 Kor 15.

15 Diesen psychosomatischen Ansatz erörtert Dr. Bernie Siegels populäres Buch *Liebe, Medizin und Wunder* (München 1991) sowie Dr. Larry Dossey, *Wahre Gesundheit finden. Krankheit und Schmerz aus ganzheitlicher Sicht,* München 1991.

16 Rene Dubos, *So Human an Animal,* New York 1968.

17 Die vielleicht lesenswerteste Zusammenfassung der Theorien Jungs und seiner Schüler ist im anschaulich geschriebenen und durchwegs illustrierten

Buch *Der Mensch und seine Symbole* (Olten 1978) enthalten, das Jung selbst herausgegeben hat. Im ersten Essay des Bandes beschreibt Jung auf denkwürdige Weise seine Einsichten zu Traum und Mythologie.

18 Eine ausgezeichnete Abhandlung der Auswirkungen der Androgynie auf gesunde psychologische Beziehungen: John A. Sanford, *Unser unsichtbarer Partner. Von den verborgenen Quellen des Verliebtseins und der Liebe*, Interlaken 1990. Für einen wichtigen Bericht der Beziehung des Mannes zu seiner *Anima*, siehe Robert Johnson, *He! Understanding Masculinity*, King of Prussia, Pa., 1974.

19 Vgl. dazu Heribert Fischedick, a.a.O., S. 27-43.

Kapitel 2: Männliche Spiritualität

1 Siehe zum Beispiel Edward O. Wilsons Klassiker *Soziobiologie* (vergriffen). In wissenschaftlichen Kreisen immer noch kontrovers diskutiert, liefert die Soziobiologie einen höchst suggestiven und fruchtbaren Ansatz zur sexuellen Spiritualität.

2 Eine exzellente Erörterung des männlichen Agonismus: Walter J. Ong, *Fighting for Life: Contest, Sexuality and Consciousness,* Ithaca 1981, vor allem S. 15-48. Zum folgenden, bes. der Ambivalenz männlichen Rivalisierens auch: Georg Baudler, *Gott und Frau. Die Geschichte von Gewalt, Sexualität und Religion,* München 1991, S. 36 ff. und öfter.

3 Ong, ebenda, S. 59-61.

4 Carol Gilligan, *Die andere Stimme. Lebenskonflikte und Moral der Frau* (München 1991) zitiert Untersuchungen, die aufzeigen, daß Jungen Wettkämpfe mehr lieben als Mädchen, besonders, wenn es zu Auseinandersetzungen um die Spielregeln kommt.

5 Im Gegensatz dazu schlägt Gilligan (ebenda, S. 9-10) vor, daß die weibliche Psyche einen derartigen Nachdruck auf zwischenpersönliche Beziehungen legt, daß Mädchen ein Spiel lieber aufgeben als sich auf Streitigkeiten über Regeln einzulassen.

6 Eine ausgezeichnete Abhandlung des Kriegerarchetyps: Carol Pearson, *Der Held in uns,* München 1990, S. 74-97. Ein neuerer Roman, der schildert, wie ein Student seinen eigenen inneren Krieger entdeckt, ist Dan Millmans *Der Pfad des friedvollen Kriegers,* Interlaken 1990.

7 Eine ausgezeichnete Abhandlung der Männlichkeit als Kontrast zur femininen Umwelt: Ong, *Fighting for Life,* S. 64-76. Siehe auch Sam Keen, *Feuer im Bauch. Über das Mann- Sein,* München 1990, vor allem S. 11-24.

8 Carol Gilligan, *Die andere Stimme,* 5-8.

9 Ebenda, S. 24-63.

10 Siehe Robert Bly, *Eisenhans,* a.a.O.

11 Die Zwölf Schritte sind ein spirituelles Selbsthilfeprogramm, das ursprünglich für die Mitglieder der Anonymen Alkoholiker entworfen wurde, heute jedoch bei einer Reihe von Abhängigkeiten wie Drogen- oder Eßstörungen, sexueller Zwanghaftigkeit usw. Anwendung findet. Die meisten Buchhandlungen verkaufen Literatur zu diesem Programm.

12 Für Menschen mit AIDS gibt es heute eine Reihe starker spiritueller Bücher, zum Beispiel Rev. William J. Dobbels, SJ, *An Epistle of Comfort*, Kansas City 1990, oder Paul Reed, *Serenity: Challenging the Fear of AIDS – From Despair to Hope*, Berkeley 1987. Neuestens vor allem auch: John J. McNeill, *»Sie küßten sich und weinten…«*. *Homosexuelle Frauen und Männer gehen ihren spirituellen Weg*, München 1993.

13 Das ist die zentrale Aussage einer ausgezeichneten Studie von John W. Miller, *Biblical Faith and Fathering: Why We Call God »Father«*, New York 1989, vor allem S. 13-23. Miller argumentiert, die Vaterschaft sei eine kulturelle Leistung und Neuerung.

14 Eine Diskussion der wichtigsten männlichen Archetypen: Robert Moore, *König, Krieger, Magier, Liebhaber. Die Stärken der Männer*, München 1991. Carol Pearson, *Der Held in uns* oder Jean Shinoda Bolen, *Götter in jedermann*, Basel 1990.

15 Diese Tendenz hat Carol Gilligan in *Die andere Stimme* gut belegt; Ziel ihrer Studie ist es, aufzuzeigen, daß die weibliche Tendenz zu konkretem, beziehungsorientiertem Denken für die Menschheit von ebensogroßem Wert ist wie das analytische »männliche« Denken.

16 Siehe etwa: Lawrence Kohlberg, *Philosophische und pädagogische Untersuchungen zur Moralentwicklung*, Frankfurt 1985, aber auch Gilligans *Die andere Stimme*, wo aufgezeigt wird, daß das moralische (konkrete, beziehungsorientierte) Denken der Frau nicht negativ beurteilt werden sollte nach Kriterien, die letztendlich männlich sind.

17 Siehe: Ong, *Fighting for Life*, besonders S. 38-41 und S. 55-61.

18 Ein Beispiel ist das der zwei katholischen Schutzheiligen der Missionen: Die hl. Thérèse von Lisieux verbrachte ihr Leben im täglichen Gebet, innerhalb der Mauern eines geschlossenen Konvents; der hl. Franziskus Xavier reiste hingegen bis ans Ende der Welt und starb auf einer einsamen chinesischen Insel.

19 Joseph Campbell, *Der Heros in tausend Gestalten*, Frankfurt 1978. Campbells Studie ist eine Pionierarbeit auf der weltweiten Suche nach dem mythologischen Motiv des Helden in der Literatur. – Vgl. auch Heribert Fischedick, *Der Weg des Helden*, a.a.O.

20 Eine phantastische Erörterung dieser Rituale, siehe Ray Raphael, *The Men from the Boys: Rites of Passage in Male America*, Lincoln 1988 (1993 auch in deutsch).

21 Die klassische Arbeit über Einweihungsrituale stammt von Arnold van Gennep: *Übergangsriten*, München 1986. Es existieren weitere Studien, die sich mit spezifischen Kulturen befassen.

22   Eine eingehende Untersuchung der Einweihung und ihrer Beziehung zur Psychotherapie:Joseph L. Henderson, *Threshold of Initiations,* Middletown, Conn. 1960.

23   Robert A. Johnson, *He! Understanding Masculine Psychology,* San Francisco 1983.

24   C.G. Jung, *Der Mensch und seine Symbole,* a.a.O.,S. 17. Eine sehr lesenswerte und und praktische Diskussion von *Anima*-Fragen findet sich in: John A. Sanford, *Unsere Unsichtbaren Partner,* Interlaken 1990.

25   Eine Erörterung der Anima-Besessenheit vor allem: Sanford, S. 31-55 und Johnson, *He!*

26   Siehe Sanford, S. 3-30.

27   Dieses Konzept der Individuation ist der unveröffentlichten Doktorarbeit von Garreth Hill, Ph.D. entnommen,»Patterns of Immaturity and Archetypical Patterns of Masculine and Feminine: A Preliminary Exploration« (Institute for Clinical Social Work, Berkeley). Ich bin John V. Planatia Ph.D. von Berkeley verpflichtet, weil er mich mit diesen Ideen in seiner unveröffentlichten Dissertation »Adult Learning and Patterns of Organizational Development: As Seen in the Institute for Clinical Social Work«, S. 29-33, vertraut machte.

28   Dazu McNeill, *»Sie küßten sich und weinten...«,* a.a.O.

Kapitel 3: Misandrie: der Männerhaß

1   Nur wenige Wörterbücher führen den Begriff »Misandrie« in neueren Ausgaben. Nach dem *Oxford Annotated Dictionary* trat das Wort »Misogynie« erstmals im siebzehnten Jahrhundert auf.

2   Siehe die Reaktionen auf meinen Artikel »In Search of the Hero: Masculine Spirituality and Liberal Christianity«,in: *America,* 7. Oktober 1989, S. 206-210, der in »Responses to Patrick M. Arnold's ›In Search of the Hero‹« erschien (*America,* 4. November 1989, S. 304-6).

3   Mary Ann Dolan, »Where Feminism Failed«, *New York Times Magazine,* 26. Juni 1988, S. 26 ff.

4   Siehe zum Beispiel: Neal King und Martha McCaughey, »Rape is All Too Thinkable for Quite the Normal Sort of Man«, *Los Angeles Times,* 17. Februar 1990.

5   »Dear Abby«, *Los Angeles Times,* 15. Juni 1990, E2. Die Frau gibt zu, nicht den Mut zu haben, ihre Lüge zuzugeben und macht übrigens ihren *Vater* dafür verantwortlich, weil er sie überzeugt habe, ihre Anklage nicht zurückzuziehen (damit schlußendlich doch ein Mann an allem Schuld sein kann). Der berühmte Fall von Gary Dotson gelangte schließlich nur in die Medien, weil die Frau, die ihn fälschlicherweie der Vergewaltigung beschuldigt hatte, schließlich den Mut aufbrachte, ihre Anklage zu widerrufen. Siehe auch »The False Cry of Rape Should Be Dealt With Harshly«, *Los Angeles Times,* 17. Februar 1990, B7.

6   Eugene R. August, »Modern Men or Men's Studies in the 80s«, *College English* Nr. 44, Oktober 1982; S. 587. Der ausgezeichnete Film *Kramer gegen Kramer* zeigt die elementare Ungerechtigkeit, Kinder praktisch automatisch der Mutter zuzusprechen.

7   Siehe: David D. Butler, »Males Get Longer Sentences«, *Transitions,* Januar/Februar 1990, S. 2, und M. Zingraff und Randall Thompson »Differential Sentencing of Men and Women in the U.S.A.«, *International Journal of the Sociology of Law,* Nr. 12, 1984, S. 401-403, das aufzeigt, daß etwa für Totschlag »das durchschnittliche Strafmaß in den USA 4583 Tage (über 12 Jahre) zugunsten der Frauen differiert«.

8   Eine besonders spektakuläre Ausnahme ist Kevin Kostners *Feld der Träume,* das sowohl männliche als auch weibliche Figuren sympathisch und heroisch darstellt.

9   Susan Dundon, »Why Men Are Jerks«, Kansas City Star Magazine, 11. November 1990, S. 14.

10   »The Punch-line: The Joke's on Men«, *Los Angeles Times,*18. Dezember 1990, E3.

11   *Time,* 4. Juni 1990, 38

12   Unsere damalige Suche nach einem Theologielehrer für die Universität San Diego haben höhere Verwaltungsetagen auf »Frauen und Minderheiten« beschränkt; schon bald zeigte sich, daß auch männliche Minderheitenangehörige nicht in Frage kamen.

13   Ein neueres Beispiel für die Art Vorurteil, dem Männer an der Universität begegnen: Eine Rechtsprofessor verwendet die Befragung einer Anwältin von einem Mann, der behauptet, er sei bereits einmal eines Sexualdelikts beschuldigt worden. Der Professor hält seinen Studenten vor, das »Spiel« des Klienten nicht »durchschaut zu haben«, denn ganz offensichtlich sei die Bemerkung des Klienten ein Beispiel für eine sexuelle Belästigung seiner Anwältin! Im Verlauf der Vorlesung verbot der Professor dann den männlichen Studenten jedweden Kommentar, während er sie einer Predigt über sexuelle Belästigung unterwarf und die Studentinnen ermutigte, sich ihm anzuschließen. Siehe auch Stanley Renner, »On the Present Imbalance of Criticism: An Exercise in Consciousness Raising«, *University of Dayton Review,* Nr. 18, 1986-87, S. 9-15.

14   Siehe:August, »Modern Men« für seinen Bericht über die Einrichtung eines Kurses für Männerstudien an der Universität Dayton.

15   Wahrscheinlich die ernsthafteste Studie der alten Göttinnenreligion verfaßte die Archäologin Marija Gimbutas: *The Language of the Goddess,* San Francisco 1990. Eine weitere Auswahl: das populäre Werk von Riane Eisler, *Von der Herrschaft zur Partnerschaft. Weibliches und männliches Prinzip in der Geschichte,*München 1987; Elinor Gadon, *The Once and Future Goddess. A Symbol of Our Times,* San Francisco 1988; Merlin Stone, *When God Was a Woman* (*Als Gott eine Frau war,* Dtsch. vergriffen), San Diego 1976; Carol Olson, Hg., *The Book of the Goddess Past and Present,* New York 1988; Mo-

nika Sjöö und Barbara Mor, *Wiederkehr der Göttin. Die Religion der großen kosmischen Mutter und ihre Vertreibung durch den Vatergott,* Braunschweig 1985; Edward C. Whitmont, *Die Wiederkehr der Göttin. Von der Kraft des Weiblichen in Individuum und Gesellschaft,* München 1989.

16 Weil die meisten alten Gesellschaften vor der Schrift existierten, kennen wir die Namen der Göttin nicht immer; spätere Gesellschaften überliefern die Bezeichnung Ischtar, Astarte, Demeter, Hera, Kore, Isis, Nut, Maat und Maria.

17 Siehe zum Beispiel: Stone, *Als Gott eine Frau war,* S. 62-102. Differenzierter sieht das Baudler, *Gott und Frau,* a.a.O.

18 Siehe: Sjöö und Mor, *Wiederkehr der Göttin,* besonders S. 2-12. Schon die Widmung kündigt eine sexistische Tirade an: Sjöö besitzt die große Unsensibilität, den Tod ihres Sohnes Leif zum Anlaß für Männerprügeln zu nehmen; der Junge»kam am 26. August 1985 tragisch [sic] durch patriarchale Technologie bei einem Autounfall ums Leben«. Siehe auch Mary Daly, *Jenseits von Gottvater, Sohn & Co. Aufbruch zu einer Philosophie der Frauenbewegung,* München 1986.

19 Sjöö und Mor, S. 18.

20 Mary Daly, *Jenseits von Gottvater, Sohn & Co.,* S. 172-173. Daly lehrt übrigens an der theologischen Fakultät des University College. Sie erlaubt angeblich in ihren Vorlesungen keine Wortmeldungen von Männern.

21 John Rowan, *Der verwundete Mann: Durch eine männliche Spiritualität zur Versöhnung mit dem Feminismus,* München 1988. Rowans Buch ist ein Werk mit auffallend viel männlichem Selbsthaß.

22 Riane Eisler, *Von der Herrschaft zur Partnerschaft.*

23 Archäologische Daten aus der Jungsteinzeit lassen eine Bevorzugung weiblicher Gottheiten vermuten. Das beweist noch lange nicht die Existenz einer »weiblichen« Kultur ohne Gewalt, Unterdrückung und das ganze Spektrum sozialer Übel. Die Überinterpretation archäologischer Daten ist ein Berufsrisiko von Historikern. Dazu Baudler, *Gott und Frau,* a.a.O., S. 161 ff.

24 *Von der Herrschaft zur Partnerschaft,* S. 104 ff. *Gylanie* ist eine eigenartige Mischung aus Englisch und Griechisch (gy= »weiblich« + *l* = »verbinden« + *anie* = »männlich«.

25 Ebenda, S. 59-77; siehe auch: Sjöö und Mor, *Wiederkehr der Göttin,* S. 33-43, und Daly, *Jenseits von Gottvater, Sohn & Co,* S. 92-97, sie behauptet, Männer würden stets die Ideen von Frauen stehlen und als ihre eigenen ausgeben.

26 *Von der Herrschaft zur Partnerschaft,* S. 63. Dieser Gedanke liegt an der Grenze zur Besessenheit mit gnostischer Mythologie.

27 Offenbar besteht die Therapie dafür, Eva die Schuld am Sündenfall anzulasten, darin, jetzt Adam verantwortlich zu machen.

28 *Von der Herrschaft zur Partnerschaft,* S. 42-58. Ein typisches Beispiel für Eislers tendenziöse Interpretation archäologischer Fakten: Ein in eine Kurgan-Höhlenwand geritztes Schwert beweise, daß Männer ihre Waffen

»buchstäblich anbeteten« (S. 48); Objekte wie etwa Schlangen *symbolisieren* in der weiblichen Kultur dagegen nur die Göttin und ihre Mächte (S. 18). Mit anderen Worten: Männer beten dümmlich Gegenstände an, während Frauen sie als Symbole einer höheren Wirklichkeit verstehen.

29 Ebenda, S. 85-89. Symptomatisch für Eislers oberflächliches Verständnis der Heiligen Schrift ist, daß die Anmerkungen zur Darthmouth-Bibel ihre Hauptquelle für biblische Literatur sind, veröffentlicht vor vier Jahrzehnten. Einen weiteren gehässigen Angriff auf die hebräische Religion reiten Sjöö und Mor in *Wiederkehr der Göttin*, vor allem S. 264-275. Ich halte solch einseitige Behandlungen des jüdischen Glaubens für antisemitisch; in ihrer Voreingenommenheit nähern sie sich den Nazi-Pamphleten der dreißiger Jahre.

30 Die römisch-katholische Lehre der jungfräulichen Empfängnis, von Papst Pius XII. im Jahre 1954 offiziell definiert, besagt, daß Maria, die Mutter Jesu, ohne den Makel der Erbsünde geboren wurde.

31 Rowan, *Der verwundete Mann*, S. 54.

32 Daly, *Jenseits von Gottvater, Sohn & Co.*, S. 9-10.

33 Elisabeth Schüssler-Fiorenza, *Zu ihrem Gedächtnis. Eine feministische theologische Rekonstruktion christlicher Ursprünge*, München 1988.

34 Siehe zum Beispiel: Susanne Heine, »The Male in Feminist Theology«, in: *Theology Digest*, Nr. 36, Frühjahr 1989, S. 11-14.

35 Demetria Martinez, »No, Women Are Not Every Bit as Involved as Men in the Destruction of the Unborn«, *National Catholic Reporter (NCR)*, 6. April 1990, S. 20. Martinez reagierte auf Michael Garveys frühere Behauptung, Frauen seien ebensosehr involviert in die Zerstörung von mehr als 20 Millionen ungeborener Leben, seit das Bundesgericht die Abtreibung legalisierte (*NCR*, 9. März 1990). In ihrer nächsten Kolumne veröffentlichte Martinez »Sexual Violence More American Than Apple Pie« (*NCR*, 26. Oktober 1990, S. 15), einen typischen Beitrag über männliche Aggression gegenüber Frauen, in dem sie behauptet, sexuelle Gewalt sei irgendwie einmalig »amerikanisch« und »männlich«. Dieser Gedanke wäre möglicherweise in Frage gestellt worden von den 1.3 Millionen Föten, die 1989 in den USA von ihren Müttern abgetrieben wurden – vorausgesetzt, sie hätten lange genug gelebt, um sich zu äußern.

36 Ntozake Shange, »We All Have Immediate Cause«, *NCR*, 20. April 1990, S. 2.

37 Sr. Joan Chittister, »Sexism in the Church: Agenda for the Next Decade«, *Miriam's Song*, S. 2.

38 *Commonweal*, 20. Oktober 1989.

39 Das faszinierende neue Phänomen in meinem eigenen Jesuitenorden, in dem viele Seminaristen den »Pfad der Priesterschaft« verlassen, um nichtordinierte Brüder zu werden, steht möglicherweise im Zusammenhang mit dem manchmal starken Druck, der auf katholische Seminaristen ausgeübt wird, die auf die Priesterweihe zugehen.

40 Ich lehne es ab, Artikel, Beamten oder Institution zu nennen.

Kapitel 4: Die Krise der Männer und der Kirchen

1   Siehe zum Beispiel: Salim Muwakkil, »Getting Black Males Off the Endangered Species List«, in *These Times,* 22. Juni 1988, S. 7, oder Robert Staples, »Black Male Genocide: A Final Solution to the Race Problem in America«, in *Black Scholar,* Juni 1987. Letzterer Artikel enthält die Schätzung, daß im Jahre 2000 siebzig Prozent aller schwarzen Männer im Gefängnis, tot, drogen- oder alkoholsüchtig sein werden.

2   Siehe Janice Halper, *Stille Verzweiflung. Die andere Seite des erfolgreichen Mannes,* München 1989.

3   Siehe John W. Miller, *Biblical Faith and Fathering,* New York 1989.

4   Siehe zum Beispiel die Herbstausgabe 1989 von *Wingspan: Journal of the Male Spirit,* die das Thema Mann und Religion behandelt.

5   Dieser Punkt gelangt in Schüsslers *Zu ihrem Gedächtnis,* München 1988, zur vollen Blüte.

6   Ich bin Sam Mackintosh von Westmont, New Jersey, verpflichtet, weil er mich an dem Einweihungsritual teilnehmen ließ, das er zum 13. Geburtstag seines Patensohns David schuf. Dieser junge Mann hatte wirklich Glück, daß so fürsorgliche männliche Älteste eine solche Zeremonie für ihn kreierten.

7   Anthony de Mello SJ, *Sadhana: A Way to God,* St. Louis, 1978.

Kapitel 5: Abraham: Pilger und Patriarch

1   Die vielleicht nützlichste Abhandlung zu den jahwistischen, elohistischen, priesterlichen und deuteronomischen Quellen des Pentateuch ist Walter Brueggemann, Hans Walter Wolff, *Die Lebendigkeit alttestamentarischer Traditionen* (vergriffen).

2   Drei Jahrzehnte nach dem II. Vatikanischen Konzil ist »Pilger« wahrscheinlich das letzte Adjektiv, an das Menschen denken würden, um die Römisch-Katholische Kirche zu beschreiben.

3   Diese psychologische Übung wird »aktive Imagination« genannt. Eine sehr hilfreiche Abhandlung von Methoden, um den inneren Dialog aufzugreifen: Robert A. Johnson, *Inner Work: Using Dreams and Active Imagination for Personal Growth,* New York, 1986.

4   Ignatius nannte sich selbst einen »Pilger«, siehe dazu seine Autobiograpie *Bericht eines Pilgers* (Freiburg 1991).

5   Das ist die Hauptthese John W. Millers in: *Biblical Faith and Fathering,* New York 1989.

6   Das Thema des »Segnens« ist der Schlüsselgedanke im jahwistischen Werk, das zuerst die Geschichte Abrahams erzählte; siehe Hans Walter Wolff,

»Das Kerygma des Jahwisten«, in: *Die Lebendigkeit alttestamentarischer Traditionen,* S. 41-46.

7   Eine Erörterung der jüdischen männlichen Spiritualität: Harry Brod, Hg., *A Mensch among Men,* Freedom, 1988.

8   Eine ausgezeichnete Erörterung zweier Formen des Vaterseins (Himmelsvater und Erdvater): Arthur und Libby Colman, *Der Vater: Veränderung einer männlichen Rolle,* München 1991.

9   Interpretationen des Opfers Isaaks sind zahllos und reichen weit in die Geschichte zurück. Diese Erzählung des Opfers Isaaks könnte in früheren Versionen sehr wohl die Funktion gehabt haben, das Ende des Kindsopfers in Israel anzukündigen. In der heutigen Fassung zeugt sie sicherlich von Abrahams absolutem Glauben und Vertrauen in Jahwe. Auf mythologischer Ebene geht es um die unbewußte Aggression eines Vaters gegen seinen Sohn.

10   Eeine gründliche psychologische Diskussion der Spannungen zwischen Vater und Kind: Alice Miller, *Am Anfang war Erziehung,* Frankfurt 1983.

11   Eine Erörterung der Fähigkeit der Religion, Gesundheit oder Krankheit zu bringen: N.S. Xavier, *The Two Faces of Religion: A Psychiatrist's View,* Tuscaloosa, Ala. 1987.

Kapitel 6: Mose: Krieger und Magier

1   Kritische Gelehrte sind sich weitgehend einig, daß der gewaltige Korpus biblischer Rechtstexte – aus den Büchern Exodus, Levitikus, Numeri and Deuteronomium – aus der Zeit nach Mose bis zu den babylonischen Kriegen im sechsten vorchristlichen Jahrhundert datiert. Priesterschriftliche und Deuteronomische Herausgeber der Bücher haben jüdisches Gesetz literarisch in die Zeit des Wüstenaufenthalts unter Mose zurückversetzt, um diesen Ermahnungen theologische Rechtfertigung zu geben.

2   Eine Abhandlung der historischen Fragen rund um Mose und den Auszug: Norman K. Gottwald, *The Hebrew Bible: A Socio-Literary Introduction,* Philadelphia 1985, S. 190-201.

3   El oder Elohim war der Hauptgott im semitischen Pantheon, angebetet sowohl von Kanaanitern als auch Hebräern. Moslems verehren ihn noch heute als Allah.

4   Josuas Rede in Josua 23-24 ist komponiert wie eine Zeltpredigt, die das »Evangelium« Jahwes verkündet und zur totalen Verpflichtung an ihn aufruft.

5   Durchaus wahrscheinlich, daß der Ausdruck »Hebräer« anfangs eine Kastenbezeichnung, weniger eine ethnische Differenzierung war. Das Wort ist vermutlich verknüpft mit den *Habiru* oder *Apiru,* eine in ägyptischen Chroniken erwähnte, aufsässige Sklavenkaste, aus der man Söldner rekrutieren konnte.

6   Eine Erörterung des Kriegerarchetpys: Carol Pearson, *Der Held in uns,* München 1990, S. 74-94 und Robert Moore, *König, Krieger, Magier, Liebhaber. Die Stärken der Männer,* München 1991, S. 75-95. Vgl. auch Heribert Fischedick, *Der Weg des Helden,* München 1992, S. 133-184.

7   Siehe: Moore, *König, Krieger, Magier, Liebhaber,* S. 75-95.

8   Die Patriarchen werden in Genesis als grundsätzlich friedfertige Burschen dargestellt, die sich mit niemandem anlegen möchten. Nur selten sind sie in Scharmützel mit ihren kanaanitischen Nachbarn verwickelt (z.B. Gen 14).

9   Eine klassische Formulierung der Befreiungstheologie: Gustavo Gutiérrez, *Theologie der Befreiung,* 10., erweit. Auflage, Mainz 1992; eine Serie von Essays zur Beziehung der Bibel mit dieser Theologie:Norman K. Gottwald, Hg., *The Bible and Liberation: Political and Social Hermeneutics,* Maryknoll, N.Y. 1983.

10 Ich habe Jahwe in einem spanischsprachigen Artikel,»Jahvé, Pedagogo del oprimido« (Jahwe als Pädagoge der Unterdrückten), in: *Christus,*Dezember 1988, S. 60-64, erörtert. Eine vergnügliche Erzählung in Romanform über die Ausbildung und Einweihung eines Kriegers liefert Dan Millman, *Der Pfad des friedvollen Kriegers,* Interlaken 1990.

11 Die Priesterschrift, herausgegeben im fünften Jahrhundert n. Chr., kombiniert frühe jahwistische und elohistische Quellen, die die militärische Gewalt Jahwes ebenfalls mildern. Nur die deuteronomische Quelle (Deuteronomium – 2. Buch der Könige) ermuntert bereitwillig ein hartes Durchgreifen gegenüber den Feinden Israels.

12 Tarotkarten, in fundamentalistischen Kirchen als »Werk des Teufels« geltend, sind eigentlich nur »Bilder« der wichtigsten psychologischen Archetypen – vor allem die Großen Arkana, zweiundzwanzig Symbole archetypischer Personen und Situationen. Für eine eingehende Erörterung der Beziehung der christlichen Spiritualität zu diesen Großen Arkana, siehe das anonyme Werk *Meditations on the Tarot* (Warwick, N.Y. 1985). Ein Jungscher Ansatz findet sich in Sallie Nichols, *Jung and the Tarot: An Archetypical Journey,* York Beach, Maine, 1980.

13 Weitere Abhandlungen des Magiers liefern Carol Pearson, *Der Held in uns,* S. 116-150, und die Kassetten von Robert Moore »Rediscovering Masculine Potentials« (Ally Press, 524 Orleans St., St. Paul, MN 55107). Vgl. Heribert Fischedick, a.a.O., S. 233-275.

14 Es gibt zahlreiche Bücher, die den Gebrauch von Tarotkarten zur Förderung der psychischen Entwicklung lehren, siehe zum Beispiel:Eileen Connolly, *Tarot, A New Handbook for the Apprentice,* North Hollywood, Ca., 1979.

15 Das chinesische I Ging ist die älteste Form des Wahrsagens und Intuitionstrainings; das klassische Werk ist das von Richard Willhelm übersetzte *I Ging oder Buch der Wandlungen,* Düsseldorf, München 1981.

16 Jamie Sams und David Carson, *Medecine Cards: The Discovery of Power through the Ways of Animals,* Santa Fe 1988, lehren Intuition durch Identifikation mit unseren Verbindungen zu vielfältigen Tierarten.

Kapitel 7: Salomo: der König

1 Eine neuere und eingehende Betrachtung der deuteronomischen Geschichte wie auch neuerer Anfügungen: Mark A. O'Brien, *Die deuteronomistische geschichtliche Hypothese: Eine Neubewertung* (Freiburg 1989).

2 Ich habe diese Geschehnisse in meinem kürzlich erschienenen Werk *Gibeah: The Search for a Biblical City* (Sheffield 1990), S. 87-90 rekonstruiert. Für eine erhellende psychologische Abhandlung der Geschichte von Saul aus Jungscher Sicht, siehe: John A. Sanford, *King Saul, the Tragic Hero: A Study in Individuation,* New York 1985.

3 Man nimmt verbreitet an, daß die faszinierende Literatur, die den Aufruhr in der Familie Davids beschreibt und als Geschichte der Thronfolge (2 Sam 9-20) bekannt ist, während der Herrschaft Salomos verfaßt wurde, um zu erklären, warum gerade dieser Sohn über seine älteren Brüder obsiegte. Eine sehr lesenswerte theologische Abhandlung dieser Literatur und der gesamten Geschichte Davids: Walter Brueggemann, *Davids Truth: In Israel's Imagination and Memory,* Philadelphia 1985.

4 Eine lesenswerte historische Erörterung der salomonischen Ära: J.M. Miller und J.H. Hayes,»The Reign of Solomon«, in: *A History of Ancient Israel and Judah,* Philadelphia 1986, S. 189- 217.

5 Die Erzählung vom Bau der befestigten Städte Hazor, Megiddo und Gezer durch Salomo (1 Kön 9,15) dürfte der erste historisch belegbare Text der Bibel sein; archäologische Ausgrabungen an diesen Orten weisen auf eine koordinierte und systematische Bautätigkeit im späten zehnten Jh. v.Chr. hin.

6 Robert Moore/Douglas Gillette, *König, Krieger, Magier, Liebhaber. Die Stärken des Mannes,* München 1991, S. 47-73.

7 Dieser Archetyp wurde von Jung identifiziert und von seiner Schülerin Marie Louise von Franz gründlich studiert, siehe: *Der ewige Jüngling. Der Puer Aeternus und der kreative Genius im Erwachsenen,* München ²1992.

8 Von Franz' Studie des Puer basiert interessanterweise auf dem sentimentalen Buch von Antoine de Saint-Exupéry, *Der kleine Prinz,* Hamburg 1988.

Kapitel 8: Elija: der Wilde Mann

1 Die ergiebigste Arbeit zur Identifikation und Entdeckung des Wilden Mannes stammt von Robert Bly, *Eisenhans. Ein Buch über Männer,* München 1991. Siehe auch William Anderson, Green Man: *The Archetype of Our Oneness with the Earth,* San Francisco 1990.

2 Eine detaillierte und illustrierte Abhandlung der primitiven animistischen Mythologie und Religion:Joseph Campbell, *The Way of the Animal Powers: Teil I – Mythologies of the Primitive Hunters and Gatherers; Teil II – Mythologies of the Great Hunt,* in: *The Historical Atlas of World Mythology,* New York 1988.

3   Die englische Sprache kennt ebenfalls die etymologische Verbindung von Mensch und Erde, denn »human« kommt von »Humus«.

4   Siehe: Bly, *Eisenhans*. Der Film *The Abyss* schildert dramatisch die Reise eines Mannes in die Tiefen seiner Psyche: Auf der Suche nach einem Meeresungeheuer findet der Held in der Tiefe seine eigene Erlösung.

5   Das Motiv des unberechenbaren Wilden Mannes, der kommt und geht, wie er will, tritt besonders in den Erzählungen von Carlos Castaneda zutage, der seine Abenteuer mit dem Yaqui-Schamanen Don Juan schildert; siehe z.b.: *Die Reise nach Ixtlan,* 1992 in Frankfurt neu aufgelegt.

6   Wir sehen die Macht des Wilden Mannes über das Wetter in den Geschichten Don Juans und in anderen schamanischen Erzählungen, etwa in der berühmten Geschichte, wie das spirituelle Oberhaupt der Lakotas, Black Elk, mitten in einer Dürreperiode auf Harney Peak in den Black Hills Süddakotas eine Regenwolke heraufbeschwor – siehe: John Neihardt, *Black Elk: Ich rufe meine Volk,* Göttingen 1985. Diesem Motiv begegnen wir auch in den Evangelien, wo Jesus Stürme beschwört (siehe Mk 4,35-41), und in Filmen wie *Little Big Man, The Rainmaker* und *Im Smaragdwald.*

7   Die Diskussion der Entfremdung des westlichen Mannes von der Natur führt uns in buddhistisches philosophisches Territorium. Tatsächlich ist das Motiv des Wilden Mannes in den Buddhalegenden allgegenwärtig. Das biblische Gegenstück zu dieser Philosophie findet sich teilweise im Hohelied.

8   Diese zwei Wundergeschichten tauchen später auch im Elischa- Zyklus auf (2 Kön 4,1-7 und 4,18-37). Das Heilungsmotiv im Elischa-Zyklus, im Gegensatz zum kämpferischen Ton der Geschichten rund um Elija, veranlaßt mich zu dem Argument, daß die späteren Herausgeber die Wundergeschichten Elischas in den Elija-Zyklus eingefügt haben.

9   Der Gedanke, politische Dominanz sei lediglich ein männliches historisches Phänomen, steht im Vordergrund in: Riane Eislers, *Von der Herrschaft zur Partnerschaft,* wie auch in einer Vielzahl weiterer feministischer Werke.

10   In den nördlichen israelitischen Kreisen, in denen die Elija-Geschichten zirkulierten, heißt der Wüstengipfel, auf dem Moses Gott begegnete, Horeb; im südlichen judäischen Raum wird er Sinai genannt.

11   Siehe: Campbell, *The Way of the Animal Powers,* Teil I: *Mythologies of the Primitive Hunters and Gatherers,* S. 58 ff.

12   Die alten Höhlenrituale könnten auch teilweise erklären, warum Männer von der gefährlichen Sportart des Höhlenkletterns so fasziniert sind.

13   Siehe: Jean Shinoda Bolen, *Götter in jedermann* und Arthur und Libby Colman, *Der Vater. Veränderung einer männlichen Rolle,* München 1991.

14   Das moderne Christentum hat sich beinahe vollständig von der Naturerfahrung abgewandt. Allein schon das Schimpfwort »Heide« (Althochdeutsch: *Heidano* = »Heidebewohner«) deutet die Verachtung der Naturreligion an.

15   Vgl. Heribert Fischedick, *Der Weg des Helden,* a.a.O., S. 277 ff.

Kapitel 9: Elischa: der Heiler

1 Das Wort Schamane stammt aus der Sprache der Tungusen Sibiriens, auch wenn es etymologische Wurzeln im Vedischen *sram* (»sich selbst heilen oder Entsagung üben«) hat;dazu: Joan Halifax, *Die andere Wirklichkeit der Schamanen: Erfahrungsberichte von Magiern, Medizinmännern und Visionären,* München 1985, S. 11.

2 Die homöopathische Medizin unterscheidet zwischen »allopathischem« Heilen (Angriff auf die Krankheit – männlich) und homöopathischem Heilen (Stärkung des Kranken – weiblich).

3 Eine gelehrte Abhandlung des Schamanismus: z.b. John A. Grim, *The Shaman,* Norman 1983, Mircea Eliade, *Schamanismus und archaische Ekstasetechniken,* Frankfurt 1975, Shirley Nicholson et al., *Shamanism,* Wheaton 1987 und Joan Halifax, *Die andere Wirklichkeit der Schamanen.*

4 Eines der hoffnungvollsten Bücher über das schamanische Muster und die Möglichkeit, inmitten von Krankheit zur Ganzheit zu finden, hat John A. Sanford verfaßt: *Healing and Wholeness* (New York, 1977).

5 Eine Erörterung des Einflusses der Psychologie auf die Gesundheit:Larry Dossey, *Wahre Gesundheit finden. Krankheit und Schmerz aus ganzheitlicher Sicht,* München 1991.

6 Ein wunderschönes Beispiel für den Heilerarchetypen findet sich im Buch meines Freundes William J. Dobbels SJ, *An Epistle of Comfort,* Kansas City 1990. Pater Dobbels hat ein wirklich rührendes und weises Buch über seinen eigenen schmerzlichen Kampf gegen AIDS geschrieben, das sich an jeden wendet, der unter einer katastophalen Krankheit leidet. Da er selbst »dort gewesen ist«, haben Pater Dobbels' Worte eine besondere Bedeutung und zeugen von großem Mitgefühl.

7 Meiner Meinung nach hat Elischa seine Verbindung zum Bären mißbraucht, siehe 2 Kön 2,23-25. Ein nützliches New Age-Buch über die Macht der psychischen Verbindung zu Tieren ist Jamie Sams' und David Carsons *Medecine Cards: The Discovery of Power through the Ways of Animals,* Santa Fe 1988.

8 Vgl. dazu neuestens: Helmut Hark, *Mit den Engeln gehen. Die Botschaft unserer spirituellen Begleiter,* München 1993.

9 Siehe beispielsweise: George Ritchie/Elizabeth Sherrill, *Rückkehr von Morgen,* Stuttgart 1982, Elisabeth Kübler-Ross, *Das Leben nach dem Leben* oder Morton T. Kelsey, *Afterlife: The Other Side of Dying,* New York 1986.

10 Der Gedanke, daß das Anziehen der Gewänder eines anderen Menschen Zutritt zu dessen Erfahrung schafft, ist zum Beispiel präsent in der Einladung des Heiligen Paulus,»Christus anzuziehen« (siehe Gal 3,27, Röm 13,14 oder Kol 3,10).

11 Die Evangelisten des Neuen Testaments haben sich offensichtlich an 2 Kön 2 gehalten, als sie die Szene von Johannes dem Täufer (dem neuen Elija)

schufen, der am Jordan seine Kraft auf seinen Schüler Jesus übertrug (den neuen Elischa).

12 Diese Szene erinnert an das klassische Motiv des Wasserwunders, als Josua den Jordan überquerte, ehe er Jericho besiegte (Jos 3). Während der Krieger Josua Jericho nach diesem Wunder zerstört, rettet der Heiler Elischa den Wasservorrat der Stadt.

13 Das biblische Gesetz verbietet solche Hexerei, z.B. in Ex 22,18, Lev 19,31 und Dtn 18,10-11.

14 Jesus zitiert die Geschichte Naamans in Lk 4,27, um anzudeuten, daß sein Erlösertum die politischen Grenzen Israels sprengt – was seine Zuhörer über alle Maßen erzürnte.

Kapitel 10: Jeremia: der Prophet

1 Eine grundlegende Abhandlung der gesellschaftlichen Rolle des Propheten in alten und modernen Gesellschaften: Robert R. Wilson, *Prophecy and Society in Ancient Israel,* Philadelphia 1980.

2 Eine kraftvolle und überzeugende Diskussion dieser alternativen Sehweise: Walter Brueggemann, *The Prophetic Imagination,* Philadelphia 1978.

3 Das klassische Werk über prophetische Empathie ist das von Rabbi Abraham J. Heschel, *Die Prophetie* (2 Bde), Krakau 1936.

4 Siehe etwa: Anne Schaer Wilson, *Im Zeitalter der Sucht: Wege aus der Abhängigkeit,* Hamburg 1989.

5 M. Scott Peck, *People of the Lie,* New York 1983. Dieses Buch enthält eine wertvolle, wenn auch ernüchternde Schilderung der Dynamik der Lüge in psychisch angeschlagenen Menschen.

6 Siehe: John Neihardt, *Black Elk: Ich rufe mein Volk,* Göttingen 1985. Dieses Buch ist dazu bestimmt, zum Klassiker der männlichen Spiritualität zu werden. Für eine eingehende Behandlung von *Black Elk* siehe Raymond J. Demallie, Hg., *The Sixth Grandfather: Black Elk's Teachings Given to John Neihardt,* Lincoln 1984

7 Siehe meinen Artikel »Jeremia and Black Elk« in: *Bible Today,* März 1985, S. 182-185.

8 Gegen Ende seines Lebens hatte Black Elk das Gefühl, seine Mission sei mißlungen und er habe die Großväter und sein Volk verraten (*Die Heilige Pfeife,* Göttingen 1986). Wie bei Jeremia waren seine Prophezeiungen jedoch für eine spätere Zeit bestimmt. Heute gilt Black Elk als Schlüsselfigur in der Renaissance der Lakota-Religion.

9 Robert Blys Kassette »The Naive Male« ist bei Ally Press erhältlich (524 Orleans St., St. Paul, MN 55107).

10 Einen Bericht über sein Leben: Daniel Berrigan, *To Dwell in Peace: An Autobiography,* San Francisco 1987.

Kapitel 11: Jona: der Schelm

1 Eine Erörterung des Schelmen in der biblischen Literatur: Susan Niditch, *Underdogs and Tricksters: A Prelude to Biblical Folklore,* San Francisco 1987.

2 Ein neueres Buch, welches das Buch Jona eingehend aus psychologischer Sicht diskutiert, haben André und Pierre-Emmanuel Lacocque verfaßt, *Jonah: A Psycho-Religious Approach to the Prophet, Columbia,* S.C. 1990.

3 Siehe die klassische Arbeit von Paul Radin, *The Trickster: A Study in American Indian Mythology,* New York 1956.

4 Über die psychologischen Aspekte des Schelmen: C.G. Jung. »Zur Psychologie der Gestalt der Schelmenfigur«, in: *Archetypen,* München 1990.

5 Eine Erörterung des Schelmengottes: Joseph Campbell: *The Power of Myths* mit Bill Moyers, New York 1988, S. 219-20.

6 Die prophetische Rhetorik vergleicht Jahwe mit einer Schlinge, einer Falle oder einem Stolperstein, die Israel und Juda zu Fall bringen, siehe zum Beispiel Jes 8,11-15 oder 28,16-17.

Kapitel 12: Der Liebhaber

1 Eine Behandlung des Archetyps des Liebhabers: Robert Moore, *König, Krieger, Magier, Liebhaber. Die Stärken des Mannes,* München 1991, S. 119-141.

2 Allein schon der Ausdruck »Sünden des Fleisches« ist bezeichnend für das Problem. In der populärreligiösen Sprache wird darunter heute nur die sexuelle Sünde verstanden; ursprünglich jedoch bezieht sich »Fleisch« (*sarx*) im Neuen Testament auf alle Sünden des Narzißmus, des Eigennutzes und der Auflehnung gegen Gott und schließt auch das Anhaften an Reichtum, Macht, Bildung und gar an legalistische Religion selbst ein. Für eine erhellende Behandlung dieses Themas:Rudolf Bultmann, *Exegetica. Aufsätze zur Erforschung des Neuen Testaments,* Berlin 1967.

3 Der deuteronomische Herausgeber der Geschichte Salomos scheint kein Problem mit der *Anzahl* seiner Frauen gehabt zu haben, sondern lediglich mit der Tatsache, daß die meisten von ihnen Ausländerinnen waren, für die der König heidnische Altäre errichtete.

4 Zum Hohenlied z.B.: Gerlemann, *Ruth/Das Hohelied,* Neukirchen [2]1981; Othmar Keel, Das Hohelied, Zürich [2]1991.

5 Siehe zum Beispiel die Einführung zum Hohelied in der *Jerusalemer Bibel.*

6 Phyllis Tribles, *Mein Gott, warum hast du mich vergessen. Frauenschicksale im Alten Testament,* Gütersloh 1990, S. 144-165, weist ebenfalls darauf hin, daß die weibliche Geliebte im Hohelied keine passive Maid ist, sondern eine erotisch Gleichberechtigte, die ihrem Freund in nichts nachsteht.

7   Eine weise und ehrliche Diskussion der Psychologie des Sichverliebens: Dorothy Tennov, *Love and Limerence: The Experience of Being in Love*, Chelsea, Mich., 1989.

8   Eine Jungsche Erörterung der romantischen Liebe: Robert A. Johnson, *Traumvorstellung Liebe. Der Irrtum des Abendlands*, München 1987.

9   Eine Abhandlung der Verbindung zwischen sexueller Liebe und Spiritualität liefert Charles Williams, *Outlines of Romantic Theology*, Grand Rapids 1990, ein vormals unveröffentlichtes Werk aus dem Jahre 1924.

10 Zitiert in: Alfred Corn., Hg., *Incarnation: Contemporary Authors on the New Testament*, New York 1990. S. 288.

11 Eine gründliche Studie homosexueller Mythen und Geschichten: Kenneth Dover, *Homosexualität in der griechischen Antike*, Berlin 1983.

12 Ich vermute, daß die Tradition von Jonatans Verliebtsein in David von späteren Autoren erfunden oder zumindest ausgeschmückt worden ist, um die Szene zu gestalten, in der Jonatan praktisch zugunsten Davids abdankt (1 Sam 18,1-5) und somit die königlichen Ansprüche der davidischen Dynastie legitimiert; siehe mein *Gibeah: The Search for a Biblical City*, Sheffield 1990, S. 87-106. Doch siehe auch Tom Horner, *Jonathan Loved David: Homosexuality in Biblical Times*, Philadelphia 1977.

Kapitel 13: Jesus: der Christus

1   Es gibt zwei Ausnahmen zu dieser filmischen Feminisierung Jesu: der ausgezeichnete Film von Pier Paolo Pasolini, *Das Evangelium nach Matthäus*, aus dem Jahre 1964 und Martin Scorseses kürzliche Verfilmung von Nikos Kazantzakis *Die letzte Versuchung Christi*. Die Kontroverse um letzteren Film ist ein besonders gutes Beispiel für die Unterdrückung der männlichen Sexualität im modernen Christentum. Strenggläubige Christen fühlten sich besonders abgestoßen von einer Szene des Films, in der Christus sich vorstellt, er könnte Maria Magdalena heiraten. Nach orthodoxer Meinung ist die männliche Sexualität schmutzig, schlecht und verboten – sicherlich nicht etwas, das auch Jesus jemals besessen hätte.

2   Ebenfalls empfehlenswert ist das Video *St. Marc's Gospel* des Schauspielers Alec McCowen, eine kraftvolle Einmannproduktion zum Evangelium, erhältlich vom Palisades Institute, 153 Waverly Place, New York, NY 10014.

3   In Erweiterung von Markus' Gleichsetzung von Johannes dem Täufer mit Elija steuern Matthäus, 3,7-12 und Lukas, 3,7-18, Elemente einer feurigen Rache bei, die auch an Elija erinnern.

4   Das Lukas-Evangelium ist besonders bemerkenswert in seiner Verurteilung der Habgier: Lk 12,16-21; 14,28-33; 16,13; 16,19-31 und 18,18-27.

5   Sogar ablehnende jüdische Stimmen unserer Zeit erkennen die besonderen Heilkräfte Jesu an, tun sie jedoch als in Ägypten erlernte Hexerei und magische Künste ab.

6   Eine neuere Erörterung der Rolle des Glaubens im Heilungsprozeß:Dr. Bernie Siegel, *Liebe, Medizin und Wunder,* München 1991.

7   Matthäus' Interpretation als einer Vorhersage auf Jesu Zeit im Grab (Mt 12,40) könnte eine frühchristliche Interpolation des Kommentars Jesu sein. Die andere Erklärung, daß sich diese Bemerkung auf die Zurückweisung Israels und die Annahme der Nichtjuden beziehe, kommt dem, was Jesus sagen wollte, bestimmt näher (siehe Mt 12,41-42 und Lk 11,30-32).

8   Eine eingehende Analyse dieses Motivs:James M. Robinson, *The Problem of History in Mark,* London 1957.

9   Die klassisch wissenschaftliche Warnung, eine liberale Gestalt in die Lebensgeschichte Jesu hineinzulesen, wurde 1897 von Albert Schweitzer ausgesprochen, in *Messiasgeheimnis und Geschichtsverständnis. Geschichte der Leben-Jesu-Forschung,* Berlin 1984. Schweitzer siedelte Jesus fest im apokalyptischen Milieu des ersten Jahrhunderts an. Trotz seiner Warnung ist Jesus nach wie vor eine Leinwand, auf die man heute Ideologien projiziert, neuerdings, indem man aus ihm z.b. einen frühen»Feministen« macht (siehe: Sandra Schneider, zitiert in:»Feminism and the Churches«, in: *Newsweek,* 3. Februar 1989, S. 61).

10   Siehe etwa: Norman K. Gottwald, Hg., *The Bible and Liberation: Political and Social Hermeneutics,* Maryknoll, N.Y. 1983, und besonders das Essay von John Pairman Brown,»Techniques of Imperial Control: The Background of the Gospel Event«, S. 357-377.

11   Ein neuerer Bericht über revolutionäre Gruppen im ersten Jahrhundert: Richard A. Horsely und John S. Hanson, *Bandits, Prophets and Messiahs: Popular Movements at the Time of Jesus,* San Francisco 1988.

12   Die Sprüche des historischen Jesus erlauben keinerlei Zweifel, was seine Selbsteinschätzung als Prophet anbelangt. Als man sich in seiner Heimatstadt Nazareth über ihn»ärgert«, erklärt er zum Beispiel:»Überall wird ein Prophet geehrt, nur nicht in seiner Heimat und in seiner Familie« (Mt 13,57). Sicherlich hat ihn das Volk als solchen gesehen; als er auf einem Esel in Jerusalem einzog, erkannte ihn die Menge als»Jesus, den Propheten aus Nazareth in Galiläa« (Mt 21,11).

13   Diese Meditation auf Christus den König beendet die erste Woche der geistlichen Exerzitien; siehe: Louis J. Puhl, Hg., *The Spiritual Exercises of St. Ignatius,* Chikago 1951, S. 43-45.

Kapitel 14: Die Männlichkeit Gottes

1   »Und Gott schuf den Menschen nach seinem Bild, nach dem Bild Gottes schuf er ihn; als Mann und Frau schuf er sie.« Obwohl dieser Satz im 1. Kapitel der Genesis vorkommt, ein Ergebnis der Priesterschriftlichen Redaktion, handelt es sich in Wirklichkeit um eine späte Entwicklung der hebräischen Theologie (6.-5. Jh. v.Chr.).

2 Eine typische feministische Aussage zum Gedanken, daß alle männlichen Metaphern Gottes gewalttätig und unterdrückend seien: Sallie McFague, *Models of God: Theology for an Ecological, Nuclear Age,* Philadelphia 1987.

3 Eine ausgesprochene Ausnahme in der dekonstruktivistischen Welle bildet Sallie McFagues Buch *Models of God,* das alternative Gottesmetaphern wie Mutter, Liebhaber und Freund anbietet. Für eine Erörterung weiblicher Symbolik in der Bibel:Phyllis Trible, *God and the Rhetoric of Sexuality,* Philadelphia 1978.

4 Michael O. Garvey,»Questions to Answers before Going to Kill Arabs«, *National Catholic Reporter,* 14. Dezember 1990«, S. 13.

5 Eine Abhandlung der Rolle der Metapher in der Theologie: Sallie McFague, *Metaphorical Theology: Models of God in Religious Language,* Philadelphia 1982. Vgl. auch: Jürgen Werbick, *Bilder sind Wege. Eine Gotteslehre,* München 1992.

6 Siehe jedoch etwa: Phyllis Trible, *God and the Rhetoric of Sexuality* als wichtige Ausnahme.

7 Das Motiv»Gott, der Wilde Mann« kommt besonders häufig in Hiob 38-42, in den Psalmen und Jes 40-55 vor.

8 Siehe Genesis 17,2, 28,3, 35,11; diese Passagen sind verwandt mit dem Priesterschriftlichen Gedankengut, wo das Wort »Seid fruchtbar und mehret euch« ein wichtiges Thema ist.

9 Trible, *God and the Rhetoric of Sexuality,* S. 61, setzt den Ausdruck *Shaddai* in Verbindung zum Hebräischen *Sadayim* (»Brüste«) in Genesis 49,25 und nimmt an, daß dieses Wortspiel »auf einen mütterlichen Aspekt der Gottheit schließen läßt«. Tribles Assoziation ist selbst sexistisch; als ich das letzte Mal nachschaute, hatten Männer auch eine Brust. – Klärend zu El Shaddai: Georg Baudler, *Gott und Frau. Die Geschichte von Gewalt, Sexualität und Religion,* München 1991, S. 248 ff.

10 Joseph Campbell: *The Power of Myth* mit Bill Moyers, New York 1988, S. 47-48. Beim Thema »Hebräische Schriften« hat Campbell die gelehrte Unparteilichkeit offenbar oft verlassen; siehe S. 169-171.

11 Rudolf Otto, *Das Heilige. Über das Irrationale in der Idee des Göttlichen und sein Verhältnis zum Rationalen,* Berlin 1991.

12 Siehe in diesem Zusammenhang ganz besonders Millard C. Lind, *Jahweh is a Warrior: The Theology of Warfare in Ancient Israel,* Scottsdale, Pa. 1980.

13 Siehe insbesondere Amos 4-5 und Hosea 6-7, wo die Propheten gegen die falsche israelitische Religion ankämpfen, die die Unterdrückung der Armen und die Götzenanbetung hinter fröhlichen Festen und lieblichen Liturgien versteckt.

14 Siehe vor allem: Norman K. Gottwald, Hg., *The Bible and Liberation: Political and Social Hermeneutics,* Maryknoll, N.Y. 1983.

15 Diesen Gedanken bringt Mary Daly vielleicht am schärfsten zum Ausdruck:

Jenseits von Gottvater, Sohn & Co., Aufbruch zu einer Philosophie der Frauenbewegung, München 1986, siehe vor allem S. 13-43.

16 John W. Miller, *Biblical Faith and Fathering: Why We Call God »Father«,* New York 1989.

17 Eine von Alexander Mitscherlich nachdrücklich vorgetragene Anfrage: *Auf dem Weg zur vaterlosen Gesellschaft,* Frankfurt [9]1970 (vergriffen).

18 Miller, *Biblical Faith and Fathering,* a.a.O., S. 13-39.

19 Zur Vatermetapher weiterführend: Georg Baudler, *Gott und Frau,* a.a.O., S. 338 f., 388 ff. und öfter; Jürgen Werbick, *Bilder sind Wege,* a.a.O., S. 202 ff.

20 Die historisch-literarische Form des alttestamentarischen *Berit* (Bündnis) erinnert stark an das Verhältnis zwischen Lehnsherrn und Vasallen; man kann jedoch die willentliche Verpflichtung Gottes gegenüber seinem Volk in der Vater-Familie-Metapher auch als eine Form legaler Adoption verstehen, wie es Paulus offenbar getan hat (Gal 4,1-7).

KÖSEL

Heribert Fischedick
Der Weg des Helden
Selbstwerdung
im Spiegel biblischer Bilder
296 Seiten. Kartoniert

Im »Weg des Helden« begegnen wir Grundmustern und Lernaufgaben eincs jeden Lebenswegs. Mythen, Märchen und auch Geschichten der Bibel stellen uns solche Landkarten für die eigene Reise zur Verfügung.

Aus ihrer Perspektive können wir unser Leben als einen Prozeß begreifen, als eine fortschreitende Entwicklung und Entfaltung unserer Persönlichkeit – in Auseinandersetzung mit der eigenen Biographie, mit prägenden Menschen, der Geschichte und der uns tragenden kosmischen Ordnung.

KÖSEL

Robert Moore / Douglas Gillette

König, Krieger, Magier, Liebhaber

Die Stärken des Mannes

Hrsg. von Walter Hollstein

208 Seiten. Gebunden

Wir wissen nicht mehr, was Männlichkeit bedeutet. Männer sind verunsichert, was ihr Mannsein ausmacht; sie fühlen sich dem Druck verschiedenster Erwartungen ausgesetzt; sie haben Probleme, Stärken in sich zu spüren, auf die sie stolz sein können.

Dieses faszinierende und packende Buch hilft, die Stärken und Schwächen der Männer zu verstehen, die vier Eckpfeiler einer positiven männlichen Identität zu entdecken und mit Leben zu erfüllen: den inneren König, Krieger, Magier und Liebhaber.

Ein Meilenstein auf dem Weg zum ganzen Mann!